国家社科基金项目"新时代增强高校思政课亲和力研究（20VSZ140）"
思政课专项资助

新时代增强高校
思政课亲和力研究

RESEARCH ON ENHANCING THE AFFINITY OF
IDEOLOGICAL AND POLITICAL COURSES IN
UNIVERSITIES IN THE NEW ERA

佘远富　著

社会科学文献出版社
SOCIAL SCIENCES ACADEMIC PRESS (CHINA)

序

收到扬州大学马克思主义学院佘远富教授的书稿《新时代增强高校思政课亲和力研究》，请我作序，并说明这是他主持的国家社科基金思政课专项的结项成果，结项结论为"良好"。仔细阅读后，眼前为之一亮，欣然应允。

习近平总书记指出，"思政课是落实立德树人根本任务的关键课程"；要"推动思想政治理论课改革创新，不断增强思政课的思想性、理论性和亲和力、针对性"。[①] 进入新时代，高校思政课迎来了新机遇，面临着新挑战，也具有新的要求。因此，以增强亲和力为切入口，不断提高针对性、有效性，既是高校思政课教学改革的重要一环，也是高校加强和改进思政课教学的难点。因此，研究如何增强新时代高校思政课亲和力，具有显著的价值与重要的意义。

什么是思政课亲和力？学术界有一些研究，但依然是众说纷纭，总体上系统性不够。该著作以习近平新时代中国特色社会主义思想和习近平总书记对思政课建设的系列重要论述为指导，以增强新时代高校思政课亲和力为目的，阐述新时代增强高校思政课亲和力的理论依据，探讨增强高校思政课亲和力的教学创新路径，力求解决当前高校思政课"说服力不强、吸引力不足、感染力不好、影响力不大、导向力不够"的教学问题，形成"增强说服力、提高吸引力、强化感染力、扩大影响力、强化导向力以增强亲和力"的教学创新"五维"模型，达成增强亲和力以提升针对性、有

---

① 习近平：《思政课是落实立德树人根本任务的关键课程》，人民出版社，2020，第 2、17 页。

效性，促进学生对思政课"真信""真学""真懂""真爱""真用"的目标。这一研究视角和思路无疑具有很好的新颖性和系统性，为增强新时代高校思政课亲和力提供了新路径、新方案、新参考。

从具体教学实践来看，高校思政课亲和力的高低与高校思政课的针对性、有效性直接关联，最终直接关系到能否落实立德树人的根本任务。而要提升亲和力，思政课的教学内容必须具有说服力，教学方法必须具有吸引力，实践教学必须具有感染力，教师本身必须具有影响力，教学评价必须具有导向力，教学过程必须符合学生的身心发展规律，教学语言与学生的接受习惯相适应，教学案例与学生的日常生活相对接，从而让思政课程更具有思想层面的针对性，能够给予当代大学生有关人生规划、生活智慧、意志品质方面的思想启发。基于此，高校思政课首先要解决大学生在人生规划上的思想困惑。在不断解疑释惑的过程中逐渐亲近学生、沟通情感，用马克思主义理论所蕴藏的科学规律，帮助学生认知如何成长、如何实践、如何走好人生的每一步等切身问题，让学生在遇到思想冲突、精神困境时，懂得通过理论学习、沟通交流来走出困境与化解冲突。可见，增强高校思政课的亲和力，必须从当代大学生的客观需求出发，通过教师的热心、耐心、细心与恒心，助推学生成长、回应学生期待。

增强思政课亲和力，必须紧紧围绕当代大学生关注的热点问题，在聚焦中解析，在探讨中释惑。从实践来看，当前世界处于百年未有之大变局，挑战增多，风险增大，理论问题与实践问题多元叠加，导致社会各阶层对于同一热点问题的看法、主张存在显著差别。当代大学生在信息接收过程中容易受不良信息影响，在纷繁复杂的观点交锋中常常存在辨别力、理解力层面的误区和困难，这就需要思政课教师从理论知识、实践层面、科学思维等诸多方面，为大学生提供可供借鉴的思考路径，从而推动其成长成才。换句话说，只有在思想获益中，思政课的亲和力才能成为大学生的切身体验；只有能够满足学生成长需求的思政课，才是具有亲和力的思政课。从研究成果的具体内容来看，佘远富教授的著作创新性地解析了高校思政课亲和力的五大构成要素，即说服力、吸引力、感染力、影响力、导向力等，并深入研究了实现"五力"的具体路径。这一构建模式不仅富有新意，而且特色鲜明。

从说服力来看，思政课教师必须不断提升其理论素养，根据大学生的思想状况与观念困惑，积极深化马克思主义理论研究，深挖理论、洞察现实，从而不断破解教学难点，从内涵层面做到以理服人，在讲清道理的基础上，获得大学生群体的接受和认可。关键在于，要用理论的思想魅力感召学生，用方法的条件优势赢得学生。因此，思想深度是根脉，实践方法是枝叶。由此，构建教学内容的深厚学术支撑，把科研成果不断转化为教学效果，以教学需求不断激发科研潜能。对于增强思政课亲和力的诸多障碍，不要回避，用专业化的教学和研究技能加以解决。用理论优势打造理论自信，从而在学科建设中实现思政课说服力的显著提升。

从吸引力来看，需要提升思政课教学的技术含量，力争实现教学艺术与载体形式的有机结合，在教学话语的优化过程中，实现课程吸引力的全面提高。在互联网时代，微视频、微信息成为大学生日常接触的重要内容，因此，如何应对这样的"微冲击"，让大学生的注意力回到系统而全面的理论思考中？这成为思政课必须解决的问题。其一，融合最新教育技术。在微时代，应突破单纯言语表述，将文字化的学术话语转化为图形化、视频化的生动表达方式，从而多维度推进思政课教学形式的变革。要实现可视化、具象化的话语形式与具备权威性、准确性的理论内容的有机统一。其二，提升授课技巧。思政课的教学，不但讲究"道"的领悟，还需要"器"的修炼。所谓"器"，也就是"术"与"技巧"。在教学中，教师不但是课堂的引领者，也是参与者，其在传道授业的同时，也不断加深着自身对于马克思主义理论的理解与认知。在深化理论理解的基础上，不断把握学生的心理接受习惯，从而创新授课技巧，做到思政课教学的"器""道"耦合。例如，教师可以从大学生的情感体验着手，在感悟中学习、在思考中进步；注重网络平台层面的交互对话，在双向沟通的基础上形成大学生对于理论知识的内化认识。其三，创新教学形式。思政课需要用学生乐于接受的途径、乐于参与的形式、乐于学习的内容，对其思想、观念、行为施加积极影响。

从感染力来看，思政课需要触摸学生的深层情感，用好社会素材。如何在话语表述层面实现突破？应走出课堂，走入社会，在社会的海洋里开展实践研学，从而用现实的力量推进理论的认知。马克思主义理论的立场、观点、方法只有通过实践层面的多维展现，才能深入学生的内心世界，使其在新旧观念的不断碰撞中探索真理的内蕴，在体验中感知共产党人的初心与思政课教师的用心,在感悟中凝聚、在通晓中践行。大学阶段是学生成长的重要转折时期,其人生观、价值观在这里定型,其人生道路在这里奠基。因此,只有富有感染力的思政课,才能为学生的"人生运河"挖下扎实的"第一锹"。要以增强获得感为目的,通过构建专业思政、学科思政、校园思政、校外思政、环境思政的"大思政"格局,促进全过程、全课程、全方位、全社会、全天候与思政课同向同行,以实践体验引领理论践行,强化感染力,让学生在实践中"学懂弄通"思政理论。

从影响力来看,思政课教学的影响力主要来源于教师。学识渊博、人格高尚、语言亲和、情感投入的教师具有影响力,教师只有具有影响力,才能以身作则、率先垂范,思政课教学才能具有影响力,而有影响力的思政课才有亲和力。这一影响力不仅作用于微观问题,而且作用于学生的宏观视野、整体观念、人生走向,因而不仅是学生"如何为人"的引导,更是学生"何以成人"的指南。习近平总书记 2014 年在考察北京大学时深切指出:"人生的扣子从一开始就要扣好。"① 那么,如何让学生扣好人生的第一粒扣子呢?必须增强思政课的亲和力,真正在学生的内心种下求真、求善、求美的精神种子,使学生在学习中思考问题,在思考中掌握方法,在方法的运用中提升自我、完善自我。要提升影响力,思政课教师需要进一步把握时代脉搏,在坚守鲜明的政治属性、发挥显著的政治引导功能的基础上,做好自身建设,明确育人目标、创新育人途径、解决育人问题。因此,要以增强示范性、提高教师综合素质为抓手,通过夯实根基,提高职业影响;立体培养,提升学识素养;涵育修养,增强人格魅力;把握技巧,优化语言艺术;强化培育,涵养深厚情怀等途径,增强教师亲和力,扩大影响力,以思政课教师的率先垂范影响带动学生"真心喜爱"思政理论。

从导向力来看,教学评价机制是高校思政课教学质量监控的重要依据,科学合理的考核评价犹如指挥棒、指南针,能够引导教学、规范教学、调整教学、改善教学。思政课导向力在很大程度上依赖于教学评价导向功能的发挥。导向功能正向发挥的教学评价才有导向力,有导向力才能切实提升教学质量和教学效果,从而增强思政课亲和力。因此,要优化思政课教学评价,加强顶层设计和实践操作,以说服力、吸引力、感染力、

---

① 《习近平谈治国理政》,外文出版社,2014,第 172 页。

影响力、导向力的提升为核心指标，以学生对思政课"信不信""学不学""懂不懂""爱不爱""用不用"为绩效标准，根据思政课的课程特性，长效性构建教学评价机制、系统性实施思政课程评估，充分发挥教学评价对增强思政课亲和力的导向作用。

总之，该著作在探讨以说服力、吸引力、感染力、影响力、导向力为主要内容的思政课亲和力的过程中，既从课堂实践出发，又走出书斋、走入社会，发现家、校、社等多个维度下的思政课亲和力提升规律。这些规律的论证建立在翔实的实证材料基础之上，具有深厚的实践基础，从而实现了理论与实践的有机结合、逻辑论证与实证调研的有机结合。以此为依据，该著作进一步主张思政课的课堂教学应同生活现实密切结合，其时代把握应同历史认知密切结合，在"小故事"的生动阐述中明晰做人、做事的"大道理"，在潜移默化中不断增强思政课教学的亲和力。这些观点和主张不仅是学术观点上的创新之处，也是当前其他研究所没有提及或涉及不深的方面，给人以耳目一新的感觉，无疑为高校思政课教师提升教学能力、增强研究能力、实现自我超越指明了创新教学理念、改进教学方式、提升教学实效的努力方向，因而具有重要的学术价值与应用价值，是一项构建新颖、视野开阔、案例丰富、见解独到、方法得当、科学管用的教学研究成果，也是一部结构完整、框架鲜明、富有创新、行文流畅、整体质量较高的学术专著。

衷心希望这本著作能为辛勤探索的学术同行们带去一些精神上的共鸣、思想上的启迪和行动上的借鉴，发挥出应有的育人价值。同时，也希望作者能够不忘初心、不辱使命，继续拓步、继续前行，在马克思主义理论研究、思政课育人工作中取得更大的业绩！

教育部长江学者奖励计划特聘教授，江苏省高校思政课教学指导委员会副主任，南京师范大学教授、博士生导师

目 录
Contents

绪　论

习近平总书记指出："推动思想政治理论课改革创新，不断增强思政课的思想性、理论性和亲和力、针对性。"① 进入新时代，高校思政课进一步增强亲和力，提高针对性、有效性，既是党和国家关注的重点，也是高校加强和改进思政课教学的难点。因此，新时代增强高校思政课亲和力研究具有显著的价值与重要的意义。

一　研究价值与意义

1. 新时代增强高校思政课亲和力研究的学术价值

新时代增强高校思政课亲和力的研究模式，有别于"内涵—现状—路径"的一般研究范式，而是将马克思主义理论与哲学、政治学、社会学、心理学、传播学等其他相关学科进行交叉融合，在学科借鉴与整合、交叉与融合的基础上，构建"理论基础、生成机理、现实背景、现状考察、创新路径、绩效评价"的研究框架，拓展和丰富了高校思政课亲和力的研究架构。

近些年，以"亲和力"为切入点，不少专家学者对如何提升高校思政课亲和力展开研究，从理论和实践两个层面深入探讨，一般建立在"内涵

_____

① 习近平：《思政课是落实立德树人根本任务的关键课程》，人民出版社，2020，第17页。

1

阐述—现状分析—路径思考"这一传统的研究范式下。内涵阐述一般包括对亲和力的概念界定和提升高校思政课亲和力的结构要素阐释等,主要是从心理学角度诠释亲和力概念,分为感性和理性两种亲和力的发展层面。思政课亲和力构成包含教学主体、教学内容、教学方法、教学实践、教学环境和教学载体等多个教学要素的有机联系与协同作用。现状分析则是对高校思政课亲和力既有成效、存在不足的多种表现及各种原因的调查与分析。主要存在问题包括:缺少互动使师生情感温度不能升华,缺乏创新使教学难以深化思路、深入人心,其中师生主体、教学方法和教学内容是牵制思政课亲和力的关键因素。路径思考主要从亲和力构成要素入手进行研究探讨,代表性路径研究包括"教师""内容""媒介"三要素,即提升教师自身的素质与能力,言传身教,形塑有温度、有情怀的教师与教学;强化教学内容的深度和现实性,亲近大学生的实际生活;扩展媒介的运用,尤其注重对新媒体教学的探索和新旧教学方法的融合。

本研究所用的模式区别于一般传统范式,是在借鉴与整合众多哲学社会科学相关学科理论成果的基础上,通过多学科现有资料的融合研究,深化对亲和力理论基础的理解,细化对思政课构成要素和生成机理的分析,基于现实的考察,创新具有针对性、可操作性的发展路径,为高校思政课提升亲和力开辟崭新思路,再通过绩效反馈调整、提升亲和力建设成效,从而形成动态的良性循环。构建了结构完整、论证严密的新型研究框架,具有显著的学术价值。

第一,较之传统的研究框架,在原有的研究基础上增加了新的内容板块,即"生成机理""现实背景""绩效评价"三个研究板块,使研究者对提升高校思政课亲和力有更加清晰、全面、系统的认知。"生成机理"是指形成要素之间相互联系、相互作用的规则与原理。"现实背景"是指立足新时代,对高校思政课面临的新形势、新变化、新机遇、新挑战进行系统考察。"绩效评价"则是指使用一定的评价方式、量化指标和评价标准,对确定的绩效目标达成程度和预算进行综合性评价。第二,新型框架明晰了研究过程,重构并细化了研究步骤,使之更加科学合理,更符合提升思政课亲和力的发展规律,从而更具可行性。第三,创新性地借鉴与整合了其他学科的经验与方法,并在前人的研究基础之上,提出了更为行之有效的实践方法,扩宽了研究范围,开阔了研究思路,拓展和丰富了高校思政课亲和力的研究架构，为新时代高校思政课亲和力建设提供有益借鉴。

课题研究以"增强亲和力是高校思政课的生命线"为逻辑起点，在阐述理论基础、梳理发展历程的基础上，深入研究和阐释新时代高校思政课亲和力的概念内涵、构成要素、生成逻辑、提升路径等，具有重要的理论意义，具体表现在三个方面。

第一，有利于高校思政课进一步贯彻落实习近平总书记系列重要论述。习近平总书记对思政课建设高度重视，发表了一系列重要讲话，提出了一系列重要论述，为新时代高校思政课建设提供了基本遵循。在新时代大背景下，提升思政课亲和力不仅要从当前的社会形势中把握时代的主题，回应新时代变化发展的新要求，还要结合具体现实生活问题，回应大学生的现实关切和思想疑惑，引导大学生树立正确"三观"，坚定"四个自信"，提升社会责任感。课题研究对新时代高校思政课面临的世情国情党情、机遇与挑战、新变化新要求等进行了系统梳理和详细阐述，对新时代高校思政课的守正与创新要求进行了深入分析，这是对学习理解、贯彻落实习近平总书记关于思政课建设系列重要讲话、重要论述的进一步探索。

第二，有利于丰富高校思政课亲和力理论。课题研究在追溯发展历程时，紧扣高校思政课亲和力研究已有的学术成果，从不同学科领域进行多角度分析、层层梳理，同时融通国内外研究发展状况，以全新的理论逻辑观点和多方位视角，更加系统、完整、准确地展开研究，深入阐述新时代高校思政课亲和力的基本内涵及意蕴，厘清了新时代高校思政课亲和力的具体构成要素，挖掘出背后潜藏的生成逻辑，创新性地提出灵活多样、具有可操作性的提升路径。以往的研究对"构成要素"与"生成逻辑"这两方面的理论概念研究区分并不大，甚至混为一谈，研究者通常把二者均归类于高校思政课亲和力的构成要素，导致两个分支理论性趋向一致、概念混淆，这严重影响了思政课亲和力研究的客观性。而笔者基于对大量文献的系统性梳理，将两者区别开来，深入分析了高校思政课亲和力的构成要素及生成逻辑。全新的理论逻辑视角丰富了高校思政课亲和力的理论内涵，具有创新性的理论意义。

第三，有利于进一步丰富和发展思政课建设理论。课题研究在汲取其他专业学科优秀成果的基础之上，对已有研究成果中不恰当的概念和阐述加以厘正，对缺失的细节加入考量补全，通过全新的框架，从基本内涵、构成要素、生成逻辑、提升路径等方面研究新时代高校思政课亲和力基本内涵与实现路径，丰富和发展了思政课亲和力的理论内涵，有利于进一步加强高校思政课针对性、时效性和现实性等，彰显其亲和力和感召力，凸显思政课亲和力的育人魅力；也有利于丰富、充盈高校思想政治教育理论，为后来研究者深入研究提供较为客观的理论依据。

2. 新时代增强高校思政课亲和力研究的应用价值

本书创造性地将"亲和力"有机分解为"说服力""吸引力""感染力""影响力""导向力"五个既相互并列又相互关联的要素维度，构建以提升说服力、吸引力、感染力、影响力、导向力增强思政课亲和力的"五维"模型，力图破解大学生对思政课"信不信""学不学""懂不懂""爱不爱""用不用"五大教学难题，这是对高校思政课教学改革现实的具体回应，对于高校加强思政课建设、落实立德树人根本任务具有重要的现实价值。其中，思政课说服力就是以马克思主义理论及其中国化成果等科学理论为指导，运用各种可能的形式与技巧，实现大学生对思政理论的心悦诚服，从而促进大学生将思政理论内化于心、外化于行，达到促进大学生思想转化或升华效果的力量。思政课吸引力是通过不断深化教学改革、创新教学方式所表现出来的吸引学生注意、激发学习兴趣、提高学习积极性，让学生对思政课产生喜欢、热爱情感的力量。思政课感染力是指高校思政课在丰富教学内容、创新教学方法，增强教学说服力、提升教学吸引力的基础上，通过构建大思政格局、健全践行体系，在学生的理论认同与实践践行之间架设好桥梁，提升实践的感染效能，增强学生获得感的力量，即感染力以说服力、吸引力为前提和基础，更多地指向实践维度，是引导学生从理论认同走向实践践行的一种推动力量。思政课影响力主要指在思政课教育教学活动中，思政课教师通过自身的知识素质、教学技能、道德品格、语言艺术、情感投入等各种因素，调控与改变学生的心理与行为，形成师生之间相互感召、相互信任的能力。思政课导向力是指思政课达成立德树人目标的驱动力，即思政课教学需要以立德树人的目标为宗旨，这一目标就成为开展思政课教学的方向，为了达到这一目标而在教学工作各个环节中所出现的驱动力就构成了思政课导向力，思政课导向力在很大程度上依赖于教学评价导向功能的发挥。通过以上五个感性的要素维度，构建以提升说服力、吸引力、感染力、影响力、导向力增强思政课亲和力的"五维"模型，力图破解学生对思政课"信不信""学不学""懂不懂""爱不爱""用不用"五大教学难题，实现大学生对思政课的"真信""真学""真懂""真爱""真用"。

党的十八大以来，习近平总书记针对学校思政课发表了一系列重要讲话，党和政府更加重视高校思政课教学改革，对高校思政课建设提出了新的要求，为高校落实立德树人根本任务提供了根本遵循。高校思政课的重要地位与其现实性是密不可分的，现实性是指高校思政课与社会实际有着密切的关联。本研究所构建的增强高校思政课亲和力"五维"模型，回应了当前社会高度关注、高校迫切需要解决的现实问题，具有重要的现实应用价值，具体表现如下。

第一，有利于进一步落实高校立德树人的根本任务。高校始终要以立德树人为根本目标和根本出发点，思政课是社会主义意识形态建设的主阵地，是塑造大学生世界观、人生观、价值观的主渠道，是高校落实立德树人根本任务的关键课程。课题研究成果对如何增强新时代高校思政课亲和力提出了创新性实践路径，能够更好地发挥思政课的育人功能，深刻回答"培养什么人、怎样培养人、为谁培养人"这一根本性问题。

第二，有利于破解高校思政课教学的现实难题。研究成果创造性地将"亲和力"有机分解为"说服力""吸引力""感染力""影响力""导向力"五个既相互并列又相互关联的要素维度，构建了以提升说服力、吸引力、感染力、影响力、导向力增强思政课亲和力的"五维"模型，力图破解大学生对思政课"信不信""学不学""懂不懂""爱不爱""用不用"五大教学难题，这是对高校思政课教学改革现实的具体回应。

第三，有利于切实提高高校思政课的育人成效。一方面，基于当前高校思政课实践性不强、互动性较弱等问题提出了灵活多样、行之有效的教学路径，丰富了教学资源，创新了教学方法，优化了教学评价。另一方面，通过提升思政课说服力、吸引力、感染力、影响力、导向力，激发大学生自觉肩负社会责任与担当，做有责任感、使命感的新时代青年，促使其树立远大理想，为实现中华民族伟大复兴的中国梦而顽强奋斗，这正是高校思政课育人成效的集中体现。

本书针对思政课教学存在的"说服力不强""吸引力不足""感染力不好""影响力不大""导向力不够"等问题，通过丰富教学内容、创新教学方法、健全践行体系、加强队伍建设、优化教学评价，提升思政课的针对性和实效性，探讨新时代高校思政课亲和力的增强路径，研究成果为新时代高校思政课改革创新提供了可操作、可复制、可推广的实践参考与借鉴。重点通过以下五个方面提升思政课的针对性、实效性和亲和力。

第一，丰富教学内容，增强说服力。教材是教学的内容载体，因此丰富教学内容需从深化思政课教材体系建设着手，深耕教材的内容而不止步于教材内容，运用辅导教材和广泛的信息网络教学资源丰富教材、扩展教学内容。教学设计是教学内容鲜活的关键，独特的教学设计需要精细化教学，使教师与学生都能实现从理论到实践、从局部到整体的把握。教师是教学内容的引导者和指向标，是丰富教学内容的主体把控者，因而丰富教学内容需要提升教师话语的亲和力、感染力。时效性是丰富教学内容的强心剂，把握时代的脉搏，与时俱进及时更新是丰富教学内容的重要抓手。

第二，创新教学方法，提高吸引力。创新教学方法需要遵从思政课的教学规律，不能盲目创造，还需要借鉴高校实践中的成功案例以及其他专业学科教学的优秀成果。创新需要教师以及大学生的共同配合，因此教师和大学生需要从根本上转变观念，树立创新意识。充分利用互联网多媒体辅助教学是当今不可逆的趋势，因而创新教学方法要顺势而为，把握宏观上的大环境，善于利用互联网技术、平台进行教学方式的创新，同时要注重与传统教学方法的相互配合教学，以发挥思政课教学的最大效用。

第三，健全践行体系，强化感染力。高校思政课亲和力提升是一项系统性工程，要发挥践行途径的最大效用，就需要构建大思政体系、形成全员育人格局。首先，突出实践育人，以现实的需求作为突破口，让大学生认识到思政课的有用性，使其积极参与。其次，不断完善和创新践行方法，增强践行路径的可持续发展性。最后，在强化全员系统性思维的同时，构建课程协同、师生协同、管理协同的协同育人格局。

第四，加强队伍建设，扩大影响力。建设一支高素质、高水平的思政课教师队伍，提升思政课教师的影响力是增强思政课亲和力的重要基础和前提。思政课教师的影响力与综合素质、话语亲和力、人格魅力密切相关。扩大思政课教师的自身影响力，通过教师的言传身教，增强思政课的影响力与传播力，从而影响学生的所思所想所行，在潜移默化中将思想政治理论入耳、入脑、入心。

第五，优化教学评价，强化导向力。思政课的绩效评价既是考察教学目标达成度的重要标尺，也是检测教学路径针对性、有效性和亲和力的重要抓手。只有构建科学、合理的思政课亲和力评价指标体系，才能以评价指标为导向、以评价结果为支撑，通过反馈调节，改进思政课教学方式，达到提升亲和力的目的。因此，科学、合理的思政课亲和力绩效评价具有明确的导向性功能，"五维"模型中的"说服力""吸引力""感染力""影响力"，最终要通过"导向力"来检验和保障。

以上"五力"对于提升高校思政课亲和力的具体作用是：丰富教学内容是生成前提，创新教学方法是生成重点，健全践行体系是生成关键，加强队伍建设是生成基础，优化教学评价是生成保证。"五力"既发挥着各自的作用又相互联系、相互促进，从而有效提升了思政课的针对性、实效性，增强了新时代高校思政课亲和力。

二　国内外研究现状

1. 国内学术史梳理

思政课是思想政治教育的重要组成部分。一直以来，以提升实效性为实践动因的增强思想政治教育亲和力的研究始终是学界关注的重要话题。既有的相关研究可分为如下几个时期。

第一，革命战争时期中国共产党思想政治教育的经验与教训研究。学界已有研究认为，思想政治教育工作富有吸引力与感染力，是中国共产党取得革命成功的重要原因之一；思想政治教育工作是否贴近实际并能反映群众利益，是中国共产党能否争取和团结群众的关键因素。王树荫认为中国共产党在革命战争时期累积的思想政治教育经验教训都转化成为党的政治优势，形成了优良传统。党在革命战争时期的思想政治教育经验主要体现在五个方面。一是认清当时中国处于封建社会的实际情况，明确社会主要矛盾是帝国主义与中华民族之间的矛盾、封建主义和人民大众之间的矛盾，主要目标是实现民族独立与人民解放，而实现这一目标必须建立强大的统一战线，发展壮大人民力量，将距离马克思主义更远的农民阶级作为主要的教育对象，把思想政治教育放到"生命线"的位置上，发挥思想政治教育的能动作用，调动人民群众的革命积极性。二是围绕革命战争时期的基本任务与中心工作开展思想政治教育，为中国革命培养人才，服务于人的全面发展，以人民的利益为根本，在强调思想政治教育服从、服务作用的同时也重视对人的教育培养，引导其自主自觉地认识世界、改造世界，最终满足革命胜利、社会进步以及个人的发展需要，体现出思想政治教育的自身价值。三是完善思想政治教育的组织机构保障和规章制度保障，设立组织与宣传部门负责思想政治教育工作，使专门的思想政治教育队伍与群众队伍相结合，设立政治部，形成健全的工作制度与工作网络，使之形成思想政治教育合力。四是将思想政治教育中需要一以贯之的内容与发展变化有机统一，坚持马克思列宁主义这一核心内容，根据不同历史时期、历史人物，对不同对象进行有针对性的思想政治教育，加强思想政治教育的时代性，创新思想政治教育的方式方法，将新知识、新手段融入思想政治教育中，增加思想政治教育的吸引力。五是培养高素质、高要求的思想政治教育工作者队伍，起到以身作则、言传身教的表率作用，思想政治教育工作者应具备相应的专业知识与专业能力，德才兼备，以德为主，同时以严密的制度规范其行动与纪律作风，结合真理的力量与人格的力量，增强思想政治教育的感召力。① 欧阳忠良提出卓有成效的思想政治工作是党凝聚民心、增强民力、领导新民主主义革命取得胜利的重要保障。新民主主义革命时期党积累了丰富的思想政治教育经验：一是确保马克思列宁主义的指导地位，将马克思主义理论作为主线贯穿教育的全过程。这一时期出现了许多错误的倾向与思潮，如右倾机会主义、"左"倾教条主义等，严重妨碍了革命事业的发展以及思想政治工作的顺利进行，党针对这些情况提出要加强思想建设，用马克思主义理论教育和提高工人阶级的思想水平，感染人民群众，增强人民群众的思想道德素质与爱国主义情感。二是认清革命形势，根据形势发展变化需要及时开展有针对性的思想政治教育。明确这一时期思想政治教育体系萌芽、创建、发展成熟和

---

① 王树荫：《论中国共产党 90 年思想政治教育的基本经验》，《思想理论教育导刊》2011 年第 8 期。

提升的不同阶段，不断调整思想政治教育的内容，对人民群众进行基本国情、革命的路线方针以及世界观、方法论的教育，使之与新民主主义革命不同时期的中心任务相匹配。三是加强党的自身建设以达到加强思想政治教育的功能与效率的目的。中国共产党作为新民主主义革命的领导主体应保持优良的党风，加强党性修养，以工人阶级的阶级利益为最终价值取向，加强人民军队的民主建设与纪律教育，构建融洽的军民关系，提高政工干部队伍的思想政治建设水平，积极主动到工农群众中宣传马克思主义知识，让共产党员起到先锋模范作用。四是将思想政治工作与物质利益相结合。重视群众的物质利益，认清个人利益与集体利益、暂时利益与长期利益的辩证关系，通过思想政治教育使人民群众明确自己的根本利益所在，激发人民群众的革命热情。五是针对不同的客体层次有侧重地进行思想政治教育。认识到新民主主义革命的复杂性和不确定性，灵活地采用不同的教育手段，配合各个时期的中心任务，一切从实际出发开展思想政治教育工作，使之贯彻到各个阶层中去。①

　　第二，新中国成立后至改革开放前高校思政课实效性的回顾与总结。学界研究认为，这一时期，由于高校思政课在学科建设、教学内容、教学形式、师资建设等方面的认知偏差，高校思政课的亲和力未能得到充分彰显。张耀灿认为面对迅速变革的社会，高校要认真研究自身的思想教育改革，加强高校德育的适应性。这一时期的高校思想政治教育存在一些不足：一是制度建设不够完善。高校在德育方面的制度管理还不够健全，导致思想教育有空洞说教的倾向，管理上在施行硬约束的同时，对思想理论教育的软约束重视不够。二是隐性思想政治教育应用不够。需要将德育渗透到育人的全过程中，做到寓教于学、于乐、于丰富的活动之中，使德育更加科学化，加强校园文化建设，满足学生的政治文化需要，创建优良的育人环境，让学生耳濡目染地接受教育。三是缺少针对学生个性发展的咨询指导。要运用德育激发不同个体的潜能，改革思想政治教育课程的教学内容，使之更加贴近学生、贴近现实，根据不同专业的特点培养其人文精神，以帮助其树立正确的价值观，同时建立起相应的激励制度，使思想教

---

① 欧阳恩良：《新民主主义革命时期中国共产党思想政治教育的基本经验》，《思想理论教育导刊》2009 年第 10 期。

育事半功倍。四是理论教育与社会实践相结合的程度不够。还需进一步推进思想政治教育与社会实践的结合，加强高校德育的价值转换，让认识转化为实践以深化大学生的正确认识。五是高水平德育队伍建设需要加强。高校德育队伍仍存在素质不高、人员数量不够的问题，作为与学生接触最多的群体，德育工作者既要在专业能力及知识水平上做到高水平，也要有坚定的信念信仰。① 余双好认为新中国成立后到改革开放前我国高校思政课程是一个从创建发展到荒芜的过程。新中国成立初期我国开始逐步改革高校思政课，添设马克思列宁主义的相关课程，借以肃清封建思想，以文件的形式规定了高校思政课程的频次与课时、课堂讨论时间占比以及考察考核方法，对以马克思主义理论教育为主线的高校思政课展开了积极的探索，但此后经历了一段曲折发展时期，随着课程的改革，教学目的逐渐模糊不清，过于重视理论知识、脱离实际的教育方式使思想政治教育工作偏离了正轨，涌现出教条主义、修正主义等错误思潮，片面地强调将思想政治教育与生产劳动相结合削弱了教育的实际成效，加之"文化大革命"打乱了高校正常的教学秩序，使高校无法进行日常的教学科研活动，思政课程建设遭到了严重的打击。②

第三，改革开放以来高校思政课亲和力研究的逐步兴起。伴随着改革开放后高校思政课踏上规范化建设的轨道，以"提高针对性、增强实效性"为核心的思政课亲和力建设得到加强。特别是党的十八大以来，习近平总书记多次发表重要论述，提出要"提升思想政治教育亲和力和针对性"③ 的明确要求，有关高校思政课亲和力建设的研究成果不断涌现。主要包括以下方面。

首先，关于高校思政课亲和力的基本内涵。学界认为，高校思政课的"亲和力"是"思政课对大学生所具有的亲近、吸引的潜在功能，以及大学生对思政课所产生的亲近感和趋同感"④。吴潜涛、王维国认为，高校思

---

① 张耀灿：《对跨世纪高校德育的若干思考》，《中南民族学院学报》（哲学社会科学版）1996 年第 3 期。

② 余双好：《思想政治理论变化发展的晴雨表——新中国六十年来高校思想政治理论课程发展轨迹》，《学校党建与思想教育》2009 年第 29 期。

③ 《习近平谈治国理政》第 2 卷，外文出版社，2017，第 378 页。

④ 吴潜涛、王维国：《增强亲和力针对性，在改进中加强思想政治理论课》，《思想理论教育导刊》2017 年第 2 期。

政课亲和力的内涵包括三个方面：一是思政课教材的亲和力，具有可读性以及生动性的思政课教材更能激发学生的学习热情，更便于学生理解，与时俱进、吸收并采纳师生意见的教材、参考用书和理论普及读物能拉近大学生与思政课的距离；二是思政课教学的亲和力，创新教学内容与教学形式，将教材体系转化为教学体系，体现出理论的魅力，同时贴近实际，根据学生的具体情况与需求，透过学生关心的热点问题引导其理解背后的理论知识，采用先进多样的教学方法吸引、感染学生；三是思政课考核的亲和力，要以尊重主体性为前提，进行多层次的动态考核，使思政课的考核趋向生活化、多样化以及全程化，注重学生的自主探究能力，多维度设置考核形式，将考核融入教学过程之中。① 郑士鹏认为高校思政课在培育学生的过程中展现出了其主体激励价值，亲和力蕴含在价值意蕴中。一是立德树人，鼓励自省。高校思政课通过德育这一手段对大学生的思想进行塑造与纠偏，以整体性的教育将传统道德教育与新时代道德文明教育结合起来，为学生提供了德法并行的行事准则范本。二是以文化人，培养担当。以中华民族优秀传统文化熏陶滋养学生，引导学生深刻理解自身的使命担当，理解个人与社会之间的深层联系，理解对自己、对社会以及对国家应承担的责任。三是以情动人，开阔胸襟。通过近现代史、中国共产党历史、新中国历史、改革开放历史、社会主义发展历史以及中国特色社会主义理论的教育，让学生看到真实、立体的中国，传递历史、世界情感，提升其眼界与境界，积极融入大局以及全球化的发展中。②

其次，关于增强高校思政课亲和力的重要意义。学界认为，增强高校思政课亲和力不仅是满足学生成长发展需求和期待的现实需要，也事关高校思政课程改革和中国特色社会主义教育事业的成败。高永强指出，增强高校思政课亲和力可以有效提升思政课的教学效果与实效性，思政课的实际效果需要一个从内化到外化的过程才能显现，亲和力作为思政课期望特征的基本性、前提性特征，能吸引、感染学生，引发其学习兴趣，具有保

---

① 吴潜涛、王维国：《增强亲和力针对性，在改进中加强思想政治理论课》，《思想理论教育导刊》2017 年第 2 期。
② 郑士鹏：《高校思想政治理论课对培养时代新人的价值意蕴》，《思想理论教育导刊》2018年第 12 期。

障思政课教学顺利进行的作用。① 梁冰认为增强高校思政课亲和力是政治任务的要求，创新高校思政课教学模式，摆脱传统的硬性说教方式，用亲和力强化与学生之间的沟通，让学生真正感受到马克思主义理论的价值，让新时代中国特色社会主义思想深入学生心里，有助于高校在新时代背景下立德树人任务的完成。② 赵刚认为应将实现政治认同与提升高校思政课亲和力有机统一起来，这对于提升高校思政课教学成效有着重要的意义，一是能实现思政课的教学要求，强化思政课的吸引力与感染力；二是能推动高校思政课的教学改革，改善高校思政课的课堂环境；三是能实现高校思政课的教学目标，为社会、为国家培养拥有正确人生观、价值观、世界观的时代新人。③

再次，关于高校思政课亲和力的生成机制。有研究表明，教学内容的时代性和科学性、课程教学的针对性和实效性、授课教师的素质和影响力、教学方法的多样性及教学手段的现代化等方面的协同作用，是高校思政课亲和力的主要生成机制。李建提出高校思政课亲和力的生成是一个动态变化的过程，主要有四个层次：一是教育对象对教育目标的认同，教育目标的合理性与教育对象的需求相匹配是高校思政课亲和力生成的根本基础；二是教育内容真理性对教育对象的吸引力，满足教育对象在精神层面上的深层次需要是高校思政课亲和力长久保持的必要条件；三是教育实践活动的和谐感，教育者通过个人魅力与教育对象建立起和谐顺畅的教学关系，进而激发教育对象的能动性，是高校思政课亲和力的生成途径之一；四是教育对象的悦纳感，被教育对象广泛接受、给予高度评价的教学活动能吸引教育对象主动参与进教育活动中来，高校思政课的亲和力也由此生成。④ 白显良认为，高校思政课亲和力的内在生成逻辑主要有以下四点：一是透彻把握教学内容，在讲解过程中做到深入浅出，并能联系实际且在

---

① 高永强：《论提升思想政治理论课亲和力及应注意的问题》，《思想理论教育导刊》2017年第6期。

② 梁冰：《提升新时代高校思政课亲和力和针对性的对策选择——学习中国共产党的十九大报告体会》，《思想政治教育研究》2018年第4期。

③ 赵刚：《政治认同与提升高校思想政治理论课亲和力的逻辑关系》，《现代教育科学》2019年第2期。

④ 李建：《思想政治教育亲和力构成要素及形成机理研究》，《思想教育研究》2017年第3期。

实际中运用，深刻理解理论知识，用理论的科学性、透彻性去吸引学生，让学生易于理解是高校思政课亲和力生成的基本前提；二是增强教学针对性，有的放矢地准备教学内容，拉近理论与实际之间的距离，了解学生的需求，走进实践，把握动态，常教常新，是高校思政课亲和力生成的关键；三是教学话语接地气，内容与形式有机统一，创新教学话语、教学风格，不做简单的搬运，让马克思主义讲中国话，向生活学习，向学生学习，是高校思政课亲和力生成的基础；四是教育者言行一致，教育者发挥自身的人格魅力，起到模范带头作用，做到教且信、信且行，用真情实感感染、影响学生，是高校思政课亲和力生成的保障。[①] 金炜康认为，高校思政课亲和力生成有四个重要的影响因素：一是课程载体的时代性与科学性，紧跟时代、贴近学生、科学严谨的思想政治教育内容体系与思政课教材是高校思政课亲和力生成的基础；二是课程教学的针对性与实效性，针对高校学生这样的年轻群体，运用互联网、大数据等科技手段的教学方式，翻转课堂、师生互动的教学策略以及生活化、生动活泼的教学语言是高校思政课亲和力生成的条件；三是授课教师的素质与影响力，课程载体与课程教学都有赖于授课教师去发挥其作用，业务能力强、育人水平高，有知识、有温度的授课教师是高校思政课亲和力生成的关键；四是教学环境的协调性与先进性，配备先进的教学硬件设施，运用好校园文化载体，营造出良好的校园文化生态，对学生起到潜移默化的精神引导作用，是高校思政课亲和力生成的保障。[②] 张雷声指出，教学研究、教学思路、教材建设等，直接关系到如何增强思政课的思想性、理论性和亲和力、针对性问题，当前高校思政课的教学研究还需加大力度，教学思路需要拓展，教材建设需朝着生动鲜活的方向发展，马克思主义基本理论、发展史、党史、国史，习近平新时代中国特色社会主义思想以及现实中的理论实践问题研究等思想理论性资源的供给是加强高校思政课建设、生成高校思政课亲和力的必要条件。[③]

最后，关于增强高校思政课亲和力的路径。学界从教育理念、教育

---

① 白显良：《论高校思想政治理论课教学亲和力的逻辑生成》，《思想理论教育导刊》2017年第 4 期。

② 金炜康：《论思想政治理论课亲和力的生成机制》，《思想理论教育导刊》2019 年第 2 期。

③ 张雷声：《新时代思想政治理论课的改革创新》，《理论与改革》2020 年第 1 期。

者、教育介体、教育环境等维度出发，认为更新教育理念、优化教育内容、创新教学方法、营造教育环境、加强教师修养等是增强高校思政课亲和力的主要路径。贾兵强认为，增强高校思政课亲和力要通过思政课教学实践，运用多样化的教学方式与现代化的教学手段形成教学、科研、育人共进的格局。一是要创新教育理念，教师应树立以理论教学为主，辅以现代化技术的教学手段，采用综合分析的方法，传播社会主义先进文化的教育理念；二是发挥课堂主渠道作用，采用能发挥学生自主性的小组选题说课以及学生喜闻乐见的历史情景剧会演等教学方式；三是注重方法手段，利用新生开学第一课引导学生亲近、信任马克思主义，同时发挥 QQ 群的网络课堂作用，延展学习的空间与时间。① 罗会德从五个方面论述了如何增强高校思政课的亲和力：一是增强教学内容的针对性，通过提升高校思政课的温度与拓展高校思政课的深度，根据学生的认知规律从学生关注的深层次问题出发增强高校思政课的解释力；二是注重教学方法的灵活性，运用形象教学法、互动式教学法以及专题式教学法增强高校思政课的吸引力；三是提高教学语言的生动性，在遵循逻辑原则和历史原则的前提下用幽默风趣的语言吸引学生，增强高校思政课的感染力；四是增进教学感情的融入性，授课教师应透彻把握教学内容，身体力行，常怀责任意识、使命意识，增强高校思政课的感召力；五是促进教学评价的开放性，让考核方式多样化、考核主体开放化、考核结果有效化，增强高校思政课的引导力。② 涂刚鹏认为，提升高校思政课亲和力主要有四个着力点：一是教材的提升，拓展编写视野，增加知识含量，将政治话语转化为学术话语，避免重复内容，是提升亲和力的前提；二是教师的提升，夯实理论基础，注重自身修养，锤炼教学语言，是提升亲和力的关键；三是教学内容的提升，增强教学内容的现实性、针对性以及说服力是提升亲和力的关键；四是教学方法的提升，结合传统方法与现代方法、理论教育与实践教育、网上教育与网下教育是提升亲和力的保障。③ 冯务中认为，要以人格魅力增

---

① 贾兵强：《提升高校思想政治理论课亲和力与针对性的路径选择》，《思想政治课研究》2017 年第 6 期。

② 罗会德：《提升思想政治理论课亲和力的路径分析》，《思想理论教育》2017 年第 10 期。

③ 涂刚鹏：《提升思想政治理论课亲和力的四个着力点》，《学校党建与思想教育》2018 年第 3 期。

强思政课的亲和力，授课教师应有深厚的理论功底以及高尚的人格，能起到表率作用，与学生建立起良好、平等的师生关系；要以问题导向增强思政课的针对性，授课教师应有问题意识，及时纠正学生的认知误区，批判错误的观点与思潮，联系学生的需求进行教学。[①]

总之，有关高校思政课亲和力的研究成果为本书提供了很好的理论启示和实践借鉴，但关于思政课亲和力的核心要素、相互关系及生成逻辑等研究有待进一步丰富和完善，并且提升亲和力路径研究应当置于高校"大思政"格局下进行，才能达到增强合力的教育效果。

2. 国外学术史梳理

国外虽没有专门针对学校思政课程亲和力方面的相关研究，但西方国家在注重启发式教育、倡导人性化个性化教育方面的研究却相当丰富。从学术史来看，主要分为以下三个阶段。

其一，在西方古代社会，古希腊教育家着重探讨了"人的培养"问题，认为在人的培养过程中应注重启发式教育。早期智者教育思想中明确意识到要根据人文"理想"实现人的"教化"。苏格拉底著名的"精神助产术"理论强调发挥学习者的能动性，反对灌输教育，主张进行启发和引导的教育。苏格拉底在与他人讨论问题时，常常是以先提问再反问的方式逐步引导其明确观点，他将启发他人这一环节称为"精神助产术"，这种启发式的教育体现出了教与学之间的辩证关系，教育者既发挥出了其自身教导、引导的作用，又激发出了学习者的主观能动性，提高了学习者在教育过程中的参与程度，给予学习者充分的探索空间，让其不再只是被动地接收知识，一来一回的问答更能使学习者发现自己本身更深层次的潜能。苏格拉底的教育方式有很强的互动性，同时也能使教育者与学习者处于平等的地位，拉近两者之间的距离，对增强高校思政课亲和力有着重要的借鉴意义。需要注意的是，苏格拉底的教育方式也存在一些问题，例如这种教育方式是建立在学习者已经有了一定的知识储备的条件下的，是否适用于所有人，对不同的学习者教学的成效如何还有待考察。柏拉图认为心灵的完善为教育的目的，教育是发展整个心灵而不是欲望、激情或智慧的某

---

① 冯务中：《如何"增强思政课的思想性、理论性和亲和力、针对性"》，《高校马克思主义理论研究》2019 年第 1 期。

一方面，当心灵的和谐达到完善的境地时，便会生成道德。柏拉图也认为教育应是终身性的，教育应贯穿成长的各个阶段以及不同阶段的不同方面。在柏拉图看来知识是先验的，是人生而就有的，只不过是出生后被遗忘了，经过教育者的启发、引导就能还原这些知识。柏拉图反对被迫的学习，认为被迫的学习无法真正扎根于人的心中，指出教育不是简单地把知识倒入人的心中，要尊重人的天性，教育想要获得成效，就要采取启发式的办法。柏拉图在教学中也同样重视自由和谐教学氛围的营造，以调动学生的积极性，让学生主动提出问题，同时也会根据学生的个体差异运用启发式的教学方法，以得到最好的教学效果。亚里士多德认为应以人的自身天赋为教育的基础，在他看来人的灵魂是与生俱来的，这为人的发展和教育提供了可能性。据此，亚里士多德首次提出了较为系统的"自由教育"思想。首先，"自由教育"强调发展人的理性，亚里士多德指出要引导学生透过现象去探究其本质，只有充分发展了理性，才能真正实现自我，"理性的沉思的活动，则好像既有较高的严肃的价值，又不以本身之外的任何目的为目标，并且具有他自己本身所特有的愉快（这种愉快增强了活动），而且自足性、悠闲自适、持久不倦（对于人可能的限度内）和其他被赋予最幸福的人的一切属性，都显然是与这种活动相联系着的"①。其次，"自由教育"是闲暇教育，闲暇越多，越需要智慧与节制，越需要利用闲暇时间进行理性思维活动，发展其自身。最后，"自由教育"是自由人的教育，自由人强调人在身体和思想上都处于不受束缚与支配的状态，身体自由指进行劳动不是为了生存，而是出于个人的意愿，思想自由则是指为自己而活，不受他人意志的左右，身心自由既是教育的前提，也是教育的结果，在这种教育理念下，人们会自发自愿地接受接近教育，以获取自身的发展。

其二，在西方近代社会，近代西方教育家对"古典人文主义"教育思想展开了深入研究，力图构建合乎人性的教育。早期空想社会主义者莫尔极其重视道德教育，他认为，美德是人唯一和真正的高贵之处，甚至可以说，美德是理想社会的基础，"在一切财富中，美德占首位"②。莫尔把幸

---

① 张法琨选编《古希腊教育论著选》，人民教育出版社，1994，第 324 页。
② 〔苏〕N. H. 奥西诺夫斯基：《托马斯·莫尔传》，杨家荣、李兴汉译，商务印书馆，1984，第 34 页。

福与快乐作为人的最高追求，认为一切行为，包括道德行为在内，其最终目的都应是幸福与快乐，快乐分为肉体上的快乐与精神上的快乐，肉体上的快乐主要是指健康的身体，这是一切快乐的基础，精神上的快乐主要是指人们对获取真理的满足感、对过去的美好回忆以及对未来的幸福憧憬，这是与培养美德联系在一起的。因此，莫尔要求青少年具有良好的知识水平及道德修养，认为应选择一批人格高尚，可以以身作则的教士对青少年进行道德教育，对于正面的行为要给予表扬，以示劝勉，对于恶行要及时惩处，使他人引以为戒，为青少年提供一个良好的环境，使其耳濡目染地形成美好的品德，明白什么是高尚的快乐，以此获得幸福。著名教育家夸美纽斯主张教育就是要培养"有修养的人"和"有修养的民族"，教育应该更加合乎自然、合乎人的本性的自然发展。他以教育类比自然，认为教育应契合自然发展的规律，自然界的一切井然有序源于其有自身发展的秩序，人的发展与教育作为自然界的一部分，离不开对自然界的借鉴，教师要注重人的自然本性，成为引导者而非支配者，让教育对象根据其天性去发展，不要违背意愿去强迫其接受教育。在夸美纽斯的理念中，他力求教育者与教育对象都能在整个教育过程之中感受到愉悦的氛围，要因材施教，激发教育对象的兴趣，用不同的方法应对不同的教育对象，让他们去学习自己感兴趣的东西，同时也要注重教育的方式与言语，用温和的语言以及引人入胜的方式导入新知识的学习，让教育对象愿意求知求学。爱尔维修认为，人性本善，从善变恶完全是后天环境造成的，只要通过教育，便可使人性的善得到恢复和提高。他认为人是环境与教育的产物，人在天赋、智力以及才能上是天然平等的，需要在后天的社会环境与教育中培养发展，人的性格由于处在不同的社会环境中而有所差别。爱尔维修还指出，对一个民族来说最具决定性意义的是政治与法律制度，依靠有才能的人制定出的高明的法律制度可以使民族国家走向兴盛。由此，他还提出了"教育万能论"，认为教育制度的改变可以影响现下的一切。但这与上述有才能的人可以通过立法改变社会环境又是相悖的，一种夸大了人的主观能动性，另一种又只是把人看作被动的接受者，其中值得肯定的是环境与人确实是在相互作用着的，环境可以潜移默化地感染人。此外，爱尔维修还很重视教师的培养，号召教师勤勤恳恳，研究教学技巧，去培养学生的美德。卢梭主张教育培养"自然人""自由人"，他认为应"遵循自然，跟着它给你画出的道路前进"①，遵循自然教育的理念，培养天性不受约束、自由发展的"自然人"。他所期望的"自然人"是独立自主、追求高尚道德以及有能力、有智慧的人，培养"自然人"要从人的儿童时期开始，从儿童的天性出发，遵循自然的特定安排，根据不同阶段的身心特征调整培养方式，培养"自然人"的最终目的是实现人的自由，自然给予了人恰当的安排，那么在最接近天性、最接近自然的状态下，人就会得到充足的发展。康德认为，教育应该尊重受教育者的主体性和自由发展。他主张以不妨碍人的自然天性发展的原则去施行教育，充分肯定个人价值，推崇人性，认为人不应作为手段被某种意志所支配，也不应将知识水平、社会地位及富有程度作为判断人的标准，人应作为目的本身而存在。康德将教育分为两个阶段：一是自然性的教育，他认为人生来就带有野蛮性，要通过培养或是规训的方式纠正其错误行为，而在这种强制性的教育下，也能激发其对于自由本性的追求，以便于其按照自然规律生长发育。二是实践性的教育，以道德教化的方式去塑造人的品格与能力，达到实现人的自由这一目的，但这种自由是在遵守其内在道德的前提下的自由，是克制的自由，在这种自由之下，人的天赋便能自然而然地发挥出来。

其三，在西方现代社会，现代人文主义教育思想开始勃发，呼吁教育要注重人的"生成"或"生长"。首先，具有代表性的是基于存在主义的人文主义教育思想，强调教育的主要目的应该是引导每一个人自由地成为自己，提出"教育即生成"。雅斯贝尔斯认为教育不仅仅是简单的知识传递的过程，而是教育者与教育对象之间双主体自由交流的过程，在这一过程中教育者可以主动发挥自身的潜力，实现教育对象的自我教育。存在主义教育观认为人是靠着自己的选择成为自己所志愿变成的人的，教育是为人而服务，其目的在于让人意识到自己的存在，进而形成属于自己的、区别于其他人的生活方式，在存在主义教育观的视角下，教育应激发学生的天赋，让其看到自己的种种可能性，自己选择自己，创造自己的未来，同时也要对自己所做出的选择负责。存在主义教育观反对理性，认为教育方式比教育内容更为重要，主张采用苏格拉底的启发式教育，允许学生展示

---

① 〔法〕卢梭：《卢梭全集第 6 卷上·爱弥儿　论教育》，李平沤译，商务印书馆，2012，第 26 页。

自我个性，不应控制学生、强迫学生去接收，也不应限制学生的选择、限制其可能性，要让学生自己为自己负责，充分尊重学生的主体性，教育只是手段，目的还是满足学生个人实现自我的需要；教师与学生应处于一种平等的、互相欣赏的状态。例如，奈勒提出"当教师跟学生讨论一个题目时，当教师讲授文学和历史的某一方面时，他力求介绍尽可能多的观点，他力图把这个题目描述为许多人思考的结果以及继续思考的焦点。实际上，重要的是一切知识本身的发展情况，如果要知识具有持久性的话，就必须对之重新加以解释，并且在使用时能够产生新的意义。但是教师的意图并不是要学生随心所欲地选择有关这个题目的任何观点……教师也不能把自己的解释强加于学生，或是潜移默化地施加影响，因为这样做就会把学生贬值为教学策略的对象。反之，在充分讨论之后，教师向学生提出关于这个问题的最好的观点，然后问学生是否接受这一观点"①。虽然存在主义教育观主张发挥教育对象的主体性作用值得肯定，但是它排除直觉思维和自我体验，因此不适宜作为课程的基础。另一具有重大影响的是基于人本主义心理学的人文主义教育思想，主张"教育即生长"，强调教育要以人为本，培养完整的人、自由的人，帮助人得到全面发展，主张教与学的方法强调人性化、个性化。杜威所解读的"生长"是指主体与环境之间相互作用，生长就是经验改进提高的过程，也是主体完善自身缺陷的过程，想要主体能更好地适应环境得到良好的发展，就要用教育这种手段加以辅助。人本主义心理学教育观认为教育的目的在于促进人的个性发展，教育对象的"自我"是核心，要突出其主体地位与自主作用，尽所能帮助教育对象成为最好的人，提升不仅是知识的积累与智力的开发，还有情感的完善、价值观的形成以及自我价值的实现。人本主义心理学教育观着眼于人的低级需求与高级需求，当低级需求得到满足后，人会自然而然地转向对于高级需求的追求，使人自主地追求能完善自身的个性化需要。在人本主义心理学的教育观中，教育者主要起到帮助、辅助的作用，要尊重教育对象的个体差异性，注重与教育对象的情感交流，给予教育对象自由发展的充分空间，营造出和谐平等的教学关系，使教育对象在爱的包围中健康生长。

---

① 陈友松主编《当代西方教育哲学》，教育科学出版社，1982，第116~117页。

国外的相关研究，其实质也是试图提高西方道德教育的"亲和力"。此类研究及其成果可以为中国特色社会主义高校思政课亲和力研究提供比较和借鉴，但绝不能不顾国情照搬照抄、生搬硬套。

3. 研究动态概述

当前的研究主要呈现三大趋势。

首先，从碎片化的局部理论阐述转向系统性的理论体系构建研究。当前学界对高校思政课以及思政课亲和力的发展历程作出了初步的梳理。在革命战争时期，我国的思想政治教育工作开始萌芽并初步发展，党依靠思想政治教育工作团结群众，取得了革命的胜利；在新中国成立初期到改革开放前，因认知方面存在偏差，高校思政课的发展经历了一段荒芜时期；改革开放以来，通过拨乱反正，高校思政课走向正轨，高校思政课亲和力的研究逐步兴起。学者们对高校思政课亲和力的基本内涵、意义、生成机制以及提升路径等构成要素作出了初步的研究，厘清了教育者、教学内容、教材、教学思路以及教学方式对增强高校思政课亲和力的影响。这些研究一方面呈现了从单纯研究某一时期、某一阶段到整体性梳理的转向，如佘双好的《思想政治理论变化发展的晴雨表——新中国六十年来高校思政理论课程发展轨迹》，全面梳理了新中国成立以来高校思政课的发展历程；另一方面也呈现了从研究单一要素到研究多要素共同作用的转向，如李大健的《以"四维协同"模式增强高校思政课的亲和力》，从情感濡染、柔性灌输、知行合一、愉悦联动四个层面，系统论述了教师如何在教学方法、教学语言、个人魅力、师生关系等方面增强高校思想政治理论课的亲和力。[①] 再如崔延强、叶俊的《"八个相统一"：增强思想政治理论课的亲和力的基本遵循》，从政治性与学理性相统一、价值性与知识性相统一、统一性与多样性相统一、主体性与主导性相统一、建设性与批判性相统一、灌输性与启发性相统一、理论性与实践性相统一、显性教育与隐形教育相统一等八个角度对如何增强高校思政课亲和力作出了整体性的解读。[②] 系统阐述高校思政课亲和力建设的理论依据，深入研究高校思政课亲和力

[①] 李大健：《以"四维协同"模式增强高校思政课的亲和力》，《中国高等教育》2019 年第 20 期。

[②] 崔延强、叶俊：《"八个相统一"：增强思想政治理论课的亲和力的基本遵循》，《思想理论教育导刊》2019 年第 6 期。

的理论要素、内在机理及运行规律，体现了高校思政课亲和力研究从碎片化的局部理论阐述到系统性的理论体系构建的转向。

其次，从单学科研究转向多学科交叉融合研究。学界对于高校思政课亲和力的研究不再局限于思想政治教育这一学科内，转变为从心理学、教育学、传播学、课程教学论等多学科视域研究。如肖香龙的《思政课与其他课程须建立协同育人机制》指出思政课与其他课程的最终目的都是"立德树人"，要解决思政课亲和力不够的问题，就要联系其专业课的学习，在各类课程中渗透德育教育，丰富教学内容。① 徐慧、何婧文的《依托艺术资源，提高思政课教学的实效性》指出艺术类高校应利用其现有的丰富艺术资源，将思想政治教育与艺术教育结合在一起，处理好两者之间的关系，以增强高校思政课的感染力与吸引力，最终达到提升实效性的目的。② 同时，高校思政课亲和力的研究也正向着融合多学科的研究方法，形成交叉融合、综合分析的创新研究方法这一方向去发展。如杨静娴、钟科代、周倩的《教育赋权视域下新时代高校思政课分众教学模式探索》将教育赋权理论引入思政课的教学之中，以求超越传统的教学模式，使学生真正融入思政课，增强高校思政课的亲和力与针对性。③ 潘红涛的《主旋律短视频融入高校思政课教学方式初探》指出短视频深受大学生的喜爱，将主旋律短视频融入思政课的教学中有利于创新教学模式，满足学生需要，使思政课真正走进学生的心里。④ 再如周琳娜、王仁姣的《以思政课情景剧教学法提升社会主义核心价值观教育亲和力》，胡政阳的《以中华优秀传统文化提升思政课亲和力》，都是运用新的视角去创新关于高校思政课亲和力的研究。

最后，从一般性理论研究转向理论与实践相结合的规律性研究。以问题为导向，以增强亲和力、针对性为抓手，以提升有效性为目的，立足高校育人实际，深入分析高校思政课亲和力建设存在的现实问题与原因，研

① 肖香龙：《思政课与其他课程须建立协同育人机制》，《中国高等教育》2017 年第 23 期。
② 徐慧、何婧文：《依托艺术资源，提高思政课教学的实效性》，《西南民族大学学报》（人文社会科学版）2012 年第 S2 期。
③ 杨静娴、钟科代、周倩：《教育赋权视域下新时代高校思政课分众教学模式探索》，《郑州大学学报》（哲学社会科学版）2021 年第 2 期。
④ 潘红涛：《主旋律短视频融入高校思政课教学方式初探》，《思想理论教育导刊》2021 年第 3 期。

究探索"大思政"格局下协同增强高校思政课亲和力的有效路径。学界逐步开始探索高校思政课同校内不同机构的合力作用，展开了针对不同地区不同高校的类型化研究，如石扬令的《思想政治"课堂教育、日常教育、党校教育"三结合运行机制探究》论述高校思政课应创新教育内容、教育方法、考核评价体系以及育人体系，整合资源建立三方互动、互相衔接的思想政治教育机制，以增强思想政治教育的亲和力。[1] 胡晓丽的《新发展阶段高校思政课教师与辅导员协同育人的路径探讨》指出现阶段高校教师与辅导员之间的联系不够紧密，应加强两者之间的合作，使教师队伍帮助辅导员队伍加强理论探究与学习，辅导员队伍为教师队伍提供实践素材支撑，形成协同育人的格局，推进高校思政课的发展，增强高校思政课的亲和力与针对性。[2] 魏勃的《提升高校思政课教学实效性研究》以问题为导向，从当前高校思政课在与现代教学方式的结合、教师教学能力以及课程亲和力这三方面存在的问题出发，给出了相应的解决措施。[3]

本书正是对上述研究趋势的积极回应。本书以新时代增强高校思政课亲和力为研究对象，在基本理论阐述、现状调研分析的基础上，通过多学科交叉融合研究，致力于构建较为系统的新时代高校思政课亲和力建设理论体系与实践路径。

4. 国内外研究现状评述

以上国内外的研究成果为本书的撰写提供了重要的理论资源与方法论启示，也留下了需要进一步开掘的空间。

一是有关高校思政课亲和力的研究起步较晚，理论基础相对薄弱，缺乏对相关理论文献的历史考察与深度挖掘，致使这一领域的研究缺乏理论厚度。当前学界对于高校思政课亲和力的研究已经有了一定的规模，不断涌现出新的研究成果，但由于我国的思想政治教育工作经历过一段曲折发展的时期，因此对于亲和力的研究时间较短、研究力度还不够大，没有足够的理论支撑，相关研究大多数还停留在经验总结、理论分析的层面。学

---

[1] 石扬令：《思想政治"课堂教育、日常教育、党校教育"三结合运行机制探究》，《思想理论教育导刊》2012 年第 9 期。

[2] 胡晓丽：《新发展阶段高校思政课教师与辅导员协同育人的路径探讨》，《当代教育理论与实践》2021 年第 4 期。

[3] 魏勃：《提升高校思政课教学实效性研究》，《学校党建与思想教育》2019 年第 16 期。

者侧重学理分析，但研究其历史逻辑与现实逻辑的相关内容较少，主要是从宏观的角度对高校思政课亲和力的某一方面作出解读。如高校思政课亲和力的内涵、意义以及必要性、生成机制、提升路径，缺少系统性、整体性的研究成果，缺少进一步的微观研究，也缺少对于高校思政课实效性的反馈研究。同时，只有厘清思政课亲和力这一概念的深刻内涵，才能更好地进行下一步的研究讨论。但思政课亲和力的局部研究也存在深度不够的问题，对于高校思政课亲和力的基本内涵，学界尚未有一个准确的定论，缺少历史材料的支撑。对于高校思政课亲和力生成机制的研究，学界多从教学内容、教学载体、教学方式、教学话语以及教育者这些不同的角度去分析亲和力是如何生成的，缺少对于这些因素的联系以及它们之间是如何相互作用的研究。对于高校思政课亲和力提升路径的研究缺少对实际情况的考察以及对学生群体的调查研究，多是从理论研究的角度给出期望的提升策略。

二是研究视野相对狭窄，研究方法创新不够，缺少多学科交叉融合研究，致使这一领域的研究缺乏方法宽度。高校思政课亲和力的研究内容涉及多学科的研究成果，具备较强的学科交叉特点，当前学界的研究多数局限在单一学科内，导致重复的成果较多，缺少跨学科的横向研究与跨地域、跨学校的合作研究，无法整合各个学科所具备的优势资源，使不同学科的学者发挥其专长，吸收相关学科的研究成果；同时也缺少思想政治教育体系的话语转换，对于其他学科的原理概念，应用本学科的话语体系进行再厘清，打造出特有的话语体系。在研究方法上，抽象分析研究法较多，难以把握表象之下更深层的原因，不利于提出现实可行的提升路径，缺少数据分析以及模型分析，不利于直观地发现不同因素影响提升高校思政课亲和力的比重，找出哪个因素能对提升高校思政课亲和力产生最大影响。

三是理论与实践的结合度还不够紧密，问题导向意识还不够强，缺少立足学校育人实际、着眼"大思政"格局协同增强高校思政课亲和力的系统性研究成果，致使这一领域的研究缺乏实践效度。目前学界还缺少深入课堂的实践性研究，缺少对某些地区、某一类型高校的针对性研究，应根据不同地区、不同高校、不同学院部门的特点进行类型化的研究，从现实的角度出发研究如何将理论转化为实际操作、在注重共性的同时也分析其个性。同时，还缺少对高校思政课亲和力提升路径的可行性研究，与实际情况的联系还不够，问题意识不强。对高校思政课亲和力提升路径的研究，应从实际问题入手，以问题的解决为导向开展微观研究，在实际操作中分析提升路径是否有成效，是否行得通。此外，还缺少着眼于"大思政"格局的研究成果，缺少对于高校思政课主渠道与主阵地的融合研究。高校思政课亲和力的提升不只是教育者、教材或是教学方式某一单一方面的作用，也不只是课堂内要思考的问题，而是不同因素、不同机构全面改进产生合力、并肩同行后才能达到的目标，应将现有策略运用到实际教学中去考察课堂中的教学成效，研究调查学生的接受、喜爱程度，再根据考察调查的结果进行研究，对研究成果进行进一步的发展与改进。明确研究目的不是单纯的理论性研究，而是强化实际成效这一目标。因此，立足新时代要求与面临问题，全面系统地研究高校思政课亲和力建设的理论与实践问题，是当前高校思政课改革创新面临的现实课题。

三　主要内容与创新之处

基于本领域的研究现状，本书以新时代增强高校思政课亲和力为研究对象，研究探讨新时代增强高校思政课亲和力的理论依据与实践路径。在研究过程中，重点阐述高校思政课亲和力的相关理论，特别是论述高校思政课亲和力的构成要素与生成机理，这是本书的前提和理论基础。同时，进一步研究增强高校思政课亲和力的教学创新路径，这是本书的落脚点。高校思政课亲和力的创新主体具有多元性的特征，创新路径具有多样性的特点，绩效评价具有复杂性的特性。基于此，笔者针对不同地区、不同高校以及不同学生设计调研问卷，开展有关高校思政课亲和力的现状调研，在梳理存在问题的基础上，分析存在问题产生的具体原因。在研究思路上，以习近平新时代中国特色社会主义思想和习近平总书记对思政课建设的系列重要论述为指导，以增强新时代高校思政课亲和力为目的，阐述新时代增强高校思政课亲和力的理论依据，探讨增强高校思政课亲和力的教学创新路径，力求解决当前高校思政课"说服力不强、吸引力不足、感染力不好、影响力不大、导向力不够"的教学问题，形成"增强说服力、提高吸引力、强化感染力、扩大影响力、强化导向力以增强亲和力"的"五维"模型，达成增强亲和力，提升针对性、有效性，促进学生对思政课"真信""真学""真懂""真爱""真用"的目标。

本书按照"理论基础—生成机理—现状考察—创新路径—保障体系"的总体思路与框架，主要研究 5 个部分 18 个方面的问题。

第一部分，新时代高校思政课亲和力建设的理论基础（绪论、第一章）。一是绪论。主要阐述研究价值与意义、国内外研究现状、主要研究内容与创新之处等。二是马克思主义经典作家的人学思想。重点梳理马克思、恩格斯、列宁等马克思主义经典作家有关思想政治工作亲和力的相关论述，阐述对本书的指导作用。三是中华优秀传统文化中的相关思想教育资源。重点梳理其中蕴含着的以人为本的教学理念、注重亲和力的教学方法。四是中国共产党人关于思想政治工作及思政课亲和力的相关论述。重点阐述中国共产党历代领导核心有关思想政治工作及思政课亲和力的相关论述，特别是系统阐释习近平总书记关于学校思政课建设的系列重要论述。五是心理学中关于亲和力的相关理论及观点。重点阐述心理学中的人际吸引理论、情感情绪理论，以及马斯洛需求层次理论与奥尔德弗的 ERG 需要理论，为增强新时代高校思政课亲和力提供理论支撑。

第二部分，高校思政课亲和力的构成要素与生成机理（第二章、第三章、第四章）。一是高校思政课亲和力的基本内涵。从辩证视角厘清亲和力、高校思政课亲和力的概念与内涵，阐述高校思政课亲和力的主要特征。二是高校思政课亲和力的构成要素。将"亲和力"有机分解为"说服力""吸引力""感染力""影响力""导向力"等"五力"，深刻揭示高校思政课亲和力各构成要素的内涵并论证"五力"之间的逻辑关系。三是高校思政课亲和力的历史演变。梳理高校思政课的发展历程，阐述不同发展时期高校思政课亲和力的不同表现形式、内涵与要求。四是高校思政课亲和力的生成机理。思想性、理论性、亲和力、针对性与有效性是辩证统一的关系，思想性、理论性是内在要求，亲和力、针对性是外在需要，有效性是目的所在；丰富教学内容是亲和力生成的前提，创新教学方法是亲和力生成的重点，健全践行体系是亲和力生成的关键，加强教师队伍建设是亲和力生成的基础，优化教学评价是亲和力生成的保证。五是新时代高校思政课教学要素的"变"与"不变"。解读新时代、新变化、新要求，分析新时代高校思政课教学要素的"变"与"不变",提出新时代高校思政课守正与创新的基本思路。

第三部分,高校思政课亲和力现状考察(第五章)。一是高校思政课亲和力现状调查。采用问卷调查、实地走访和个别访谈等形式,从全国范围内选择不同地区、不同层次、不同发展类型的高校,在高校中分别选择不同职称、性别、年龄、教学水平的教师,在同一高校中选择不同专业、年级、性别的学生进行科学调研。二是高校思政课亲和力现状剖析。实证分析当前高校思政课亲和力的总体特点与现实表现,揭示当前高校思政课亲和力存在的问题。三是高校思政课亲和力存在问题的原因分析。从社会、学校、教师和学生等多角度进行原因分析。

第四部分,增强高校思政课亲和力的教学创新路径(第六章、第七章、第八章)。一是丰富教学内容,增强说服力。围绕"真信"问题,以培植红色基因为主线,通过跟进式、移动式、本土式、嵌入式、渗透式教学,唱响主旋律,增强说服力,让学生在体验中真正"相信"思想政治理论。二是创新教学方式,提高吸引力。围绕"真学"问题,以强化互动性为关键,通过研究性教学、情境化教学、互动式教学、模块化实践教学、数字化教学等创新途径,激发教学活力,提高吸引力,让学生在互动中真正"习得"思想政治理论。三是健全践行体系,强化感染力。围绕"真懂"问题,以增强获得感为目的,通过构建专业思政、学科思政、校园思政、校外思政、环境思政"大思政"格局,促进全过程、全课程、全方位、全社会、全环境与思政课同向同行,以实践体验引领理论践行,强化感染力,让学生在实践中"学懂弄通"思想政治理论。

第五部分,健全高校思政课亲和力的保障体系(第九章、第十章)。一是加强队伍建设,扩大影响力。围绕"真爱"问题,以增强示范性、提高教师综合素质为抓手,通过夯实根基,提高职业影响;立体培养,提升学识素养;涵育修养,增强人格魅力;把握技巧,优化语言艺术;强化培育,涵养深厚情怀等途径,增强教师自身亲和力,扩大影响力,以思政课教师的率先垂范影响带动学生"真心喜爱"思想政治理论。二是优化评价体系,强化导向力。围绕"真用"问题,以坚持导向性,促进三观育成为根本,通过多元监控,长效性构建教学评价机制;多维奖励,立体化构建教学激励机制;多措并举,有效性开展学生网上评教;多管齐下,科学性推进教学督导工作；多力共进，系统性实施思政课程评估等抓手，形成科学正确的评价导向，强化导向力，提升思政课教学成效，引导促进学生真正"践行"思想政治理论。

　　通过"五力"并举，着力解决学生对思政课"信不信""学不学""懂不懂""爱不爱""用不用"的问题，让思政课成为学生成长成才过程中真正有用、终身受益的关键课程（见图0-1）。

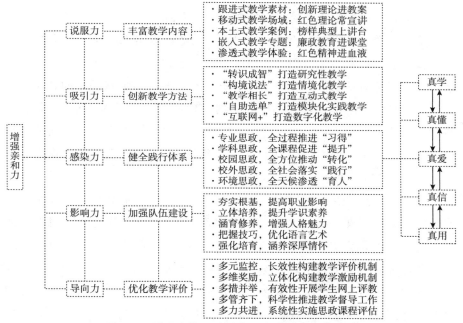

图 0-1　增强高校思政课亲和力的教学创新路径

　　本书使用了四类研究方法。第一，历时与共时研究法。前者侧重于以特定的系统及系统中要素间相互关系为基础，把握系统架构；后者侧重于以系统运动过程及过程中的矛盾运动发展规律为基础，把握系统整体。本方法主要用于本书第一、二部分研究，即从系统构成要素及系统运动规律角度，阐述增强高校思政课亲和力的理论依据。第二，理论证成与实证调查研究法。主要用于第一、二、三部分研究。首先阐释高校思政课亲和力的理论基础、历史演变、构成要素、生成逻辑、现实背景，并以此为基础展开新时代高校思政课亲和力现状调研，从而为后续的创新路径研究提供理论与实践依据。第三，个案研究与共性分析法。主要用于第三部分研究。课题基于不同高校、不同教师、不同学生开展的高校思政课亲和力现状调研，属于个案研究，在此基础上进行理性认识层面的分析，总结出高校思政课亲和力存在的共性现状。第四，学科交叉研究法。主要用于第四、五部分研究，同时该方法在课题的所有研究内容中都得到体现。如运用教育学、政治学、心理学等学科知识，构建高校思政课亲和力建设的理论依据；运用教育学、法学、传播学、管理学、政治学等学科知识探讨增强高校思政课亲和力的教学创新路径。

综上，本书的创新之处主要体现在三个方面。

第一，学术思想方面的特色和创新。创造性提出思政课亲和力的"五力"要素，即说服力、吸引力、感染力、影响力、导向力，实现了对思政课亲和力理解的具象化；针对思政课亲和力"五力"要素的不同特质，探索教学实践创新的增强路径，即教学内容的鲜活性、教学方法的创新性、践行途径的系统性、队伍建设的示范性、教学评价的科学性，从而着力解决学生对思政课"信不信""学不学""懂不懂""爱不爱""用不用"的五个向度性教学难题。

第二，学术观点方面的特色和创新。一是辩证厘清高校思政课亲和力的概念内涵与生成机理。高校思政课亲和力是教学过程中思政课对教育对象（学生）的说服力、吸引力、感染力、影响力、导向力的综合反映，表现为教育对象（学生）对思政课教学内容、教学方法、教学实践、任课教师、教学考核的亲近感、认同感、获得感。思政课亲和力是内容与形式的内在结合，是破与立的辩证统一；理念和方法的有机耦合，是一与多的辩证统一；坚守和期待的视域融合，是形式与目标的辩证统一；变与不变的完美契合，是守正与创新的辩证统一；认同和实践的系统整合，是动态和静态的辩证统一。根据对高校思政课亲和力的辩证理解，可以将思政课"亲和力"有机分解为"说服力""吸引力""感染力""影响力""导向力"等"五力"构成要素。丰富教学内容是生成前提，创新教学方法是生成重点，健全践行体系是生成关键，加强队伍建设是生成基础，优化教学评价是生成保证。二是构建增强高校思政课亲和力的"五维"模型。增强说服力、提高吸引力、强化感染力、扩大影响力、强化导向力，达成"真信""真学""真懂""真爱""真用"是增强高校思政课亲和力的五维向度。三是围绕五维向度创造性提出教学创新路径。跟进式、移动式、本土式、嵌入式和渗透式的教学内容转化，能够使高校思政课的教学内容具有鲜活性；研究性教学、情境化教学、互动式教学、模块化实践教学、数字化教学等创新方式的应用，能够使高校思政课教学方法具有创新性；全过程、全课程、全方位、全社会、全天候的"大思政"协同育人体系构建，能够促进高校思政课实践教学系统化；思政课教师自身的人格魅力和示范影响，能够影响带动学生"真心喜爱"思想政治理论；科学有效的教学评价导向，有利于引导和促进思政课成为学生成长成人成才过程中真正有用、终身受益的关键课程。

第三，研究方法方面的特色。本书通过运用历时与共时研究相结合、理论证成与实证调查相结合、个案研究与共性分析相结合以及多学科交叉研究等方法，多视角综合性阐释增强高校思政课亲和力的理论依据与教学创新路径，研究方法具有较为鲜明的特色。

第一章　新时代高校思政课
亲和力理论基础

高校思政课亲和力建设是一项兼具长期性、整体性和艰巨性的复杂工程。追根溯源，马克思主义人学理论、中华优秀传统文化中的相关思想教育资源、中国共产党人关于思想政治工作及思政课亲和力的重要论述、心理学中关于亲和力的相关理论及观点等，为新时代高校思政课亲和力建设提供了重要的理论基础。

第一节　马克思主义相关理论

马克思主义经典作家虽然没有直接提及思想政治教育亲和力，但其人学理论始终重视人的存在、人的本质、人的属性、人的价值与人的发展，理论精髓与精神实质蕴含着丰富的思想政治教育亲和力理论。马克思主义人学理论是马克思主义理论的重要组成部分，其基本范畴内在包含了人的本质、人的需要及人的自由全面发展理论。

一　马克思主义关于人的本质理论

马克思人的本质理论是马克思人学理论的核心。马克思关于人的本质在不同时期有不同的论述。总体而言，马克思通过否定性辩证法和"内在关系"视角去审视人的本质，从三个视角去阐明了人的本质：利益与需要是人的本质产生、发展和扬弃的内驱力，"自由的有意识的活动"是人的类本质，一定的"社会关系总和"是由劳动创造的并制约其自身的人的现实本质。马克思恩格斯指出："全部人类历史的第一个前提无疑是有生命的个人的存在。因此，第一个需要确认的事实就是这些个人的肉体组织以及由此产生的个人对其他自然的关系。"① 马克思在众多经典著作中，都对人的本质理论作了探讨和论述，其关于人的本质的认识也随着社会实践的深入而不断深入、全面、科学。

人的历史是人的实践活动的生成史。"环境的改变和人的活动或自我改变的一致，只能被看做是并合理地理解为革命的实践。"② 实践是人类特有的生命活动，在实践中人与物、人与人之间相互作用，必然会发生关系，因此，人具有社会属性。人作为生活在现实世界的个人，具有自然属性和社会属性。肉体的自然属性不是人的本质，区别人与动物的社会属性是人的社会关系的本质。人的社会属性把人与动物区别开来，从而把人与人区别开来。马克思在承认人的自然属性的基础上，从人的社会本质区别"现实的人"和"抽象的人"。在1845年之前，马克思虽然站在历史唯物主义的立场上论述人的本质，但并未超越人的历史局限性，没有完全跳出人本主义"抽象的人"的本质观。随着实践的深化、研究的深入，马克思恩格斯逐渐认识到人所处的物质条件和经济关系决定了人的本质，只有从"抽象的人"转向"现实的人"，将人置于其所处的物质条件和经济关系中来审视人自身，才能真正把握人、理解人。

1845年春，马克思在批判费尔巴哈的11条提纲中指出："人的本质不是单个人所固有的抽象物，在其现实性上，它是一切社会关系的总和。"③人的社会实践活动不是孤立进行的，而是在一定的社会关系中进行，并受到现实世界中各种社会关系的制约。"人是各种社会关系的产物，而各种社会关系不是凝固不变的，而是随生产力的发展而不断发展变化的；人是各种社会活动的承担者，同时在这些活动中也不断地改造着自己的生物肉

---

① 《马克思恩格斯选集》第1卷，人民出版社，2012，第146页。
② 《马克思恩格斯选集》第1卷，人民出版社，2012，第134页。
③ 《马克思恩格斯选集》第1卷，人民出版社，2012，第135页。

体条件（客观世界）和思想精神世界（主观世界）。"① 因此，人的本质不是抽象的、固化的，而是具体的、发展的，具有一定的现实生活性和实践性，是随着实践发展变化的社会关系的总和。人处于不断的历史运动和社会发展中，现实的个人无法摆脱现实世界和社会关系而孤立存在，不同的历史条件、不同的社会形态，人对自身关系占有程度也不尽相同。

马克思人的本质理论重视现实维度的人，强调实践将人与现实社会环境紧密地联系在一起。培养什么人、怎样培养人、为谁培养人，是教育的首要问题，也是新时代高校思政课需要深刻思考、着力解决的根本问题。新时代高校思政课要以马克思人的本质理论为指导，坚持理论教育与社会实践相结合，在实践中培养人的主体能动性，把立德树人的根本任务落到实处。

二　马克思主义关于人的需要理论

马克思主义认为，人的需要是个人或者群体对其生存、享受和发展的客观条件的一种诉求，是人类认识和实践活动的内在动因。为了满足自身的需要，人才会从事各种社会实践活动，从而推动人类社会向前发展。

人的需要与人的本质紧密联系，人的本质体现在人的需要之中，个人或群体有何种需要便会形成相对应的本质属性。"任何人如果不同时为了自己的某种需要和为了这种需要的器官而做事，他就什么也不能做。"② 马克思、恩格斯把人的需要视为人的本质。马克思主义认为人的需要是与生俱来的、天然的"内在规定性"。人的需要是客观的，伴随着生命活动的存在而客观存在。马克思主义把人的需要视为人的本质特点，"在任何情况下，个人总是'从自己出发的'，但由于从他们彼此不需要发生任何联系这个意义上来说他们不是唯一的，由于他们的需要即他们的本性，以及他们求得满足的方式，把他们联系起来（两性关系、交往、分工），所以他们必然要发生相互关系"③。人的需要是客观的，现实的人就有需要。因此，人的需要来源于人的本性，是人的生命活动的表现，人的需要即人的

---

① 于东超：《马克思社会发展理论研究》，黑龙江人民出版社，2020，第135页。
② 《马克思恩格斯全集》第3卷，人民出版社，1960，第286页。
③ 《马克思恩格斯全集》第3卷，人民出版社，1960，第514页。

本质。人从一出现便有吃、穿、住、行等自然性需要，而除了同其他生物一样的自然性需要，人还有社会性需要、精神性需要等。

人的需要具有多样性和层次性。"人的需要是其存在的内在规定性，人的本质力量的确证就是人的需要的对象化，即人的需要的满足。马克思对人的需要的认识不仅来自人自身的匮乏性存在和主体性地位的确立，而且更是阐明了人的需要的阶级性和多样性问题。"① 马克思通过对工人各种需要的观察，不仅详细地论述了人的各种需要，而且将人的需要具体分类为生存的需要、享受的需要和全面而自由发展的需要。其中生存的需要是人类最基本的天然性需求，人们需要以衣食住行等维持最基本的生命活动。马克思在《德意志意识形态》中指出："一切人类生存的第一个前提，也就是一切历史的第一个前提，这个前提是：人们为了能够'创造历史'，必须能够生活。但是为了生活，首先就需要吃喝住穿以及其他一些东西。"② 这表明在人的所有需要中，物质生活资料的满足是第一位的，生存的需要处于最基础的地位，是人的其他需要产生的前提和保障。在满足生存需要的基础之上，人的其他高层次需要才开始产生，并且需要越来越多、范围越来越大、品质越来越高，具体表现为从物质生活和精神生活两个层面提出更高层次、更加全面的需要。这种高层次、高品质的需要和追求是生存需要满足到一定程度后随着生产力发展和物质生活需要的满足而出现的。

人的需要具有发展性和社会性。人的需要是社会实践的产物，并且会随着社会实践的不断深入向更高层次发展，这是人与其他动物相区别的本质特征。马克思指出："已经得到满足的第一个需要本身、满足需要的活动和已经获得的为满足需要而用的工具又引起新的需要，而这种新的需要的产生是第一个历史活动。"③ 也就是说当最基础的生存性需要得到满足之后，新的更高层次、更高追求的需要便会应运而生，呈现一种无限发展的态势。享受性需要是人在生存性需要得到满足后产生的较高层次的需要。马克思认为："动物只是按照它所属的那个种的尺度和需要来构造，而人却懂得按照任何一个种的尺度来进行生产，并且懂得处处都把固有的尺度

---

① 杨建毅：《马克思人本思想与当代中国的发展》，《甘肃社会科学》2022 年第 1 期。
② 《马克思恩格斯选集》第 1 卷，人民出版社，2012，第 158 页。
③ 《马克思恩格斯选集》第 1 卷，人民出版社，2012，第 159 页。

运用于对象；因此，人也按照美的规律来构造。"① 因为人对于美好生活的追求这种享受性需要，人们才会展开按照各种尺度进行的生产。发展性需要是人的最高层次的需要。马克思摒弃旧唯物主义的观点，转而从现实的人及其社会关系出发研究人的需要的发展规律，指出人的最高层次的需要是自由而全面发展，人的需要由低到高不断发展是人的自由个性得到全面发挥的历史动力。马克思指出，"富有的人同时就是需要有人的生命表现的完整性的人，在这样的人的身上，他自己的实现作为内在的必然性、作为需要而存在"②。此处的"富有的人"就是具有多种需要的人，"自己的实现"的需要便是自我发展的需要。

马克思主义人的需要理论主张人的本性由人的需要控制，当人产生了需要，那就产生了开展一切行为的动机。人在成长的过程中不断产生需要也不断满足需要，这个过程促使人的全面发展。思政课是高校加强马克思主义意识形态建设、引导学生树立正确"三观"的主渠道和主阵地，必须以马克思主义人的需要理论为指导，教育引导学生认识思想政治理论对自身成长成才需要的重要性，从而激发大学生学习思政课程的自觉性、主动性和积极性。

三　马克思主义关于人的自由全面发展理论

人的自由而全面发展是在物质生产发展和社会发展进步的基础上不断向前发展的历史过程，也是"类"的发展与"个体"发展的辩证统一。实现人的自由而全面发展，是贯穿马克思主义发展史的一条主线，也是马克思主义追求的最高价值。马克思、恩格斯在诸多著作中详细论述了人的自由全面发展理论。在《共产党宣言》中，马克思、恩格斯指出："代替那存在着阶级和阶级对立的资产阶级旧社会的，将是这样一个联合体，在那里，每个人的自由发展是一切人的自由发展的条件。"③ 在《资本论》中，马克思强调共产主义是"更高级的、以每一个个人的全面而自由的发展为

① 《马克思恩格斯选集》第 1 卷，人民出版社，2012，第 57 页。
② 《马克思恩格斯文集》第 1 卷，人民出版社，2009，第 194 页。
③ 《马克思恩格斯选集》第 4 卷，人民出版社，2012，第 647 页。

基本原则的社会形式"①。这里的"每个人"，既指"每一个个人"，也指"一切人"，即整个人类。马克思主义所追求的人的自由全面发展具有双重维度，一方面使每个人都能成为自由的人，另一方面使每个人都能得到全面发展。

人的自由发展不但突出人的发展的自由性，更突出人的发展的独立性和能动性。马克思认为"人把自身当做普遍的因而也是自由的存在物来对待"②。人是现有的、现实的，因而人本身就是自由的。每个人都能成为自由的人，这里的"自由"强调"每一个社会成员都能够完全自由地发展和发挥他的全部力量和才能"③，这种"自由的发展"追求每个人的个性得到张扬、人格得到完善、创造性和独立性得到最大限度的"不受阻碍的发展"。

人的全面发展既强调人的发展的广泛性，也注重人的发展的综合性和全面性。马克思认为："人以一种全面的方式，就是说，作为一个完整的人，占有自己的全面的本质。"④ 人的全部社会关系的全面丰富、持续发展是实现人的全面发展的根本前提。恩格斯指出："使它们的社会性质有充分的自由得以实现。……随着社会生产的无政府状态的消失，国家的政治权威也将消失。人终于成为自己的社会结合的主人，从而也就成为自然界的主人，成为自身的主人——自由的人。"⑤ 由此可见，人的自由而全面发展是人的需要、素质和能力的全面发展，是德、智、体、美、劳等各种素质充分而全面的发展。只有在不断的社会实践中，在人与人的交往中实现人的全面发展，人才能成为自身的主人、成为一个自由的人。

马克思主义关于人的自由全面发展理论对新时代高校思政课亲和力建设具有重要的指导意义。随着中国特色社会主义不断发展，人的自由全面发展在当代中国成为可能，这也意味着马克思主义关于人的自由全面发展理论已从真理的神圣殿堂上走下来并直接化成了中国人民现实的伟大实践。促进大学生全面发展是新时代高校思政课义不容辞的责任，是发挥大

---

① 《马克思恩格斯选集》第2卷，人民出版社，2012，第267页。
② 《马克思恩格斯选集》第1卷，人民出版社，2012，第55页。
③ 《马克思恩格斯选集》第1卷，人民出版社，2012，第302页。
④ 《马克思恩格斯文集》第1卷，人民出版社，2009，第189页。
⑤ 《马克思恩格斯文集》第3卷，人民出版社，2009，第566页。

学生思想政治教育主渠道、主阵地、主力军作用的重要体现。新时代高校思政课应坚持以马克思主义关于人的自由全面发展理论为指导，切实加强思政课亲和力建设，努力培养德智体美劳全面发展的社会主义建设者和接班人，使思政课真正成为立德树人的关键课程，成为更接地气、更能够满足大学生成长成才需要的重要课程，成为大学生真心喜爱、终身受益的难忘课程。

四　中国共产党人关于思想政治教育亲和力的重要论述

中国共产党人以马克思主义世界观和方法论为指导，依据中国实际、思想政治教育发展以及思政课发展的时代特征，不断创新思想政治工作的理论、方法和手段，提升思政课立德树人的功能。从以毛泽东为核心的党的第一代中央领导集体到以胡锦涛同志为总书记的党中央虽然没有直接提出"思想政治工作亲和力""思政课亲和力"等概念，但其重要论述中蕴含着亲和力的思想意蕴。习近平总书记不但提出了增强思政课亲和力的理念，而且发表了一系列重要讲话和重要论述，为新时代增强高校思政课亲和力提供了根本遵循。

1. 毛泽东关于思想政治工作亲和力的重要论述

毛泽东一贯主张把思想政治教育工作作为党的各项工作中的重要战线，倡导以人为本的教育理念和具有亲和力的教育内容与方法，要求因地制宜、因人而异地开展思想政治教育。中国共产党自成立之日起，就注重在学校开展思想政治理论宣传工作。大革命时期，国共合作创办的上海大学注重对学生进行马克思主义理论教育，当时"开设的课程有：瞿秋白的社会学，讲马列主义哲学；蔡和森的社会发展史，以恩格斯的《家庭、私有制和国家的起源》一书为基础编成讲义，还向学生介绍摩尔根的《古代社会》；张太雷以英文本列宁的《帝国主义论》为教材讲授；安体诚、李季以《资本论》为基础讲授马克思主义政治经济学等"[①]。

大革命失败后，毛泽东在江西省永新县三湾村领导了著名的红军三湾改编。三湾改编在对红军进行整编的同时，实施了细化军队思想政治教育

---

① 谈松华主编《中国高等学校思想政治教育史纲》，高等教育出版社，1992，第27页。

的工作策略，创造性提出了把支部建在连上、建立士兵委员会和党指挥枪等军队思想政治工作方法，从思想上、政治上、组织上保证了党对军队的绝对领导，建立了党在军队内部进行深入细致的思想政治教育的有效机制。1929 年 12 月 28 日，中国工农红军第四军在福建省上杭县古田村召开第九次党的代表大会，会议剖析了各种错误观点，批判了红军中存在的许多错误思想，明晰了军队思想政治教育的地位、作用、制度、内容、方法，总结了红军思想政治教育的历史经验和深刻教训，标志着党的思想政治教育逐步走向正轨。1929 年 12 月，毛泽东总结学校教育和官兵教育经验，在中国共产党红军第四军第九次代表大会决议案中提出著名的十大教授法，即："（1）启发式（废止注入式）；（2）由近及远；（3）由浅入深；（4）说话通俗化（新名词要释俗）；（5）说话要明白；（6）说话要有趣味；（7）以姿势助说话；（8）后次复习前次的概念；（9）要提纲；（10）干部班要用讨论式。"① 十大教授法是建立在毛泽东教育教学实践基础上的经验总结，遵循了教育教学的客观规律，不仅对红军教育产生影响，也对学校教育影响深远。十大教授法提出后，各地纷纷将毛泽东提出的十大教授法贯彻到思想政治理论教学中。授课前要全面地了解学生，充分地备课，提升授课的质量和水平。在教学方法上，由近及远，由浅入深，循序渐进，运用启发式，废止注入式。在教学形式上，符合教学对象，善于向教学对象学习，保证整个教学有趣、生动。在教学语言上，通俗易懂，善于用人民群众喜闻乐见的语言表达，并辅以姿势帮助讲话。1930 年 8 月 28 日，中国工农红军中央军事政治学校第一分校召开第一次校务委员会，讨论搞好政治教育和军事教育的问题。会议决定："为了改进教学，政治教官要加强研究教学方法……讲解要浅显明白，少用名词术语。"② "训练班须避免注入式的教育方法，训练要力求时间短而切实有效，所以讨论与实习要看得特别重要。"③ 红军大学"每天都要开讨论会，进行互助、消化"④。1934 年 2 月 7 日，全国红军第一次政治工作会议在瑞金沙洲坝举

---

① 《毛泽东文集》第 1 卷，人民出版社，1993，第 104~105 页。
② 皇甫束玉等编《中国革命根据地教育纪事》，教育科学出版社，1989，第 31 页。
③ 《中共中央文件选集》第 5 册，中共中央党校出版社，1983，第 268 页。
④ 陈元晖等编《老解放区教育资料：（一）土地革命战争时期》，教育科学出版社，1981，第 199 页。

行。会议总结了自古田会议以来政治工作的经验教训，提出了"政治工作是红军的生命线""政治工作要保证作战的胜利""政治工作要保证提高部队的军事素养，政治干部要学习军事，要会指挥打仗""加强与改善政治教育工作"等重要原则、方针和方法，强调了思想政治教育在党的建设中的重要地位和积极作用。1938 年 4 月 1 日，毛泽东在陕北公学第二期开学典礼上的讲话中提到要送给学员们两件"礼物"，其中第一件是坚定不移的政治方向，即坚持社会主义理想，走社会主义道路；第二件是艰苦奋斗的工作作风。

全面抗战爆发后，党的思想政治教育在以毛泽东为代表的正确路线的指引下不断成熟和发展。"学校的思想政治教育都是为培养当时迫切需要的党、政、军革命干部和各类专业人才服务的。"① 各校结合实际开设了各种政治理论课。如"抗大开设马列主义基本原理、政治经济学、哲学、抗日民族统一战线论、民运工作、中国问题、中国革命史、日本研究、时事政策等。陕公的普通班开设社会科学概论（包括社会发展史和政治经济学）、抗日民族统一战线论、游击战争、民众运动等；高级班设中国革命运动史、马列主义、辩证唯物主义、政治经济学、世界革命运动史、科学社会主义、三民主义研究、世界政治、共产主义与共产党等"②。1942 年在延安开展的整风运动创造了许多思想政治教育的新经验、新形式，创立了"团结—批评—团结"的工作方针和实事求是的工作导向，使党内思想政治教育理论基石更加稳固。党的七大第一次明确地把毛泽东思想作为党的指导思想并写入党章，"理论联系实际、密切联系人民群众、批评与自我批评"成为指导党的思想政治教育的重要原则与方法。解放战争时期，党领导的各高等学校思想政治教育的主要内容是"各地举办的政治训练班应一律以社会发展史作为基本功课，其中又以劳动创造人类、创造世界、阶级斗争和国家问题为主题，以便改造思想、建立革命的人生观。主要教材为中央宣传部印行的《社会发展史》和毛泽东的《论人民民主专政》"③。

中华人民共和国成立后，党和政府要求肃清封建的、买办的、法西斯

---

① 谈松华主编《中国高等学校思想政治教育史纲》，高等教育出版社，1992，第 33 页。
② 谈松华主编《中国高等学校思想政治教育史纲》，高等教育出版社，1992，第 34~35 页。
③ 皇甫束玉等编《中国革命根据地教育纪事》，教育科学出版社，1989，第 400 页。

主义的思想，废除政治上的反动课程，开设新民主主义革命的政治课程，通过教育提高人民文化水平，培养社会主义国家建设人才。1952 年 10 月 7 日，教育部发布《关于全国高等学校马克思列宁主义、毛泽东思想课程的指示》。该指示详细规定了高等学校政治理论课的课程，包括课程门数、学时及讲授的次序等。要求"①综合性大学及财经艺术等学院应依照第一、二、三年级次序分别开设新民主主义论（100 学时）、政治经济学（136 学时）及辩证唯物论与历史唯物论（100 学时），工、农、医等专门学院依照第一、二年级次序分别开设新民主主义论和政治经济学。②三年的专科学校开设课程及先后次序与工、农、医等专门学院相同，一年的专科学校不修政治经济学，二年的专修科第一年级及一年的专修科均修新民主主义论，二年以上财经性质的专科学校或专修科第一年级可同时开设政治经济学。③各类型高等学校及专修科（一年的专修科除外）准备自 1953 年度起开设马列主义基础，学习时数与政治经济学相同。④新民主主义论、政治经济学及辩证唯物论与历史唯物论各为一学年的课程。在讲授新民主主义论前两周或三周应增加关于新民主主义论教学目的的学习，以端正学生的学习态度"[1]。1953 年 2 月 7 日，新成立的高等教育部发出了《关于确定马列主义基础自 1953 年度起为各类型高等学校及专修科（二年以上）二年级必修课程的通知》要求：各类型高等学校及专修科（一年的专修科除外）自 1953 年度起，有条件者即在二年级开设马列主义基础，学习时数与政治经济学相同，政治经济学改为三年以上各类型高等学校的三年级必修课程。[2] 对于这一时期的思想政治教育方法，毛泽东坚持民主革命时期的主张和举措。他反对用强制的、压服的方法来开展思想政治教育，主张用讨论的方法、批评的方法、说服教育的方法来解决思想性质的问题。1957 年 2 月 27 日，毛泽东在《关于正确处理人民内部矛盾的问题》一文中讲到："企图用行政命令的方法，用强制的方法解决思想问题，是非问题，不但没有效力，而且是有害的。我们不能用行政命令去消灭宗教，不能强制人们不信教。不能强制人们放弃唯心主义，也不能强制人们相信马克思主义。凡属于思想性质的问题，凡属于人民内部的争论问题，

---

① 石云霞：《新中国成立以来中国共产党思想理论教育历史研究》（上），中国社会科学出版社，2007，第 92 页。

② 王越芬等编著《"两课"教育理论与实践》，东北林业大学出版社，2005，第 7 页。

只能用民主的方法去解决，只能用讨论的方法、批评的方法、说服教育的方法去解决，而不能用强制的、压服的方法去解决。"① 他还对 1942 年延安整风时提出的"团结—批评—团结"的公式作了进一步的阐述，并将其推广到整个人民内部，作为正确处理人民内部矛盾，解决思想问题的根本方法。"以理服人"并不是单纯地灌输说教，而是要尊重受教育者主体，坚持说服教育，积极疏导。

毛泽东始终坚持在中国革命与建设的具体实践中提出和创新思想政治教育的理论、方法与原则。他在教育方式上反对枯燥乏味的政治宣传教育，"群众就不欢迎他们枯燥无味的宣传，我们也不需要这样蹩脚的不中用的宣传家"②。毛泽东十分注重"寓教于乐"的思想政治教育方式，提出"有人说，'不讲教育，说娱乐好了'，这也可以，但是你演戏，总要影响人"③。在思想政治教育的载体方面，毛泽东指出，"要大力开展学生喜闻乐见的、丰富多彩的、积极向上的学术、科技、体育、艺术以及娱乐活动，建设以社会主义文化和优秀的民族文化为主体的健康生动的校园文化"④。毛泽东关于思想政治教育的一系列重要论述，对于增强新时代高校思政课亲和力具有十分重要的指导意义，需要学界继续深入挖掘、深化研究。

2. 邓小平关于思想政治工作亲和力的重要论述

党的十一届三中全会后，邓小平同志继承和发展了毛泽东关于思想政治教育工作的思想，积极探索和创新思想政治教育工作。邓小平关于思想政治工作的重要论述、理论深耕和实践探赜，是对前人思想政治教育理论与实践的科学总结和创新发展，是依据时代需要作出的新的实践探索，进而推动了思想政治教育理论的创新发展，促进了思想政治教育迈向科学化和现代化的道路。党的十二大把建设社会主义精神文明的任务提到事关全局的战略高度，党的十二大报告指出："社会主义精神文明的建设大体可以分为文化建设和思想建设两个方面。这两方面又是互相渗透和互相促进的。"⑤ 文化建设"既是建设物质文明的重要条件，也是提高人民群众思想

① 《毛泽东文集》第 7 卷，人民出版社，1999，第 209 页。
② 《毛泽东选集》第 3 卷，人民出版社，1991，第 838 页。
③ 《毛泽东文集》第 7 卷，人民出版社，1999，第 252 页。
④ 教育部思想政治工作司组编《加强和改进大学生思想政治教育重要文献选编（1978—2004）》，知识产权出版社，2015，第 71 页。
⑤ 《十二大以来重要文献选编》上，人民出版社，1986，第 29 页。

觉悟和道德水平的重要条件"①。"思想建设决定着我们的精神文明的社会主义性质。"② 同时强调指出一切文化建设都"要在共产主义思想指导之下发展"③。这就确立了思想政治教育的内容、方针、政策，使新时期思想政治教育逐步走上制度化、科学化、规范化的轨道。党的十二届六中全会通过了《中共中央关于社会主义精神文明建设指导方针的决议》，强调"加强精神文明建设，就要牢记历史教训，正确处理社会主义社会的各种矛盾，坚持对思想性质的问题采取讨论的方法、说理的方法、批评和自我批评的方法，就是说，用教育和疏导的方法去解决；坚持一切着眼于建设，把注意力集中到团结人民、充分发挥人民的社会主义积极性和创造精神上来，集中到满足人民的文化和精神需要上来，集中到加强思想道德建设和教育科学文化建设上来，归根到底，集中到促进社会生产力的发展上来"④。

邓小平历来重视思想政治教育，多次强调要加强青年理想信念、思想品德的教育。1980 年 3 月 12 日，邓小平在中央军委常委扩大会议上谈到加强部队政治思想工作时说："学生从到学校第一天起，就要对他们进行政治思想工作。学校的党团组织和所有的教员都要做学生的政治思想工作。……又红又专，那个红是绝对不能丢的。"⑤ 顾名思义，"红"就是政治成熟，"专"即指业务熟练。1980 年 12 月 25 日，在中共中央工作会议上的讲话中，邓小平强调："要加强各级学校的政治教育、形势教育、思想教育，包括人生观教育、道德教育。"⑥ 邓小平强调，思想政治教育的价值指向是为了实现人的现代化，最终达到人的自由全面发展；思想政治教育的目标是要培养"有理想、有道德、有文化、有纪律"的"四有新人"。这一人才培养的目标是对毛泽东关于"又红又专"人才培养目标的继承和发展。

为了提升思想政治教育的亲和力，邓小平在继承前人思想政治工作理论的基础之上，特别强调思想政治教育不要本本主义、不要教条主义。他在 1985 年 9 月 23 日召开的中国共产党全国代表会议上指出："教育一定要

---

① 《十二大以来重要文献选编》上，人民出版社，1986，第 29 页。
② 《十二大以来重要文献选编》上，人民出版社，1986，第 30 页。
③ 《十二大以来重要文献选编》上，人民出版社，1986，第 29 页。
④ 《十二大以来重要文献选编》下，人民出版社，1988，第 1177 页。
⑤ 《邓小平文选》第 2 卷，人民出版社，1994，第 290 页。
⑥ 《邓小平文选》第 2 卷，人民出版社，1994，第 369 页。

联系实际。对一部分干部和群众中流行的影响社会风气的重要思想问题，要经过充分调查研究，由适当的人进行周到细致、有充分说服力的教育，简单片面武断的说法是不行的。"① 新时期思想政治工作要坚持实事求是的原则，"按照实际情况决定工作方针，这是一切共产党员所必须牢牢记住的最基本的思想方法、工作方法"②。此外，邓小平针对不同教育对象在成长过程中所表现出来的认知水平和思想觉悟的差异，提出了思想政治教育不能搞一刀切，必须正视差别、依据实际、因人施教，"我们在鼓励帮助每个人勤奋努力的同时，仍然不能不承认各个人在成长过程中所表现出来的才能和品德的差异，并且按照这种差异给以区别对待"③，强调"要善于根据不同对象去进行政治解释工作"④。邓小平强调要寓思想政治教育于社会事实，不光要有理论支撑，还要有事实依据，这样可以产生润物无声的思想政治教育效果。同时，思想政治教育不应仅是专职人员的工作，还应当融入各行各业中，"为了实现安定团结，宣传、教育、理论、文艺部门的同志们，要从各方面来共同努力。毫无疑问，这些方面的工作搞好了，可以在保障、维护和发展安定团结的政治局面方面起非常大的作用"⑤。

邓小平十分讲究思想政治教育方法的创新。他要求"学校要把学生的思想工作做到家"⑥。他呼吁，"思想战线上的战士，都应当是人类灵魂工程师。在当前这个转变时期，在社会主义精神文明建设和整个社会主义建设事业中，他们在思想教育方面的责任尤其重大"⑦。邓小平强调，思想政治工作者要切实增强社会责任感，努力为青少年健康成长创造一个优良的社会环境；加强和改进学生思想政治教育，既要不断更新教育内容，更要不断改进教育方法；"只有老师教得好，学生才能学得好"⑧。在进行思想政治教育时，不仅"要敢于教，还要善于教"⑨。思想政治教育工作者不但要加强自身修养、教书育人、为人师表，用教师自身的人格魅力充分展示

---

① 《邓小平文选》第 3 卷，人民出版社，1993，第 144 页。
② 《邓小平文选》第 2 卷，人民出版社，1994，第 114 页。
③ 《邓小平文选》第 2 卷，人民出版社，1994，第 106 页。
④ 《邓小平文选》第 1 卷，人民出版社，1994，第 17 页。
⑤ 《邓小平文选》第 2 卷，人民出版社，1994，第 255 页。
⑥ 《邓小平文选》第 2 卷，人民出版社，1994，第 56 页。
⑦ 《邓小平文选》第 3 卷，人民出版社，1993，第 40 页。
⑧ 《邓小平文选》第 2 卷，人民出版社，1994，第 55 页。
⑨ 《邓小平文选》第 2 卷，人民出版社，1994，第 55 页。

马克思主义的理论魅力，而且要旗帜鲜明地告诉学生什么是对的、什么是错的，从而正确引导学生健康成长。

总之，邓小平在实践中注重实事求是、具有说服力的思想政治教育，倡导简洁明快、生动形象的思想政治教育语言，形成了说服教育、因人施教、榜样示范、批评与自我批评等思想政治教育的方法，提升了思想政治教育亲和力。

3. 江泽民关于思想政治工作亲和力的重要论述

20世纪80年代末90年代初，国际环境发生前所未有的巨大变化，国际上发生苏联解体、东欧剧变等重大事件，世界社会主义运动遭受严重挫折；国内发生严重的政治风波，中国特色社会主义事业面临空前挑战。意识形态领域的渗透与反渗透、遏制与反遏制斗争此起彼伏并且异常尖锐，西方资产阶级自由化思潮泛滥，腐朽的封建思想和宗教情绪蔓延。社会主义制度与资本主义制度、社会主义的马克思主义意识形态与资产阶级腐朽的意识形态之间的对立和斗争，变得更加激烈，也更加复杂，对广大群众的思想体系、政治观念和道德意识产生了重大的冲击和影响。"开展社会公德和职业道德的教育，提倡顾大局、讲风格、助人为乐、无私奉献，培养人民的坚定信念、高尚情操和科学健康文明的生活方式，而绝不允许拜金主义、享乐主义、极端个人主义等腐朽思想腐蚀人们的精神，污染社会风气，败坏社会秩序。"① "思想政治工作的实践说明，我们的阵地如果无产阶级思想不去占领，非无产阶级思想就必然会去占领。我们必须充分注意和记取这种历史的经验教训。"② 如何开展好思想政治教育工作，是摆在以江泽民同志为核心的党的第三代中央领导集体面前的时代命题。尤其是针对世界观、人生观、价值观尚不成熟的广大青年学生，有针对性开展思想政治教育，对于抵制腐朽思想的侵蚀，树立崇高的理想信念具有重要意义。1999年6月，江泽民在第三次全国教育工作会议上指出："思想政治教育，在各级各类学校都要摆在重要地位，任何时候都不能放松和削弱。要说素质，思想政治素质是最重要的素质。不断增强学生和群众的爱国主义、集体主义、社会主义思想，是素质教育的灵魂。"③

---

① 《江泽民文选》第1卷，人民出版社，2006，第358页。
② 《江泽民文选》第2卷，人民出版社，2006，第362页。
③ 《江泽民文选》第2卷，人民出版社，2006，第332页。

　　针对苏联解体、东欧剧变后新的国际形势和社会主义市场经济的特点与要求，结合我国社会主义改革和建设、国际形势发展变化的新实际，在思想认识和工作生活中产生的新问题，发展社会主义市场经济的新要求，社会主义精神文化生活的新发展，① 以江泽民同志为主要代表的中国共产党人根据世情给人民群众带来的思想影响，坚定共产主义的伟大理想和崇高信仰，坚持马克思主义在意识形态领域的指导地位，高度重视广大人民群众的思想政治教育，抵御"西化""分化"图谋，有针对性地开展"四个如何认识"教育，即"如何认识社会主义的历史进程、如何认识资本主义发展的历史进程、如何认识我国社会主义改革开放实践过程对人们思想的影响、如何认识当今国际环境和国际政治斗争带来的影响"，引导人民群众从中国革命的发展进程和国际共产主义运动的经验教训中，认识我国选择社会主义道路的历史必然性；从我国改革开放和现代化建设的伟大成就中，认识社会主义能够集中力量办大事的巨大优势。②

　　进入 20 世纪 90 年代以来，改革开放和发展社会主义市场经济条件下思想政治教育领域出现的新情况、新挑战和新问题，思想政治工作的环境、任务、内容、渠道和对象都发生了很大的变化。由此，加强思想政治教育比以往任何时候都显得尤为重要。党的十三届四中全会召开之后，党中央加强马克思主义的指导地位，吸收和传承过去行之有效的好办法、好制度，打破传统的思想政治教育不合时宜的旧机制，明确定位，强化基础、有的放矢、对症下药，从历史和现实、理论与实践、国际和国内的角度出发，结合中国特色社会主义建设和我国改革开放的新实际，深刻分析国内外形势变化对广大人民群众思想活动的影响，正视和解决人民群众在思想上、理论上存在的各种困惑和实际问题，不断探索新的方式、方法、手段和机制。江泽民 1994 年 1 月 24 日在全国宣传思想工作会议上的讲话上指出："要善于疏导，注意发扬民主，尊重人、理解人、关心人，采取吸引群众广泛参与的方法、群众自己教育自己的方法、平等讨论的方法、批评和自我批评的方法。"③

　　对于新时期思想政治教育的方式手段，江泽民结合社会精神生活的新

---

① 《江泽民文选》第 3 卷，人民出版社，2006，第 86~93 页。

② 高峰、陈敦山主编《思想政治工作 60 年回顾》，宁夏人民出版社，2009，第 282 页。

③ 《十四大以来重要文献选编》上，人民出版社，1996，第 655 页。

特点、新发展，强调新时期思想政治教育要针对广大人民群众日益增长的文化需求，防止形式主义，坚持因地制宜的基本原则，把握新的历史条件下思想政治教育的客观规律，尊重教育对象的思想实际和性格特点、注重个性的健康发挥，促进其思想和身心的健康发展。江泽民多次强调："开展思想政治工作，思想工作必须讲求春风化雨，润物无声，耐心细致，潜移默化。"① 思想政治工作要力求做到方式创新、形式多样、生动活泼，让人民群众喜闻乐见，力戒形式主义、教条主义，切忌简单生硬，必须讲究方式、方法，区分不同对象、不同条件、不同场合。如果思想政治工作者在教育内容上老生常谈、空话套话连篇，在教育形式上照本宣科、生搬硬套，那么就绝对不会有好的教育成效。江泽民还十分重视思想政治工作身教示范的作用，强调身教比言教更重要，党能否做好思想政治教育工作，很大程度上仍受到党的自身建设和各级领导干部言行表现的影响。此外，江泽民还注重文化引领、思想渗透和价值导向，充分发挥文化载体的作用，广泛运用广播、电视、报刊、互联网等现代化传播工具，唱响主旋律，打好主动仗，形成富有活力与朝气、覆盖面广、效率高的思想政治工作新格局，增强思想政治工作的主动性、针对性和实效性，提升思政教育的说服力、吸引力和影响力。② 江泽民在 2000 年 6 月 28 日中央思想政治工作会议上的讲话中强调："面对新形势新情况，我们的思想政治工作在继承和发扬优良传统的基础上，必须在内容、形式、方式、方法、手段、机制等方面努力进行创新和改进，特别要在增强时代感和加强针对性、实效性、主动性上下功夫。"③ 新时期，开展思想政治教育要通过生动活泼的形式，广泛、深入地加强思想理论、主流意识形态的宣传，在全社会营造出积极向上的思想政治环境。

4. 胡锦涛关于思想政治工作亲和力的重要论述

党的十六大以来，胡锦涛继承马克思主义以人为本的思想，提出了以人为本的科学发展观。在思想政治工作方面，胡锦涛指出："思想政治工作说到底是做人的工作，要坚持以人为本的理念。"④ 强调亲和力就是以人

---

① 《江泽民文选》第 3 卷，人民出版社，2006，第 93 页。
② 高峰、陈敦山主编《思想政治工作 60 年回顾》，宁夏人民出版社，2009，第 283 页。
③ 《江泽民文选》第 3 卷，人民出版社，2006，第 86 页。
④ 《胡锦涛文选》第 3 卷，人民出版社，2016，第 184 页。

为本，倡导"以学生为主体"的教育观，开拓了思想政治教育的人文关怀、心理疏导和生命关怀，持续、有序地满足教育对象成长成才的需求。

在全球化、市场化、多元化的背景下，为了应对西方资产阶级错误社会思潮影响，有效抵制"历史虚无主义""普世价值"的侵袭，以胡锦涛同志为总书记的党中央坚持以人为本，十分重视思想政治教育的人文关怀。2000年12月，胡锦涛在共青团十四届四中全会上的讲话中要求："各级团组织要按照中央思想政治工作会议提出的要求，紧密结合团员青年的实际，切实担负起教育引导青年的政治责任，把青年思想政治工作作为各项重点工作来抓。"[1] 2007年5月，在中国共产主义青年团成立85周年之日，胡锦涛致信中国青年群英会时谈到了"四个新一代"的育人目标，即"理想远大、信念坚定的新一代，品德高尚、意志顽强的新一代，视野开阔、知识丰富的新一代，开拓进取、艰苦创业的新一代"[2]。在构建和谐社会的形势下，胡锦涛提出的"四个新一代"体现了与时俱进的精神，对强化广大青年学生的思想政治教育起到了重要的促进作用。

提升思想政治教育成效是一项系统工程，需要学校、家庭、社会的多方努力。2005年1月，胡锦涛在全国加强和改进大学生思想政治教育工作会议上的讲话中指出，"加强和改进大学生思想政治教育工作是一项系统工程，必须把社会各方面的力量动员起来，把社会各方面的资源整合起来，使它们充分发挥作用、密切配合"[3]，形成强大合力。2008年1月，胡锦涛在全国宣传思想工作会议上强调要加强思想道德建设工作时指出："青少年是祖国的未来，要加强青少年思想道德建设，紧紧围绕引导广大青少年树立正确的世界观、人生观、价值观这个重点，构建学校、家庭、社会紧密协作的教育网络，动员社会各方面共同做好青少年思想道德教育工作，为青少年健康成长创造良好社会环境。"[4] 只有通过学校教育与家庭教育、社会教育协同联动，建立健全家、校、社三位一体的全方位教育体系，齐心协力，才能全面提高全社会思想政治教育质量水平，扎实推进青年学生思想道德建设，使社会主义核心价值体系真正融入思想政治教育全

---

① 胡锦涛：《在共青团十四届四中全会上的讲话》，《中国青年报》2000年12月20日。

② 胡锦涛：《致中国青年群英会的信》，《中国教育报》2007年5月5日。

③ 《十六大以来重要文献选编》中，中央文献出版社，2006，第645页。

④ 《胡锦涛文选》第3卷，人民出版社，2016，第65页。

过程。2009 年 5 月，胡锦涛在同中国农业大学师生代表座谈时再次强调："各级共青团组织要认真做好青年和青年学生工作，加强教育引导，主动提供服务，切实维护他们的合法权益。学校和教师要注重把教书和育人结合起来，帮助青年学生德、智、体、美全面发展。社会各界都要关心爱护青年和青年学生，为他们健康成长营造良好社会环境。"① 只有社会各方都集中行动起来、统一思想、加强协同、注重宣传，才能形成强大的育人合力。

面对新的历史条件，如何提升思想政治教育的实效性和亲和力？以胡锦涛同志为总书记的党中央根据对思想政治教育客观规律的认识，强调人在思想政治教育中的地位，提出了思想政治教育的"三贴近"原则。2003 年 12 月，胡锦涛在全国宣传思想工作会议上要求："坚持贴近实际、贴近生活、贴近群众，把宣传思想工作做实做深做活，更好地宣传动员群众、引导教育群众、帮助服务群众。"② "贴近实际、贴近生活、贴近群众"原则为新时期思想政治教育增强针对性和有效性指明了方向、提供了保障。在"三贴近"原则的基础上，胡锦涛又进一步提出了高校思想政治教育工作的"五个结合"。2005 年 1 月，胡锦涛在全国加强和改进思想政治教育工作会议上的讲话指出："做好高校思想政治教育工作要坚持教育与自我教育相结合、坚持政治理论教育与社会实践相结合、坚持解决思想问题与解决实际问题相结合、坚持教育与管理相结合、坚持继承优良传统与改进创新相结合。"③ 此外，他还指出："对大学生进行思想政治教育，既要摆事实、讲道理，以理服人，耐心细致，循循善诱，进行疏导、开导、引导，不断提高他们的思想认识和精神境界；又要关心人、办实事，以情感人，春风化雨，润物无声，帮助大学生处理好成长过程中学习成才、择业交友、健康生活等方面的具体问题。"④ 这些重要论述，对新时代增强高校思政课亲和力具有十分重要的指导意义。

5. 习近平总书记关于思政课亲和力的重要论述

党的十八大以来，习近平总书记高度重视思政课建设。关于思政课如

---

① 胡锦涛：《在同中国农业大学师生代表座谈时的讲话》，《人民日报》2009 年 5 月 3 日。
② 胡锦涛：《在全国宣传思想工作会议上的讲话》，《人民日报》2003 年 12 月 8 日。
③ 胡锦涛：《在全国加强和改进思想政治教育工作会议上的讲话》，《人民日报》2005 年 1 月 19 日。
④ 《十六大以来重要文献选编》中，中央文献出版社，2006，第 642 页。

何接地气、入人心、进头脑,习近平总书记发表了一系列重要论述。2013年11月,在对高校思政课的重要批示中,习近平总书记强调,思政课必须办好。2016年12月,全国高校思想政治工作会议在北京召开,习近平总书记在讲话中提出思政课亲和力这个概念。他强调:"要用好课堂教学这个主渠道,思想政治理论课要坚持在改进中加强,提升思想政治教育亲和力和针对性,满足学生成长发展需求和期待,其他各门课都要守好一段渠、种好责任田,使各类课程与思想政治理论课同向同行,形成协同效应。""思想政治理论课要坚持在改进中加强。"① 在全国教育大会上的重要讲话及多次对各级学校考察时发表的重要讲话、重要论述中,习近平总书记都强调了思政课建设。2019年3月18日,习近平总书记主持召开学校思想政治理论课教师座谈会并发表重要讲话,强调思政课是落实立德树人根本任务的关键课程,"推动思想政治理论课改革创新,不断增强思政课的思想性、理论性和亲和力、针对性"②。习近平总书记关于思政课的系列重要讲话和重要论述,对增强新时代高校思政课亲和力具有重要的指导意义。

提升思政课亲和力,必须从教育者主体抓起,增强主体素质,提高施教能力。思政课教师作为教学主体之一,如果缺乏理论兴趣、缺少感情投入,其施教就难以引起大学生兴趣,更谈不上亲和力。只有教育者展现自身素质和理论魅力,才会产生亲和力。为此,习近平总书记十分重视教师队伍建设,发表了一系列重要论述。什么是好老师?习近平总书记从不同角度提出了要求。2014年教师节前夕,习近平总书记提出教师要做"四有好老师",即"有理想信念、有道德情操、有扎实学识、有仁爱之心"③。在2016年12月全国高校思想政治工作会议上,习近平总书记提出,教师要做到教书和育人、言传和身教、潜心问道和关注社会、学术自由和学术规范的"四个相统一"。2016年9月9日,习近平总书记在北京市八一学校考察时强调,教师要当好"四个引路人",即"要做学生锤炼品格的引路人,做学生学习知识的引路人,做学生创新思维的引路人,做学生奉献

---

① 《习近平谈治国理政》第 2 卷,外文出版社,2017,第 378 页。

② 习近平:《思政课是落实立德树人根本任务的关键课程》,人民出版社,2020,第 17 页。

③ 习近平:《做党和人民满意的好老师》,《人民日报》2014 年 9 月 10 日。

祖国的引路人"①。什么是好的思政课老师？习近平总书记指出："讲思想政治理论课，要让信仰坚定、学识渊博、理论功底深厚的教师来讲，让学生真心喜爱、终身受益。"②"信仰坚定、学识渊博、理论功底深厚"就是对新时代思政课教师素质的要求。新时代思政课好教师有什么标准？习近平总书记进一步提出了"政治要强""情怀要深""思维要新""视野要广""自律要严""人格要正"的新要求。③这"六个要"构成了新时代思政课好老师的基本标准，是"四有好老师""四个相统一""四个引路人"标准在思政课教师这个特殊群体中的具体化。

思政课教师只有树立问题意识，对学生关注的现实问题、热点问题、焦点问题、难点问题等，积极给予回应，及时作出通俗易懂、深入浅出的理论阐释，充分展现理论的魅力，教学才具有说服力、感染力，学生才能真懂、真信、真用科学理论。增强传授魅力，这是对思政课教师综合素质的具体要求，也是思政课富有亲和力的重要体现。施教时，教育者应丢掉大话套话、摒弃说教模式，努力形成富有语言魅力、深受学生欢迎的教育方式。要及时了解学生的真实思想，善于摸清学生的现实需求，使教育形式更契合学生实际、教育内容更符合学生需要、教育情境更贴近学生生活。思政课教师要富有情感魅力，通过"以情感人、以情育人"的方式触动学生的内心世界，从而达到润物细无声的教育效果，实现用思想碰撞思想、用灵魂触动灵魂、用情感引发共鸣，真正成为能够感染、感动、感化、感召大学生的魅力型思政课教师。

提升思政课亲和力，必须推进思政课改革创新，增强教学感染力。一部思政课改革和建设的历史，就是不断守正创新的历史。守正，就不会偏离方向，就不会失去初心；创新，就不会僵化，就不会过时。面对新形势、新问题、新挑战，办好思政课，就要在守正的基础上，不断推动改革创新。因此，习近平总书记强调："思政课建设要向改革创新要活力。"④如何推动思政课教学改革创新呢？习近平总书记指出，做好高校思想政治

---

① 习近平：《加强教师队伍建设 引领中国教育提质发展》，《人民日报》2016年9月10日。
② 习近平：《思政课是落实立德树人根本任务的关键课程》，人民出版社，2020，第12页。
③ 习近平：《思政课是落实立德树人根本任务的关键课程》，人民出版社，2020，第12~16页。
④ 习近平：《思政课是落实立德树人根本任务的关键课程》，人民出版社，2020，第17页。

工作，要"遵循思想政治工作规律，遵循教书育人规律，遵循学生成长规律"①，同时强调，做好高校思想政治工作，要因事而化、因时而进、因势而新。思政课作为大学生思想政治教育的重要组成部分，既要遵循思想政治工作规律，遵循教书育人规律，遵循学生成长规律，又要遵循高校思政课教育教学自身规律，从而不断提升思政课教育教学的科学化水平。在2019年3月18日学校思想政治理论课教师座谈会上，习近平总书记提出，推动思政课改革创新，要坚持"八个相统一"，即政治性和学理性相统一、价值性和知识性相统一、建设性和批判性相统一、理论性和实践性相统一、统一性和多样性相统一、主导性和主体性相统一、灌输性和启发性相统一、显性教育和隐性教育相统一。② 如何理解这"八个相统一"？一是它深刻总结了思政课建设长期以来形成的规律性认识和成功经验，深化了对一系列教育教学规律的认识；二是它构成一个紧密联系、有机统一的整体，是一套组合拳；三是要在"统一"上下功夫。③

习近平总书记关于思政课亲和力的重要论述是落实思政课教育任务与目标、增强高校思政课亲和力的重要理论依据，为新时代推动思政课改革创新、提升思政课亲和力指明了方向。当前，推动思政课改革创新，就要落到增强思政课的思想性、理论性和亲和力、针对性上，使思政课成为有意义的课、讲理的课、有温度的课，成为问题导向的课，成为学生真心喜爱的课。④

第二节　中华优秀传统文化关于教育亲和力的思想资源

中国传统文化中蕴含丰富的教育思想，是中华优秀传统文化的精粹，也是教育启蒙的思想源泉。中国古代的教育大多以道德为中心，强调道德

---

① 《习近平谈治国理政》第2卷，外文出版社，2017，第378页。

② 习近平：《思政课是落实立德树人根本任务的关键课程》，人民出版社，2020，第17~23页。

③ 艾四林：《〈思政课是落实立德树人根本任务的关键课程〉导读》，《思想教育研究》2020年第9期。

④ 艾四林：《〈思政课是落实立德树人根本任务的关键课程〉导读》，《思想教育研究》2020年第9期。

的教化功能。中国先贤教育家在实践中总结出来的教学理念、教学方法以及教学思想具有重要的借鉴意义。中国传统文化在教育领域中的智慧之思与理论创造，对于提升思政课的亲和力，塑造大学生个体品德，提升人、发展人具有重要意蕴。因此，增强思政课亲和力要在吸收优秀传统文化的基础上汲取其教学理念，继承教育方法，提升教学境界。

一　中国优秀传统文化蕴含着以人为本的教学理念

教育的本质目的就是培养人、塑造人和发展人。要实现教育的目的，就要在教育教学过程中树立"以人为本"的教学理念，尊重受教育者的个性发展需求，遵循受教育者的身心发展规律，做到充分重视受教育者的主体地位。中国古代教育家非常重视"人"在教育中的地位和作用，提出了诸多丰富而精辟的重要论述，对当前教育以及思政课教学具有时代意义和借鉴价值。

著名的教育家、思想家孔子提出"仁者爱人""己所不欲，勿施于人""有教无类"等教育理念，从人的立场出发阐释了"仁""爱"等教育理念。"仁"主要是指人的品德修养，即人要从多方面全面提升自我，成为一名诚实正直的人。"爱"则体现为一种自上到下的关怀，对于教师而言，就是指对学生的关心与爱护。这些教育理念闪烁着中国传统文化"以人为本"的光芒，对提升思政课亲和力具有重要指导意义。孟子从人性的角度探求教育的本质，他认为教育的主要目的就在于通过教育达到学生的自省。在教育实践中，他注重唤醒学生内心的情感和自觉。孟子曰："恻隐之心，人皆有之；羞恶之心，人皆有之；恭敬之心，人皆有之；是非之心，人皆有之。恻隐之心，仁也；羞恶之心，义也；恭敬之心，礼也；是非之心，智也。仁义礼智，非由外铄我也，我固有之也，弗思耳矣。故曰：求则得之，舍则失之。"[①] 孟子认为，恻隐之心、羞恶之心、恭敬之心、是非之心，是人人都具备的，是人与生俱来的先天美好素养，而不是通过后天习得养成的。恻隐之心是仁的发端，羞恶之心是义的发端，恭敬

_____

① 杨伯峻译注《孟子译注》，中华书局，2005，第 259 页。

之心也称辞让之心，是礼的发端，是非之心是智的发端。① 孟子从人性论上肯定了个体发展的潜力与可能。教育就是要唤醒学生的"四心"，引导学生学会体验和思考，促进学生的全面发展。孟子还继承了孔子"有教无类"的思想，主张平等对待学生，尊重学生的学习机会。"夫子之设科也，往者不追，来者不拒。"② 孟子到滕国去，住在上等旅店里。有一双放在窗台上的鞋子不见了。宾馆里的人找不到，有人问孟子："这样的话，是不是您的随从把鞋子收起来了呢？"孟子说："你以为他们是为偷鞋而来的吗？"那人回答说："大概不是。但是您老夫子开设课程收弟子，走的人也不追，来的人也不拒。只要是有求学之心来的，就都接受罢了。"这句话的潜台词是孟子接受学生的标准较为宽松，难免有道德修养不高的学生混进来。③ 孟子开设课程，对学生的态度是：去的不加追问，来的也不拒绝。只要他们是抱着学习的心愿来的，便收留下来。在师生相处方面，孟子认为师生在人格上是平等的，主张师生之间坦诚相见，要相互尊重、相互理解、相互学习，不掩饰自己内心的想法和观点。孔孟等教育家"以人为本"的教育思想闪烁着理论的光芒，对思政课教师树立正确的师生观念和教学理念提供了方法借鉴，对于提升思政课的亲和力具有很强的指导意义。

思政课进行的是育人的教学活动，始终围绕人的全面发展，针对人的知识、素养、能力的提升开展教育活动，人是整个教育活动的中心和关键。提升思政课的亲和力要求思政课教师在教学过程中始终坚持以学生为中心，怀有"仁爱之心"，将"仁爱"作为自身行为的指导方针，以大爱投入教育事业，以真爱护佑学生发展，关心学生、关爱学生、呵护学生、急学生之所急、想学生之所想、解学生之所惑，以"学而不厌、诲人不倦"的诚意和耐心去教育学生、开导学生、引领学生，做学生的知心人、热心人、引路人。同时，思政课教师要以"仁者爱人"的理念与学生平等相处，互相尊重，以宽厚之心待人、容人、律己，让每位学生获得个体的成长和进步。另外，思政课教师还要注重培养学生自我感化、德化、文化、育化的能力，丰富学生自我"省身"的方法与途径，通过提升思政课

---

① 杨军：《修身要旨》，长春出版社，2020，第 153 页。
② 杨伯峻译注《孟子译注》，中华书局，1960，第 336 页。
③ 毕宝魁：《细读孟子》，研究出版社，2017，第 258 页。

亲和力来培养学生良好的习惯和高尚的品德，严格塑造每一位学生的人格与品格，引导学生形成正确的思想和价值观。

二 中国优秀传统文化蕴含着注重亲和力的教学方法

教学方法是教学主题和教学对象为了实现共同的教学目标，完成共同的教学任务，在教学实践过程中所运用的教学方式的总称。德国著名教育学家克拉夫基认为，教学方法是指教师为了使学生掌握教学内容而使用的教学形式、教学步骤、教学组织、教学手段、教学策略及教学艺术等。[①]教学方法从属于教学内容，只有在精通教学内容的前提下才能选择和使用恰当的教学方法；只有采用正确的教学方法，才能使学生真正掌握教学内容。[②] 中国传统文化中蕴含着"知行合一""温故知新""因材施教""学思相长"等丰富的教学方法，这些方法有助于增进教师与学生之间的情感，促进教学质量的提升。中国传统文化中富含的教学方法与提升思政课教学亲和力是密切联系的，挖掘中国优秀传统文化的思想资源有助于教师提高教学技能和水平，有利于加强师生之间的交流沟通，增强教学的吸引力和感染力。

孔子是最早提出启发式教学的教育家。他认为教师不再单纯地是知识的传播者，而应该成为学生活动的组织和引导者，主张以教师为主导，以学生为主体的教学理念，大胆创新"不愤不启，不悱不发""举一反三"等启发式教学方法，通过启发式教学来开导学生、影响学生、塑造学生，做到晓之以理、动之以情、导之以行。提升思政课亲和力应在教学方法上大胆创新、吐故纳新，实现由灌输式教学向启发式教学转变。思政课教师要突出学生的主体地位，鼓励学生多思考、勤思考，采用启发式教学的方法，通过提出问题、设置悬念、循循善诱和层层推进，引导学生独立思考、独立分析、独立判断，让学生和教师、学生和学生之间能够平等地开展交流，进行沟通，让学生在教师的启发下强化对知识的掌握、思想的吸收、理论的领会。

---

① 胡森主编《国际教育百科全书》（第 9 卷），贵州教育出版社，1990，第 380 页。
② 王学先、周晓阳、黄秋生：《五大发展理念教学研究》，湘潭大学出版社，2019，第 182 页。

孔子非常关注学生的主体性、差异性、参与性，注重对学生"因材施教"。每一个个体在天资、勤奋程度等方面各不相同，所以要因人而异采取不同的教学方法和策略。孔子在了解学生的基础上，根据学生的不同特点，采取不同的有针对性的教育。例如：有一次，孔子讲完课，回到自己的书房，学生公西华给他端上一杯水。这时，子路匆匆走进来，向孔子请教："先生，如果我听到一个很好的主张，要立即去做吗？"孔子看了子路一眼，慢条斯理地说："要问一下家里的父亲和兄长吧，怎么可以自作主张就去做呢？"子路刚出去，另一个学生冉求悄悄走到孔子面前，恭敬地问："先生，如果我听到一个很好的主张，要立即去做吗？"孔子马上回答："当然应该立即去做。"冉求走后，学生公西华感觉奇怪，于是问孔子："先生，一样的问题，怎么你的回答是相反的呢？"孔子笑笑说："冉求性格谦逊，遇事畏缩不前，办事犹豫不决，所以要鼓励他临事果断。但子路逞强好胜，遇事轻率，办事不周全，所以要克制一下使他审慎些，三思而行。"这一生动的事例，表明孔子能根据学生的不同特点，有意识、有目的地进行因材施教。[①] 提升思政课亲和力要以学生为中心，洞察学生在能力、水平、性格方面的差异，不同的学生采取不同的教育方法与教学策略，做到"因人施教""因专业施教"，帮助学生深化情感体验，促进因材施教和分层学习活动的展开，更好地培养学生的思考能力和学习能力。

教师的言行举止对于学生的学习生活有重要的影响，只是细微的负面瑕疵就可能会对受教育者造成严重误导和消极影响。《学记》中记载"亲其师，信其道，乐其学"，这句话的含义就是学生往往会因为喜欢自己的老师，而喜欢上他教的道理。只有当学生亲近、尊敬、喜欢老师时，才会相信、学习师长所传授的知识和道理。教师只有拥渊博知识、擅言谈技巧、秉高尚人格、富工作热情，才会让受教者认同、信服和追捧。孔子在《论语》中论述了作为受人尊敬的教师应有的形象和素养，即有为理想而献身的政治家的气概；有循循善诱、诲人不倦的教育家的容止；有执着好学、学而不厌的学者的风范；有刚烈、正直的志士的节操。在师生日常交往中，思政课教师要以身作则、为人师表，率先垂范以深厚的理论吸引学生、用高尚的人格感染学生、用渊博的学识征服学生、用博大的胸怀赢得

---

① 于元编《中国历史文化十万个为什么》，吉林文史出版社，2015，第23页。

学生、用真理的力量感召学生，自觉做学生学习的榜样、成长的表率。

第三节　心理学中关于亲和力的相关理论及主要观点

思政课亲和力作为一种内在的、无形的情感力量，在教学过程中具体表现为教师与学生之间所形成的心理和情感的稳定状态，教师和学生的心理活动是形成这种亲和状态的基础。由此，心理学中的人际吸引理论、情绪情感理论，以及马斯洛需求层次理论与奥尔德弗的 ERG 需要理论等，可以为增强思政课亲和力提供理论支撑。

一　人际吸引理论

人际吸引（interpersonal attraction）又称人际魅力（interpersonal charm）。作为社会心理学的重要成果，它是由社会心理学家 G. L. 克劳尔和 D. A. 伯恩于 1974 年提出的。人际吸引是指人际交往过程中个体与他人之间产生的彼此注意、欣赏、爱慕等情感上的亲近与心理上的好感、吸引，从而促进个体与他人之间构建良好情感的过程，表现为个体与他人之间心理、情感距离的缩短以及和谐融洽的人际关系。

人际吸引的含义包括两个方面：一是个体对他人的欣赏、喜爱或爱慕，这是对他人的肯定的反应，是隐蔽的情感反应；二是个体表现为自主地亲近他人或愿意与他人相处交往，这方面个体的行为性较强，较易察觉。人际吸引属于人际知觉的一个新领域，是人际关系的一种肯定形式，人际吸引的程度反映了彼此在交往过程中心理和情感上的距离的远近。它对于满足个体的人际需求、建立良好的人际关系具有很大的指导作用。

人际吸引的形成和发展一般要经历注意、认同、接纳、交往四个阶段。注意是指在交往初期，交往主体根据自己的需要、兴趣和价值观对交往对象的选择，是对某一交往对象喜欢、感兴趣的表示。认同是指通过知觉、想象、思维、记忆等认识活动，接纳和内化交往对象的行为及表现，并对其给予积极和正面的评价。当个体专注于某一交往对象并对之产生好感时，就会主动地接近他（她），加倍地关心他（她）的信息，于是通过信息的传递增加了对他（她）的认同。接纳是指从情感上接受对方，常以喜欢、亲切、同情、热心等形式表达与对方的情感联系。凡是能驱使个人与他人之间接近、合作、联系的情感，都称为结合性情感。结合性情感越强，彼此之间就越相容，越相互吸引。交往是注意、认同、接纳的必然结果。一般来说，在交往的初期，双方会尽力约束自己，并努力通过行为来显示自己的诚意，表明自己愿意与对方交往。随着交往水平的提高，双方的关系就会发展到心理上相互依存的高级阶段，相互的吸引力进一步增强。[①]

通常而言，交往频次高、接触次数多、见面机会多的交往双方更容易熟悉，彼此在情感和心理上就更易接近。按照吸引的程度，人际吸引可分为亲和、喜欢和爱情三个层级。第一个层级是亲和。亲和是指个体与他人在一起，主观意愿上愿意接近他人的倾向。第二个层级是喜欢。喜欢是指愿意与他人交往相处，并在这个过程中能感受到愉悦，产生积极正面的情愫。一般而言，个体在他人心情好的时候出现，是能通过条件反射与此心情联系起来的，从而更容易得到喜爱。第三个层级是爱情。爱情是交往相处的双方在交往过程中产生的一种强烈的、特殊的感情，第三个层级是人际吸引的最高级别。

个体外在的长相、谈吐、行为，内在的品质、信念、情感、观念等都会影响人际吸引。在思政课的教学实践过程中，教学主体之间——在教师与学生的密切互动过程中，学生首先直观感受到的并不是教师渊博的学识、崇高的信仰、高尚的情操、积极的观念，而是教师的容貌、体态服饰、举止、风度等个人外在因素。因此，思政课教师在学生面前要注重外在仪容仪表，给学生留下美好的印象，拉近学生与教师的心理距离，强化师生的情感共鸣，使学生对思政课教师产生真心的接纳与喜欢，进而给思政课教师带来光环效应，这种效应可以使学生更加乐于亲近教师、认同教师、接纳教师、喜欢教师。人格品质和道德修养是影响喜欢的最稳定、最可靠的因素，也是个体吸引力最重要的来源之一。正直善良、积极向上、阳光开朗的人格品质和高尚、优秀的道德修养可以增加他人的喜爱程度；反之，则会降低人们的喜爱程度。思政课教师应当注重自身优秀人格品质

① 谢虹、王向荣、余桂林主编《护理人际沟通与礼仪》，华中科技大学出版社，2017，第23页。

的锻塑以及优秀道德修养的养成，以自身的人格魅力和道德素质影响学生、吸引学生、感化学生，进而引领学生塑造良好的道德情操。

二　情绪情感理论

情绪情感是心理学的重要理论之一，是人类的基本神经生理反应状态，是人受外界环境的影响对于客观事物能否符合主体的需求与愿望、观点而产生的一种或积极或消极的态度体验。情绪的基本要素包括主观感受、生理反应、行为表现。具有代表性的情绪情感理论主要有詹姆斯–兰格理论、阿诺德的评定–兴奋说、沙赫特的认知–激活理论、拉扎勒斯的认知–评价理论、汤姆金斯–伊扎德的动机–分化理论。詹姆斯–兰格理论由美国心理学家詹姆斯（W. James）和丹麦生理学家兰格（C. Lange）提出。该理论把情绪的产生归因于身体外周活动的变化，认为当一个情绪刺激物作用于感官时，会引起个体生理上的一系列变化和反应，并刺激神经冲动，再由神经冲动传至中枢神经系统产生一定的情绪，情绪产生于植物性神经系统的活动。阿诺德的评定–兴奋说于20世纪50年代由美国心理学家阿诺德（M. B. Arnold）提出。该理论认为情绪反应的序列是"情景—评估—情绪"，情绪来自个体对情境的认识和评估。当个体评定刺激情境对自身有利时，就会产生肯定的情绪体验并试图接近刺激物，主动融入情境中。反之，则会对刺激情境产生厌恶感，引起否定的情绪体验，试图躲避刺激物。认知–激活理论是美国心理学家沙赫特（S. Schachter）于1960年提出的。该理论把情绪的产生归于环境因素、生理因素和认知因素的整合作用，并强调认知因素是决定情绪性质的关键因素。拉扎勒斯的认知–评价理论由拉扎勒斯（R. S. Lazarus）在阿诺德的认知评价学说基础上发展而来，该理论认为情绪的产生是生理、行为和认知三种成分的综合反映，对认知起决定作用的是个体心理结构，即信仰、态度和个性特征等。[1] 动机–分化理论产生于20世纪60年代，代表人物有汤姆金斯和伊扎德。动机–分化理论借用人格系统构建了情绪—动机体系，该理论认为情绪是独立的心理过程，有其自身的机制，并在人们的心理活动中发挥独特作用。该理论

---

[1]　程甫、张旭东、刘益民等主编《基础心理学教程》，人民教育出版社，2007，第75页。

既阐述了情绪的产生根源，又阐释了情绪的功能。

人的活动总带有情绪情感的因素，并受到情绪情感的激发或抑制。人的情绪情感作为认识主体的一种主观感受，是人与客观事物之间相互作用关系的表达和反映。由于认识主体自身的特殊性，认识主体自身主观认识与客观事物之间的关系也存在差异性，同一认识主体在不同条件和环境下所产生的情绪情感是不一样的，不同认识主体在相同的条件和环境下所产生的情绪情感也不尽相同。认识主体的情绪情感对自身认知和发展起着重要的作用，推动认识主体对真善美的追求。情绪情感可以分为正向的积极的情绪情感和负向的消极的情绪情感。积极的情绪情感给人一种积极向上、乐观开朗的态度，并给人的认识活动注入活力和生气，对认识主体和他人起着正向的推动力量。当人们的情感与其从事的认识活动发生共鸣时，认识就会受到情感的激化，从而激发人的认识潜能，加速认识的进行。反之，消极的情绪情感给人一种悲观厌世、懈怠消沉的负能量，对认识主体和他人起到反向阻碍。[1]

情感教育是一种看不见摸不着的"隐性"教育，是从情感和心理上改变学生观念、思维和认知的一种教育，也是触及学生心灵深处，引起学生思想碰撞和情感共鸣，改变学生心理状态和精神面貌，激发学生意志和热情的教育。情感教育充分体现了"以人为本"的教育理念，有效地促进教育内容的内化，真正做到"以情动人、以情化人"。情绪情感将会影响教师教学主体对教学内容、教学方法、教学语言的选择和使用，而学生对知识、理论、思想的接受和认同很大程度上也取决于教学内容、教学方法和教学语言等教学要素在整个教学过程中发挥的作用。教学主体的情绪情感会影响教学对象的学习心情、上课状态，进而影响对于教育内容的理解与判断，最终影响整个教学的质量和水平。当前，思政课在很大程度上都受到学生情感因素的影响，思政课的亲和力主要是通过教学主体情感教化，激发教学对象的情绪情感。因此，提升思政课亲和力就是要将情感理论运用到思政课教学的全过程。在思政课教学活动中，思政课教师和学生要充分利用积极的情绪情感。教师要投入真情实感，给予学生人文关怀和心理疏导，关爱学生、呵护学生、感化学生，真正走到学生心灵的深处，用积

---

① 张长明：《非理性因素在认识过程中的地位和作用》，《广东社会科学》2008 年第 1 期。

极向上的情绪情感引导学生敞开自我，走向生活，接纳他人，带着开心愉悦的心情，感悟思想真理的魅力，真切感受美好生活，使教师与学生之间产生亲近和结合的力量，提升思政课的感染力、吸引力和影响力。

三　马斯洛需求层次理论与奥尔德弗的 ERG 需要理论

需要是动机产生的重要因素。1968 年美国心理学家马斯洛（Maslow）提出需求层次理论。该理论按照由低级到高级排序，将人的需要分为生理、安全、爱和归属、尊重以及自我实现等五种层次的需要。人的五种需要按层次从低到高逐级递升，当低层次的需要相对满足后便会产生并追求更高层次的需要，更高层次的需要则是其行为的内在动力。但是，任何一种层次的需要都不会因更高层次的需要得到满足而消失，五种层次的需要是相互依赖、相互重叠的。高层次的需要得到满足后，低层次的需要仍然存在，只是对行为影响的程度减小。[①] 即便是尊重需要和自我实现需要得到了相对满足后，人还会有更高的追求，因为一个人对尊重和自我实现的需要是无止境的。该理论指出生理需要、安全需要、爱和归属需要等三种属于较为低一级的需要，是缺失性动机，通过外部条件的供给便可得到满足。尊重需要以及自我实现需要是高级需要，它是一种成长性需要，是通过内部因素才能得到满足的需要。

在马斯洛需求层次理论基础上，美国耶鲁大学组织行为学教授克雷顿·奥尔德弗（Clayton Alderfer）提出了一种新的更接近实际经验的人本主义激励需要理论——ERG 需要理论。克雷顿·奥尔德弗在《生存、关系、成长》一书中全面系统地阐释了"ERG 需要理论"。ERG 的全称是"Existence Relatedness Growth"，即生存（Existence）、相互关系（Relatedness）和成长发展（Growth）。克雷顿·奥尔德弗认为人类共存在 3 种最核心的需要追求，即生存的需要（Existence Need）、相互关系和谐的需要（Relatedness Need）、成长发展的需要（Growth Need）。生存的需要是最基本的需要，主要指满足人们基本的物质生存需求，相当于马斯洛需求层次理论中第一级和第二级的需要。只有生存的需要得到满足后，谈其他的需

---

① 王亿本、蒋晓丽：《鲍德里亚消费社会理论的反思》，《新闻研究导刊》2012 年第 7 期。

要才有价值和意义。相互关系和谐的需要是人与人之间保持一种重要的人际关系的需要，指人在工作和生活中，与其他人（上级、同级、下级）和睦相处，保持一种重要的人际关系，建立深厚友谊和获得归属感的需要，相当于马斯洛需求层次理论中第三级的需要。成长发展的需要是个人在事业、能力等方面追求自我发展、自我完善的内在强烈渴望的需要，是独立于其他需要的需求，相当于马斯洛需求层次理论中第四级和第五级的需要。

需求是主体进行接受活动的内部条件，主体的需求越多、欲望越强烈，接受活动的内在驱动力越强。马斯洛需求层次理论与奥尔德弗的 ERG 需要理论揭示的人的日常行为活动与人内在的各种需要之间的关系，阐明了人的各种需求对人的行为活动的支配、引导、控制以及对人思想产生、形成和发展发挥的作用。思政课教学是一种高级的精神交往活动，其教学对象是学生，他们一方面被动接受教师传授的知识、思想和理论，另一方面又会积极主动地依据自身的知识积累、兴趣爱好、行为习惯不断选择、记忆、归纳、总结以及处理所获得的信息，成为知识储备中的重要组成部分。不可否认的是，思政课教学对象并非同质的个体或群体，因此，思政课课堂上教授的知识、传递的信息、灌输的思想对不同的受众会产生不同的效果。由此可见，思政课受教者的自身特点将会影响和制约教学效果。从马斯洛需求层次理论与奥尔德弗的 ERG 需要理论出发，当前，思政课的受教者物质层面的生理需求、安全需求等生存的需要比较容易满足，但是精神层面的社交需求、尊重需求、自我实现需求等相互关系和谐的需要和成长发展的需要则显得难以满足。这就要求在思政课教学中合理运用马斯洛需求层次理论与奥尔德弗的 ERG 需要理论，关注学生的实际需要，从学生的实际需求出发开展思政课教学，更好地满足学生世界观、人生观、价值观、道德观和政治观等方面的精神需求，从而提升思政课教学的实效性，促进学生健康成长、成人成才。

第二章 高校思政课亲和力的基本内涵与构成要素

高校思政课亲和力是高校思政课教师在教学活动与学生之间进行交互影响而产生的感染和亲近的力量。根据对高校思政课亲和力的辩证理解，可以将思政课"亲和力"有机分解为"说服力""吸引力""感染力""影响力""导向力"等"五力"构成要素。深刻揭示高校思政课亲和力五大构成要素的内涵，是增强新时代高校思政课亲和力的基础和前提。

第一节 高校思政课亲和力基本内涵

改革开放特别是党的十八大以来，高校思政课亲和力一直是学术界关注和研究的重点和热点。思政课在高校立德树人根本任务中所处的关键地位和自身的特殊性，决定了其是一门既遵循所有课程教学规律又有自身特殊要求的关键课程，"常新常讲"与"常讲常新"是其最显著的自身特征，导致高校思政课亲和力具有复杂性、特殊性、时代性。因此，对高校思政课亲和力的研究永无止境，必须与时俱进、"常新常研"、"常研常新"。

一 高校思政课亲和力的概念内涵

亲和力最早是化学领域的一个概念，先后被引入生物学、社会科学领域,尤其是在心理学、教育学领域被广泛使用,比喻使人亲近、愿意接触的力量。将亲和力嫁接于思政课,则思政课亲和力是指思政课在大学生群体心目中的亲近感,或思政课能够对大学生群体所施加的影响力。梳理学术界对高校思政课亲和力概念的研究,代表性的观念主要有以下几个方面。

一是认为,高校思政课亲和力是高校思政课对大学生所具有的亲近、吸引的潜在功能,以及大学生对思政课所产生的亲近感和趋同感。从"亲和力"三字的字面含义理解高校思政课亲和力,"亲"指"亲近""接地气",即思政课程必须主动贴近学生,与学生学习生活实际紧密结合,让学生感觉到十分亲近;"和"指"和谐""融洽",即高校思政课应确保各教学要素间维持良好的关系,实现教与学双主体关系的融洽和谐、"教学相长";"力"指"向心力""凝聚力",即高校思政课既要体现对学生的引导力,让学生感觉到方法吸引力、思想引领力、环境感染力等,同时也要把握好各教学要素具备的亲和特质,体现对学生的"凝聚力"。刘方、李莎认为,高校思政课亲和力就是指通过教学能够给学生带来一种亲切感,让学生获得一种亲切和谐的力量,有效地提高学生对思政课的兴趣和学习主动性。① 庞桂甲认为:"亲和力表现为教育对象对教育内容和教育活动的亲近感、趋同感和接受度。"②

二是认为,高校思政课亲和力是教学内容、教学方法、教学考核、任课教师等教学要素具有亲和力并相互作用所形成的教育合力。例如,吴潜涛、王维国认为,高校思政课亲和力的内涵包括三个方面:其一,思政课教材的亲和力;其二,思政课教学(方法)的亲和力;其三,思政课考核的亲和力。③ 陈妍、洪雁认为,思政课亲和力是指思政课对大学生的吸引力、感染力和说服力,它不是单向力而是合力,包括教师亲和力、教材内容亲和力、话语亲和力等构成因素。只有形成一个系统的亲和力,思政课亲和力才能实现最佳效果。④

---

① 刘方、李莎:《高校思政课亲和力提升路径研究》,《大学》2022 年第 6 期。
② 庞桂甲:《论思想政治教育亲和力》,《思想教育研究》2017 年第 5 期。
③ 吴潜涛、王维国:《增强亲和力针对性,在改进中加强思想政治理论课》,《思想理论教育导刊》2017 年第 2 期。
④ 陈妍、洪雁:《高校思想政治理论课亲和力影响因素分析及其对策》,《学校党建与思想教育》2019 年第 11 期。

三是认为，高校思政课亲和力体现的是教学过程与教学目标的达成度，高校思政课在培育学生的过程中展现出了其主体激励价值，亲和力蕴含在价值意蕴中。例如，郑士鹏认为，高校思政课亲和力的内涵体现在三个方面：其一，立德树人、鼓励自省，高校思政课通过德育这一手段对大学生的思想进行塑造与纠偏，为学生提供德法并行的行事准则范本；其二，以文化人、培养担当，以中华民族优秀传统文化熏陶滋养学生，引导学生深刻理解自身的使命担当，理解个人与社会之间的深层联系，理解对自己、对社会以及对国家应承担的责任；其三，以情动人、开阔胸襟，通过近现代史、中国共产党历史、新中国历史、改革开放历史、社会主义发展历史以及中国特色社会主义理论的教育，让学生看到真实、立体的中国，传递历史、世界情感，提升其眼界与境界，积极融入大局，融入全球化的发展中。① 王静认为，亲和力是思政课的"温度"，强调"亲和力"就是为了改变思政课的"打开方式"，增强思政课对于学生的吸引力，而思政课的吸引力既存在于教学过程中，也存在于教学过程前。②

四是认为，高校思政课亲和力就是指思政课教师所具有的亲和力。"亲其师，信其道，践其行"，这是思政课亲和力的生动体现与基本要求。③雷骥认为，高校思政课能否产生较强的亲和力，使大学生自愿走近、乐于接受、勇于践行，主要取决于任课教师亲和力的大小。④ 也有学者认为，教师亲和力归根到底就是教师的人格魅力和话语感染力，"学生喜闻乐见的教学话语，是思政课亲和力的具体体现"⑤。教师个人魅力是影响思政课亲和力提升的重要因素，主要体现在：思政课教师对马克思主义真学、真懂、真信、真用，能够用理想远大、信仰坚定的政治人格潜移默化地引导大学生确立科学的理想信念；以能歌善舞、多才多艺的个性特点点燃大学生上课的激情；用激情四射、幽默风趣的语言，吸引大学生上课、听课的

---

① 郑士鹏：《高校思想政治理论课对培养时代新人的价值意蕴》，《思想理论教育导刊》2018年第12期。
② 王静：《深刻把握新时代高校思政课改革的根本遵循》，《中国大学教学》2021年第6期。
③ 吴潜涛、王维国：《增强亲和力针对性，在改进中加强思想政治理论课》，《思想理论教育导刊》2017年第2期。
④ 雷骥：《提升思想政治理论课亲和力应着重培养教师四种魅力》，《思想政治教育研究》2018年第2期。
⑤ 陈妍、洪雁：《高校思想政治理论课亲和力影响因素分析及其对策》，《学校党建与思想教育》2019年第11期。

热情，提高课堂教学的生动性和实效性等。①

综上所述，学者们围绕高校思政课亲和力的基本内涵进行了广泛而深入的研究，涌现出不少具有代表性的研究成果。但是，学术界对高校思政课概念与内涵的研究仍然是仁者见仁，智者见智，众说纷纭，并没有形成统一的、权威定论性的阐述，这也与高校思政课亲和力的复杂性、独特性、时代性紧密关联。

二　高校思政课亲和力的辩证理解②

笔者认为，对高校思政课亲和力的理解不能从纯粹的语义学角度出发，将其归结为"感觉""体验""亲近""关系"等抽象名词，也不能仅仅理解为任课教师个人的亲和力，而应当辩证地、立体地、综合地看待思政课的"亲和力"。

第一，思政课亲和力是内容与形式的内在结合，是破与立的辩证统一。内容和形式相互依赖、相互作用，在一定条件下相互转化。长期以来，人们对高校思政课教学的固有看法和传统评价是理论晦涩难懂、灌输空洞无趣、说教乏味冗长……说到底就是没有解决好教学内容与教学形式的"破"与"立"。既要破除教材体系的原有框架，有机整合教学内容，将枯燥的思政理论转化为活生生的教学内容和接地气的教学语言，又要变革传统的教学方式，注重教学形式的不断创新，使思政教学过程以学生喜闻乐见的形式表现出来。

第二，思政课亲和力是理念和方法的有机耦合，是一与多的辩证统一。理解思政课亲和力不仅要把"亲和力"理解为提升思政课实效的一种渠道与方法，理解为衡量思政课效用的一种标准，更需要将"亲和力"理解为思政课的一种本质，有"亲和力"是思政课的一种应然理念，是其区别于其他课程的独有特质。从理念层面看，"亲和力"是思政课的本质特性，是思政课区别于其他课程的独有特质，本质上具有一维性；从方法论层面看，增强"亲和力"具有多个路径、多种举措，方法上具有多样性。

---

① 雷骥：《高校思政课亲和力提升的三个关键因素》，中国社会科学网，http：//www.cssn.cn。
② 本节部分内容参见佘远富《以提升亲和力为导向的高校思政课教学创新与实践》，《江苏高教》2018 年第 9 期。

因此，思政课亲和力是理念和方法的有机耦合，表现为一与多的辩证统一。

第三，思政课亲和力是坚守和期待的视域融合，是形式与目标的辩证统一。思政课的根本目的是立德树人，培养社会主义现代化建设的建设者与接班人。提升亲和力只是实现这一目标的形式和手段，而非最终目的。思政课亲和力要求提高吸引力，让学生喜欢这门课。但这并不意味着要去迎合学生，"吸引力"不是迎合的代名词；"亲和力"也不是纯粹的标新立异，更不是对低俗、恶搞等假需求的满足，而是对学生真、善、美之期待的满足。因此，思政课亲和力体现为一种坚守和期待的交汇、形式与目标的统一。即坚守立德树人的根本任务，坚守为党育人、为国育才的使命担当，满足学生对真善美的期待、对成长成才的需求；提升亲和力的形式与立德树人的目标任务是辩证统一的。

第四，思政课亲和力是变与不变的完美契合，是守正与创新的辩证统一。一部思政课改革和建设的历史，就是在变与不变中不断把握规律、螺旋上升的发展史，就是不断在改进中加强、在守正中创新、在创新中提高的改革史。进入新时代，面对"中华民族伟大复兴的战略全局"和"世界百年未有之大变局"，高校思政课面临着许多"变"与"不变"。明者因时而变，知者随事而制。要增强新时代高校思政课亲和力，就必须练就识变能力，提升应变本领，增强求变勇气，在寻求变与不变的完美契合中准确识变、科学应变、主动求变；就必须"遵循思想政治工作规律，遵循教书育人规律，遵循学生成长规律"[1]，做到因事而化、因时而进、因势而新；就必须坚持守正与创新的辩证统一，在守正中不忘初心、坚定方向，在创新中增强活力、提升成效。

第五，思政课亲和力是认同和实践的系统整合，是动态和静态的辩证统一。思政课亲和力体现在教育对象对思政课各个方面的悦纳，是对思政课所传之道的认同过程。由此"亲和力"形成了其特有的认同体系，这种认同体系包含了情感、理念、价值认同的有机衔接和层次推进，是一种动态化的发展过程。思政课的目标是要实现立德树人的根本任务，需要教育对象将其所传之道，实实在在地转化为世界观、人生观、价值观，从而指

---

① 《习近平谈治国理政》第 2 卷，外文出版社，2017，第 378 页。

导其现实生活。对"亲和力"的理解必须拓展到大思政系统、推进到实践体系，从"知其理"达成"践其行"的状态。因此，思政课亲和力是理论认同有机转化为实践行动的系统整合，是动态实践和静态理论的有机统一，"亲和力"的内核不是接纳力，而是践行力。

综上所述，高校思政课亲和力就是教学过程中思政课对教育对象（学生）的说服力、吸引力、感染力、影响力、导向力的综合反映，表现为教育对象（学生）对思政课教学内容、教学方法、教学实践、任课教师、教学考核的亲近感、认同感、获得感。

三　高校思政课亲和力的主要特征

从对思政课亲和力概念的辩证理解可以看出，高校思政课亲和力是说服力、吸引力、感染力、影响力、导向力等"五力"综合影响与作用的结果。概括起来，其具有以下几个方面的主要特征。

1. 情绪渲染性

高校思政课教学亲和力首先体现在对学生的正向情绪渲染，情绪渲染性是教学亲和力的主要特征之一。教师通过课前精心准备，借助现代教学手段，用极具鼓励性、启发性、耐性、幽默感的语言，将书本理论知识活灵活现地呈现于学生面前，最大限度地调动学生的情绪情感，引起思想上的共鸣，增强教学说服力、吸引力、感染力。马克思指出，"人的本质不是单个人所固有的抽象物，在其现实性上，它是一切社会关系的总和"[1]。在情感活动中，人"不仅通过思维，而且以全部感觉在对象世界中肯定自己"[2]。也就是说，人是现实活动中的人，人在活动中作为对象性的、感性的存在物，亦是有激情的存在物，人的全部社会实践活动都是带有情感参与的活动。在一定条件下，人的情绪会被渲染，与周围情境产生相同的情感体验，从而影响其价值取向和行为抉择。

思政课情绪渲染性特征正是基于此。思政课教学欲提升其亲和力，就需要在教学过程中创设适宜的教学情境渲染气氛，通过特定的教学组织形

---

[1] 《马克思恩格斯文集》第1卷，人民出版社，2009，第501页。
[2] 《马克思恩格斯文集》第1卷，人民出版社，2009，第191页。

式、多种教学手段及教学方法，用饱含说服力、吸引力、感染力的积极情感将其蕴含的积极的情绪情感展现出来，以唤起和激发学生的情绪情感。积极的情感暗示和渲染能够促使大学生在交流、碰撞与融合体验的过程中产生积极情感转移，与教师情感相契合。当师生双方认知相同、情感体验默契相通时，便会引起情绪感染，继而缩小了师生之间的心理距离，学生更加"亲其师""信其道"，思政课亲和力得以提升，教学效果得以保证。可见，在一定条件下，思政教师有意识、有目的的情感能够发挥情绪渲染的作用，增强教学感染力，从而影响学生情感认知和行为抉择。故高校思政课教学亲和力的情绪渲染性特征要求思政课教师在思政课教学过程中了解学生的需求，坚持以情感人，促使师生之间产生认知共识、情感共鸣，从而正向影响大学生的情感认知与行为抉择，使思政课教学既有理论深度又有情感温度。

2. 方法潜隐性

2016 年 12 月 7 日，习近平总书记在全国高校思想政治工作会议上的讲话中指出："好的思想政治工作应该像盐，但不能光吃盐，最好的方式是将盐溶解到各种食物中自然而然吸收。"[①] 也就是说，盐虽不能直接被食用，但只要适量、适时、适度，使之融于食物，化于无形、融于细微，就能提升食物美感，为人所喜爱。这句话隐喻思政教育只要把握教育艺术、时机及分寸，潜移默化，就能使思政教育为学生所接受、喜爱。这表明思政课教学亲和力的生成亦如"盐"，具有润物细无声的渗透性和隐匿性特征。思政教师在顺应学生主体发展客观需求的基础上，通过特定教学组织形式、教学方法和手段，渲染积极情绪情感，使学生在潜移默化中受到感染，接受熏陶，产生情感共鸣，达成知识情感共识，提升思政亲和力，从而提升思政教学效果。

基于思政课教学亲和力形成方法的潜隐性特征，思政课教师在面对学生需求和期待时，要突破传统单向灌输式教育的局限性，善于运用显性教育与隐性教育相结合的教学方式方法，借助有效载体把教学内容与学生切身利益问题紧密结合，深入浅出、通俗易懂地表达深奥理论，使思政课教学活起来，从而像"盐"一样有效地溶解到学生课堂学习中来，润"思

---

① 《习近平在全国高校思想政治工作会议上的讲话》，《人民日报》2016 年 12 月 9 日。

想""理论"于无声处，在看不见摸不着的状态下，潜移默化地占领思想阵地，在化育无形、润物无声的过程中使学生的思想情感发生变化，促成大学生们的接纳与感悟、交流和互动，达到主动参与的目的，提升思政课亲和力，最终使大学生思想政治教育实效性得到强化，领悟到马克思主义真理的力量和智慧。

3. 价值导向性

马克思指出："动物只是按照它所属的那个种的尺度和需要来构造，而人却懂得按照任何一个种的尺度来进行生产，并且懂得处处都把固有的尺度运用于对象；因此，人也按照美的规律来构造。"① 也就是说，人与动物的区别就在于人能够按照物的尺度进行创造性生产、按照美的规律来构造生活，而动物却做不到。人的活动合"目的性"与"规律性"于一体，是真理与价值的统一。思政课教学活动亦是如此，是"合目的性"与"合规律性"的统一，思政课教学亲和力的生成过程亦是对学生进行价值引导的过程，政治导向性是思政课的本质属性。"没有正确的政治观点就等于没有灵魂"②，也就是习近平总书记强调的，思想政治工作是学校各项工作的生命线，要把思想政治工作贯穿教育教学全过程，讲好思政理论课，把社会主义核心价值观润物细无声地浸润学生心田，转化为日常行为，使党的理论创新成果能够进教材、进课堂、进头脑。因此，要通过增强思政课亲和力，提高思政课教学效果，培育和践行社会主义核心价值观，使大学生了解并接受社会主流意识形态的内容与要求，坚持与遵循中国特色社会主义主流意识形态，具有自觉承担社会责任的意志品质，并将其转化为自觉的行动，最终成为具有求真、向善、臻美人格品质的大学生，促进大学生自由而全面发展。

当代大学生思想开放，热情活跃，主体意识和独立意识显著增强。他们自信，追求自由，求新求变。但他们的世界观、人生观和价值观还处于成长期。人工智能时代信息来源多而杂，真伪互见，由于大学生社会阅历浅，是非辨别能力弱，极容易受到外界各种因素干扰，迷失本性，丧失是非判断能力。"人而无德，行之不远。没有良好的道德品质和思想修养，

---

① 《马克思恩格斯文集》第 1 卷，人民出版社，2009，第 163 页。

② 《毛泽东文集》第 7 卷，人民出版社，1999，第 226 页。

即使有丰富的知识、高深的学问，也难成大器"①，故而必须要对他们进行正向的价值引导。教学亲和力的价值导向性特征是基于大学生的现实和内在需求而形成的，隐含着真善美的教学理念，其价值旨归在于立德树人，培育大学生成为具有合"目的性"与"规律性"的时代新人，以促进他们自由全面发展。"一个人只有明大德、守公德、严私德，其才方能用得其所。"② 思政课教学亲和力生成的过程中蕴含着对大学生的价值引导，不仅有利于思政教师履行对大学生释疑解惑的职责，用马克思主义思想观点、立场和方法来说服学生、引导学生，为学生答疑解惑，更有利于教师了解大学生身心发展和认知规律，帮助学生树立正确的世界观、人生观、价值观，注重以德领才、以德蕴才、以德润才，实现对大学生的价值引领，并促使内在的精神价值外化为实际行动，更好地促进大学生为现代化强国建设贡献力量。

第二节　高校思政课亲和力的构成要素

高校思政课亲和力的构成要素随着高校思政课亲和力的历史演变而与时俱进、不断发展变化。根据对高校思政课亲和力的辩证理解，高校思政课亲和力是说服力、吸引力、感染力、影响力、导向力等"五力"综合作用而形成的合力，即其构成要素主要包括说服力、吸引力、感染力、影响力、导向力等"五力"。

一　说服力

思政课教学要具有亲和力，必须增强说服力。因而，说服力成为思政课亲和力的首要构成要素。

1. 思政课说服力的内涵

从语义上理解，所谓说服，就是指说服者巧妙地运用各种可能的说服

---

① 习近平：《干在实处走在前列——推进浙江新发展的思考与实践》，中共中央党校出版社，2016，第 304 页。
② 《习近平关于社会主义文化建设论述摘编》，中央文献出版社，2017，第 142 页。

手段（媒介），直接作用于人的视觉、听觉、味觉、嗅觉、触觉等五觉系统，进而间接地作用于人的潜意识与意识（人们常说的心和脑），从而影响人的心态和思想，甚至进一步主导人的意志及改变人类行为的一个目的性很强的活动过程。所谓说服力，顾名思义是指说话者运用各种可能的技巧去说服受众的能力。

思政课说服力，就是以马克思主义理论及其中国化成果等科学理论为指导，运用各种可能的形式与技巧，实现大学生对思政理论的心悦诚服，从而促进大学生将思政理论内化于心、外化于行，达到促进大学生思想转化或升华的效果。思政课最鲜明的特征就是与时俱进。进入新时代、面对新情况、应对新问题，思政课说服力体现在必须讲清楚马克思主义理论及其中国化成果是什么、为什么，讲清楚大学生在现实生活中面临的各种困惑、各方面问题以及各类矛盾，对思政理论作出科学合理的解释，给出最具说服力的回答，以透彻的学理分析和真理的强大力量启迪引导学生，强化大学生的"四个自信"，提升大学生对思政理论的认同度。

思政课教学尽管本质上是教育实践的一个组成部分，但它区别于单纯的知识传播和智力训练，重点关注人的世界观和方法论的修养与提升。在思政课教学过程中，教师通过理论阐释、实践例证和教育引导，帮助青年大学生树立科学的理想信念、坚定的政治信仰、正确的"三观"。思政课教师在开展其教育教学活动时，常常以客观、批判性和多元化的方式解析教学内容中出现的信息和知识，从而以具有说服力的教学方式增强教学过程的亲和感。在这个意义上，如果说，学生的第一任人生导师是父母，那么第二任人生导师则是思政课教师。思政课教师通过教学活动，对社会现实进行理论提炼，将做事方法、行为规则转化为陈述性知识，再把陈述性知识内化为学生的自觉行为方式，由此，外生性的知识变成了内生性的观念，从而达到说服学生的教学目的。

2. 思政课说服力的作用

思政课说服力的作用主要体现在以下几个方面。

一是有助于强化学生的理论认同。说服从根本上看是通过一定的途径和手段改变或强化他人态度、观点或行为的过程。实现学生对思政理论的内化于心、外化于行是思政课立德树人的根本目的。从情感、态度与价值观方面产生对思政理论的认同，既是思政课教学目标的重要组成部分，也是课堂教学中打动学生、感染学生的内驱系统。从情感、态度与价值观上形成理论认同一般要经过认知理解、认同内化、实践外化三个阶段。增强思政课说服力，有助于消除学生对思政课的逆反心理，激发认知内驱力，促进学生从态度、情感上增进对思政课的认知与理解，从思想观念上接受思政理论，从而强化对思政理论的认知理解；有助于拉近思政课与学生的距离，解决思政课教学与学生思想政治素质形成过程中的认同问题，使学生在教学过程中产生情感体验、对思政理论心服口服，从而产生对思政理论的认同情感；有助于促进学生在日常生活中把学习到的思政理论作为行为准则和行动指南，增强行为的自觉性，从而实现对思政理论的实践外化。由此可见，在认知理解、认同内化、实践外化三个阶段中，认知理解是基础，认同内化是关键，实践外化是根本。

二是有助于培养学生的理论自信。坚定中国特色社会主义的"四个自信"，是实现中华民族伟大复兴中国梦对每个公民的基本要求。理论是实践的先导，思想是行动的指南。大学生只有在思想上坚定"四个自信"，才能形成高度的行动自觉，在"强国有我"的底气、志气、骨气中自觉肩负起实现中华民族伟大复兴的时代重任。只有通过理论自信，才能产生对理论发自内心的信服，才能在现实生活中自觉涤荡错误思潮、澄清模糊认识。增强思政课说服力，通过形象生动、通俗易懂的思政课教学达到释疑解惑的效果，有助于增强学生对思政课的认可，深化对思政理论的认知，强化对思政理论的认同，坚定学生的理想信念，从而统一学生的思想认识，培养学生的理论自信。

三是有助于提升思政课教学实效。增强说服力的根本目的是增强思政课的针对性和亲和力，提升思政课立德树人的教学成效。当前，高校思政课教学过程中存在说服力不足的情况。例如，有些教师鉴于学生不爱听理论、自身理论研究不足的情况，弱化理论教学，在课堂中避重就轻，将大量篇幅用于关键人物、重大事件的介绍，对课堂的核心理论教学一笔带过，缺少对马克思主义基本理论的阐释、分析与研究。同时，部分教师照本宣科，在教学过程中粗略讲解基本理论，理论阐释过程简单化、表层化，停留在介绍理论内容的层面，没有带领学生深入挖掘、探索理论背后的依据、缺乏理论是否具有可行性的分析，课堂上学生机械接受理论的基本概念，但仍对理论缺乏全面的认知，无法感受理论的张力，无法感受理论的说服力，甚至会认为思政课理论教学枯燥无聊，不具有"亲和力"。在教学过程中，还有部分教师虽然不逃避理论教学，没有"去理论化"，但讲授过程晦涩难懂，学生不易理解马克思主义相关理论与观点。有些教师将文献典籍"引"进课堂，在一个理论尚未解释透彻之时，又引用其他马克思主义理论学家的观点进行印证，导致学生学习过程中云里雾里，无法把握课堂的核心要点；同时，教学过程中教师授课语言不够凝练、逻辑不够严密，是阻碍高校思政课教学亲和力发展的因素之一，烦冗啰唆的语言以及过于零碎的观点不加以整合，无法让学生深入浅出地掌握理论知识，阻碍说服力的实现。教师在课堂中对敏感的政治问题谨小慎微，不敢轻易表态，甚至拒绝表明政治立场，逃避时事热点问题的讨论，使理论与实际相脱节，对社会现实的重大问题的研究与回应有所欠缺，难以拉近学生与思想政治理论的距离。① 改革开放以来，在"互联网+"的时代，学生在网络上捕捉信息的能力比过去强了许多，西方国家的"普世价值""自由化""历史虚无"等具有强烈的资本主义价值观念的思潮顺势涌入，导致意识形态领域的斗争异常激烈和复杂。如果教师在教学中无法将理论与实际相结合，脱离时事谈政治，无法及时解答学生的困惑，尤其是与社会制度相关的重大问题，将无法说服学生接受理论，感受思政课的亲和力。同时，高校是各种思想流派汇集、交流、交锋的前沿阵地，思政课要坚持社会主义核心价值观的主导地位，包容多元文化，坚持马克思主义的批判性，将错误思潮的批驳与马克思主义理论的阐释相结合，面对一些学生对马克思主义的质疑，教师不能逃避问题进行封闭教学，而要积极主动打开学生的视野，结合实际增强说服力。

3. 思政课说服力的影响因素

问渠哪得清如许，为有源头活水来。新时代高校思政课的说服力来源于两个方面：一是思政理论本身的彻底性。思政课所依据的理论是马克思主义及其中国化时代化的科学理论，无论是马克思主义基本原理本身，还是习近平新时代中国特色社会主义思想等马克思主义中国化时代化理论，都已经被历史和现实所证明，其科学性、彻底性毋庸置疑。二是教学内容

---

① 张秋辉、庞舒月：《论高校思想政治理论课教学的理论说服力》，《吉林省教育学院学报》2019 年第 11 期。

的鲜活性。理论是否具有说服力与理论研究、理论宣传、理论教育等过程息息相关。只有通过深入的理论研究、生动的理论宣传、形象的理论教育，将抽象的理论形象化、鲜活化，不断丰富教学内容，把思想理论讲深、讲透、讲活、讲彻底，才能不断增强说服力、提升亲和力。

思政课说服力的影响因素是多方面的。结合高校思政课教学过程中的问题，马克思主义理论学科的研究现状与成果、其研究成果如何转化融入高校思政课课堂、教师自身的理论素养与教学方法等是影响高校思政课说服力的重要因素。

首先，马克思主义理论学科的研究现状与成果。目前，党中央高度重视马克思主义理论学科的建设与研究，致力于建设具有中国特色、中国风格、中国气派的马克思主义理论学科体系、学术体系、话语体系，形成学科建设完备、后劲充足的教师骨干团队，引导大学生学习、研究、掌握马克思主义理论。在马克思主义基本原理和马克思主义中国化时代化理论成果的指引下，我国在马克思主义理论学科研究方面已取得重大成效，比如编译了大量的相关著述，出版了一系列理论教材，推广了大批量的相关刊物、读物，包括马克思主义经典著作的重新编译、马理论学习辅导教材的编制等，但仍有许多问题需要去探索、去解决。例如，马克思主义理论学科的研究方向可以与高校思政课存在的问题相结合，针对学生的疑问，深化理论研究成果，对重大问题，尤其是与国家意识形态、社会制度相关的问题进行深入剖析；要科学总结我国社会主义现代化建设的成果与经验，分析发展建设过程中的问题，为下一步的研究方向打好基础；针对马克思主义与当代中国、马克思主义与中国实践、马克思主义与人道主义等基础性关系问题，理论学家需要厘清重大的关系问题，为高校思政课夯实地基。因此，马克思主义理论学科的建设与研究成果成为回答学生疑问、提升思政课的理论说服力的基本因素。

其次，马克思主义理论研究成果融入高校思政课的现状。马克思主义认为，实践是理论的基础，理论与实践相辅相成，缺一不可。思政课的最根本特征是与时俱进，思政课说服力依赖于与时俱进的丰富教学内容。这表明，马克思主义理论研究成果要与高校思政课课堂相结合，理论要与具体的教学实际相结合，运用理论分析实际，而且理论本身也要随着实际的变化而不断发展。高校思政课过去没有很好地吸收融入最新理论成果的问题亟待解决，陈旧的教材、滞后的理论成果急需更新，教师个人具有局限性的转化方式需要调整，思政课枯燥难懂的固有形象需要重塑。最新理论研究成果融入教学是提高思政课教学内容鲜活性的重要路径，而深化教学改革则是丰富教学内容的重要抓手。一是要转变教学理念。从过去的"单向灌输式"转变为"双向互动式"，带动学生的学习自主性，让学生自发地感知理论说服力。二是要转变教学话语方式。思政课教学过程中教师的授课语言力求通俗化、生活化、大众化，让学生听得懂复杂的马克思主义基本原理，愿意亲近马克思主义，实现高校思政课的亲和力。三是要创新教学组织形式。不断更新教学素材，充分运用理论宣讲、情境体验、现场考察等生动形象的教学形式，使思政课教学内容贴近实际、贴近生活、贴近需求。四是理论教学与实践感悟相结合。单一地学习理论而不会运用于实际是不符合马克思主义根本特征的。教师要结合生活实际，带领学生关注国家大事，将课堂中的理论与现实生活相结合，融会贯通地运用马克思主义基本理论，从而达到理论说服力的目的。因此，如何完整、系统地将马克思主义理论研究成果融入思政课教学，结合最新理论成果丰富教学内容，是提升思政课说服力的关键因素。

最后，高校思政课教师的理论素养、教学观念与方法等问题。思政课教师自身的理论水平与政治素养是教学具有说服力的必要条件。马克思主义基本理论综合性、独特性、革命性、实践性、物质性的特点决定了马克思主义理论学科不同于其他学科，它自身严密的理论逻辑、科学的理论分析对教师提出了更高的要求：思政课教师要弄懂、弄清、弄透马克思主义基本原理，熟悉马克思主义发展历程、基本观点与立场等内容。思想政治理论的历史性决定了思政课必须要与时俱进、创新发展。这对教师的学科素养提出了更高的要求；高校思政课教师要不断深入研读马克思主义经典著作，增强科研能力，在研读经典著作的过程中强化基本理论，甄别错误思潮，以科研带动研究深度与广度，拓宽教学视野，提升教学质量；教师要勤于总结和反思，在问题中深化研究，从而提升理论说服力；教师要时刻关于学术前沿动态，更新自身知识系统，调整教学内容，转变教学方式；同时，思政课教师还要对各种非马克思主义思潮有充分的了解和深刻的认识，通过对各种非马克思主义思潮的分析和批驳，将其融入课堂，更好地对比凸显马克思主义的科学性。教师不仅要针对自身进行理论素养的提升，还要创新思政课的教学观念、更新教学方式方法。过去的"灌输式"教学法不再适合当今社会大学生的需求，甚至破坏大学生对思政课学习的热情，阻碍思政课亲和力的提升。教师在理论知识讲授过程中要重视理论说服力，将灌输基本理论知识更新为引导学生理解相关理论的产生与发展历程，不仅让学生"知其然"，更让学生"知其所以然"。同时，授课过程中语言不要过于理论化，可以平易近人，以自身的坚定信念"动之以情"，让学生亲切体会马克思主义理论的说服力，感受思政课的亲和力。因此，高校思政课教师的理论素养、教学观念与方法等，是影响高校思政课说服力的重要因素。

二　吸引力

思政课教学要具有亲和力，必须提高吸引力。因而，吸引力是思政课亲和力的又一重要构成要素。

1. 思政课吸引力的内涵

什么是"吸引力"？不同学科有不同的阐释。物理学中，吸引力是指具有质量的物体之间加速靠近的引力；管理心理学认为，吸引力是指能引导人们沿着一定方向前进的力量；社会心理学认为，吸引力是人与人之间情感上相互喜欢、相互需要、相互依赖的状态。可以发现，不同学科的解释中，隐含着吸引力的共同特征，即可接近、欣赏、喜爱等。

顾名思义，教学吸引力就是教学过程对教育对象所表现出来的吸引力。赖格卢特（C. M. Reigeluth）和梅里尔（D. Merrill）认为，所谓教学吸引力，"常常是以学生对继续学习的倾向性作出判断的，具体反映的是学生学习意愿、动机、毅力等方面的情感态度"[①]。现代教学理论认为，教学"有吸引力"是教师为维持学生持续学习的状态所作出的教学行为的体现，它集中表现在对学生学习的意愿、动机和毅力等非智力因素的有效激发。如果学生的学习目的是明确的、学习态度是积极的、学习动机是持久的、学习行为是快乐的，那么就表明教学行为和教学过程吸引力强，就会促进教学效率的提高，进而提高教学成效。反之，则教学吸引力弱、教学效率

---

① 盛群力、李志强编著《现代教学设计论》，浙江教育出版社，1998，第6~7页。

低，教学效果自然就差。换言之，教学吸引力越强，学生的学习态度越积极、学习意愿越明显、学习动机越强劲，克服学习困难的毅力就越坚定，学习效率也就越高，反之亦然。因此，教学吸引力是教学活动所呈现的直接结果，也是教学活动所追求的重要目标。

目前，学术界对高校思政课教学吸引力的概念界定是研究的薄弱环节，仅有少数学者尝试对高校思政课教学吸引力进行概念阐述。刘夫楠、姜秉权认为，"所谓高校思政课教学吸引力，就是在思政课教学活动中产生的能够将大学生注意力吸引到教学内容中并使大学生对思想政治理论产生积极的态度情感及行为的力"[①]。笔者认为，思政课吸引力是通过不断深化教学改革、创新教学方式所表现出来的吸引学生注意，激发学习兴趣，提高学习积极性，让学生对思政课产生喜欢、热爱情感的力量。

2. 思政课吸引力的作用

提高思政课教学吸引力，是应对新时代新要求新挑战、深化教学改革、创新教学方法、提高教学成效的重要抓手，有利于激发大学生对思政理论的学习兴趣，自发关注马克思主义相关理论研究成果，自觉实践与创新马克思主义。

一是应对新时代的新要求、新挑战。新时代迎来新挑战、面临新问题。当今世界形势总体呈现"世界多极化、经济全球化、社会信息化、文化多元化"趋势。但是，百年未有之大变局与不断变异的世纪疫情交织叠加，世界局势变得更加不可预测；反全球化逆流涌动，世界经济复苏乏力，国际秩序之争的长期性、尖锐性更加明显、激烈；信息技术爆炸式发展，"互联网时代的到来，对人们的生活方式产生重大变化，对学校教育方式、教育理念也产生了一定程度的冲击"[②]；反马克思主义思潮层出不穷，意识形态领域的斗争更加激烈、复杂。新时代高校思政课要直面现实的聚焦点，解答大学生心理上的困惑点，解决大学生学习生活的迷茫点，就必须大力提高教学吸引力、提升教学实效性和教学质量。

二是促进深化教学改革、创新教学方法。新时代的到来，传统教学模

---

① 刘夫楠、姜秉权：《高校思想政治理论课教学吸引力研究现状述评》，《长江丛刊》2016年第9期。

② 徐兴华：《互联网时代增强高校思政课吸引力的基本点和着力点研究》，《现代教育科学》2021年第2期。

式受到前所未有的挑战，已不适应新时代发展的需要。为了全面提升高校思政课的教学实效，必须以提高吸引力为导向，进一步深化教学改革，对传统教学"配方"较陈旧、"工艺"显粗糙、"包装"欠时尚的弊端进行脱胎换骨式的革命性重塑，以解决学生抬头率低、学习兴趣不浓的问题。新时代高校思政课必须不断创新教学方法，"增强思政课的思想性、理论性和亲和力、针对性"，将思政课打造成为"学生真心喜爱、终身受益、毕生难忘"的课程和"解渴""管用""可亲""可近""有趣""有韵味"的课程。

三是提升思政课教学针对性。"师者，传道受业解惑也。"教育的属性要求教学内容必须具有针对性，针对学生的现实问题进行答疑解惑。为了充分发挥教育教学针对性这一特点，高校思政课教师必须充分落实"学生为主体"这一教学理念，充分了解教学对象的特点，即了解当下"00后"的个性特征，发掘学生的学习风格、思考习惯等，对学生足够了解后针对性地调整教学内容、转变教学模式、创新教学方法。比如，可以针对大学低年级学生对新环境的猎奇心理运用学生当下关注度最高、最感兴趣的话题展开教学；学生对于理论化的内容兴趣度明显比图文式的内容低，教学过程中可以调整文字与图片、视频的占比，可以在教学中适时插入流行的影视剧片段，有效地提高学生的抬头率、听课率，从而增强思政课的吸引力。此外，针对部分学生继续深造的想法，教师要及时引导学生培养创新能力，鼓励学生在思想政治理论教育中领悟创新对自身未来规划的有益之处。

四是增强思政课教学时代感。时代感是思政课教学吸引力的重要体现。人们对新鲜事物具有天然的好奇心。增强高校思政课教学的吸引力，就必然要求教学内容"接地气"。教学内容要紧贴最新研究成果，及时反映学术研究现状，更新思政教学素材。必须在教材的基础上紧跟当前国际国内发展新形势，巧妙运用国内外热点新闻，满足学生关心国际国内大事的需要。教学还要紧跟国内发展新阶段，对经济、社会、国防、教育、就业、医疗等问题予以关注与分析，引导学生直面社会现状，运用相关理论知识阐释原因，帮助大学生树立正确的价值观念、思维逻辑，客观对待我国的发展情况，增强高校思政课教学的吸引力。此外，教学内容还需要使用形象的、现实的案例以提升学生对思想政治理论的学习兴趣。

3. 思政课吸引力的影响因素

高校思政课吸引力的提升与教师、学生息息相关。有人认为，高校思政课的教学吸引力水平取决于教师、学生、教学内容、教学方法和教学环境等教学要素综合作用的结果，这五个要素是影响思政课教学吸引力水平的重要因素。① 也有学者认为，提高思政课吸引力需要从四个方面着力。一是要苦练"内功"，练就"硬功夫"，提升政治素质、塑造道德人格、潜修教学能力，培养创新能力，以教师形象魅力感召学生，提升教学吸引力。二是要重视教学设计、突出教学特色，转换教学范式，创设良性互动的和谐氛围，增强师生互动力，提升教学吸引力。三是要采取灵活多样的教学方法，抓住学生情感兴奋点、社会关注点和政治敏感点，以通俗易懂的语言、生动鲜活的事例、新颖活泼的形式来打动学生，提升教学吸引力，使其坐得住、听得进、学得好、记得牢、用得上。四是要通过开展生活体验式实践活动影响学生。一方面，使学生情绪受到感染、引发情感共鸣，进而提升教学吸引力；另一方面，通过贴近生活、贴近社会，促动学生，提升教学吸引力。② 因此，增强高校思政课吸引力要立足于准确把握新时代大学生的特征，提升教师的综合素质，更新教学方法、创新教学模式、调整教学内容，让思想政治理论内容与时代相结合，更好地吸引学生学习理论，提升思政课的亲和力。

习近平总书记强调："思政课建设要向改革创新要活力。"③ 面对新形势、新问题、新挑战，办好思政课、提高吸引力，就要在守正的基础上，不断推动改革创新。因此，虽然思政课吸引力的影响因素是多方面的，但从思政课的实际教学过程看，深化教学改革、创新教学方法是对思政课吸引力最核心、最关键的影响因素。

第一，紧跟新时代，不断更新教学理念。习近平总书记指出，推动思政课改革创新，要坚持"八个相统一"，即政治性和学理性相统一、价值性和知识性相统一、建设性和批判性相统一、理论性和实践性相统一、统

---

① 刘夫楠：《高校思想政治理论课教学吸引力提升研究》，硕士学位论文，大连理工大学，2017。

② 蒋勇军：《新时代高校思政课教学吸引力提升策略研究》，《贺州学院学报》2022年第1期。

③ 习近平：《思政课是落实立德树人根本任务的关键课程》，人民出版社，2020，第17页。

一性和多样性相统一、主导性和主体性相统一、灌输性和启发性相统一、显性教育和隐性教育相统一。①"八个相统一"是新时代高校思政课改革创新的根本遵循。新时代高校思政课要想提高吸引力，就必须紧跟新时代，因事而化、因时而进、因势而新，以"八个相统一"为指导，不断更新教学理念，既要遵循思想政治工作规律，遵循教书育人规律，遵循学生成长规律，又要遵循高校思政课教育教学自身规律，从而不断提升思政课教育教学的科学化水平。

第二，借助新科技，不断创新教学形式。纵观教育发展史，不难看出，每一次科学技术的重大进步，都对教育产生巨大的影响，不仅影响教育教学的技术与手段，而且影响教学模式、教育理念。当今世界，以信息技术为代表的新一轮科技革命方兴未艾，信息技术创新日新月异。数字化、网络化、智能化的新科技创新成果融合于经济、政治、民生等社会各领域之中，成为各领域进一步创新的重要平台和关键推手。高校思政课要借助数字化、网络化、智能化的新科技成果，与时俱进优化教学内容需要，不断创新教学形式，使教学形式与内容紧跟时代特色。通过精美的版面设计、多样的课堂形式，可以更好地吸引学生注意力，提高学习积极性主动性创造性，帮助学生吸收、理解、感悟马克思主义理论。

第三，应用互联网，不断创新教学方法。互联网不仅是搜集资料的"储物仓"，也是创新教学方法的有利平台。比如，疫情期间无法线下授课，师生利用互联网进行线上教学，利用各种新媒体软件革新教育教学方式。新型授课方式也在一定程度上激发了学生的学习兴趣；"翻转课堂"可以很好地实现"教师是教学的主导，学生是教学的主体"这一教育理念，有效避免"填鸭式""灌输式"教学枯燥无味、学生学习兴趣缺失等情况；线上与线下教学相结合，各类型研究研讨活动等充分发挥学生的主体地位，帮助学生自我探索研究，提升学习思想政治理论的兴趣，从创新的教学方法中让学生被思政课所吸引，从师生、生生互动中使学生感受思政课亲和力。

---

① 习近平：《思政课是落实立德树人根本任务的关键课程》，人民出版社，2020，第17～23页。

三 感染力

高校思政课是大学生系统学习马克思主义理论的主渠道。作为一门体现国家意志、传递信仰力量、触及学生灵魂的理论性课程，思政课的根本任务是为党育才、为国育人，根本目的是立德树人。思政课教学要具有针对性和亲和力，必须强化感染力。因而，感染力同样是思政课亲和力的重要构成要素。

1. 思政课感染力的内涵

所谓"感染"，在医学上通常是指病原体侵入人体后引起局部或全身的炎症反应，有些病原体感染具有传染性。但除此之外，"感染"一词还被广泛运用在心理学、教育学等社会科学领域，意指在人际交往过程中，凭借语言、表情、动作等媒介传递信息，使信息接收者能够在情绪、情感、意志等方面产生与信息传达者相似甚至相同的反应，并产生心理投射和预期实践行为。

"感染力"则是指能够激发、引起他人产生相似情感思维或者启发智慧、激励感情的能力，是信息传递者将信息作用于信息接收者（或主体之于客体），促其心理投射发生或内化并外显于行为的一种内在情绪体验和主观感受的能力，具有一定的情感指向性和互动性。感染力通常有积极与消极之分。积极的感染力是主体将信息通过一定媒介传递给客体，通过动人之心的"染"的传递，对客体的思想、情感及行为形成正向推动作用，发挥其正能量，从而取得预期教育效果；消极的感染力通过扰人之心的"染"的传递，对客体形成反向阻碍作用，产生负能量，造成不良后果。由此，感染力作用发挥关键在于施动者，其直接影响着感染力作用不同结果的呈现。本研究所指称的感染力，均为积极、正向的感染力。

高校思政课教学感染力从字面上理解，就是思政课教师通过灵活运用教学载体、综合运用教学方法、积极创设教学情境，将思政课内在的真善美意蕴释放出来，形成真的感召力、善的感化力和美的感通力，使大学生思想在亲切可感的教学情景中受到无形触动与熏陶，引起情感共鸣和思想共识，将思政课所传达的真善美意蕴内化于心，外现于行，激发学生行为动力的一种能力，从而切实提高思政课教书育人的效果。本书所指称的感染力，是指高校思政课在丰富教学内容、创新教学方法，增强教学说服力、提升教学吸引力的基础上，通过构建大思政格局、健全践行体系，在学生的理论认同与实践践行之间架设好桥梁，提升实践的感染效能，增强学生的获得感，即感染力以说服力、吸引力为前提和基础，更多地指向实践维度，是引导学生从理论认同走向实践践行的一种推动力量。

2. 思政课感染力的影响因素

高校思政课教学感染力的影响因素包括三个维度，即主体、客体和媒介。

首先，高校思政课教学感染力的主体主要包括思政课教师。教师是思政课教学活动的组织者、实施者与承担者，其思想道德修养、政治素养、情感行为等在很大程度上直接影响着教学感染力强弱及结果。甚至可以说，思政课教学感染力最直接的外在表现就是教师的感染力，主要表现在：一是思政课教师自身的专业素养影响着教学感染力形成。教师自身拥有的专业知识，会潜移默化地影响教学过程，在更好地认识和把握教学理论内容基础上，能够把理论知识讲"精"、讲"实"、讲"透"、讲"活"，深入浅出，把理论知识转化为精简化、实用化、生活化的真内容，让学生易于接受，增强教学感染力。二是思政课教师教学方式方法影响着教学感染力形成。教师要立足时代潮流，时刻保持对环境变化发展的关注度和敏锐性，从传统教学方式方法中解放出来，与时俱进，依托新型载体和新异手段，积极创设教学情境，改进教学方式方法，切实做到因时因地因人制宜，增强教学感染力，使学生受到潜移默化的影响。三是思政课教师自身的思想情感、道德情操影响着教学感染力形成。亲其师才能信其道。教师自身的思想情感、道德情操就是一本无言的教科书，其散发的个人魅力无形、潜在地感染着学生，促使学生自发"亲其师"，继而"信其道"。故而，对思政课教师而言，要修身养性，提高个人品质，将自己的爱心、耐心、细心和关心倾注到每个学生及教学环节之中，让学生体悟到教师的拳拳之心，继而理解、尊重、爱戴、信任、依赖自己的老师，从而自觉自愿地接近和悦纳教育，内化于心，外显于行，强化教学感染力。[1]

其次，高校思政课教学感染力的客体主要包括大学生群体。当代大学生肩负着历史赋予的时代使命，培养德智体美劳全面发展的大学生关乎国

---

[1] 高雨蒙：《大学生思想政治教育感染力研究》，硕士学位论文，哈尔滨理工大学，2018。

家事业发展的前途命运。故培育德才兼备的大学生既是思政课教学重要任务，更是强化思政课教学感染力的目的所在。教师在思政课教学中，要坚持以学生为中心，充分尊重学生主体地位，从大学生实际需要出发，通过设定教学目标、合理安排内容、创设教学情境、合理运用现代教学手段、创新教学手段与方法，动之以情晓之以理，对大学生思想、情感、意志及行为产生积极引导，促使大学生能够更好地接受并内化思政课教学内容，培养其是非判断及审美能力，继而引起自身思想情感及行为的变化，提高思政课教学效果。这是思政课教学感染力生成的价值旨归。

最后，高校思政课教学感染力的媒介主要包括教学内容的有效传递、教学手段与方法的不断创新、教学实践的有力组织等。思政课教学传递的核心内容是真、善、美，是思政课教学感染力强化的价值意旨。真，表现为思政课教学内容必须以马克思的辩证唯物主义和历史唯物主义理论为指导，其是经过实践检验和科学证明了的客观内容，具有客观真理性。善，表现为情感道德的向上、向善、向好。既包括在社会关系中建立人与人之间亲密友好人际关系，也包括对自然与社会的亲密、友善关系，是一种情感价值关系。美，表现为能够使人们产生美感的客观事物的一种共同的本质属性。审美，既有和谐行为之"美"，也有美的判断感知力。教学手段与方法的不断创新，是指在思政课教学中传递真善美，不仅要追求教学内容的客观真理性，还要不断深化教学改革、创新教学手段与方法，善于借助多种教育方法、载体和手段，切实做好言传身教，重视内容与形式的有机统一，引导学生向上、向善、向好。教学实践的有力组织是指构建思想政治理论"习得—提升—转化—践行"的全流程无缝对接教育教学体系，让大学生在愉悦的教学中受到鼓舞和启发，在真实体验中得到感染和感悟，从而引导大学生追求真、力求善和创造美，在行为上认同思政课教学，完成知与行的转化。

3. 提升高校思政课感染力的基本原则

从思政课感染力的内涵与影响因素可以看出，高校思政课感染力既与说服力、吸引力紧密关联，又是说服力、吸引力基础上的进一步升华。提升高校思政课教学感染力必须遵循以下几个基本原则。

一是坚持理论性与实践性相统一原则。

理论源于实践，又指导实践，实践是检验理论的唯一标准。习近平总书记指出："马克思主义是在实践中形成并不断发展的，要高度重视思政课的实践性，把思政小课堂同社会大课堂结合起来，在理论和实践的结合中，教育引导学生把人生抱负落实到脚踏实地的实际行动中来，把学习奋斗的具体目标同民族复兴的伟大目标结合起来，立鸿鹄志，做奋斗者。"[①]因此，理论性与实践性相统一是提升高校思政课教学感染力的首要原则。

第一，理论性与实践性相统一符合个体价值观的形成与发展规律，有利于促进学生成长成才。个体思想品德和价值观的形成，一般表现为知、情、意、行相互作用与不断发展的运动过程。其中，个人的认知、情感、观念与意志的形成是一个从接受理论教化到实现思想内化的转变过程，行为与表现的形成则是从思想内化到行动外化的转变过程。实现这样的转变过程，不仅需要思政课教学中的理论传授、思想渗透、理想信念培育，更需要个体通过行为实践来实现从内化于心到外化于行的升华。如果没有理论性与实践性的统一，仅仅依靠单一的思政课理论教学或者实践教学都难以实现两个转变。

第二，理论性与实践性相统一符合理论与实践辩证统一规律，有利于促进学生知行合一。唯物辩证法认为，理论源于实践，实践是人能动地改造世界的活动，是认识的来源；理论对实践具有指导作用，实践、认识、再实践、再认识，两者不可分割、循环反复，呈现循环上升的发展过程，而且每一层的循环都呈现新的更高层次的发展趋势。因此，理论源于实践，又回到实践；行是知的来源，推动理论不断创新发展；知是行的指导，引导行的方向；源于实践的认知理论，对实践具有重要的推动作用。思政课的根本目的是立德树人，就是要通过思政理论的学习与实践，引导学生实现知行合一，培养和提高学生运用马克思主义立场、观点、方法思考和解决现实问题的能力。思政课的理论性和实践性缺一不可，只注重理论性会导致行动指引的缺少，只注重实践性会导致理论思维的缺少，只有将两者相统一，才能在思政课教学中实现知行合一，提升学生的马克思主义理论素养。[②]

第三，理论性与实践性相统一符合思政课教学规律，有利于增强思政

---

① 习近平：《思政课是落实立德树人根本任务的关键课程》，人民出版社，2020，第20页。

② 田甜：《思政课理论性和实践性相统一探析》，《中学政治教学参考》2022年第3期。

课教学成效。习近平总书记在全国高校思想政治工作会议上指出："好高校思想政治工作，要因事而化、因时而进、因势而新。要遵循思想政治工作规律，遵循教书育人规律，遵循学生成长规律，不断提高工作能力和水平。"① 思政课教学除了要遵循思想政治工作"三大规律"外，还要遵循自身的独特规律。习近平总书记提出的思政课"八个相统一"就是思政课自身独特规律的高度凝练和具体体现。理论性与实践性是否统一，是影响思政课教学效果的重要因素。在思政课教学中，单纯地只注重理论而忽视实践，或者只注重实践而忽视理论，都会影响思政课的教学效果。思政课教学实效的重要衡量依据是学生的获得感。有实践才有亲身体验，有亲身体验才有获得感，有获得感才有感染力。思政课教学只有将理论性与实践性统一起来，以理论教学提升学生理论认知，以实践教学促进学生对思政理论的自觉践行，不断增强学生的获得感，才能提升思政课教学感染力。

二是坚持"三贴近"原则。

所谓"三贴近"原则，是指思政课教学要贴近生活、贴近学生、贴近实际。思政课的教学对象是学生，思政课最重要的特征是与时俱进，思政课教学内容与现实生活有着不可分割的密切关系，思政课教学必须围绕学生所思所想释疑解惑，必须坚持用中国理论解读中国实践、用中国实践讲述中国故事、用中国事实塑造大国形象，教学内容必须紧跟时代发展潮流、与时代发展相融合。因此，提升思政课教学感染力必须坚持"三贴近"原则，即贴近生活、贴近学生、贴近实际。

第一，"贴近生活"是展现思政课理论魅力的前提。思政课的理论魅力在于立足生活发现问题、分析问题、解决问题，用中国理论解读中国实践、用中国实践讲述中国故事、用中国事实塑造大国形象。毛泽东曾说"没有革命的理论，也就没有革命的行动"②。中国理论源于中国实践，伟大实践孕育伟大理论，伟大理论指导伟大实践。中国共产党百年伟大实践，最伟大的成就是坚持把马克思主义基本原理同中国具体实际相结合、同中华优秀传统文化相结合，实现了马克思主义中国化时代化的三次"理论飞跃"，产生了毛泽东思想、中国特色社会主义理论体系和习近平新时

---

① 《习近平谈治国理政》第 2 卷，外文出版社，2017，第 378 页。
② 《毛泽东文集》第 3 卷，人民出版社，1996，第 249 页。

代中国特色社会主义思想。在当代中国，用伟大理论指导伟大实践、解读伟大实践，就是坚持用习近平新时代中国特色社会主义思想指导中国实践、解读中国实践。思政课教学只有以问题为导向，从现实生活出发，用习近平新时代中国特色社会主义思想解读社会生活，用中国实践深刻剖析时代所面临的各种矛盾、机遇与挑战，才能拉近理论与生活的距离，让学生真正感受科学理论指导实践的无限魅力，使思政课真正融入学生的实际生活。

第二，"贴近学生"是彰显思政课思想伟力的关键。思政课的思想伟力在于贴近学生实际，了解学生的真正需求、真实想法，用鲜活的事例解答学生的所思所想所疑所惑。思政课的教学对象是学生，这就决定了教学过程不能脱离学生，要站在学生的角度上来考虑问题、解决问题。长期以来，一些思政课教师在教学中要么偏重于理论讲授，缺少联系实际，少了现实温度；要么太过注重生活现象的列举，缺少理论升华，少了理论力度；要么不能使理论和实际有效对接，造成理论力度与现实温度的脱节。思政课堂常常出现谈现实时"抬头"、讲理论时"埋头"、理论联系现实时"无厘头"的尴尬现象，思政课教学效果也常常受到"白＋黑""5＋2"的无奈冲击。思政课只有贴近学生学习生活现状、思想观念和心理状态，用科学理论驳斥错误思潮，用伟大成就针砭社会时弊，用中国故事回应学生成长成才的困惑，让学生在实实在在的获得感中感悟思政课的思想伟力，使思政课真正解决学生的实际问题。

第三，"贴近实际"是考量思政课实践张力的根本。思政课的实践张力在于贴近社会实际，引导学生走出课堂、走出校园、走进社会，真正体会和运用所学思政理论，学用贯通、学以致用，实现理论向实践的升华。长期以来，人们对思政课实践教学的理解有失偏颇，要么把实践教学作为思政理论教学的组成部分，把思政小课堂作为实践平台，开展所谓的"课内实践"；要么又走向另一极端，忽略第一课堂的理论价值，把思政课实践教学简单地等同于第二课堂的社会调查、志愿服务、公益活动等校外实践，实践教学被演变成盲目的、为了实践而实践的热闹活动。其实，思政课实践教学是包含了第一课堂、第二课堂和其他课堂在内的立体化的课堂教学体系，实践形式和内容既包括第一课堂的课内实践，也包括第二课堂的课外校园文化活动，同时也包括课外校外的社会实践，同时还包括线上虚拟实践，如远程学习、在线课堂、"翻转课堂"等，在虚拟实践中得到充实与提高。因此，思政课实践教学是理论指导下的师生互动、实践育人，具有明确具体的实践目标、丰富多彩的实践内容、多种多样的实践形式、立体多元的实践平台。思政课只有把思政小课堂和社会大课堂统一起来、有机融合，贴近实际设计实践教学内容，贴近学生需求选择实践教学形式，才能提升思政课教学实效。

三是坚持协同推进原则。

习近平总书记强调："要坚持把立德树人作为中心环节，把思想政治工作贯穿教育教学全过程，实现全程育人、全方位育人。"① 必须围绕立德树人这一根本任务，紧扣"培养什么人、怎样培养人、为谁培养人"这一根本问题，构建立体多维的思政教育协同推进机制，实现各种育人主体、各类育人资源的相互贯通、相互补位，达到各守一段渠的育人效果。

第一，构建思政课程与课程思政协同育人机制。辩证唯物主义历史观认为，社会存在决定社会意识，人的思想观念受外在环境影响，有时随外界环境变化而发生变化。思政课程是开展马克思主义理论教育和社会主义理想信念教育的专门性、专业性课程，是立德树人的关键课程。但供给侧的专门性、专业性并不意味着唯一性。进入新时代，世界多变、知识爆炸、多元思想交锋的时代背景，使思政课程的目标实现客观上需要一种学科交叉、专业融合、资源融通的合目的性、合规律性育人机制。在各类专业课程中，不同学科蕴含的科学精神、人文素养和思政元素，成为思政教育不可或缺的重要资源和组成部分。因此，结合专业课程教学开展课程思政，让思政渠道实现从思政课"单课程"向专业课"全课程"的转变，实现思政课程与课程思政的同向同行、协同育人效应，更有利于全员全过程全方位育人。

第二，构建第一课堂与第二（第三）课堂协同育人机制。第一课堂主要指在固定的场所（教室）、规定的时间，以各类专业理论知识传授为主要教学任务的课堂教学活动。第二（第三）课堂则是指在第一课堂教学之外，高校通过整合教育资源、拓展教育空间、创新教育形式，积极开展的一系列具有灵活性、开放性、知识性和趣味性的育人活动，包括校园文化

---

① 《习近平谈治国理政》第2卷，外文出版社，2017，第376页。

活动、社会实践活动等。第一课堂是高校育人工作的主渠道、主战场、主阵地，第二（第三）课堂则是高校凸显大学生个性发展、提高大学生综合素质的重要平台，是第一课堂的有效补充和有机延伸。第一课堂坚持理论育人，重在理论知识传授和专业技能培育；第二（第三）课堂则坚持实践育人，重在综合素质拓展和实践创新能力培养。[①] 第一课堂与第二（第三）课堂只有紧紧围绕立德树人、培养社会主义建设者和接班人的根本目标，紧密配合、有机融合、协同推进，才能实现合力育人。

第三，构建学校教育与社会教育协同育人机制。我国"十四五"规划提出，要健全学校、家庭、社会协同育人机制，在完善立德树人体制机制上积极探索更好方式，在学校、家庭、社区和社会各方面汇集更大育人合力。建立健全学校、家庭、社会协同育人机制，建设人人有责、人人尽责、人人享有的全员全过程全面协同育人的大思政格局，是全面深化新时代教育改革、落实立德树人根本任务、培养全面建设社会主义现代化国家栋梁之材的必然要求，也是打通思政课立德树人"最后一公里"、提升思政课教学感染力和教学实效的迫切需要。只有充分发挥学校教育、家庭教育、社会教育的积极作用，建立健全学校、家庭、社会三位一体的协同育人机制，才能汇聚庞大的教育合力，形成学校主体教育、家庭辅助教育、社会拓展教育，三方同向同力、同频共振、协同推进的合力育人局面。

四　影响力

思政课教学的影响力主要来源于教师。习近平总书记指出："办好思想政治理论课关键在教师，关键在发挥教师的积极性、主动性、创造性。"[②] 思政课在落实立德树人根本任务的过程中有着不可替代的作用，而教师队伍则是办好思政课、扩大思政课影响力的关键。因此，增强思政课亲和力，必须扩大思政课教师影响力，也即影响力是思政课亲和力的重要构成要素。

---

① 刘晔、张盼盼：《新时期高校第一课堂与第二课堂协同育人机制的优化策略》，《河南教育（高教）》2020年第5期。

② 《习近平谈治国理政》第3卷，外文出版社，2020，第330页。

1. 思政课影响力的内涵

所谓影响力，就是影响别人的能力，是用一种别人所乐于接受的方式，有效改变和影响他人的思想和行动的能力或力量。影响力包括权力性影响力和非权力性影响力。权力性影响力又称为强制性影响力，主要通过法律、制度、职位、权威、习惯和武力等外推力发挥作用，对人的影响带有强迫性、不可抗拒性。非权力性影响力也称非强制性影响力，主要依靠个人的品格、才能、知识、情感等人格魅力，形成主客体之间的相互感召和相互信赖，对人的影响具有自觉自愿性。影响力表明了一种试图支配与统帅他人的倾向，从而使一个人采取各种劝说、说服甚至是强迫的行动来影响他人的思想、情感或行为。具备影响力素质的人往往表现出"提请他人注意资料、事实与依据""利用具体的事例、证明等""强化自己的支持者，弱化自己的对立面"等行为，通常能够在一个团队里树立个人权威。

思政课影响力主要指在思政课教育教学活动中，思政课教师通过自身的知识素质、教学技能、道德品格、语言艺术、情感投入等各种因素，调控与改变学生的心理与行为，形成师生之间相互感召、相互信任的能力。一般来讲，思政课影响力包括三个方面的含义。一是指职业影响力，即教师职业所赋予的职能对学生所产生的规定性影响力。国家的法律法规赋予思政课教师一定的职务、地位、权力和职能，这些因素的综合作用，能够对学生的学习产生一种外在的、带有强制性的影响力量。二是指学识影响力，即思政课教师具有的教学技能对学生所产生的显性影响力。思政课教师通过自身的知识素质、教学技能、教学艺术等专业素养，如讲授内容的思想性与理论性、讲课方式的生动性与创新性、课堂设计的科学性与趣味性等，吸引学生的注意力，激发学习兴趣，对学生产生直接的、显性的影响，形成有效的教学说服力、吸引力、感染力。三是指素养影响力，即思政课教师自身的人格魅力对学生所产生的隐性影响力。思政课教师通过自身的思想境界、政治品质、道德情操、价值取向、语言艺术、情感投入等内在的人格特质，引起学生的敬佩、敬爱、拥护、信任，能够对学生产生间接的、潜在的影响，形成积极健康向上的感召力、带动力和影响力。

在思政课影响力中，职业影响力属于权力性影响力，而学识影响力和素养影响力均为非权力性影响力。职业影响力固然重要，因为它能够维护正常的课堂教学秩序，确保思政课的重要地位；学识影响力同样非常重要，因为它能够提高学生的学习兴趣、增强思政课堂的教学效果。但是从立德树人的实际成效看，思政课教师的素养影响力更为重要，因为"在当今这个时代，教师更为重要的影响力是指精神方面的启迪，也就是说，教师自身的道德、生命行止、价值选择将直接决定其影响是否深远"①。思政课教师要提高对学生的影响力，关键是要努力提高人格魅力、语言艺术、情感投入等素养影响力。

2. 思政课影响力的作用

思政课影响力的作用主要体现在以下几个方面。

第一，有利于建设一支"可信、可敬、可靠，乐为、敢为、有为的思政课教师队伍"。思政课影响力主要体现为教师的学识影响力和人格影响力，扩大思政课影响力必须切实加强思政课教师队伍建设。"经师易求，人师难得。"习近平总书记指出，办好思政课，最重要的是解决好信心问题，建设一支"可信、可敬、可靠，乐为、敢为、有为的思政课教师队伍"，是增强办好思政课信心的关键。② 教师承载着传播知识、传播思想、传播真理，塑造灵魂、塑造生命、塑造新人的时代重任，"国家繁荣、民族振兴、教育发展，需要我们大力培养造就一支师德高尚、业务精湛、结构合理、充满活力的高素质专业化教师队伍，需要涌现一大批好老师"③。思政课教师要给学生心灵埋下真善美的种子，引导学生扣好人生第一粒扣子，"讲思想政治理论课，要让信仰坚定、学识渊博、理论功底深厚的教师来讲，让学生真心喜爱、终身受益"④。当前，思政课教师队伍建设还存在一些迫切需要解决的问题，如教师选配和培养工作还存在短板，队伍结构还要优化，整体素质还要提升，教师的教书育人意识和能力还有待提高，等等。围绕扩大思政课影响力，着力解决思政课教师队伍建设中的这些短板问题，才能建设好思政课教师队伍，增强办好思政课的信心、夯实

---

① 杨磊：《教师的影响力从哪里来——专访教育专家张文质》，《教育时报》2012年9月5日。

② 《习近平谈治国理政》第3卷，外文出版社，2020，第330页。

③ 习近平：《做党和人民满意的好老师：同北京师范大学师生代表座谈时的讲话》，人民出版社，2014，第4页。

④ 习近平：《思政课是落实立德树人根本任务的关键课程》，人民出版社，2020，第12页。

办好思政课的基础。

　　第二，有利于直接提升思政课的教育教学效果。思政课教学不是单纯的理论说教，而是教师对理论知识的传授以及教师内在的理想、信念、情操等人格力量的外化与表现。学生是有思想、有感情、有能动反映作用的，他们不仅向教师学知识，同时也在学做人。有影响力的教师可以让学生对其产生知识的折服、道德的肯定、情感的依恋。教师应当在整体上对学生产生显在与潜在的、眼前与今后的深远影响，教师的生命场应当对学生知识的增长和生命的成长两方面都具有强大的辐射力。在思政课影响力中，既存在权力性影响力，又存在非权力性影响力。传统教学模式表明，由国家法律法规所决定的教师职业影响力是一种外在影响力量，往往使学生产生被动的敬畏、服从心理，其影响成效是有限的。而非权力性影响力包括学识影响力和人格影响力，是基于教师自身的知识、能力、水平、思想、品行、作风、情操等因素形成的，它是建立在他人信服的基础上的一种自然的影响力，使学生对教师产生吸引、敬佩、信服、信赖及亲切感，从而产生自觉自愿的行为，这种影响力是长久的、巨大的。① 教育教学实践证明，教师的学识影响力和人格影响力越大，教师在学生中的威信就越高，也就越能得到学生的信任和支持，使学生真正"亲其师"而"信其道"。

　　第三，有利于直接促进学生健康人格的形成。高校的根本任务是立德树人，思政课作为立德树人的关键课程，既要传授知识，又要塑造人格，根本目的在于培养人、塑造人，即培养学生健全的人格、教会学生如何做人。俄国著名教育家乌申斯基曾说："没有教师对学生的直接的人格方面的影响，就不可能有深入性格的真正教育工作，只有人格能够影响人格的形成和发展。"② 学生具有天然的向师性和亲师情结，学生的学习习惯、思想品德、日常行为以及思维方式等都潜移默化地受到教师的影响。实践表明，教师的人格不仅影响教育的效果，而且在很大程度上决定着学生健康人格的形成。思政课教师通过自身崇高的思想境界、正确的政治品质、坚定的理想信念、高尚的道德情操、积极的人生态度、高超的语言艺术、真

---

① 刘双：《论思想政治理论课教师的人格影响力及增强途径》，《学校党建与思想教育》2006年第6期。

② 郑文樾选编《乌申斯基文选》，张佩珍等译，人民教育出版社，1991，第345页。

挚的情感投入等形成的人格魅力，无时无刻不在影响、指引着学生，产生润物无声的学习、模仿心理。思政课教师的人格魅力对学生的影响是深刻、全面和长久的，不仅直接作用于学生的内心世界，而且从思想观念到行为方式等各个方面对学生产生全面的渗透和影响；不仅影响学生在校学习的这段时间，而且往往会影响学生的一生。因此，教师的人格影响力是思政课育人成功的关键因素。思政课教师只有不断增强自身的人格魅力、扩大人格影响力，才能以身作则、率先垂范，从而有效地影响和引导学生的思想和行为。

3. 提升思政课影响力的原则

根据影响力的概念内涵及产生的作用可以看出，思政课影响力的构成要素包括教师的职能影响力、学识影响力和人格影响力。提升思政课影响力必须遵循以下几个原则。

一是坚持教师权威原则。

恩格斯在《论权威》中指出，权威是"别人的意志强加于我们""以服从为前提的"①，联合活动、互相依赖的工作过程的错综复杂，必须要有权威将活动组织起来，"一方面是一定的权威，不管它是怎样形成的，另一方面是一定的服从，这两者都是我们不得不接受的，而不管社会组织以及生产和产品流通赖以进行的物质条件是怎样的"②。也就是说，不论在怎样的社会实践活动，都必须要有一定的权威进行统一领导指挥，这样活动才能正常进行下去。这表明了在高校思政课课堂教学中，也必须要强调思政课教师的课堂教学权威。因为思政课教学本质上是进行社会主义主流意识形态的引导与马克思主义理论的教授，内容主要包括马克思主义经典著作、马克思主义理论及其中国化时代化的系列理论成果，涵括社会主义核心价值观的教育等。教育部印发的《新时代高校思政课教学工作基本要求》中明确指出："思政课承担着对大学生进行系统的马克思主义理论教育的任务，是巩固马克思主义在高校意识形态领域指导地位、坚持社会主义办学方向的重要阵地，是全面贯彻党的教育方针、落实立德树人根本任务的主干渠道和核心课程，是加强和改进高校思想政治工作、实现高等教

---

① 《马克思恩格斯文集》第 3 卷，人民出版社，2009，第 335 页。
② 《马克思恩格斯文集》第 3 卷，人民出版社，2009，第 337 页。

育内涵式发展的灵魂课程。"思政课教学性质和任务要求思政课教师必须树立课堂教学权威形象，强化对学生意识形态的引领与教育。如果教师课堂教学权威地位弱化，则会降低学生对教师的信任与接受，在很大程度上影响教学感染力生成，继而削弱意识形态教育的传播力、可信度以及实效性。因此，在思政课教学中坚持思政课教师课堂教学权威原则，有利于提高教学感染力，从而提升思政课教学效果。

思政课教师课堂教学权威的形成，一方面是国家或社会制度赋予教师的特定权力；另一方面是教师因自身具备的学术影响、知识才能、道德品质等，在与学生交往、沟通的过程中获得的学生自愿服从的力量和威望。在传统教学中，在国家与社会政策支持下，教师因其绝对的知识权威优势而在课堂教学中占据主导地位，对学生形成一种强制的影响力和威望，使其被动接受教师所传授内容，故而拥有绝对权威地位。但在人工智能时代，学生获取信息媒体渠道多样化，在一定程度上促使教师知识权威的消解与祛魅。信息时代，教师课堂教学如何返魅，确保课堂教学权威，强化教学感染力，增进思政课的亲和力，这既需要国家与社会对意识形态教育的支持与肯定，更需要思政课教师自身道德修养、知识储备及业务水平的不断提升，课堂教学只有基于学生合理需要，通过指向学生身心健康的价值取向、采取富有反思性的教学设计、构建良好的师生关系等途径，才能真正赢得教师课堂教学权威地位。

二是坚持以生为本原则。

苏霍姆林斯基曾说："学校里的学习不是毫无热情地把知识从一个头脑装进另一个头脑，而是师生间每时每刻都在进行心灵的接触。"[①] 高校思政课教学要达成立德树人的根本目标，就必须贴近学生生活，走进学生心里，触动他们的思想灵魂，使之受到关注与感染，从而更愿意学习接受教学内容，内化于心、外显于行。基于此，高校思政课教师要密切关注学生的思想动态，聚焦学生各个方面存在的问题，在尊重大学生的需要、肯定大学生的价值基础上，组织开展灵活多样的课堂教学活动，把握好以学生为出发点和归宿的课堂教学，坚持思政课堂以生为本原则，增强教学感染

---

① 〔苏〕B. A. 苏霍姆林斯基：《给教师的建议》，杜殿坤编译，教育科学出版社，1984，第323 页。

力，提升思政课亲和力，以促进大学生全面健康发展，实现思政课教学目标。

　　通过提高感染力以增强思政课教学亲和力，提升思政课教学效果，其根本目的在于促进学生健康成长成才，促进大学生全面发展。这就要求坚持生本理念的思政课堂教学，在教学理念上，尊重学生身心发展规律，根据学生思维特点及已有学科知识背景，进行备专业知识、备教材和备学生的全面备课，因材施教，强化教学感染力，循序渐进激发学生学习自觉，做到有教无类，提升思政课教学亲和力。在教学目标上，根据新时代信息社会发展要求及大学生身心发展规律和成长成才要求，开展思政课堂教学，促进大学生综合素质提升，以满足社会发展对人才的需要。在教学内容上，既做到以教学大纲为本，熟练掌握和领悟教材内容，整合教学知识点，同时关注、追踪国内外时事热点，从"专、精、深"方面拓展知识内容，强化教学感染力，提升思政课教学亲和力，实现教材体系由静态向动态转化，从理论说教语境向学生生活体验环境迁移，潜移默化提高学生自我教育的认知能力。教学内容在以弘扬时代主旋律为主的同时，也无须刻意回避社会负面信息。可以根据思政课教学要求，全面准确分析负面信息，揭示其实质与本质，坚持正面引导，使其围绕具有正向教育功效的相关讨论进行，促使学生明辨是非善恶，发挥思想引领作用。在教学组织环节上，采取多种教学形式，如学生参与教学活动或师生互换角色等形式的师生互动，以及小组讨论学习或小组调查研究等生生互动，实现课堂教学以生为本，强化教学感染力，提升思政课教学亲和力。[1]

　　诚然，坚持课堂教学的教师权威与生本理念原则，两者并不矛盾。教师权威应该是教师学术声望、人格魅力、思想修养与业务能力水平的综合体现，这种权威不是权力的独裁与专制，而是一种心理暗示，让学生自觉自愿地内心服从、行动悦从，发挥教师课堂教学的主导作用。生本理念强调的是基于正确价值导向充分尊重、爱护与实现学生的需求，满足学生的愿望，促进学生的自由全面发展，从而发挥学生学习的主体地位和主动作

---

　　① 蒋华剑、赵蓉：《"以生为本"高校思想政治理论课互动教学模式的构建》，《教育现代化》2019 年第 7 期。

用。两者在课堂教学中相辅相成，由此师生之间能够形成强大的情感磁场，实现良性互动，强化了感染力，增强了思政课亲和力，提升了思政课教学实效性。

三是坚持教学共情原则。

马克思说："如果你想得到艺术的享受，那你就必须是一个有艺术修养的人。如果你想感化别人，那你就必须是一个实际上能鼓舞和推动别人前进的人。"① 也就是说，只有教育者自身具有强烈的感染力，才能唤醒人、教育人、塑造人，而这种感染力首先应该来自教师的共情能力。

共情，是心理学中常用的概念，指教师在教学过程中要设身处地地理解学生的情感和表达。教师是否具备充分的共情能力直接影响着教学效果的好坏。思政课教学要求教师坚持以生为本的教学理念，了解学生、贴近学生，但这并不代表教师对学生的真正理解，只有在共情基础上的了解才算是真正走进学生、理解学生、把握学生。共情是思政课教师增强教学感染力的必备能力，其使教师能够在深入了解学生基础上想学生之所想、急学生之所急，帮助学生排忧解难，拉近师生距离，增进教师亲和力，增强教学感染力。正如苏联教育家苏霍姆林斯基曾说："在教育中一切都应以教育者的人格为基础，因为只有人格才能影响人格，只有性格才能形成性格。"② 教师若要与学生共情，首先自己必须是一个情感丰富、能鼓舞和推动别人前进的人。教师共情能力是一种潜在隐形的、具有创造性的教育力量，是教师政治素养、道德情感、能力水平的综合，是教师强化感染力，增强思政亲和力，实现传道授业与解惑的重要技能。

同时要注意的是，坚持共情原则，既是手段也是目的，既是对学生特殊发展阶段情感需求的满足，也是思政课教学目的的价值导向要求。但在这过程中，教师不能模糊自己的角色定位，要坚定自己的政治立场、观点与方向，在对学生共情的基础上进行理性的情感疏导，实现情理合一，达到立德树人的教学效果。

---

① 《马克思恩格斯文集》第 1 卷，人民出版社，2009，第 247 页。
② 转引自〔苏〕B. A. 苏霍姆林斯基《给教师的一百条建议》，周蕖、王义高等译，天津人民出版社，1981，第 225 页。

五　导向力

增强思政课亲和力，必须强化思政课导向力。因此，导向力也是思政课亲和力的重要构成要素。

1. 思政课导向力的内涵

所谓导向，一是指引导，二是指引导的方向。因此，导向＝引导＋方向，指引导事物或事件向某个方向发展。而导向力即是指引导事物或事件向某个方向发展的力量。导向力原为科技领域船舶工程学科的名词，指安置在导向索水面一端、保证导向索始终处于合适张力状态的一种装置。导向力现已广泛应用于社会科学领域，指通过多种途径和方式，引导客体向主体所需要的思想意识而发展的力量。

思政课导向力是思政课教学目标、性质、要求、规律和成效的综合反映，是教学主体（教师）与教学对象（学生）之间内在规律和客观要求相结合的产物。思政课导向力是指思政课达成立德树人目标导向的驱动力，即思政课教学需要以立德树人的目标为宗旨，这一目标就成为开展思政课教学的方向，为了达到这一目标而在教学工作各个环节所表现的驱动力就构成了思政课导向力。因此，思政课导向力可以理解为以下几层含义：一是教学目标导向，即以立德树人为根本任务，形成明确的目标导向；二是教学行为导向，即教学活动的引导力、驱动力，教师通过思政课教学活动影响和引导学生，对学生的思想行为产生导向作用；三是教学价值导向，即坚持以科学理论为武装，引导学生积极学习、理解、掌握、运用思政理论，自觉树立和践行社会主义核心价值观；四是教学成效导向，即以教学评价为抓手，增强思政课针对性和亲和力、提升思政课教学效果。

2. 思政课导向力的载体

实践证明，教学评价具有多重功能，对于深化教学改革、提高教学质量发挥着不可替代的作用。从教学目标的实现和教学效果的达成视角看，导向功能无疑在教学评价多重功能中居于首要位置。增强思政课亲和力是一项系统性工程，健全和完善教学评价体系、发挥教学评价的导向功能是增强思政课亲和力、提升思政课教学质量的重要内容和有效手段。因此，思政课导向力很大程度上依赖于教学评价导向功能的发挥。

教学评价是根据一定的评价目标、评价标准，对被评对象所作出的价值判断，这些评价的目标、标准、指标及其权重，对被评价对象来说，起着"指挥棒"的作用，规定或明确了评价对象的努力方向。因此，教学评价导向功能是由评价目标、指标体系、控制反馈体系以及以形成性评价为主的技术方法体系所决定的，评价标准的方向性规定了教学评价的导向功能。

教学评价的导向作用得到强化和充分发挥，不但可以增强思政课亲和力，提升思政课教学活力，激发教学双方的积极性、主动性、创造性，而且能够极大地增强思政课教学的针对性、实效性，提高思政课的教学质量，促进立德树人教学目标的达成。

3. 思政课导向力的作用

以教学评价的导向功能发挥为载体，思政课导向力的作用体现在以下几个方面。

一是落实党和国家有关文件精神的应然之举。党的十八大以来，习近平总书记围绕思政课建设发表了一系列重要讲话和重要论述，为高校思政课建设提供了行动指南和根本遵循。中共中央办公厅、国务院办公厅先后印发的《关于加强和改进新形势下高校思想政治工作的意见》《关于深化新时代学校思想政治理论课改革创新的若干意见》和中共中央宣传部、教育部印发的《新时代学校思想政治理论课改革创新实施方案》，明确指出要把思政课建设情况纳入学校学科建设评估标准体系[1]，强调在思政课教学中要注重多样化评价方式[2]。教育部印发的《新时代高校思想政治理论课教学工作基本要求》，提出要建立健全多元评价机制，对思政课教学质量进行综合评价。[3] 这些文件从不同视角对高校思政课教学评价提出了具体要求。因此，构建思政课教学评价体系、发挥思政课教学评价导向作用，

---

[1] 《中共中央办公厅 国务院办公厅印发〈关于深化新时代学校思想政治理论课改革创新的若干意见〉》，中国政府网，https://www.gov.cn/zhengce/2019 – 08/14/content _ 5421252.htm。

[2] 《中共中央宣传部 教育部关于印发〈新时代学校思想政治理论课改革创新实施方案〉的通知》，中国政府网，https://www.gov.cn/zhengce/zhengceku/2021 – 01/01/content _ 5576046.htm。

[3] 《教育部关于印发〈新时代高校思想政治理论课教学工作基本要求〉的通知》，中国政府网，http://www.moe.gov.cn/srcsite/A13/moe_772/201804/t20180424_334099.html。

是落实党和国家有关文件精神的应然之举。

二是推动思政课教学改革创新的现实要求。改革创新是时代精神，思政课建设要向改革创新要活力。党的十八大以来，高校思政课教学改革全面深化，思政课教师队伍规模和素质不断提升，教学内容进一步鲜活，教学方法不断创新，思政课建设取得了明显的积极成效。但是，我们也应更加清醒地认识到，思政课建设中的一些问题亟待解决。例如：对思政课重要性认识不到位；课堂教学效果还需要提升，教学研究力度需要加大、思路需要拓展；教材内容还不够鲜活，针对性、可读性、实效性有待加强；教师选配和培养工作还存在短板，队伍结构还要优化，整体素质还要提升；体制机制还有待完善，评价和支持体系有待健全；各类课程同思政课建设的协同效应还有待增强，教师的教书育人意识和能力还有待提高。[1]这些问题的存在，都要求我们深入推进思政课教学改革，而构建思政课教学评价体系、发挥思政课教学评价导向作用，是思政课教学改革的现实需求和质量提升的内在要求。

三是增强思政课亲和力的有效抓手。教学评价体系作为检验思政课教学效果的重要手段，既是思政课改革创新的"指挥棒"，也是思政课亲和力提升的"导航仪"。首先，构建完善的教学评价体系，有助于进一步明确思政课教学的目标与标准，进一步规范思政课教学各个环节，进一步明晰思政课改革创新的重点内容和实践路径，提升思政课教学的针对性；其次，构建完善的教学评价体系，有针对性地设立评价内容和指标，有助于思政课教师以目标为导向反思和改进思政课教学的具体内容，更加清晰和具体地了解不同学生对于思政课的理解和感悟，解决现阶段思政课教学中存在的一些现实问题，保证思政课教学效果和教学目标的一致，提升教学改革的成效；最后，构建完善的教学评价体系，有针对性地开展公平合理的教学评价，有助于客观公正地衡量和验证高校思政课教学绩效，正向增强思政课各教学主体的荣誉感、归属感和责任感，最大限度地发挥师生的主动性和创造性，提升其参与思政课教学改革的积极性，从而增强思政课的亲和力和实效性，真正发挥思政课的根本性作用。[2]

---

① 习近平：《思政课是落实立德树人根本任务的关键课程》，人民出版社，2020，第 7 页。
② 白双翎：《高校思政课教学评价指标体系构建研究》，《现代教育管理》2021 年第 9 期。

第三章 高校思政课亲和力的历史演变与生成机理

"历史演变"与"生成机理"是高校思政课亲和力研究的基础和重要内容。首先，梳理高校思政课的发展历程，阐述不同发展时期高校思政课亲和力的不同表现形式、内涵与要求，达到了解过去、做好现在、规划未来的目的。其次，阐述高校思政课亲和力的生成机理，构建增强高校思政课亲和力的"五维"模型，从而为增强高校思政课亲和力提供理论依据与实践遵循。

第一节 高校思政课亲和力的历史演变

高校思政课亲和力随着高校思政课的历史演变而经历了一系列变化。纵观高校思政课的演变历程，高校思政课亲和力的历史演变大体经历了以下几个阶段：新民主主义革命时期，高校思政课亲和力最初形成；社会主义革命和建设时期，高校思政课亲和力深化发展；改革开放和社会主义现代化建设新时期，高校思政课亲和力不断提升；中国特色社会主义新时代，高校思政课亲和力全面跃升。

一 新民主主义革命时期：高校思政课亲和力最初形成

在新中国成立前，为了加强革命战争年代的思想政治教育，中国共产党在其所创立和领导的高校中开设了早期的思政课。尽管此时该类课程的名称往往采用"政治课"等其他称谓，没有正式定名"思政课"，但是其实际功效已经显现出来，在军事斗争中发挥着日益显著的作用。这一作用的发挥，有赖于其亲和力的构建与展现，从而形成了高校思政课在这一时期的鲜明特点。

第一，党在黄埔军校的思政课亲和力。黄埔军校是孙中山在中国共产党和苏联的帮助下，于1924年在广州东郊黄埔建立的陆军军官学校。许多在抗日战争和国内战争中成名的军官都在那里接受过训练。这所学校为国民革命军的创建提供了基础，这支军队主导了旨在寻求国家统一的北伐战争。在1927年蒋介石背叛革命以前，这是一所国共合作的革命军事学校。中国共产党人周恩来、恽代英、萧楚女、熊雄、聂荣臻以及其他同志，曾经先后在这个学校负责政治工作和其他工作，以革命精神为当时的革命军队培养了大批骨干，其中包括不少的共产党员和共产主义青年团团员。"黄埔军校在教学上实行政治课与军事课并重的原则，周恩来亲自讲授《军队中之政治工作》，并开设三民主义浅说、中国国民革命运动、中国政治经济状况、帝国主义侵略中国史、世界革命运动史等政治课。"① 黄埔军校的政治课由中国共产党主导，成为高校思政课的开端。在这里，政治课亲和力的特点是理论与实际相结合，在讲授革命理论的同时，考察中国国情和国际形势，让学员及时了解国内外革命运动的历史与现实，从而坚定革命信仰，增强斗争信念。

第二，红军大学校思政课的亲和力。"1931年11月25日，中革军委将中央苏区初具规模的红军干部学校合编命名为中央军事政治学校，后改为中国工农红军学校（简称红校）……1933年11月17日，将红校高级班和上级班改为红军大学校（简称红大）。"② 红军大学校的思政课继承了中国共产党思想政治教育的传统，不但开设党的理论、政策等方面的课程，还开设政治学和经济学方面的课程，从而使学员在掌握理论逻辑的同时，了解实践状况，具备解决实际问题的能力。这些实际问题不但包括军事斗争中遇到的诸多政治性问题，也包括地方建设中有可能遇到的各类政治与

---

① 王育民等主编《中国国情概览》，吉林人民出版社，1991，第510页。
② 夏征农、郑中侠主编《大辞海：军事卷》，上海辞书出版社，2007，第430页。

经济领域的问题。因此,红军大学校思政课的亲和力集中体现为,贴近实际,将学员们最关心、最想了解的问题作为课程的讲授内容,从而增加了课程的吸引力与感染力。

第三,抗日根据地高校思政课的亲和力。"以延安为代表的抗日根据地内的高等学校,大致有以短训班为主的抗日军政大学、较正规的综合性的陕北公学院和延安大学、较正规的专业性的鲁迅艺术文学院等三种学校。"[1] 其中,抗日军政大学思政课的亲和力主要表现为学员的学习与战斗相结合,在战斗中提升思想政治素养,在思想政治素养的提升中提高战斗力。于是,"学"与"用"紧密连接,打破了旧式高校"填鸭式"的教学方式,极大激发了学员的学习主动性,让其在实践进程中感悟马列主义的基本精神。陕北公学院思政课的亲和力主要表现为名人授课,常常邀请领导人来校教学,如毛泽东在这里讲授过青年运动问题,周恩来讲授过抗日后方的建设问题,朱德讲授过敌后斗争问题,张闻天讲授过相关文化问题。通过学员们所敬仰的党的领导人的细致讲解,学员感受到思政课的亲和氛围,从而加深了对学习内容的认识与理解。

第四,解放战争时期高校思政课的亲和力。"抗日军政大学和鲁艺等校迁到东北,抗大改名为东北军政大学。1946 年在张家口建立华北联合大学(前身为陕北公学等校),1948 年华北联大和北方大学合并,成立华北大学。当时华中地区由江海公学和苏北公学合并成立华中大学。全国解放前夕,各大解放区先后成立了人民革命大学。"[2] 在这些高校中,思政课亲和力除了继承党的思想政治教育优良传统外,也有着自身的时代特点。例如,坚持理论与实践紧密结合,注重政治理论素养与军事技能素质同步学习提升;在日常的教学组织和校园管理中,注重"民主"原则的践行,鼓励学生大胆质疑、积极讨论,通过自主学习,掌握马列主义的基本原理。

二　社会主义革命和建设时期:高校思政课亲和力深化发展

新中国成立后至改革开放前,高校思政课继承了新中国成立前的教学

---

① 谈松华主编《中国高等学校思想政治教育史纲》,高等教育出版社,1992,第 33 页。
② 龚海泉主编《高等学校思想政治教育史》,武汉出版社,1992,第 33 页。

传统，继续探索着亲和力提升的有效途径。最典型的做法是从学生的日常经验出发，将劳动与学习紧密结合，让模范榜样成为学生学习的生动对象，从而不断提升政治课程的教学效果。

首先，马列主义政治理论课中的亲和力。"建国后最早开设政治理论课的是华北地区各大专院校的文学院、法学院。1949 年 10 月 12 日，华北高等教育委员会颁布了《各大学专科学校文法学院各系课程暂行规定》，规定中把《辩证唯物论与历史唯物论》（包括社会发展简史）、《新民主主义论》（包括近代中国革命运动史）、《政治经济学》列为文学院、法学院的公共必修课。"① 在这些公共必修课中，社会发展简史的亲和力尤为突出。其从生产劳动入手，讲述人的生成；从物质生成入手，阐释世界的形成；从人类社会普遍规律入手，论述劳动与剥削的关系。可见，这门马列主义政治理论课以人们日常熟悉的事物来阐述理论观点，具有极强的说服力、吸引力与感染力，从而激发了学生的学习兴趣，走进了学生内心，获得了学生认同。

其次，劳动教育中的亲和力。"1958 年，中共中央、国务院《关于教育工作的指示》，明确将毛泽东提出的'教育必须为无产阶级政治服务，必须同生产劳动相结合'，培养'有社会主义觉悟、有文化的劳动者'规定为党的教育方针。当时的大学生在校学习期间，关心社会主义建设，积极参加各种政治活动和社会运动。"② 可见，劳动教育在这一时期成为思政课实践教育的重要形式，是高校思政课教学的新探索。各高校严格执行中央的指示精神，将思政课教学与生产劳动相结合，让学生在社会实践中领会政治理论，在"社会劳动"中领悟"社会规律"，以劳动实践为基点，把握理论观点的深刻内涵，从而使思想政治教育体现出十分显著的亲和力。

最后，榜样教育中的亲和力。在这一历史时期，"榜样本身就代表了很多人们所渴求的因素，比如荣誉、名誉等方面。而这些因素则是被当时人们所普遍追求的。当榜样的力量与人们的价值诉求相一致时，榜样的激励力量则会更加强大。受教育者追求榜样本身就是自我发展的过程，学习

---

① 谈松华主编《中国高等学校思想政治教育史纲》，高等教育出版社，1992，第 61 页。
② 教育部普通高等学校少数民族预科教材编写委员会编《大学生预科生入学教育》，红旗出版社，2006，第 88 页。

榜样与自我满足趋于一致，在这种环境下，榜样被普遍效仿，榜样教育也就取得了更好的效果"①。榜样的力量是无穷的。黄继光、邱少云、王进喜、雷锋、焦裕禄、钱学森……一个个闪光的名字，就像一面面鲜艳的旗帜，成为激励全体人民团结奋斗的精神力量。可以说，将人们熟悉与崇敬的模范人物作为思政课的教育素材，将榜样教育作为提升思政课亲和力的重要手段，是新中国成立后至改革开放前思政课教学探索的重要成果，这一成果对改革开放以后的思政课亲和力提升也产生了重要影响。

三　改革开放和社会主义现代化建设新时期：高校思政课亲和力不断提升

在改革开放以后至党的十八大召开这一时期，高校思政课亲和力在改革开放中得到进一步增强，并呈现出显著的时代特征，其在回应"西方思潮"、回击"负面声音"、讨论"热点问题"中赢得了青年大学生的思想认同。

第一，在回应"西方思潮"中提升高校思政课的亲和力。其中，对于"新自由主义"的回应尤其具有吸引力。自 20 世纪 70 年代末以来，"新自由主义"概念逐步在国际社会流行开来，指的是经济、价值观上的自由政策和立场，作为对凯恩斯主义思想的回应，其反对国家干预经济。这一学说启发了英国的玛格丽特·撒切尔和美国的罗纳德·里根、智利的皮诺切特，国际货币基金组织、世贸组织、世界银行等许多国际组织也受到这一思潮的深刻影响。在改革开放以后，中国的国际化步伐明显加快，越来越多的西方产品传入国内。这些产品既有物质产品，如各类家电产品，也有精神产品，如各类西方思潮。在这里，"新自由主义"就很自然地被广大青年大学生所接触、认知。但是，"新自由主义"思潮的理论主张与马克思主义理论存在本质区别，因而对当时的青年思想产生了极大的负面影响。为了解答青年大学生的困惑，高校思政课针对"新自由主义"的理论主张和实践表现，开展了大量有理有据、辩驳结合的教学活动，从而回应了"新自由主义"的相关观点，澄清了青年大学生的模糊认识，提升了思

①　汤正华：《大学生榜样教育研究与实践》，苏州大学出版社，2016，第 132 页。

政课的亲和力。

　　与此同时，"普世价值论"也是对青年大学生影响较大的西方思潮之一。其"把自由民主绝对化、宗教化、原教旨化。他们把人抽象化……他们把超越时空的理想当作现实，认为西方资本主义的自由民主是普世价值；而所谓普世，就是不同的国家，无论其文化、历史和经济社会发展水平差异多大，都普遍适用；因此普世价值可以随时随地空降到任何民族、任何国家，而不必考虑该民族、国家的具体经济、社会、历史条件"①。由此可见，"普世价值论"在哲学方法论上是完全错误的，是一种形而上学的思维方式，用静止、片面的方式看待世界各国的价值问题，脱离了各个国家的具体实际，尤其是文化传统，因而是一种十分有害的西方思潮。在思政课的教学当中，高校教师深入剖析这一思潮的本质与谬误，从而回应了学生头脑中的各种疑问，厘清了思想认识，拉近了马克思主义理论与青年大学生的思想距离。

　　第二，在回击"负面声音"中提升高校思政课的亲和力。在西方媒体对中国社会的新闻报道中，充斥着许多"负面声音"，主要是对中国新闻事件的歪曲报道。这些歪曲报道不但在国际社会造成不良影响，而且还渗入国内舆论场，对青年大学生的思想成长产生消极作用。因此，回击"负面声音"，成为高校思政课肩负的育人责任。王彩平说："境外媒体涉华报道中多以负面报道为主，除了新闻价值取向之外，还有更深层的意识形态原因。西方媒体喜欢曝光和强化中国政治体制中的负面主题，在看似客观中立的'平衡'报道中，更巧妙和隐晦地传达西方声音，他们往往从西方意识形态和文化价值观出发决定新闻选题和采访对象，并站在本体文化习惯上'误读'中国。"② 可见，回击西方舆论的"负面声音"，可以从揭示这些声音背后的价值观基础和意识形态内核着手。例如，"中国威胁论"是西方对于中国崛起的歪曲理解之一。部分西方国家把中国的发展看作对现有国际秩序的威胁，认为中国的军事现代化会造成国际环境的紧张趋势。事实上，这是对中国和平发展的恶意攻击，是极端错误的。在高校思政课中，思政课教师从中国的历史传统出发，通过摆事实、讲道理，在国

---

① 陈根法：《有限自由论》，东方出版社，2019，第127页。
② 王彩平：《突破危机：政府如何有效沟通》，国家行政学院出版社，2016，第63页。

际关系的演进中与学生探讨这一重要问题，从而破除了学生思想的迷雾，以学生乐闻、乐见、乐想的问题为突破口，强化了思政课的亲和力。中国有着悠久的历史，对和平的追求以及对国际关系固有的防御性而非进攻性的态度是中国的优秀传统。中国保持着对和平的追求，航海家郑和的故事成为中国人和平性格的象征。西方探险家征服了他们发现的土地，但郑和的舰队并没有用武力征服新发现的土地。中国传统文化讲究"兼爱"和"非攻"，提倡以理服人的"王道"，反对压倒性的"霸道"。中国人发明了火药，但不用火药来侵略别人；中国人发明了指南针，但不用其来引导军舰在四海中耀武扬威。在当代，中国国家安全战略中的"积极防御""和平发展""共赢""合作共赢"等理念，无不体现了中国悠久的互不侵犯、仁爱、和平的文化传统。① 由此可见，高校思政课教师通过深入浅出地"说理"，用说服力支撑亲和力，从而获得了学生的认可。

第三，在讨论"热点问题"中提升高校思政课的亲和力。在改革开放的大时代里，社会发生着巨大的变迁，利益格局、价值观念、人际关系等方面都经历着前所未有的剧烈震荡，因而产生了人们过去没有遇到过的新情况、新问题，这些问题在舆论场中成为"社会热点问题"。部分青年大学生对社会热点问题一知半解，很容易被错误观点所误导，从而不利于其人生观、价值观的科学养成。因此，高校思政课的重要任务，是剖析这些热点问题，用正确的视角看待问题，用科学的方法解决问题。例如，对于青年大学生所关心的"反腐败"问题，思政课教师应从党和政府的正确态度与基本政策出发，准确阐释关于该问题的正确理解方式。中国政府一贯认为，任何犯罪的人，无论其职位高低，都必须承担刑事责任。司法部门不断加大对贪污腐败犯罪分子的处罚力度，不但受贿者要受处罚，而且行贿者也要付出代价。收受贿赂、包庇、教唆犯罪活动的人，泄露被侦查刑事案件、策划反查的人，为黑恶势力的违法活动提供保护的人以及本身就是黑社会组织主要成员的人，司法部门都予以坚决打击。最高人民检察院和中央部门联合在金融、证券、国有企业、海关、建设贸易和医疗机构等领域开展系统性的预防犯罪活动，完善相关规章制度，加强监督管理，建

---

① "Why is 'China Threat Theory' Wrong?," 新华网，http：//www.xinhuanet.com/mil/2015-02/12/c_127488072.htm。

立有效的预防犯罪机制、监督机制和约束机制，大大减少了犯罪活动和资金流失。① 可见，在"热点问题"的探讨中，思政课教师贴近学生、贴近社会、贴近实际，用事实和通俗易懂的语言表述，提升了高校思政课的亲和力。

四 中国特色社会主义新时代：高校思政课亲和力全面跃升

党的十八大以来，中国特色社会主义进入新时代。新时代出现新变化、新特征，不仅社会矛盾特征发生变化，高校思政课面临的形势也发生一定程度的改变，高校思政课的亲和力演变也具有了一些新的特点。

第一，坚持理论性和实践性相统一。党的十八大以来，高校进一步注重思想政治教育优良传统与新时代特点相结合，不断在高校思政课亲和力提升方面提出新观点和新思路，尤其强调社会主义核心价值观教育、中国梦教育以及文化自信教育，不断强调教育理念推陈出新，在追溯亲和力历史脉络发展中结合当下，对高校思政课亲和力逐渐有了清晰的认识，对其内涵、定义、特征及价值等理解程度不断深化。思政课亲和力研究有着自身独特的研究视阈，不仅有深厚的理论基础，也有丰富的实践经验；不仅包含马克思主义基本原理以及马克思主义中国化时代化理论研究成果，也包含心理学、教育学等其他学科对亲和力研究成果的有效借鉴，同时还蕴含着中华优秀传统文化亲和力的重要思想渊源。其中，在马克思中国化研究成果中，习近平总书记发表了一系列关于高校思政亲和力理论的相关论述。例如，习近平总书记强调在时刻把握当代青年大学生特点的基础上，要"遵循思想政治工作规律，遵循教书育人规律，遵循学生成长规律"②，这"三大规律"是上好思政课的基本遵循，对思政课亲和力演进具有举足轻重的意义；再如，习近平总书记提出思政课要坚持"八个相统一"的新理念。还有众多学者对思政课亲和力进行了多种多样的研究，其中以教师和路径提升为主要研究对象的研究成果较为丰硕。

思政课的教学目标要落实到学生对思政理论的真信、真懂、真用上。

---

① 《反腐败斗争卓有成效》，人民网，http://en.people.cn/200203/11/eng20020311_91882.shtml。

② 《习近平谈治国理政》第2卷，外文出版社，2017，第378页。

因此，价值实践是高校思政课亲和力的根本所在。这就要求思政课摆脱以往"高冷"的姿态，深入开展社会实践，在社会实践中拉近与学生的距离，提高学生情感认同，不断提升其实践魅力，成为积极引导学生交流互动的智慧型学科。高校思政课亲和力实践发展离不开教育者的工作经验反思和提炼总结，在不断坚持马克思主义实践观、教育观中强化实践性。一是拓展课外社会实践。教育是知行合一的过程，既要有理论的深度，又要有实践的维度。思政课亲和力的演变更加鼓励学生走向社会、深入基层，在社会实践中提升自身的学识素养，砥砺家国情怀，激发担当使命。二是增加课堂情境实践。让新媒体技术和思政课传统教学模式相融合，创设教育教学情境，推动师生互动与交流，使课堂真正活起来。三是教材内容实践化。思政课教材除了原有的理论知识，更要增添许多与学生息息相关的内容，将抽象、晦涩的理论知识转化为具体的事和物，防止理论空泛化，使思政课更具亲和力。

概而言之，新时代高校思政课亲和力建设既要深化其理论性，又要结合现代教育特点和要求，不断扩宽实践思路，坚持理论性和实践性相统一。

第二，坚持统一性和多样性相统一。既要坚持思政课课程在总体目标、共同准则、基本要求以及教材内容上的统一，又要尊重教学方法、教学形式、教学手段和考核方式等的多样性，使思政课在相对稳定的情况下静中有动、动中创新。

统一性体现在思政协同育人体系不断完善方面。高校思政课亲和力是多个要素汇集而成的合力，创建富有亲和力的高校思政课需要发挥多种要素的共同力量，坚持统一性原则，一是在思想上不断强化协同育人意识，使高校每一位教师都肩负思政育人的责任；二是在机制上坚持协同合作，构建分工合理、职责明确的大思政工作格局；三是在实践上坚持全员、全过程、全方位的"三全育人"，把立德树人这一根本任务融入知识传授、思想道德教育、社会实践等教育教学各环节全过程，调动一切积极因素，充分发挥高校育人、管理、服务的协同育人体系效用。同时，高校思政课亲和力演变过程中还应不断加强党的统一领导，坚持中国特色社会主义的根本政治方向，把新时代中国特色社会主义思想教育放在突出位置。

坚持多样性一是指高校主体的多样性。涉及公办高校、民办高校、中外合作办学高校、民族高校等。公办高校是思政教育的主要阵地，其特点是思想政治教育起步早，经验丰富，但学生基数大，师资力量相对不足。民办高校则由于其生源批次靠后、费用较高等特点，学生普遍具有更高的教学期待，且思想政治教育建设起步迟、积累少，因而较之公办高校其思政建设相对薄弱，提升思政课亲和力面临的挑战也更艰难。民族高校具有地域偏僻、文化多元、经济落后等特点，思想政治教育具有特殊性。但无论是哪一种高校主体，在结合自身特点的同时，都要把立德树人放在首要位置，坚持社会主义办学方向，这是遵循新时代思政课改革创新和我国高等教育发展的必然要求。二是指提升高校思政课亲和力的路径多样化。亲和力的提升要注重情感的投入、温度的上升，发挥教师的情感纽带作用，运用学生喜闻乐见的教学方法，对学生晓之以理，动之以情。三是指在亲和力表现形式上具有多样性。基于当代大学生学习习惯，思政课借助各式各样的现代化教具和新媒体技术，创新教学情境和教学方法，不断与时俱进、因时而进，把传统教学方式与新兴教学方式相结合，优势互补促进教学发展，使思政课更加生动活泼、润物无声，增强思政课的吸引力。

第三，坚持主导性和主体性相统一。主导性和主体性关系问题一直是高校思政课亲和力中的重要研究问题，包含教师与学生这两大亲和力生成的关键构成要素，思政课的教学目标、教学内容、教学方式以及教学情境都是围绕这对关系运行的。坚持主导性和主体性相统一，不断促进教师与学生的相互融合、共同发展，这是新时代增强高校思政课亲和力的必然要求。

教师居于主导性地位，在教学中发挥着主导作用。高校也越来越意识到在提升思政课亲和力中教师起到的关键性作用。一方面，思政课本身是具有导向功能的学科课程，这要求思政课的教育者具备导向、组织、督促和启发的基础性功能，在师生双向互动的过程中，教师以专业的知识教导学生，用真挚的情感感化学生，以理服人、以情动人，让思政课更具亲和力和针对性，从而有效传播目标主流价值观，引导和提升学生的政治意识、人文素养和品德修养等。另一方面，教师以身示范、言传身教的引领作用得到发挥。师者，人之模范也。自古以来，中国就十分重视教师的"模范"作用。习近平总书记也多次指出："用高尚的人格感染学生、赢得学生，用真理的力量感召学生，以深厚的理论功底赢得学生，自觉做为学为人的表率，做让学生喜爱的人。"① 高校在鼓励推进教师科研水平提高的同时，也积极发展教师的引领示范作用，以提升高校思政课的亲和力。

发挥学生的主体性，最根本的是要坚持"以人为本"的理念，尊重学生的主体性地位，从根本上革除以往师生不平等、以教师为中心等传统陈旧的思想教育观念，打造互助、民主的新型师生关系，不断加强师生的情感交流与沟通，在交往互动中提升思政课亲和力。为了有效贯彻"以人为本""以学生为中心"的理念，高校思政课一方面不断完善培育目标的全面性，在兼顾思想政治教育目标的同时，更加注重个人发展目标，为大学生自由而全面发展做铺垫，尊重大学生主体差异性和个性化差异，坚持因材施教、因人施教；另一方面注重大学生的合理需求，激发大学生主动学习思政课的内在动力。新时代大背景下成长的新青年，其需求是多元化、动态化的，应在遵从思政课教学规律、教书育人规律与学生成长规律的基础上，贴近青年大学生现实生活，合理服务、观照大学生个人的发展需求，并对大学生的需求加以正确的关注和有效的引导，同时注意纠正不合理的需求，避免使思政课教学背离立德树人的初衷。

第四，坚持灌输性和启发性相统一。灌输性和启发性是同一过程的两个不同方面，灌输是启发的前提，启发是灌输的发展，它们共同作用于思政课教学，必须同时兼顾，而不能顾此失彼。

"灌输"是马克思主义理论教育的基本方法之一，但马克思主义的"灌输"含义并非传统教条性的"灌输"，与"填鸭法"或"注入法"等强行灌输的教学方法不同。教授法常被误认为是灌输式教学，新课标改革以后，教育研究者很少纠结教授法是不是灌输式教学，更多的是调整以往机械重复、照本宣科的教学方法，通过讲述、讲演、讲解等多样化以及形象生动的现代多媒体教学技术促进大学生在思政学习中发现问题、辨析问题、解决问题。同时，当前社会复杂多变，舆论生态发生了巨大的变化，价值观念多元化，各种社会思潮在虚拟网络快速传播，在学生处于缺乏思想意识正确引导的困境时，有目的的系统性灌输是最直接有效的方式。高校思政课应坚持灌输性，加深马克思主义意识形态传播，旗帜鲜明讲政治，并在创新中与各种社会思潮碰撞交锋，在生活学习中贴近大学生所思

---

① 《习近平谈治国理政》第3卷，外文出版社，2020，第330页。

所想，从而不断提升思政课针对性和亲和力。

坚持启发性是新时代高校思政课改革创新的必然需要。坚持启发性，要求学生树立问题意识，学会运用马克思主义相关理论发现问题、分析问题与解决问题，在师生、生生互动中不断提升其开放性思维、批判性思维和创造性思维等能力。这些能力并非与生俱来，而是需要思政课教师通过启发性的教育教学加以引导和培养，把理论知识和科学经验"灌输"给学生，帮助学生打好知识基础，贴近学生生活释疑解惑，推动其自主探究，充分发挥主体性。同时不断加强教学内容的时效性和新颖性，通过先进的现代媒体技术把图、文、声等元素综合运用，增强启发性的教学效果。

第二节　高校思政课亲和力的生成机理

根据高校思政课亲和力的构成要素，其生成机理包含五个方面。其中生成前提是提升教学内容的鲜活性，生成重点是提高教学方法的创新性，生成关键是强化践行途径的系统性，生成基础是加强队伍建设的实效性，生成保证是优化绩效评价的科学性。

一　生成前提：提升教学内容的鲜活性

当前高校思政课的教学内容已经形成一个较为系统的结构，课程设置相对固定。高等职业学校思政课主要包括习近平新时代中国特色社会主义思想、毛泽东思想和中国特色社会主义理论体系概论、思想道德与法治、形势与政策；本科高校思政课主要包括马克思主义基本原理、毛泽东思想和中国特色社会主义理论体系概论、习近平新时代中国特色社会主义思想、中国近现代史纲要、思想道德与法治、形势与政策；研究生思政课程包括新时代中国特色社会主义理论与实践、中国马克思主义与当代。可以看出，思政课程的内容是多元化的，但内容板块集中，固定的教材简洁规范，且选修课程相对较少，选读教材匮乏。提升教学内容的鲜活性是思政课亲和力的生成前提，但不能把提升教学内容的鲜活性简单等同于教学内容的增补和教学素材的选用，而是要契合时代发展的趋势，通过鲜活的教学组织形式，把教材、素材、实践、案例等进行有机整合，让思政课教学贴近大学生的学习实际、融入大学生的日常生活，真正成为大学生喜闻乐见、真心喜爱的课程，真正成为时代浪潮下青年育道德、长知识、增才干不可或缺的一部分。

第一，深化思政学科教材建设。党的十九大召开之后，教育部为推进党的十九大精神"三进"工作，立即对马克思主义理论研究和建设工程（以下简称"马工程"）重点教材进行了修订，把习近平新时代中国特色社会主义思想融入教材中。"三进"工作是指在思想政治课程的教学全过程中，推动党的十九大精神"进教材、进课堂、进学生头脑"，帮助大学生学习和把握党的十九大精神。"三进"工作的主要任务是实现理论体系向教材体系的转化、教材体系向教学体系的转化、教学体系向价值体系的转化。①

可见，教材在实现理论成果转变成培育时代新人实践中起着承前启后的关键作用。而教材是思政课教学内容的主要载体，因此，增强教材的吸引力无疑是提升教学内容鲜活性的重要途径。高校思政课教材又分为统编教材与辅助教材，统编教材即国家教育行政部门统一组织编写、通用于全国各地高校的教材，与前文所提到的必修课程相适应。辅助教材则是相关读本、理论普及读物和学习资料等，例如"十三五"国家重点出版物出版规划项目"新时代马克思主义经典文献精学导读"丛书，该丛书已出版第1辑共14册，约150万字，包括对《共产党宣言》《德意志意识形态》《资本论》《哥达纲领批判》《反对本本主义》《矛盾论》《中国革命和中国共产党》《新民主主义论》等16部经典著作的解读。

增强对统编教材的问题意识，结合大学生实际生活进行思维延展。统编教材的内容比较规范且简洁，大段的理论篇幅也很难突出重点和难点，如果教师只进行理论的讲授，拘泥于教材内容，照本宣科，会严重影响课程的教学效果，并且这也是大学生最为反感和排斥的因素，进而很难启发学生对思政课内容有更深层次的理解。因此，必须从单向的讲授转向探究性学习，让学生与教师、教材形成互动。对教师而言，要熟练掌握思政教

---

① 《用好讲好高校思政理论课教材 用中国特色社会主义最新理论成果武装大学生头脑》，《中国教育报》2018 年 5 月 16 日。

学内容，了解教材体系的脉络，全面把握教材内容，有意识的、有目的地向学生抛出问题，引导学生探究问题，并且不断提高科研和教学水平，剔除对老旧教材的依赖，及时更新教学观念，与时俱进增补教学内容，这样才能更好地提升教学内容的鲜活性，提出更有价值的问题，提升大学生参与的积极性。

高校一方面要加强辅助教材编写、宣传力度，教材的教学内容首先要为人所知，才能得人所爱，不仅教师要时常提及，辅助教材还要会"蹭热度"，用社会热点事件获取大学生的关注，尤其要注重新媒体推广运用以及创意文案的编写。另一方面还要契合当代大学生的无纸化阅读习惯，推广电子读本。受到网络信息发达的环境影响，大学生获取信息知识更加的便捷，而电子读本的好处是可以充分利用大量的碎片化阅读时间，让大学生获取更多的知识，与纸质教材内容形成互补。

第二，全方位设计、精细化教学内容。提升教学内容的鲜活性在于细节的精耕细作。"精细化"概念最初来自管理理念，之后广泛运用于各个领域，高校把"精细化"概念引入教学管理中也取得了不少成果。而高校思政教育精细化教学是教学理念的进一步更新，其概念是在遵循思想政治教育发展规律的基础上，坚持精细化的理念和以人为本的原则，尊重学生的兴趣和内在需求，把思想政治教育做精、做细、做实。[1] 有助于解决大学生思政教育学习的实际问题，提高思政课教学效率，对思政课教学内容的质量有很好的提升作用。

精细化的教学需要把握思政课程的整体和局部，一堂具有鲜活性的思政课，一定有教师独具匠心的设计。具体来说，从学生主体出发，一是了解学生，与学生对话共建教学内容。一方面及时为学生答疑解惑，做到因事而化。因事而化的基本要义是抓住事务、解疑释惑、化解难题，坚持围绕学生，遵循解决思想问题和解决实际问题相结合的原则，以学生事务为抓手，在关心、帮助学生中教育和引导学生。[2] 在教学相长过程中实现教学内容重构，形成教学内容的良性循环，使内容以不一样的方式让学生入脑入心。另一方面是提升教学内容的人文关怀，契合当代大学生追求个性

---

[1]　李娜：《大学生思想政治教育精细化研究》，硕士学位论文，河北师范大学，2016。

[2]　李进付：《"因事而化、因时而进、因势而新"的内在意蕴及方法论意义》，《思想教育研究》2017年第5期。

化的需求，做到因材施教、因人施教，每一个学生都是独立的个体，有着独特的个性和思想水平，因此在教学内容呈现方式上要有所差异化。二是精准教学，提高教学针对性。思政课教学内容的系统性和完整性要求教师科学合理安排思政课教学内容，着眼于细节层面，有步骤地推动每一个教学环节，由浅至深、由易到难、理论到实践、课堂到课外进行全方位、多层次、多维度的分层教学，例如不同年级的大学生有不同的实际需求，大一学生参加军训实践活动，教师可以引导学生领会集体主义精神，大四学生面临就业问题则可以结合就业指导内容加以教学。三是对教学内容及时评价，及时获得学生的反馈，并根据学生的意见反馈改进教学内容。教师要了解学生对教学内容的期望，以调整、充实教学内容，并对学生的理论掌握能力、社会实践能力和情感价值能力给予相应的评价。

第三，增强教师队伍的亲和力。在高校思政课教学中，教师的主导作用影响深远，很多大学生并非思政专业，并且部分大学生在中学阶段未曾深入学习，因而要根据他们的特点区分对待，教师在内容教学上发挥语言作用是一种行之有效的教学方法。在教学语言表达上，教育家苏霍姆林斯基说过："语言是一种最精细、最锐利的工具，我们的教师应当善于利用它去启迪学生们的心扉。"① 教师要注重语言表达的生动性，以平实质朴、通俗易懂的生活语言拉近与学生的关系，生活是最好的课堂，要善于运用生活中的事物来解释学术用语。用质朴的语言打动人心，用独特的语调打造独家记忆，用幽默的技巧活跃课堂，用肢体语言扩大话语的影响力。在教师的个人魅力方面，要以饱满的热情和浓郁的情感感染大学生，发挥价值观的引领作用，坚持教书育人相统一，做到言传身教，既有讲师的威严，又能以亲切活泼的形象面对大学生。只有这样，才能让课堂动起来，让教学内容"活"起来。

第四，把握教学内容的客观性与时效性。无论是内容教学还是问题探讨，都要在客观事实的基础上进行，做到科学严谨，不能以一家之言做论断，不能以道听途说为依据，尊重思政教育内容的真实性，尤其在选择教学材料时，要有历史事实依据。同时要把握时代发展趋势，坚持与时俱

---

① 〔苏〕B.A.苏霍姆林斯基:《怎样培养真正的人》，蔡汀译，教育科学出版社，1992，第4页。

进，做到因时而进，注重教学内容的时效性，以提升教学内容的鲜活性。在当今富于变化的时代背景下，教学内容是否与时代发展紧密相连，理论是否能够有力回答现实问题，是影响教学内容鲜活性的重要因素。因此有必要对已有的内容表达进行再创新，不断输入新鲜血液丰富教材内容，比如引用新观点和新案例等与大学生关注的社会热点相契合，提升大学生关心时事的意识，提升社会使命感和责任感，这样不仅能彰显思政课内容的活力，还能消除师生之间的代沟，拉近师生的思想距离。此外，还要利用网络平台丰富教学内容。多样化的信息网络平台，抽象化、具体化的平台资讯不仅有利于吸引学生的注意力，更是对思政课教学内容的补充。例如慕课、网易公开课、超星学习等平台，包含众多国内外大学的优秀公开课，教师可以根据学情利用适合的平台对教学内容加以适当的补充，学生也可以根据自己的兴趣查询相关内容展开进一步研究。当然，适度调整思政课教学内容，能够贴近学生实际生活，提升新鲜感，但是不能过度娱乐化、随意化，失去思政课原本的教育目的和理论深度。

综上，提升教学内容的鲜活性要注重教材、教师、教育资源三方面要素，将教材作为内容的根本依托，发挥教师在课堂中的价值导向作用，深入挖掘思想政治教学资源、不断丰富教学内容。

二　生成重点：提高教学方法的创新性

教学方法是教师为完成教学任务而运用的操作方法和技术手段，选用何种教学方法取决于教学内容、教学目的和教学对象等因素。高校思政课的教学对象是大学生，教学目的是落实立德树人这一根本任务，为党育才、为国育人。思政课的教学性质有着自己的特殊性，即注重"德"育，对大学生的人生观、价值观具有引领作用。

提高思政课亲和力的重点是合理、灵活地运用适合思政课特点和教学目标的教学方法，积极探索和创新。思政课学科特点沿袭了中国传统教育思想，在知识学习过程中融入道德教育，是意识形态的引导与构建，因而思政课作为当代高校大学生必备的基础性课程，在整个大学生涯中占有重要的地位。

但是长期以来，学生对思政课持有"灌输"的刻板印象，即由教师向学生单向输出，而学生较少回应，教学方法单一。教师难教，学生难学的问题一直存在于理论类课程教学之中。尤其是现在的教学环境发生了很大的变化，在教育生态逐渐改善的同时，教学知识随时代不断更迭，大学生的知识面越来越广泛，学习习惯发生很大变化，自我意识增强，本身对思政课就不够聚集的注意力被分散，依靠以往单纯的授课方式必然难以吸引学生的关注。提升教学方法的创新性成为思政课转变"形象"的重点所在，因此，教师应转变教学理念，不断调整教学思路，积极创新教学方法，提升教学的吸引力。

首先，师生都要转变观念，树立创新意识。对于教师来说，既要有效运用传统教学方法，也要不断探索创新新型教学方法，切实提升思政课的亲和力。立足思政课学科特点，从一般到个别，不断发现教学方式中存在的问题，挖掘教学方法的新思路。同时还要扩大视野，丰富教学经验，掌握专业研究前沿信息，适应、了解时代的最新动态发展。对大学生来说，则需要树立创新意识，加强自我监督、主动参与、自觉实践的思维转变。

其次，创新多媒体互联网教学。随着信息化时代的到来，网络信息技术在教学中得到越来越普遍的应用，充分利用互联网新媒体开辟思政课教学新路径成为当前的新课题、新热点，其灵活多变的教学方式能够使思政课更具亲和力。

一方面，探索更高效的多媒体教学。所谓多媒体教学是一种展示方法，它充分利用了集形象思维、逻辑思维于一体的多媒体技术，可以直观地呈现一些图像、动画或者视频，通过视觉、听觉等感官的冲击，使学生如同身临其境，产生感情上的共鸣。例如思政课中复杂、晦涩的概念用视频的方式呈现，更令学生记忆深刻。但是教师要避免把多媒体课件制成"提词器"式的PPT课件以及"旧瓶装新酒"的形式主义。同时大学生也应能够运用多媒体课堂展示的方法，即学生将规定的学习成果在课堂上通过多媒体课件的形式展示出来。这是一种教师指导与学生自主学习相结合的教学方式，学生分成小组，在规定的教学主题中选择感兴趣的方面进行研究，以适合的多媒体形式展现出最后的研究成果，设计流程大致为：确定小组成员，布置主题方向，确定研究的课题，制定研究方案，研究过程及成果展示，研究评价。在研究过程中，学生既是学习的实践者又是创造者，能有效培养学生的创新思维、发散思维与合作能力。

另一方面，加深线上教学与线下教学融合。传统教学与网络教学的结合将是高校教学方式的重要改革趋势，这种线上与线下结合的教学方式又叫混合教学。混合教学方式突破了时空的限制，为高校师生提供了良好的教学方式和环境。相关研究显示，网络教学的运用在很大程度上拉近了教师与学生的关系，且现代化线上虚拟教学已经普遍用于各个高校，在线上教学过程中，教师和学生使用的系统平台是大学生熟悉的，视频对话更具亲和力。教师能够直观地看到在线学生人数、作业完成度，以及教学视频观看完成度等学习情况，学生同样能够便捷地实现在网络上及时完成作业、观看教学视频以及评价课程教学等操作。另外，还有部分习惯传统教学方式的教师则需要高校展开相关技能的培训，以确保教师及时掌握线上教学技能。

再次，创新性互动教学。从微观的角度来看，思政课作为高校基础性课程，一般以大班规模出现，常存在互动不积极、旷课率高、抬头率低等问题，影响教学效率。互动式教学方法则可以抓住学生的注意力，带动学生的积极性，克服传统教学学生"一言不发"的尴尬局面。互动方式的选取会随主体差异和教学内容不同而有所不同，但无论是何种教学方式的创新，最终在提升思政课亲和力方面都应该是正向的。因此，创新互动式教学方法可以通过两种路径。一是问答形式，教师根据教学计划和教学内容设计代表性问题，让学生根据所学知识分析和解决问题，由教师做点评。这种方式要求问题难度适中，教师评价以鼓励为主，这样既能够加深学生对知识的理解和运用，又能够增强学生的自信心和积极性。二是讨论形式，由教师选择相关的社会热点话题，向学生抛出问题和要求，学生分组互相讨论后选出代表汇报讨论结果，最后教师进行总结。这种方式不仅能促进学生增强社会责任感，还能在活跃的课堂与师生氛围中培育表达、协作能力。

最后，综合运用多种创新性教学方法。近几年来，不少高校、许多教师本着"在借鉴中创新，在发展中创新"[1]的理念，总结了一些行之有效的新型教学方法，为广大思政课教师创新教学方法提供了有益参考。一是案例教学法。如案例讨论教学法，根据教学内容和教学要求，在教师的指

---

[1] 胡庆芳：《在课例研究中改进教学——以一节初中历史课为例》，《人民教育》2012 年第 9 期。

导下，学生围绕教师所提供的案例分组进行分析和讨论，从而得出某一结论或问题解决方案。透过生动的案例以及学生参与讨论的情况，教师能够了解大学生的兴趣和需求，有利于调动学生学习的积极性，促进大学生分析问题、解决问题的能力和素质的提高。二是体验教学法。如角色互换体验教学法，指教与学角色互换，教师根据教学目标提前给学生布置学习的内容，在课堂上由学生来完成预习内容的讲解，教师则发挥提点和补充的作用。在整个教学过程中，教师要提前设置好教学情境，以增强情感来帮助学生理解、讲解教学内容。这种体验式教学重在"体验"，即通过思政课引起学生情感上的共鸣。要注意的是在学生讲解时，教师要给予适当的积极反馈，如微笑、维护课堂秩序，还要注意时间上的分配，尽可能让学生都有锻炼的机会。除了以上几种教学方法的创新路径，还有一些高校采用更加独特的教学方式，如专题式教学方法、研究性教学方法、实践性教学方法和本土式教学方法等。通过创新教学方法打破常规，教学的说服力、吸引力以及感染力得到显著提升。

综上所述，实现教学方法的创新需要灵活运用、综合使用各种现代化的教学手段，在创新的同时注重理论与实践的结合、传统教学方法与现代教学方法的结合。对于受教育者而言，教学方法的创新性、启发性和互动性是相统一的。只有坚持以正确的价值导向为关节点，以教学重点和难点为中心，不断创新教学方法，充分调动大学生对思政课的学习积极性，才能够提升思政课亲和力。

三 生成关键：强化践行途径的系统性

长期以来，思政课教学大部分以理论阐释为主要内容，且理论与实践结合度低，这种理论与实践脱节的现象，给学生留下不易理解、不易掌握的印象。再加上大学生对思政课的主观认识还不够，未能认识到思政课学习的深远意义，部分大学生置身事外，不认真上课也不积极互动，造成思政课亲和力不足，困扰着诸多学者和高校，许多大学生脱离了思政课也就不再关心政治时事，还有一些思政专业大学生对未来前途表现迷惘，难以与思政专业相结合做出明晰合理的职业规划，各种现实缘由造成不少大学生对思政课持有偏见。

事实上，增强思政课亲和力是一项综合性系统工程。在具体的教学活动中，受到教学活动各个环节、各种因素的影响，如课前、课中、课后教学环节的有机衔接，理论教学、实践教学的有机融合，教师、学生之间的良性互动，教学内容、教学方法、教学环境以及教育评价等因素的综合作用，等等。这些环节、因素各自有各自的作用，相互之间又联系紧密、协调统一，它们都是提升思政课亲和力不可或缺的因素。当前，党和国家大力支持新时代高校思政课教学改革。习近平总书记强调，"推动思想政治理论课改革创新，不断增强思政课的思想性、理论性和亲和力、针对性""思政课建设要向改革创新要活力"①，对思政课改革方向提出了具体要求。在与互联网的融合发展中，高校思政课的教学内容更加丰富、鲜活，教学方法更加多样、现代，但是如何将各种因素有机统一起来强化系统性生成成为关键。其系统性是指把各教学要素看成一个整体，彼此之间互为联系、互为条件，在教学活动的过程中具有一定的规律性。因而高校思政课亲和力的提升需要系统的、客观的、有意识的人为设计与操作，构建大思政格局，强化践行途径的系统性。

第一，实践育人，突出思政课的有用性。实践教学是高校思政课不可或缺的重要环节，以激励学生主动参与、主动思考及主动学习为特征，但是实践性一般被大学生直接地认为是有用性，因而，实践性表现不明显的高校思政课通常被大学生认为是"无用"的课程，这归根结底是大学生未"获取"明显的实践应用价值，从而失去对思政课的认同感。因此，突出思政课的有用性显得尤为重要。一方面，要提高课堂教学的时代感。"授人以鱼不如授人以渔"，有用性通常体现在当下会用、知道如何去用，能够把思政课的学习收获运用于对当前社会的准确思考以及对当前学业的指导和未来就业的规划。比如，在纪念中国共产党成立一百周年这个关键节点，不少学校开展了以红色主旋律为主题的知识竞赛、摄影比赛、朗诵比赛等活动，在参与活动中，大学生利用所学的思政知识与他人形成互动，在活动过程中收获的体验感和获得感也使大学生体会到思政课的有用性。再比如，我国神舟十三号、十四号载人飞船发射成功，彰显了中国航天事业的强大，以此时事热点深化"中国梦"意义

————————
① 习近平：《思政课是落实立德树人根本任务的关键课程》，人民出版社，2020，第17页。

教育，可以激发大学生的历史责任感和爱国精神，从而获取知识的有用感。另一方面，要体现课堂教学的价值感。这里所说的价值是指应用价值，即思政课的有用性。价值感的体现不仅仅是指把思政课的成绩、就业等功利性目标作为评判标准，而更应该是能够自觉运用马克思主义理论分析问题和解决问题。总而言之，只有将理论教学与实践教学有机结合起来，以学生为中心主体，以社会实际为着眼点，才能够真正提升思政课的有用性。

第二，全员育人，强化系统性思维。发挥全员育人效用，凝聚合力共同育人，前提是强化全员系统性思维，以更好地协调各种因素之间的关系，有效构建长效机制，实现思政课亲和力的全面提升。系统是一种概念，反映了人们对事物的认识。系统性思维是一种综合性的思维方式，它通过将一个系统中的各个元素及其相互作用联系起来，从而更全面、更深入地理解和分析问题，找到问题的本质原因，并针对性地采取措施解决问题，其特点包括整体性、结构性、立体性和综合性等。其中整体性为关键，它建立在整体与部分的辩证关系的基础之上，整体与部分密不可分，相互作用、相互联系，同理可得高校思政课与其他专业课以及高校行政人员需要共同促进亲和力的提升，积极参与思政教育工作，相互配合、相互合作，形成强大的育人合力，促进思政课亲和力践行途径的系统性、整体性生成。

发挥全员育人的效用不仅要强化系统性思维，更要构筑育人共同体，形成协同育人格局。一是课程协同。思政课程与专业课程协同，实现思政课程与课程思政的同频共振、同向同行，不仅可以使思政教育内容丰富多彩，还能与大学生的专业知识、职业发展需求相结合。思政课与专业课相融合不仅能够扩大大学生的认知范围，还能让他们更乐于接受思政理论，专业课程以及外部教学环境能够共同营造育人氛围，现实外部的互动更能够引发学生情感上的共鸣，提升思政育人效率，实现德育和智育的统一，达成育人目标。由于课程协同能够进一步挖掘思政资源，各高校正在积极构建"大思政"格局，形成课程共同体，追随时代步伐，致力于开拓更加丰富、更加充盈的教学资源和教学内容。二是师生协同。基于师生之间有着共同的期许和愿景，落实教学目标和教学计划以及提升亲和力的关键在于教师和学生在平等、民主的原则下互动交流、协同合作，以知识作为连接，以课堂作为黏合，在"教"与"学"的过程中实现情感建立、价值互通。新时代正在形成一种新型师生关系，以对话、交往、共生为核心，打破了师生主体之间的绝对地位，破除了思想上的障碍，推动共同进步、共同发展，以发挥师生协同的效用，实现思政课育人效果的最大化。三是管理协同。管理协同主要是指高校的管理人员协同、高效地进行管理工作，配合教育教学，从而使思政课教学能够有序进行。教学管理协同包含思政课教学计划管理、教学质量监控、教学规模规划、教学服务以及实践教学组织安排，起到协调、服务、引导的作用，同时与师生交流要注意情感上的沟通，与他们形成育人合力。

第三，全方位育人，强化践行途径的立体性。全方位育人主体是包括学校、家庭、社会及学生本人在内的各方力量，单纯依靠学校来践行育人责任是远远不够的。目前，学校、家庭、社会之间的联动与协作不足，全方位育人未能真正实现。一是高校与家庭的联系不足、互动不够，学校教育与家庭教育脱节。中小学教育阶段，学校与家长间具有较为密切的联系，家长会、教师家访等校家互动活动频繁，学校教育与家庭教育形成了较好的互补效应。而进入大学后，学校与家长之间的联系较少，家长几乎把教育责任全部推给高校，不了解学校教育的具体情况，学校教育与家庭教育不能形成有效互动。二是高校与社会的联系不足、联动不够，学校教育与社会教育脱钩。一些高校由于经费因素，缺少对校外实践教学的应有投入；教育理念陈旧，教育思维封闭，主动走出校门、联系社会的意识与积极性不够；学校与社会企业之间的协作交流机制不健全，难以有效利用社会资源，共同实现全方位育人。

应加大开放办学力度，构建全方位育人主体的联动机制。高校育人工作必须得到来自家庭与社会力量的协助与配合，因此，应树立开放办学的理念，加大开放办学的力度，构建大思政格局，充分利用各种社会资源，实现"家—校—社"三位一体、全方位育人。一是建立家校联系机制，加强家校互联互动，发挥好家庭育人的基础性作用。二是构建校社联动机制，加强学校与社会企业的联系交流互动，充分利用各种社会资源，发挥实践育人的作用。高校应不断加大同企业的联合协作，构建产学研深度融合机制，增强学生的社会实践能力；同时，定期邀请各界成功人士或知名校友来校为学生做报告，形成良好的示范作用，引领学生健康成长。①

四　生成基础：加强队伍建设的实效性

教育大计，教师为本。教师队伍建设是教育教学的基础工作，具有重要的意义。思政课亲和力是衡量思政课成功与否和教师个人能力的重要标准之一，教师是思政课亲和力的生成基础，因而思政课亲和力的提升离不开思政课教师队伍的建设。

思政课教师队伍建设作为思政课亲和力生成基础的关键性力量，如何通过加强教师队伍的建设，发挥思政课教师的基础性作用，从而提升思政课亲和力，关键是要加强思政课队伍建设的实效性。实效性是指人们衡量实践活动的实际结果对预期目标是否实现以及实现程度的指标，体现了预期目标与实际实施效果之间的动态关系。在思政课领域同样是衡量思政课开展情况的重要指标。对于思政课教师而言，实效性就是要胜任思政课教师岗位，依据既定的教学目标，运用恰当科学的教学手段，通过具体的教学活动，有效提升学生思想政治素质、道德品质和精神面貌等，经历由外化到内化的过程，最终达到实际的教学目标。

思政课教师队伍的实效性对思政课亲和力的影响与思政课教师独有的特性有关。首先，思政课教师教学过程是政教合一的过程，所要承担的教育使命体现了一定的政治性、阶级性和政党性。要坚定政治立场，把握新时代深刻内涵，不断学习先进思想，就要不断加强实效性建设。其次，思政课教师工作要求具有较高的协调性和配合性。思政课教师必须把握全员全程全方位育人的深刻内涵，利用各种平台优化育人环境。全员育人要求思政课教师能够有效协同其他学科教师，发挥学生的主体地位。全过程育人要求思政课教师能够有效整合各种资源，融入教学实践当中。全方位育人要求思政课教师树立开放教育理念，善用大思政资源。因此，提高思政课教师的工作效率、更快更好地完成思想政治工作目标、实现三全育人就必须加强教师队伍的实效性建设。最后，思政课教师教学理论性较强，缺

---

① 闫家辉、殷秀丽：《高校"三全育人"综合改革发展问题及对策》，《沈阳大学学报》（社会科学版）2022 年第 3 期。

乏吸引力和感召力，导致部分教师获得感较弱。思政课教师队伍实效性的加强能够提升运用理论的能力，从而增强教师获得感。

思政课教师特性集中体现了"中介"的作用，教师承载一定的教育使命，向学生传输思想政治观念，最终获得不一样的教学效果。因此，强化思政课教师队伍的实效性，可以从承载内容、传输过程以及强化教学效果等方面来实现。

第一，从实际出发，满足思政课教师的各种需求。需求的满足程度关乎教师的承载力和心理健康，是提升实效性的动力。一方面，立足于思政课教师的现实需要。包括物质需要、良好的工作环境需要。满足思政课教师的物质需要，除了最基本的物质条件，还需要给予思政课教师自主安排研究的物资，从而营造良好的工作环境。另一方面，立足于思政课教师的价值需求。对于思政课教师队伍而言，在满足其物质需求基础之上，也要给予其精神上的满足，尊重和重视教师队伍的精神需求，使其得到价值认同并获得成就感，进而衍生出对教学的热爱与创新。既要对他们做出的成绩加以认可和表彰，同时还要给予适当的挑战，激发他们敢于创新、敢于担当的精神。教师将更多的时间和热情放在教学之中，就能够进一步深耕教学内容，从而根据学科的属性和学生的不同使用多样化的教学方式。同时还要从思政课教师群体出发，优化思政课教师队伍年龄结构，加强青年教师的引进和培育，促进教师队伍的代际更迭，虽然不同年龄的思政课教师在知识和阅历方面存在差异，但各个年龄段的教师能够满足学生多样化需求，提升思政课亲和力。

第二，增强思政课教师的教学能力，提升教学可行性。教学能力是关系思政课教师队伍实效性的重要因素，往往教学能力较强的教师除了自身水平较强外，还能够运用多种教学方式，能够使用更加生动的语言，具备创新等能力。首先，提高思政课教学能力，需从思政课教师个体出发，加强理论修养，提升思政课教师队伍实效性的支撑。"思想政治教育的基础理论，主要包括三大基本原理：一是关于人的思想产生、形成和变化的基本原理；二是关于人们思想与行为活动变化的基本原理；三是关于思想政治教育与管理的基本原理。"[①] 因而要充分学习掌握马克思主义，特别是关

---

① 郑永廷：《思想政治教育基础理论研究进展与综述》，《思想教育研究》2014 年第 4 期。

于全面实现人的自由发展的学说，以适应当前时代变化发展的需要，除了学习掌握马克思主义基本原理、方法论和思想政治教育学，同时还要加强心理学、社会学、法学等其他与思政课相关的学科知识。思政课教师不仅要深化理论学习，还要通过实践强化理论。例如：进行校园理论宣讲，理论宣讲是每一位思政课教师义不容辞的责任，是一项光荣而艰巨的使命，必须在增强自身宣讲本领的同时，贴近学生群体，提升亲和力。或者进行社会实践服务，拉近思政课教师与现实社会的距离，使其正确认识自身的职业职责和职业价值，既服务了社会，又强化了教师的实践能力，增强了教师教学育人的使命感。又或者进行多岗位历练，丰富思政课教师的工作经历，提高党性、政治纪律及思想觉悟。其次，思政课教师要运用多种教学方式和教学手段，充分利用互联网优势，不断创新，提高思政课教学能力。一方面基于互联网的即时性特点，思政课教师可以依托网络大数据第一时间获取信息舆情，与学生开展交流和引导，掌握学生真实的思想动态，让党的最新理论成果走进课堂，走进学生头脑。另一方面思政课教师可以通过播放动画、音频、短视频等资料，更加生动形象地展现教学内容。新兴的教学方式和教学手段，无疑有助于思政课教师队伍实效性的强化，提升思政课亲和力。最后，提高思政课教学能力，思政课教师要使用时代化、生活化的语言。传递知识、交流思想、表达情感都离不开语言，有效的语言表达，对增强思政课教师队伍建设实效性具有很大的促进作用，尤其是在当今网络飞速发展的时代，每年的热点话题和网络流行语都层出不穷，集中体现了人们的思想意识和价值取向，思政课教师应该把握时代发展的动向，用时代化语言阐释时代问题，增强思政课教学的感染力。思政课教师语言还要生活化，贴近生活的语言能够使人感到亲切，拉近师生之间的距离，使教授的理论知识有生命力和穿透力，更深入人心、通俗易懂。

第三，增强思政课教师育人过程中的情感投入，强化教学效果。首先，教学情感是一种教学态度，是教师对学生的需求所表现出的价值取向和价值行为。因此，思政课教师的情感态度会影响学生的学习效果，如果学生出现消极、低沉的情绪，那么思政课教师可以通过调整教育方式或语言表达，营造良好的氛围，从而增强教学的实效性。其次，情感共鸣是实效性的催化剂，安全感和归属感是人类的本能寻求，思政课教师常常是权威和严肃的存在，学生因惧怕和紧张而没有安全感，导致思政课教师与学生之间产生距离，影响教学效果。所以，架起师生情感沟通的桥梁尤为重要，通过促进思政课教师与学生之间的情感交流与互动来缩小思政课教师与学生之间的隔阂与距离，与学生形成情感共鸣、心灵共振，自然而然会使学生获得归属感和安全感。最后，思政课教师在教学的过程中，要主动使用情感分析方法。学生存在主体差异性，认同度和接受度有所差异，思政课教学也不是枯燥的理论灌输，需要情感的指引和共鸣，因此思政课教学不能使用传统上的说教方式，而是要加以引导。思政课教师主动使用情感分析方法，能够让不同的学生在情感上拉近距离，从而达到预期的教学目标。

总之，加强思政课教师队伍建设的实效性不是一蹴而就的，它需要教师在职业生涯中不断实践、认识再实践，不能满足于当前思政课亲和力所取得的一时成效，要以更加长远的眼光看待教学，立足于是否能够对学生未来发挥积极的影响作用。

五　生成保证：优化绩效评价的科学性

绩效评价又称为绩效考核，是组织依据预先确定的标准和程序，采取科学的评价方法，对评价对象的工作能力、工作过程等的考核与评价。绩效评价对思政课教师来说，具有两种主要的功能。一是管理功能，绩效评价结果为高校提供管理依据，思政课教师也可以根据相应结果获取多方面的信息，促进教学科研与工作管理的协调。二是开发功能，能够使思政课教师对自身的教学行为进行分析和反思，不断提高教学水平。前者是基于"当前"，后者更关注的是"未来"，只有把"当前"做好才能有更好的"未来"。因此，对思政课教师的绩效评价要坚持客观性原则、科学性原则、全面性原则和发展性原则，把科学合理的绩效评价置于基础性地位，加以完善，这是思政课教学体系和管理体系更加完善的动力。而思政课教师绩效评价所带来的正向效应与学生的学习息息相关，通过提供公平公正的教师绩效评价，调动思政课教师教学的工作积极性，使教师带动学生将注意力投入学习研究中，所以，绩效评价的正向效应也是提升思政课亲和力的生成动力和重要保证。其中，科学性原则是首要原则，在兼顾其他原则的前提下，更能够体现绩效评价的公平公正，激发思政课教师的教学动力。

首先，要健全绩效评价体系。一是构建多层次、全方位的绩效评价标准，二是评价要有重点、有逻辑。多层次、全方位体现在评价标准方面，如评价教学态度、教学方法、教学组织、教学效果和教学内容等的标准应该不同，同时在制定的过程中，思政课教师应该参与其中，发挥其主体作用。另外，要根据高校自身的师资情况、经济状况、科研水平等制定符合自身状况的绩效评价标准。在学习其他高校经验时，不能照搬其他高校的评价标准。有重点、有逻辑则体现在评价方法方面，如把发展性评价与奖惩性评价相结合，其中发展性评价是重点，依据思政课教师职业发展周期、发展阶段、年龄变化而制定。无论是奖惩性评价还是发展性评价，都是为了教师发展和学生学习，只有做到以教师发展和学生学习为根本标准，才能真正实现绩效评价目标制定的科学合理，从而健全绩效评价体系，给思政课教师的绩效评价打造可信服的依据。

其次，绩效评价方法选择要科学合理，具有可操作性。方法的选择很大程度上影响着绩效评价的结果，也影响着评价的可实施性，需要结合思政课教学特征、学科性质以及执行成本等，综合各方面因素实施多元多样、准确及时、切实可行的评价方式。例如，采用模糊综合评价法，这是一种受到多种因素影响而使用模糊数学集合的方法，可以对对象做出一个综合性的评价，即把定性评价转化为定量评价，具有客观全面的特征，能够很好地解决思政课教师绩效评价中难以量化、难以精准把握的问题。绩效评价是为了促进思政课教师的教学工作，但这并不是一朝一夕的事情，想要给教师教学工作提供源源不断的动力，就需要把短期评价和长期评价相结合，夯实基础，循序渐进，不断提升。

再次，绩效评价过程要公平客观。保证公平客观，一是评价主体要多元化，兼顾同事评价、领导评价、学生评价、专家评价以及自我评价，各评价主体所占比重也要有所差异，在提升思政课亲和力方面，学生评价是最主要、最直观、最能反映评价对象的，应占比最大。然后是教师自我评价和专家评价，教师自我评价体现了民主参与，更能够激发内在动力，提高教学工作的积极主动性。专家评价中的专家主要是指教学经验丰富、资历较深的同行教师，他们由于对思政教学足够了解，看问题更加专业，并能够提出具有实际意义的建议。最后是领导评价和同事评价，二者占比最小，由于领导和同事并不是教学直观的感受者，因此他们的评价更多的是作为参考依据，以进一步促进教学经验的交流和评价的公平性。二是思政课教师的绩效评价过程要公开透明，学校应完整记录评价过程，建立并完善监督体系。三是增强学生评价的可靠性，提高绩效评价的客观性，学生背景因素、对教师了解程度、对学科喜爱程度等都是需要加以考虑的。

最后，要推动绩效评价结果转化成现实动力。绩效评价的目的不在于评价本身，而在于对思政课教师的促进，因此，要及时对思政课教师的绩效评价结果进行总结归纳和反馈，使思政课教师了解到其所取得的成绩，也认识到其在教学工作中的不足之处，并对长处加以发扬，对短处加以改进。对思政课教师的绩效评价反馈应该是双向的，一方面，绩效评价反馈要能够促进教师对学校教学管理体系的熟悉程度，增强同事、领导之间的了解，推进互相学习；另一方面，绩效评价反馈也要反映学生的需求变化，让思政课教师能够了解到不同年级、学科学生的不同需求，从而促进师生的交流理解、拉近师生距离，为提升亲和力提供评价信息资源。同时还要不断对绩效评价指标进行改进，从而在最大程度上开发教师潜能，激发教师不断进取的精神，实现思政课教师的稳步发展和长期保鲜。

总之，考核评价机制是高校开展思政课教学质量监控的重要依据，科学合理的考核评价既能够规范教学、改善教学、调整教学，又能够切实提升思政课亲和力。要将对思政课教师的绩效评价嵌入全面提升思政课亲和力的全过程、各层次、各阶段，充分发挥思政课教师绩效评价对提升亲和力的导向作用。

第四章 新时代高校思政课教学要素的"变"与"不变"

党的十八大以来，中国特色社会主义进入新时代，对社会政治、经济、文化都产生了全面而深刻的影响，对高校思政课也提出了新要求。增强新时代高校思政课亲和力，必须立足新时代，把握新时代新特征、新要求、新变化，坚持与时俱进、改革创新，这是新时代高校思政课永葆生命力的根本所在。

第一节 新时代高校思政课面临的世情国情党情

"辨方位而正则。"清晰认识我国所处的历史发展阶段，准确把握新时代的世情、国情、党情，是谋划推进党和国家各项工作、确保中国特色社会主义事业行稳致远的重要前提，也是新时代高校思政课改革创新的重要依据。

一 世情：时和势总体有利，但机遇与挑战并存

当今世界处于大发展、大变革、大调整时期，这是一个变革的世界，是一个新机遇、新挑战层出不穷的世界，是一个国际体系和国际秩序深度调整的世界，是一个国际力量对比深刻变化并朝着总体有利于和平与发展

方向变化的世界。尽管和平与发展仍是当今时代主题，但是百年变局和新冠疫情交织叠加，世界进入动荡变革期，面临的不稳定性、不确定性更加突出。当今世界形势总体可以用四个"化"来概括：世界多极化、经济全球化、社会信息化、文化多元化。

第一，世界多极化继续向前推进，但国际格局的演变呈现越来越深刻的复杂性。一是世界多极化加速推进，国际力量对比发生深刻变化，新兴市场国家和发展中国家群体性崛起正在改变全球政治经济版图，世界多极化和国际关系民主化大势难逆，以西方国家为主导的全球治理体系出现变革迹象。二是大国关系深入调整，世界多极化向前推进的态势不会改变。当前，争夺全球治理和国际规则制定主导权的较量十分激烈，西方发达国家在经济、科技、政治、军事上的优势地位尚未改变，更加公正合理的国际政治经济秩序的形成依然任重道远。①

第二，经济全球化持续向前发展，但世界经济格局调整也表现出深度的曲折性和不确定性。经济全球化的发展进程并不以人的意志为转移，不是少数人、少部分国家可以随意改变、人为逆转的。困扰世界的很多问题，如国际金融危机、难民潮、网络安全与治理等，根源并不是经济全球化；解决这些问题，恰恰需要推进经济全球化，通过构建国际政治经济新秩序，从而促进各国合作共赢、共同发展。正如习近平总书记指出："世界经济的大海，你要还是不要，都在那儿，是回避不了的。想人为切断各国经济的资金流、技术流、产品流、产业流、人员流，让世界经济的大海退回到一个一个孤立的小湖泊、小河流，是不可能的，也是不符合历史潮流的。"② 当前，在一些西方国家的操控下，世界出现了一些反全球化的声音，经济全球化遇到波折，世界经济仍面临许多风险和不确定性。

第三，社会信息化迅猛发展的趋势不会改变，但以数字化、网络化、智能化为主要特征的新一轮科技革命和技术竞争却更加激烈。当今世界，以信息技术为代表的新一轮科技革命方兴未艾，以数字化、网络化、智能化为特征的信息化浪潮蓬勃兴起。"全球范围的社会信息化进入了全面渗透、跨界融合、引领创新的新阶段，以'信息'为主要特征的技术融合和

---

① 张来明、陶平生、张友谊：《我们生活的世界充满希望，也充满挑战》，《中国经济时报》2019 年 7 月 18 日。

② 《习近平谈治国理政》第 2 卷，外文出版社，2017，第 478 页。

产业变革已经成为推动人类生产生活方式变革和社会进步的重要力量。"①信息化在不断造福世界的同时，也在深刻改变人们的生产生活方式。信息技术进步在带来重大机遇的同时，也带来更大挑战，新一轮科技革命和技术竞争将更加激烈。谁在信息化上占据制高点，谁就能掌握先机，赢得优势、赢得安全、赢得未来。习近平总书记指出："世界正在进入以信息产业为主导的经济发展时期。我们要把握数字化、网络化、智能化融合发展的契机，以信息化、智能化为杠杆培育新动能。"② 只有"执技术之牛耳、做创新之先锋，把关键核心技术掌握在自己手中"③，才能抓住机遇、迎接挑战。

第四，文化多元化的社会现实不会改变，但国际范围内思想文化的交流交融交锋所裹挟的意识形态领域的斗争更加白热化。所谓文化多元化就是指一个国家或一个民族在社会发展的过程中，在继承本民族优秀文化基础上，兼收并蓄其他国家或民族的优秀文化，从而形成以本国或本民族文化为主，外来文化为辅的百花齐放、百家争鸣的和谐社会文化氛围。随着经济全球化进程的发展，世界各国文化的交融、渗透不可避免，文化走向多元化也不可避免。文化多元化有利于促进文化创新和创造、增强文化的生命力。用孔子的一句名言就是"和而不同"，用费孝通先生的话就是"各美其美，美人之美，美美与共，天下大同"。但是，文化多元化也存在诸多危害。一方面，文化多元化会导致文化发展方向和价值观取向的失焦和多头，容易造成认知混乱，也容易产生对立情绪，进而造成社会割裂；另一方面，敌对国家（阵营）之间的文化渗透往往伴随着意识形态领域激烈的交锋和斗争，导致人民思想观念和价值观念的转变甚至歪曲。因此，文化多元化是一把"双刃剑"。

二 国情：中国特色社会主义进入新时代，中华民族伟大复兴不可逆转

党的十八大以来，我国改革开放和现代化建设事业的发展以及我国同

---

① 李言荣：《"信息"造福世界》，《人民日报》2019 年 3 月 1 日。
② 《十九大以来重要文献选编》（上），中央文献出版社，2019，第 463 页。
③ 吴建平：《把关键核心技术掌握在自己手中》，《人民日报》2019 年 3 月 1 日。

世界的关系，出现了许多前所未有的重大变化。

第一，中国特色社会主义进入新时代、取得新成就、开启新征程，建设社会主义现代化强国、实现中华民族伟大复兴的目标越来越近且不可逆转，但实现中华民族伟大复兴是一个长远目标，前进道路依然不是平坦大道。以习近平同志为核心的党中央，面对世界百年未有之大变局和中华民族伟大复兴的战略全局，坚持把马克思主义基本原理同中国具体实际相结合、同中华优秀传统文化相结合，创立了习近平新时代中国特色社会主义思想，团结带领全国人民自信自强、努力奋斗、守正创新，解决了许多历史遗留的重大问题，取得了前所未有的伟大成就，打赢脱贫攻坚总决战，顺利实现全面建成小康社会的第一个百年奋斗目标，开启建设社会主义现代化强国、实现中华民族伟大复兴的第二个百年奋斗目标新征程，成功走出了区别于西方现代化模式的中国式现代化道路。[1] 今天，我们距离中华民族伟大复兴的宏伟目标比历史上任何时期都更接近、更有信心和能力去实现。但是，中华民族伟大复兴是一个长期而艰巨的奋斗历程，需要一代又一代人为之努力。在未来的前进道路上，我们将会遇到各种风险挑战，面对各类矛盾问题，需要跨过一道道难关、险关。

第二，我国经济社会进入新发展阶段，贯彻新发展理念、构建新发展格局、促进高质量发展取得重要进展，但我国发展的内外环境发生了深刻变化，既面临许多新的重大理论问题，也面临许多新的实践难题，需要我们正确认识和深刻把握。进入新时代，我国经济发展目标从过去高速增长向实现更高质量、更高效率、更加公平、更可持续发展转变，发展重心从过去着力解决经济不发展的突出问题向全面、协调、平衡、可持续的高质量发展转变，发展理念和发展方式发生重大转变，发展环境和发展条件发生深刻变化，发展水平和发展要求也越来越高。同时，面对世界百年未有之大变局以及新冠疫情全球大流行的相互作用、交织影响，我国经济社会发展的外部环境更趋复杂、多变、严峻，推进中国式现代化建设进程、实现中华民族伟大复兴的目标和各项任务极为繁重、紧迫、艰巨。

第三，人民生活显著改善，对美好生活的向往与期待更加迫切和强

---

[1] 《中国共产党第十九届中央委员会第六次全体会议公报》，人民网，http：//politics. people. com. cn/n1/2021/1111/c1001-32280048. html。

烈，共同富裕开始摆上党和政府工作的重要议事日程，但人民日益增长的美好生活需要和不平衡不充分的发展之间的矛盾依然很突出。随着全面建成小康社会目标的实现，人民生活显著改善，对美好生活的向往更加强烈，人民群众的需要呈现多样化、多层次、多方面的特点。人们不再满足于简单的吃得饱穿得暖，不再满足于有房住有学上，而是希望吃得更好、穿得更美、住得更舒适、行得更便捷。面对人民群众对美好生活的向往和期盼，以习近平同志为核心的党中央坚持以人民为中心的发展思想，将共同富裕摆在更重要、更突出的位置上。党的十九大提出分"两步走"实现"两个一百年"奋斗目标，"从二〇二〇年到二〇三五年，在全面建成小康社会的基础上，再奋斗十五年，基本实现社会主义现代化；从二〇三五年到本世纪中叶，在基本实现现代化的基础上，再奋斗十五年，把我国建成富强民主文明和谐美丽的社会主义现代化强国"①。中央财经委第十次会议专题研究了新时代共同富裕的重要问题和扎实推进的具体部署。但是，我国当前的生产力发展水平以及社会物质、精神财富的积累与共同富裕的需求还有很大差距，实现 14 多亿人民的现代化和共同富裕，其艰巨性、复杂性是无法想象的。因此，推进中国式现代化、实现共同富裕是一个循序渐进、分步实现的过程，必须科学谋划、稳步推进，一点也不能急躁。

第四，随着我国国际地位的不断提升，我们在国际事务中的话语权越来越大，发挥的作用越来越大，我国对外开放开始从参与经济全球化向参与全球治理转变，但要充分认识到国际秩序之争的长期性、尖锐性。从当前看，现行国际秩序主要是由少数西方大国特别是西方发达国家建立的，在制度设计上更有利于维护它们的利益，其不公正、不合理性是相当明显的。推动全球治理体系朝着更加公正、合理的方向发展，符合世界各国的普遍需求。经济全球化的深入发展把世界各国利益和命运更加紧密地联系在一起。习近平总书记提出的构建人类命运共同体理念和倡导的共商共建共享的全球治理观，已成为世界多数国家的共识。在国际关系中坚持和平共处五项原则，维护国际公平正义，用统一适用的规则来明是非、促和平、谋发展的大方向是不会改变的。但同时，我们也应看到，在西方国家

---

① 习近平：《决胜全面建成小康社会　夺取新时代中国特色社会主义伟大胜利——在中国共产党第十九次全国代表大会上的报告》，人民出版社，2017，第 28~29 页。

仍居强势地位并力图维护现行秩序的情况下，不可能对现行秩序进行破旧立新式的变革，构建公正、合理的全球治理新体系、新秩序的斗争是长期的、尖锐的。我国是世界上最大发展中国家的国际地位没有变，我国真正成为世界舞台中心的目标还较远、路还较长。

第五，亚太地区总体繁荣稳定的态势不会改变，但要充分认识到我国周边环境中的不确定性，建设同我国国际地位相对应、同国家安全和发展利益相适应、同稳固国防需求相匹配的强大人民军队，成为极其紧迫的战略性任务。建设社会主义现代化强国、实现中华民族伟大复兴需要长期和平稳定的周边环境。当前，亚太地区形势总体稳定向好，和平与发展的势头依然强劲，是当前全球格局中的稳定板块。促和平、求稳定、谋发展是多数国家的战略取向和共同诉求。亚太国家间政治互信不断增强，大国互动频繁并总体保持合作态势。通过对话协商处理分歧和争端是各国主要政策取向，地区热点和争议问题基本可控。亚太经济保持平稳较快增长，处于世界经济增长"高地"。但也要清醒认识到，国际安全环境日趋复杂，我国周边环境也面临不稳定和不确定的严峻形势。"兵者，国之大事。"强国必须强军，军强才能国安。巩固国防和强大军队是新时代坚持和发展中国特色社会主义、实现中华民族伟大复兴的战略支撑，把人民军队建设成为世界一流军队是我国社会主义现代化建设的战略任务。

三 党情：全面加强党的领导和党的建设取得突破性成就，全面从严治党永远在路上

中国共产党是一个拥有 9600 多万党员的执政党。党兴则国兴，党强则国强。党的十八大以来，面对党的领导需要从弱化虚化走向全面加强，管党治党迫切需要从宽、松、软走向严、紧、硬，腐败现象多发易发的势头亟须得到有效遏制，以习近平同志为核心的党中央把全面从严治党纳入"四个全面"战略布局，全面加强党的领导和党的建设，从严从紧从硬、全面推动管党治党，党的自我净化、自我完善、自我革新、自我提高能力显著增强，管党治党宽、松、软的状况得到根本扭转，反腐败斗争取得压倒性胜利并全面巩固，党在革命性锻造中更加坚强，全面从严治党成效卓著，党的面貌焕然一新，为党和国家事业发生历史性变革提供了坚强的组

织保证、领导保证和政治保证。

居安不忘思危，才是生存发展之道。在看到成绩的同时，我们也要清醒认识到使命任务的艰巨性、执政环境的复杂性、考验挑战的多元性以及先进性、纯洁性建设的长期性。新时代新征程，我们党面临如何保持长期执政、如何不断深化改革开放、如何标本兼治从严治党、如何完善社会主义市场经济、如何化解复杂多变的外部环境等多重考验，同时也面临着精神懈怠、能力不足、脱离群众、消极腐败、急躁冒进、悲观失望、松劲泄气等多元危险，这些考验与危险的存在时刻警醒着我们党的工作。因此，加强党的建设永远无止境，全面从严治党永远在路上。必须保持战略定力，不断推进党的建设新的伟大工程，不断增强全面从严治党的系统性、创造性、实效性，不断提高党的凝聚力、战斗力和领导力、号召力，不断提升党的执政能力和领导水平。

第二节　新时代高校思政课的机遇与挑战

时代是能影响人的意识的所有客观环境，不同时代往往有各自时代的价值观念、时代背景、特征要求。"作为一项社会历史活动，高校思想政治教育具有非常显著的时代特征，会根据时代和社会的发展不断就自身的存在样态和发展方式进行自我完善和自我调整。"[①] 新时代高校思政课既迎来新机遇，同时也面临新挑战。

一　新时代高校思政课迎来新机遇

新时代背景下的世情、国情、党情，使我国发展仍处于可以大有作为的重要战略机遇期。作为立德树人的关键课程，高校思政课肩负着为党和人民培养中国特色社会主义建设者和接班人的重要使命，我国发展的重要战略机遇期同样也给高校思政课带来新的发展机遇。

---

① 杨昌华：《试论新时代高校思想政治教育的"四域"转换》，《思想教育研究》2021年第4期。

第一，党的百年奋斗历程与辉煌成就为高校思政课讲清"中国共产党为什么能"带来无与伦比的豪气。"一百年来，党领导人民浴血奋战、百折不挠，创造了新民主主义革命的伟大成就；自力更生、发愤图强，创造了社会主义革命和建设的伟大成就；解放思想、锐意进取，创造了改革开放和社会主义现代化建设的伟大成就；自信自强、守正创新，创造了新时代中国特色社会主义的伟大成就。党和人民百年奋斗，书写了中华民族几千年历史上最恢宏的史诗。"① 党的百年历程，创造了伟大历史、建立了伟大功业、铸就了伟大精神、形成了宝贵经验。百年历史和无数现实都说明，无论何时何地何事，拥有了中国共产党的坚强领导，就能攻无不克、战无不胜，从胜利走向胜利；离开了中国共产党的坚强领导，就会走弯路邪路错路，遭受失败与挫折。党的百年历程、辉煌成就、历史经验，已成为全党宝贵的精神财富，成为中华民族历史文化的重要组成部分，更成为新时代高校思政课的宝贵素材。广大思政课教师在为中国共产党骄傲和自豪的同时，也从内心增添了讲清"中国共产党为什么能"的无限豪气。

第二，中国特色社会主义的强势崛起和巨大成功为高校思政课讲透"中国特色社会主义为什么好"带来坚不可摧的底气。马克思曾经指出："任何真正的哲学都是自己时代的精神上的精华。"② 或许，我们站在马克思主义中国化的历程、站在世界社会主义运动的历程中看，才更能理解中国特色社会主义的世界历史意义。"2013 年 1 月，习近平总书记在新进中央委员会的委员、候补委员学习贯彻党的十八大精神研讨班上发表重要讲话，分 6 个时间段对社会主义 500 年的历史进行了系统回顾和梳理：空想社会主义产生和发展；马克思、恩格斯创立科学社会主义理论体系；列宁领导十月革命胜利并实践社会主义；苏联模式逐步形成；新中国成立后我们党对社会主义的探索和实践；我们党作出进行改革开放的历史性决策、开创和发展中国特色社会主义。"③ 改革开放四十多年以来，经过几代中国共产党人的接续努力，中国特色社会主义取得了令人瞩目的巨大成就，创造了经济快速发展和社会长期稳定"两大奇迹"，我国经济实力和国际影

① 《中共中央关于党的百年奋斗重大成就和历史经验的决议》，人民出版社，2021，第 1 页。
② 《马克思恩格斯全集》第一卷，人民出版社，1995，第 220 页。
③ 霍小光：《中国共产党的人类视野》，人民网，http://theory.people.com.cn/n1/2021/1108/c40531-32275952.html? ivk_sa=1024320u。

响力、感召力、塑造力得到全面提升。党的二十大报告指出：新时代十年来，"我们经历了对党和人民事业具有重大现实意义和深远历史意义的三件大事：一是迎来中国共产党成立一百周年，二是中国特色社会主义进入新时代，三是完成脱贫攻坚、全面建成小康社会的历史任务，实现第一个百年奋斗目标。这是中国共产党和中国人民团结奋斗赢得的历史性胜利，是彪炳中华民族发展史册的历史性胜利，也是对世界具有深远影响的历史性胜利"①。过去我们讲"只有社会主义才能救中国"，现在，中国站在世界社会主义运动的最前沿，在很大程度上决定了世界社会主义运动的进程和命运。中国特色社会主义的强势崛起和巨大成功，为世界社会主义发展作出了中国贡献，同时也使高校思政课更具说服力，为广大思政课教师讲透"中国特色社会主义为什么好"带来了充足的底气。

第三，马克思主义中国化的三次理论飞跃及其对实践的正确指导为高校思政课讲好"马克思主义为什么行""中国化时代化的马克思主义为什么行"带来信心百倍的勇气。马克思主义为什么行？这是其先进理论形态的本质使然，更是历史的选择和实践的证明。鸦片战争以来，先进的中国人为了救亡图存，挽狂澜于既倒、扶大厦于将倾，从"师夷长技以制夷"到"中体西用"，从资产阶级民主主义到无政府主义，从"托古改制"到"全盘西化"等，登场之后皆铩羽而归，唯有以《共产党宣言》为代表的马克思主义一经传入神州大地，迅即引发了广泛而深刻的反响，很快被李大钊、陈独秀、毛泽东等先进人士所接受，并在短短几十年之内引导中国社会发生了难以想象的历史性变化、取得了彪炳史册的历史性成就。回顾党的百年历史，马克思主义与中国实践相结合、与中华优秀传统文化相结合，先后产生了三次理论"飞跃"，分别产生了毛泽东思想、中国特色社会主义理论体系和习近平新时代中国特色社会主义思想。毛泽东曾说："没有革命的理论，也就没有革命的行动。"② 中国共产党百年历程之所以能够取得辉煌成就和形成历史经验，正是因为有三次"飞跃"所产生的理论成果的正确指导。科学理论一旦为广大人民所掌握，就会转化为巨大的物质力量。马克思主义的力量，就在于它是科学的理论，为我们提供了正

---

① 习近平：《高举中国特色社会主义伟大旗帜　为全面建设社会主义现代化国家而团结奋斗——在中国共产党第二十次全国代表大会上的报告》，人民出版社，2022，第4页。
② 《毛泽东文集》第3卷，人民出版社，1996，第249页。

确的世界观和方法论。作为当代中国马克思主义、21 世纪马克思主义，习近平新时代中国特色社会主义思想已经指导并将长期指导中国特色社会主义从胜利走向胜利、从辉煌走向辉煌，这既为新时代高校思政课提供了强有力的理论支撑，也为广大思政课教师讲好"马克思主义为什么行""中国化时代化的马克思主义为什么行"带来强劲的勇气。

　　第四，绵延数千年的中华优秀传统文化和百年铸就的中国共产党人精神谱系为高校思政课讲好"中国故事"提供了丰厚的文化素材和强大的精神力量。一方面，中华文明源远流长，绵延几千年的中华优秀传统文化内容丰富、博大精深，积淀了丰厚的思想资源。如儒家思想倡导"格物致知，诚意正心，修身齐家治国平天下"，既主张以"成圣成贤"作为理想人格与人生追求，激励人们加强道德修养，完善人格操守，提高人生境界，实现人的价值与尊严，又主张通过社会实践，将内在人格力量外化于现实社会价值的创造中，实现"治国平天下"的宏大抱负。再比如中华传统文化注重"以文化人"，倡导通过社会教化、礼仪规范、纲常伦理、蒙学孝德、修身成贤及化民成俗，形成良好的社会风气，使人的外在行为规范与内在情操得以精进，人人向善，自然形成良好的社会秩序。在绵延几千年的中华优秀传统文化的熏陶和浸染下，"天下兴亡，匹夫有责""先天下之忧而忧，后天下之乐而乐""自强不息，厚德载物"的思想观念激励着众多仁人志士为国为民流血牺牲，留下了无数可歌可泣、惊天动地的感人事迹与壮美篇章，为办好思政课积淀了丰厚的思想资源和精神土壤。[①]另一方面，贯穿百年党史、中国共产党人在各个时期接续铸就的精神谱系为办好思政课提供了强大的时代精神。历史川流不息，一个时代有一个时代最鲜明的品质，而在百年党史中起根本性作用的就是中国共产党人在各个时期接续铸就的精神谱系，其中最核心、具有源头意义的就是伟大建党精神。习近平总书记强调，"坚持真理、坚守理想，践行初心、担当使命，不怕牺牲、英勇斗争，对党忠诚、不负人民"[②] 的伟大建党精神，是中国共产党的精神之源。绵延数千年的中华优秀传统文化和百年铸就的中国共产党人精神谱系，既是我们宝贵的精神财富，更是办好新时代思政课的重

---

① 林伯海：《乘势而上办好思政课》，党建网，http：//www.dangjian.com/cn。

② 习近平：《在庆祝中国共产党成立 100 周年大会上的讲话》，人民出版社，2021，第 8 页。

要资源，为高校思政课讲好"中国故事"提供了丰厚的文化滋养和强大的精神力量。

第五，党和政府的高度重视为高校思政课带来前所未有的发展机遇。办好思政课是习近平总书记非常关心的一件事。党的十八大以来，习近平总书记先后出席全国高校思想政治工作会议、全国教育大会，主持学校思想政治理论课教师座谈会并发表重要讲话，围绕学校思政课先后发表一系列重要讲话、作出一系列重要指示，为加强新时代学校思政课建设指明了方向、提供了根本遵循。各级党委、政府和教育主管部门认真贯彻落实习近平总书记系列重要讲话、重要指示精神，把重视、支持学校思政课摆在突出重要位置，为加强新时代学校思政课建设提供了根本保证。一系列关于学校思政课建设的重要文件密集出台，如2018年4月12日，教育部出台《新时代高校思政课教学工作基本要求》，2020年4月22日，中共中央组织部、中共中央宣传部、教育部等八部门联合印发《关于加快构建高校思想政治工作体系的意见》，2019年8月14日，中共中央办公厅、国务院办公厅印发《关于深化新时代学校思政课改革创新的若干意见》，教育部2020年12月18日制定印发《新时代学校思政课改革创新实施方案》，等等。这些重要的文件与制度，在领导保障、机构设置、师资队伍保障、经费保障、教学要求、管理要求、体系构建等方方面面作出具体规定、提出明确要求，为办好思政课奠定了坚实的基础。一系列关于学校思政课建设的重大举措集中实施，如2017年，教育部提出要"打一场提高高校思政课质量和水平的攻坚战"，在全国高校开展思政课教学质量年活动，组织开展思政课大听课、大检查；2018年，教育部在全国高校组织开展思政课教师"大练兵""学习新思想，千万师生同上一堂课"活动；2019～2021年，教育部在大中小学校思政课程一体化建设、学校思政课程与课程思政同向同行、构建大思政协同育人格局等方面持续发力；等等。这些重大举措有效促进了学校思政课质量提升。各高校党委切实加强对思政课的全面领导和顶层设计，在思政课教学机构独立、经费投入、课时保证、人员配备、师资培训、社会实践研修、教研活动、教研教改项目等方面给予了充分的重视和制度保障。总之，在习近平总书记的亲自关心下，全国上下形成了重视、关心、支持学校思政课建设的良好氛围和机制保证，新时代高校思政课迎来大发展的春天。

二　新时代高校思政课面临新挑战

"新时代势必会为大学生赋予全新使命、提出全新要求，对大学生思政教育提供发展机遇的同时，带来部分新问题。"① 在迎来良好机遇、取得较好发展的同时，新时代高校思政课也存在一些问题、面临新的挑战，离党和政府及社会的期望还有一定的差距。

第一，国内外形势发展变化给新时代高校思政课带来多重影响。当今世界处于百年未有之大变局，世界经济进入动荡变革期、面临的不稳定性不确定性更加突出；中国社会处于大改革大发展的关键时期，随着改革进入深水区和攻坚期，各种可以预见和难以预见的风险因素明显增多，各方面隐藏的矛盾和问题开始显现甚至集中暴露。"与时俱进、常讲常新"是思政课的基本要求。思政课内容与国内外形势发展变化密切相关、与国家社会时事紧密相连，能否对纷繁复杂、变化多端的国际形势作出敏锐反应、正确判断、去伪存真并及时反映在教学素材中，能否将党的最新创新理论、重要时势政策及时反映在教学内容中，编入教案、融入教学，直接影响到思政课的教学实效。国内外形势发展变化在为高校思政课提供丰富教学资源的同时，对思政课教师备课提出新的要求，对思政课教师的政治敏锐性、政治判断力提出新的挑战；同时，面对不断出现的国内外突发事件和热点问题，在课堂教学中及时回应学生的关切、关注，从理论上讲清楚讲透彻，厘清学生模糊、不准确或不正确的认识，有效化解众多社会负面因素的影响，这些都是对思政课教师的综合素质、综合能力的巨大考验。

第二，新冠疫情给新时代高校思政课带来重大挑战。2020 年，一场史无前例的新冠疫情肆虐全球。面对全球蔓延的新冠疫情，教育部提出了"停课不停学、停课不停教"的要求，在线教学在各级各类学校迅猛发展。从传统的面对面线下教学到人机线上教学，对高校思政课的影响绝不仅仅是教学模式的变化这么简单。一是思政课的自身特点使线上教学难度更大。思政课不同于一般的专业课程，具有许多自身特点，与线下教学具有

---

① 陈淼：《新时代大学生思想政治教育问题探究》，《中学政治教学参考》2022 年第 5 期。

不同之处的线上教学体系决定了思政课在线教学面临着更大挑战，教师的教学和学生的学习难度也随之增大。二是线上教学方式的变革与创新迫在眉睫。与传统的面对面线下教学相比，许多在线下教学中比较成熟、效果也比较好的教学方式，如讨论式、辩论式、情境式等，在线上教学中不再适用或效果不佳，如何针对线上教学模式，创新教学方式方法，既迫在眉睫，也是对思政课教师的巨大考验。三是线上教学质量监控与评价体系急需重新构建。与线下教学面对生动活泼的学生相比，线上教学面对的是毫无生机的电脑（手机）屏幕，师生情感难以交流互动、学生在线不在课不在学更难监控，除了对师生的心理、情感造成影响外，教学质量的监控与评价更难把握。总之，新冠疫情既为教育信息化提供了新契机，也对在线教学提出了新挑战，高校思政课需要因势利导、顺势而为、改革创新、从容应对。

第三，社会信息化给新时代高校思政课带来新的挑战。社会信息化迅猛发展，特别是移动互联网和微时代的到来，资讯更加丰富泛滥、社交更加便利，学习和人际交流呈现网络化、碎片化和泛娱乐化倾向。网络已经改变了世界，世界已经被"一网打尽"。移动互联网技术对社会领域各个方面产生了颠覆性的重大影响，给新时代高校思政课带来新的挑战。一是对思政课教师的知识体系提出挑战。网络给大学生的知识更新与学习带来便利，如"查询功能"让查阅相关资料、了解急需信息变得实时可能，学生获取书本上没有的新知识变得随时随地可行；网络资源共享可以更便捷地获取大量信息，使学生的知识结构从单一化向多元化方向发展；一些学习软件的推出，使学生可以根据个人兴趣，选择最佳的学习时间、学习方式，获取到最需要、最感兴趣的内容。课堂上教师讲授的内容，学生甚至早于教师通过网络所获取，这对思政课教师的知识体系积累与及时更新提出严峻挑战。二是互联网信息真伪混杂给思政课教学效果带来严重冲击。互联网上充斥和泛滥着诸多不良信息，包括西方非马克思主义或反马克思主义思潮，色情、暴力、民族歧视和低级下流语言等文化垃圾，对大学生接受思想政治理论教育有着较强的消解力与抵抗力。三是网络信息的娱乐性、趣味性、多样性等对思政课的吸引力提出新挑战。网络（包括手机）对学生的吸引力难以逾越，思政课乃至各门课程的教学都普遍存在与手机争夺学生注意力的情况。高校思政课如何针对信息化新技术开展教学改革，更好地吸引学生的注意力、提高学习兴趣、提升思政教育效果，这是摆在新时代高校思政课面前的严峻挑战。

第四，文化多元化给新时代高校思政课带来新的挑战。文化多元化作为一把"双刃剑"，必然导致社会价值、社会思潮的多元化。一是文化多元化背景下的东西方文化交流给西方敌对势力以可乘之机，借助"文化软实力"的作用进行价值观的输出，不择手段对我国进行思想和文化渗透，达到其"西化""分化"的战略图谋。二是敌对势力借助寻找和培植代言人、信息高速公路、文化产品和文化资本的输出、各种新兴媒介等多种途径，对我国进行资产阶级价值观和各种错误思潮的侵蚀、渗透，企图用反马克思主义、反社会主义的思想和西方文化价值观占领社会主义的意识形态阵地，淡化甚至取代马克思主义在我国意识形态领域的指导地位，而且其极力宣扬的"淡化意识形态""超越意识形态""意识形态的终结"以及所谓的"价值中立"等，具有一定的欺骗性和鼓惑性。三是随着改革开放和多元文化交融，国外文化产品和文化资本涌入中国，这些国外文化产品本身就具有不同的价值观立场和多元思想文化观念，必然会对大学生的价值观产生冲击，侵蚀学生不成熟的心灵。多元化的价值观念以及反党、反马克思主义、反社会主义的错误思潮一旦在社会、网络甚至校园广泛传播，世界观尚不成熟、价值观尚不稳固、思想信念尚不稳定的大学生将更容易受到冲击和影响，出现道德观、政治观与价值观的错位，从而影响到高校思政课立德树人教学目标的实现，给高校思政课带来前所未有的困扰和严峻挑战。

第五，新时代大学生的群体特点给高校思政课带来新的挑战。大学生具有很强的可塑性，不同的时代背景对大学生有不同的影响。新时代高校思政课面对的绝大多数是"00后"学生，他们所处的成长环境较为优越，并且受新时代的影响较深。一是自主意识较强，但带有盲目性。"00后"大学生生活在物质丰厚的年代，家庭条件普遍比较优渥，因此他们性格比较开放，有较强的优越感和自信心，待人接物具有自己的看法和主见，不太容易受到别人影响。但由于对事物的认知还不完全成熟，这种自主意识往往带有一定的盲目性。二是竞争意识较强，但共情能力较低。部分"00后"大学生迫于升学压力，长期接受竞争观念的熏陶，容易将获得感作为评价自身价值的标准，造成积极进取与功利并存的心理现象。同时，"00

后"大学生大多数是独生子女，缺乏与兄弟姐妹共同生活的经验，容易以自我为中心，导致自身共情的能力较低。三是自尊心较强，但敏感脆弱、抗挫折能力较低。"00 后"大学生处于倡导欣赏教育、鼓励快乐教育的时代，从小都是在鼓励、赞赏的快乐环境中长大，因此自尊心普遍较强。但由于长期处于顺境，对事物非常敏感，有时可能会因为一句话不顺耳、一件事不顺心而产生抵触情绪，甚至钻牛角尖，普遍缺少抗挫折能力。四是思维活跃、视野开阔，但缺乏耐心，吃苦精神不够。"00 后"大学生从小就接触互联网，思维活跃，接受能力强，知识面较为广泛，课堂不再是他们接受知识的唯一途径。但是由于缺少艰苦环境磨炼和必要的针对性教育引导，他们对待困难往往表现出畏难情绪，缺少恒心、耐心以及吃苦精神。五是独立性和执行力较强，但缺乏自控能力。"00 后"大学生具有强烈的"成人意识"，时时处处希望别人把自己当成人来看待，表现出较强的独立性和执行力。但手机互联网大大改变了大学生的生活方式，他们的学习、交友、娱乐以及购物，都借助于网络。由于不断地在虚拟与现实中穿梭，他们遇事往往缺少理性思考，表现出较差的自控能力。新时代大学生的群体特点既是高校思政课教学改革的重要依据，同时也给思政课改革创新带来较大的挑战。

第三节　新时代高校思政课的新要求

什么是思政课？通俗地说，就是坚持用科学理论武装，培育学生正确的世界观、人生观、价值观，引导学生健全人格、锻塑品德、提高素质的课程，是立德树人、培根铸魂的课程。习近平总书记指出："办好思政课，最根本的是要全面贯彻党的教育方针，解决好培养什么人、怎样培养人、为谁培养人这个根本问题。"[1] 立德树人是高校的根本任务，思政课是落实立德树人根本任务的关键课程。新时代具有新特征、新变化、新要求，新时代也赋予立德树人新的内涵，对高校思政课提出新的要求。

---

① 习近平：《思政课是落实立德树人根本任务的关键课程》，人民出版社，2020，第 9 页。

一　新时代立德树人的科学内涵

立德树人是高校的根本任务，思政课是落实立德树人根本任务的关键课程。习近平总书记指出："要把立德树人的成效作为检验学校一切工作的根本标准，真正做到以文化人、以德育人，不断提高学生思想水平、政治觉悟、道德品质、文化素养，做到明大德、守公德、严私德。"① 这为我们正确理解新时代高校思政课立德树人的内涵指明了方向。

第一，正确理解"立德"的科学内涵。立德即修养品德。从育人视角看，就是要培养符合社会主流价值观的思想道德观念，形成对马克思主义道德观、社会主义核心价值观以及中华优秀传统美德的高度认同与自觉践行。新时代大学生"立德"，就是要"明大德、守公德、严私德"。一是"明大德"，即树立正确的人生观、价值观、世界观，拥护中国共产党的领导，坚持爱国主义、社会主义、集体主义，坚定对马克思主义的信仰、对中国特色社会主义的信念、对实现中华民族伟大复兴中国梦的信心，在大是大非面前敢于斗争、旗帜鲜明，在风浪风险面前无所畏惧、立场坚定，在各种诱惑面前不为所动、经得住考验。二是"守公德"，就是树立为人民服务的奉献意识，积极践行社会主义核心价值观，自觉遵守社会公德、公民道德、职业道德和家庭美德，保持乐观向上的人生态度，积极主动承担社会责任和时代使命。三是"严私德"，就是加强自我约束、自我管理、自我发展，养成严于律己、慎思笃行的品格，严格约束自己的操守和行为，自觉规范自己的一言一行。"立德"重点强调的是"立"，从学校层面看，就是要坚持德育为先，注重显现教育与隐性教育的有机统一，切实加强思想政治教育，齐抓共管办好思政课；从教师层面看，就是要通过思政课程和课程思政，坚持教书育人，努力提高教学质量，用自己的辛勤付出和人格魅力教育学生、引导学生、感化学生和激励学生；从学生个人层面看，就是要心存"德性"意识，以"三德"为目标，主动学习、积极修养、自觉践行，做到内化于心、外化于行。

第二，正确理解"树人"的科学内涵。树人即培育人才。从教育的目

---

① 习近平：《在北京大学师生座谈会上的讲话》，人民出版社，2018，第7页。

的看，就是要坚持"为党育才、为国育人"的使命担当，树立以学生为本的教育理念，通过多种途径和手段教育引导学生，帮助学生坚定信仰、塑造人格、涵养道德、提升素养、培育家国情怀，使之成为立场坚定，拥有渊博的专业知识，具备优秀人格、健全心智、高尚品格和良好道德修养的有用人才。培养什么人、怎样培养人、为谁培养人一直是习近平总书记强调的重中之重。一是要搞清楚"培养什么人"。习近平总书记指出："我国高等教育肩负着培养德智体美全面发展的社会主义事业建设者和接班人的重大任务，必须坚持正确政治方向。高校立身之本在于立德树人。"① 因此，高校的根本任务是坚持立德树人，为党为国培养社会主义建设者和接班人。二是要搞清楚"怎样培养人"。习近平总书记指出："要把立德树人内化到大学建设和管理各领域、各方面、各环节，做到以树人为核心，以立德为根本。"② 也就是说，高校要始终坚持以树人为核心、以立德为根本，全员、全程、全方位育人。三是要搞清楚"为谁培养人"。习近平总书记指出："我国高等教育发展方向要同我国发展的现实目标和未来方向紧密联系在一起，为人民服务，为中国共产党治国理政服务，为巩固和发展中国特色社会主义制度服务，为改革开放和社会主义现代化建设服务。"③ 即高校必须为党育人、为国育才，培养担当民族复兴大任的时代新人。

第三，正确理解"立德"与"树人"的辩证关系。立德是基础和前提，树人是目的和归宿，二者构成人才培养的完整环节，是辩证统一的关系。首先，立德是树人的基础和前提。人无德不立，没有良好的道德品质，不可能实现人的全面发展，更不可能健康成长成人成才。立德决定了树人，为树人提供价值取向。其次，树人是立德的目的和归宿。树人是立德的目标取向，立德是为了树人，偏离树人的立德只能是空谈，毫无意义。最后，二者辩证统一于人才培养。从教育的内涵看，立德与树人在教育的本质上具有一致性，在教育的要求上具有统一性，在教育的目标上具有互补性。因此，不能把立德和树人割裂开来理解，只有将立德与树人有机统一起来，解决好"培养什么人、怎样培养人、为谁培养人"这个根本

① 《习近平谈治国理政》第2卷，外文出版社，2017，第377页。
② 习近平：《在北京大学师生座谈会上的讲话》，人民出版社，2018，第7页。
③ 《习近平谈治国理政》第2卷，外文出版社，2017，第376页。

问题，才能真正将立德树人这一根本任务落到实处。

二　新时代高校思政课的基本遵循

党的十八大以来，习近平总书记针对思政课建设发表了一系列重要讲话，形成了一系列重要论述，提出了一系列新思想、新理念、新方法，科学回答了新时代学校思政课的一系列重要问题，党和政府也围绕思政课建设出台一系列重要文件和制度要求，为新时代高校思政课提供了基本遵循。

第一，正确认识思政课的作用与地位。首先，思政课对学生成长成才成人具有不可替代的作用。有人说西方国家没有思政课，其实不然。每个国家都是按照自己的政治要求来培养人的。在西方国家，一方面宗教发挥着很重要的价值观教育引导功能；另一方面学校教育表面上强调"价值中立化"，实际上非常注重利用课堂进行意识形态教育，大量的人文核心课程成为传播西方价值观的重要渠道。所以，社会主义国家更要理直气壮地开设思政课。也有人提出把思政课变成隐性课程，完全融入其他人文素质课程中，这种想法更不可行。其次，思政课是落实立德树人根本任务的关键课程。新时代办好思政课，要放在世界百年未有之大变局、党和国家事业发展全局中来看待，要从坚持和发展中国特色社会主义、建设社会主义现代化强国、实现中华民族伟大复兴的站位来对待，要从培养德智体美劳全面发展的社会主义建设者和接班人的高度来认识其重要性。青年一代有理想、有本领、有担当，国家就有前途，民族就有希望。现在的青少年是新时代的同行者、建设者、开创者。这就要求我们把下一代教育好、培养好，从学校抓起、从娃娃抓起。因此，习近平总书记指出："在大中小学循序渐进、螺旋上升地开设思政课非常必要，是培养一代又一代社会主义建设者和接班人的重要保障。"[1] 因此，思政课是落实立德树人根本任务的关键课程，要"把立德树人的成效作为检验学校一切工作的根本标准"[2]，这就明确回答了思政课在学校课程体系中的地位问题。

第二，办好思政课关键在教师。习近平总书记高度重视思政课教师队

---

[1]　习近平：《思政课是落实立德树人根本任务的关键课程》，人民出版社，2020，第 6 页。

[2]　习近平：《在北京大学师生座谈会上的讲话》，人民出版社，2018，第 7 页。

伍建设。一是要充分认识思政课教师队伍的重要作用。思政课教师是塑造学生灵魂的工程师和学生健康成长的引路人，肩负着立德树人根本任务，使命光荣，责任重大。长期以来，全体思政课教师兢兢业业、乐于奉献、奋发有为，正是有了这支"可信、可敬、可靠，乐为、敢为、有为"的教师队伍，才有了办好新时代思政课的基础和信心。二是对思政课教师的综合素质具有很高要求。思政课涉及内容广泛、领域众多，教学的深度广度和学术含量不亚于任何一门哲学社会科学，要讲清楚讲透彻并不容易，这就对思政课教师的综合素质提出很高的要求。习近平总书记从"四有好老师""四个相统一""四个引路人"等不同角度对教师提出了要求。思政课教师除了要具备一般教师的基本素质外，还要具有自身的特殊素质。习近平总书记指出："讲思想政治理论课，要让信仰坚定、学识渊博、理论功底深厚的教师来讲，让学生真心喜爱、终身受益。"① 在此基础上，习近平总书记对新时代思政课好教师进一步提出了"政治要强""情怀要深""思维要新""视野要广""自律要严""人格要正"的新要求。② 这"六个要"构成了新时代思政课好老师的基本标准。三是办好思政课关键在教师的作用发挥。在主持学校思想政治理论课教师座谈会时，习近平总书记还从不同角度论述了办好思政课所具备的坚实基础和充分条件，鼓励教师增强信心，振奋精神，成为"有信仰的人"③，实现真正的"以德立身、以德立学、以德施教"④，"就是要理直气壮开好思政课"⑤。同时，要使思政课教师的积极性、主动性、创造性充分迸发出来，就要努力提高思政课教师的待遇和地位，增强思政课教师职业的吸引力和竞争力，让他们安心从教、舒心从教、热心从教、精心从教。

第三，着力推进新时代思政课改革创新。新时代思政课面临着亟待解决的主要矛盾和一些突出问题，必须与时俱进、改革创新，不断增强思政课的思想性、理论性和亲和力、针对性。一是推动思政课教学改革创新必须遵循规律。习近平总书记指出，要"遵循思想政治工作规律，遵循教书

---

① 习近平：《思政课是落实立德树人根本任务的关键课程》，人民出版社，2020，第12页。
② 习近平：《思政课是落实立德树人根本任务的关键课程》，人民出版社，2020，第12~16页。
③ 习近平：《思政课是落实立德树人根本任务的关键课程》，人民出版社，2020，第12页。
④ 习近平《在北京大学师生座谈会上的讲话》，人民出版社，2018，第9页。
⑤ 习近平：《思政课是落实立德树人根本任务的关键课程》，人民出版社，2020，第23页。

育人规律，遵循学生成长规律"①，因事而化、因时而进、因势而新。思政课教学不但要遵循思想政治工作规律、教书育人规律和学生成长规律，还要遵循高校思政课教学的自身规律。二是推动思政课教学改革创新必须坚持"八个相统一"。"八个相统一"深刻总结了思政课建设长期以来形成的规律性认识和成功经验，深化了对一系列教育教学规律的认识。三是要不断创新教学方法。如果做一天和尚撞一天钟，照本宣科、应付差事，那"到课率""抬头率"势必大打折扣。"拿着一个文件在那儿宣读，没有生命、干巴巴的，谁都不爱听，我也不爱听。"② 要积极采用案例式教学、探究式教学、体验式教学、互动式教学、专题式教学、分众式教学等，运用现代信息技术等手段建设智慧课堂，不断增强思政课的思想性、理论性和亲和力、针对性。

第四，加强党的领导，构建大思政格局。新时代办好高校思政课，既是以习近平同志为核心的党中央提出的明确要求，也是高校党委的重要政治任务和核心育人职责。一要加强各级党委对高校思政课的全面领导。各级党委要坚持党对高校的领导，把中国特色社会主义的特色和优势有效转化为培养社会主义建设者和接班人的能力，把思政课建设摆上重要议程，高度重视、统一领导、深研细探，解决制约思政课建设的突出问题；高校党委要统筹全局、全面部署、明确要求、积极推进，着力在工作格局、队伍建设、支持保障方面下功夫。二要构建大思政格局。要建立党委统一领导、党政齐抓共管、有关部门各负其责、各方面协同配合的思政课建设体制机制，构建全员、全程、全方位育人的大思政格局，推动形成全党高度重视思政课、全社会积极支持思政课、教师认真讲好思政课、学生积极学好思政课的良好氛围。三要完善课程大体系。要用好课堂教学这个立德树人的主渠道，积极构建思政课程与课程思政同向同行、同频共振协同育人课程体系，建设形成学科、教材、师资、实践、评价等一条龙的思政支持体系。

---

① 《习近平谈治国理政》第2卷，外文出版社，2017，第378页。
② 《砥砺奋进开新局——习近平总书记同出席2021年全国两会人大代表、政协委员共商国是纪实》，新华网，http://www.xinhuanet.com/politics/2021lh/2021-03/11/c_1127200652.htm。

第四节　新时代高校思政课教学要素的
"变"与"不变"①

习近平总书记明确指出："思政课是落实立德树人根本任务的关键课程。"② 在铸魂育人、立德树人的教育体系中，高校思政课发挥着"压舱石"作用。新时代要努力培养担当民族复兴大任的时代新人、培养德智体美劳全面发展的社会主义建设者和接班人，办好高校思政课是关键。马克思主义认为，变与不变是人类社会运动发展、螺旋上升的永恒特征。面对"中华民族伟大复兴的战略全局"和"世界百年未有之大变局"，新时代高校思政课面临着许多"变"与"不变"。正确认识和把握这些"变"与"不变"，是办好高校思政课的重要基础和前提。

一　世情国情在"变"，立德树人的根本任务"不变"

从世情看，当今世界面临百年未有之大变局。总体上，尽管和平与发展的时代主题没有改变，但世界面临的不稳定性、不确定性却日益突出，国际矛盾和斗争的尖锐性日益凸显。具体表现为：虽然世界多极化向前推进的态势没有改变，但国际格局的演变却呈现深刻的复杂性；虽然经济全球化的进程不可逆转，但世界经济却进入深度调整期，整体复苏艰难曲折；虽然社会信息化迅猛发展的趋势不会改变，但以数字化、网络化、智能化为主要特征的新一轮科技革命和技术竞争却更加激烈；虽然文化多元化的社会现实保持不变，但国际范围内思想文化的交流交融交锋所裹挟的意识形态领域的斗争却更加白热化。从国情看，中华民族正处于伟大复兴的战略全局，尽管也存在"不变"的事实，但"变"却是新时代的显著特征。具体表现为：尽管中国共产党"为中国人民谋幸福、为中华民族谋复

---

① 本节部分内容参见佘远富《把握高校思政课教学要素的"变"与"不变"》，《红旗文稿》2021 年第 14 期。同时参见佘远富、许思宇《新时代高校思想政治理论课的"守正"与"创新"》，《现代教育管理》2021 年第 7 期。
② 习近平：《思政课是落实立德树人根本任务的关键课程》，人民出版社，2020，第 2 页。

兴、为人类谋和平与发展"的初心使命没有变,但中国特色社会主义已进入新时代;进入新时代,尽管我国仍处于并将长期处于社会主义初级阶段的基本国情没有变,但中华民族迎来了从站起来、富起来到强起来的转变,我国从发展中大国开始迈向社会主义现代化强国,社会主要矛盾发生了历史性转变;进入新时代,尽管我国是世界最大发展中国家的国际地位没有变,但我国的经济实力、科技实力、国防实力、综合国力进入了世界前列,国家的面貌、人民的面貌、军队的面貌、中华民族的面貌发生了前所未有的变化,我国国际地位实现前所未有的提升,"日益走近世界舞台中央"①;进入新时代,尽管推进党的建设新的伟大工程的使命要求没有变,但中国共产党以自我革命的勇气和魄力,坚持全面从严治党,党的领导从严重弱化虚化走向全面加强,管党治党从宽、松、软走向严、紧、硬,腐败现象多发易发的势头得到有效遏制,党的面貌发生了前所未有的变化。

新时代,尽管世情、国情发生了巨大变化,但高校思政课落实立德树人的根本任务却没有变,这是由我国社会制度的根本性质和高校思政课的功能地位决定的。一方面,从社会性质来看,我国自1956年底社会主义改造完成之后就已经建立了社会主义制度,因此,坚守和捍卫社会主义制度从那时起便成为开设高校思政课的根本任务之一,同时也是衡量高校思政课是否合格的最起码要求。倘若高校思政课不为坚守和捍卫社会主义制度而服务,那么我们社会主义大学所培养的"人才"就可能成为背叛党、背叛人民、背叛国家和背叛民族的"掘墓人",苏联和东欧社会主义国家的垮台就是前车之鉴。另一方面,从功能地位来看,我国高校思政课既是维护和巩固马克思主义在意识形态领域指导地位的重要法宝,也是"培养一代又一代拥护中国共产党领导和我国社会主义制度、立志为中国特色社会主义事业奋斗终生的有用人才"的有力工具,这就决定了高校思政课必须始终把立德树人这一根本任务不折不扣地贯彻落实到位,否则中国特色社会主义的坚持和发展、中国式现代化的建设和中华民族伟大复兴的实现都将因为人才的"异化"而无法实现。正因如此,新时代我国高校思政课必须回答"培养什么人、怎样培养人、为谁培养人"的根本问题,"落实立

---

① 《十九大以来重要文献选编》(上),中央文献出版社,2019,第727页。

德树人的根本任务"正是习近平总书记站在全局高度对科学回答这一问题的"总思考"。

高校思政课必须坚定不移地落实立德树人根本任务。立德树人、办好思政课，就是要正确处理世情、国情"变"与"不变"的辩证关系。高校思政课必须"放在世界百年未有之大变局、党和国家事业发展全局中来看待，要从坚持和发展中国特色社会主义、建设社会主义现代化强国、实现中华民族伟大复兴的高度来对待"①，"胸怀大局、把握大势、着眼大事，找准工作切入点和着力点，做到因势而谋、应势而动、顺势而为"②。立德树人、办好思政课，就要坚持党对高校思政课建设的全面领导。办好中国的事情关键在党，党的领导为我国高校人才培养确立了根本导向。高校必须理直气壮地把思政课作为落实立德树人根本任务的关键课程，加强党对思政课建设的全面领导，解决制约思政课建设的突出问题，着力在工作格局、队伍建设、支持保障上下功夫。立德树人、办好思政课，就是要全面贯彻党的教育方针，解决好培养什么人、怎样培养人、为谁培养人这个根本问题。立什么德、树什么人，从来就不是抽象的。办好思政课，就是要坚守为党育人、为国育才的立场，培养担当民族复兴大任的时代新人，培养德智体美劳全面发展的社会主义建设者和接班人。立德树人、办好思政课，就是要立足大学生的身心特点以及成长发展的需要与期待，引导他们树立正确的世界观、人生观、价值观，为其一生成长奠定科学思想基础。青少年阶段是人生的"拔节孕穗期"，这一时期大学生的心智逐渐健全，思维进入最活跃状态，需要精心引导和栽培。高校思政课要聚焦学生这个中心，围绕学生、关照学生、服务学生，帮助学生"扣好人生第一粒扣子"。

二　教学体系在"变"，马克思主义指导地位"不变"

高校思政课必须紧扣党和国家在不同时期的中心任务和政策方略，因此高校思政课的教学体系一直处于不断变化和更新中。梳理高校思政课变迁的历史与脉络，教学体系发生了很大的变化，课程改革的方案也经历了

---

① 习近平：《思政课是落实立德树人根本任务的关键课程》，人民出版社，2020，第5页。
② 《习近平谈治国理政》，外文出版社，2014，第153页。

多次调整。首先，课程体系不断调整变化。新民主主义革命时期，我们党在红军大学、苏维埃大学、抗日军政大学、陕北公学等高校开设"党的建设""中国革命运动史""马列主义""辩证唯物主义""科学社会主义"等课程。新中国成立以来，高校思政课的课程名称、课程体系和课程内容发生了很大变化。① 如"原理"课程从"辩证唯物主义和历史唯物主义""哲学""政治经济学""马列主义基础""马克思主义哲学原理"到"马克思主义基本原理"的分分合合；"概论"课程从"新民主主义论""毛泽东思想概论""邓小平理论概论""毛泽东思想、邓小平理论和'三个代表'重要思想概论""习近平新时代中国特色社会主义思想"到"毛泽东思想和中国特色社会主义理论体系概论"的不断拓展；"纲要"课程从"中国革命史""中共党史""中国革命的理论与实践""国际共产主义运动史""当代世界经济与政治""中国社会主义建设""有中国特色社会主义建设"到"中国近现代史纲要"的不断演变；"基础"课程从"共产主义思想品德""大学生思想修养""人生哲理""职业道德""思想道德修养""法律基础""思想道德修养与法律基础"到"思想道德与法治"的不断整合；"形势与政策"的从无到有并贯穿始终；等等。其次，课程改革不断深化推进。我们党在革命、建设、改革各个历史时期都对思政课建设作出过重要部署。特别是改革开放以来，党中央先后出台 10 多个关于学校思想政治工作的文件，对高校思政课建设提出明确要求，不断推动思政课改革，先后经历了"85 方案""98 方案""05 方案"三次大的改革，2018 年又对高校思政课教材进行了全面修订。

高校思政课教学体系一直在"变"，但马克思主义指导地位始终"不变"。无论高校思政课的方案设置、课程名称和课程内容如何调整变化，马克思主义基本原理的贯彻落实、马克思主义中国化时代化的理论与实践创新成果的不断丰富、人的全面发展理论的一以贯之等实质内容却保持了相对稳定，体现了"变"中之"不变"。众所周知，马克思主义是由马克思恩格斯创立、发展并由其后继者们不断丰富和发展的科学的理论，它深刻揭示了自然界和人类社会发展的客观规律、社会主义运

---

① 骆郁廷：《高校思想政治理论课的"变"与"不变"》，《思想理论教育导刊》2013 年第 4 期。

动发展的客观规律及人的全面发展的客观规律，"这一理论犹如壮丽的日出，照亮了人类探索历史规律和寻求自身解放的道路"①。俄国十月革命胜利后，中华民族正是依靠中国共产党高举马克思主义理论旗帜团结带领全国各族人民披荆斩棘、浴血奋战、砥砺前行，才成功走上了从站起来、富起来到强起来的康庄大道。毫不夸张地说，"马克思主义不仅深刻改变了世界，也深刻改变了中国"②。"马克思主义是我们立党立国的根本指导思想，也是我国大学最鲜亮的底色。"③ 高校思政课是对大学生进行系统的马克思主义"三观"教育的主渠道，是社会主义大学区别于资本主义大学的重要标志。用马克思主义中国化时代化的理论成果武装大学生头脑，用社会主义核心价值体系塑造大学生思想观念，促进他们德智体美劳全面发展，确保中国特色社会主义事业兴旺发达、后继有人，这是高校思政课的基本功能和历史使命。如果脱离了马克思主义的指导，高校思政课就等于失去了根和魂，其教学内容无论多么丰富多彩、夺人眼球也毫无价值。

高校思政课必须坚定不移坚持马克思主义指导地位。坚持马克思主义指导地位、办好思政课，就是要正确处理教学体系"变"与马克思主义指导地位"不变"的辩证关系。教学体系的"变"是现象，马克思主义指导地位的"不变"是本质。现象是表面的、多样的、多变的、流动的，本质是内在的、深刻的、稳定的、共同的。高校思政课的教学体系只有与时代同进步、与社会同发展、与人民同呼声、与世界同趋向，才能在赢得大学生"真心喜爱、终身受益"的同时更好地把马克思主义的指导地位贯彻落实到位；只有坚持马克思主义的指导地位，才能确保高校思政课在不断调整和更新中不走"歪路""邪路"。坚持马克思主义指导地位、办好思政课，就是要牢牢把握马克思主义解放思想、实事求是的精髓和与时俱进的理论品格，推进习近平新时代中国特色社会主义思想进教材、进课堂、进学生头脑。习近平新时代中国特色社会主义思想与马列主义、毛泽东思想、中国特色社会主义理论体系之间是既一脉相承又与时俱进的关系，是马克思主义中国化时代化的最新成果，是当代中国马克思主义、21 世纪马

---

① 习近平：《在纪念马克思诞辰 200 周年大会上的讲话》，人民出版社，2018，第 6 页。
② 习近平：《在纪念马克思诞辰 200 周年大会上的讲话》，人民出版社，2018，第 11 页。
③ 习近平：《在北京大学师生座谈会上的讲话》，人民出版社，2018，第 6 页。

克思主义。高校思政课要积极推进传统教学内容与最新教学内容的理论融合与价值融通，指导学生通过读原著、学原文、悟原理，领会其中一脉相承的思想内核；同时，要更好地适应时代发展的要求，充分吸收中国特色社会主义理论和实践发展的最新成果，开好开足开强"习近平新时代中国特色社会主义思想概论"这门思政课程，帮助大学生深刻认识这一新思想的时代背景、历史地位、理论体系、科学内涵和实践要求，更好地用马克思主义理论武装大学生头脑。坚持马克思主义指导地位、办好思政课，就是要善于运用马克思主义的立场、观点、方法回应各种社会思潮和学生关切的热点问题。高校思政课既要有胸怀世界、关怀人类的大爱情怀又要有国家富强、民族振兴、人民幸福的家国情怀。要加强马克思主义理论研究和学科建设，为高校思政课教学提供坚实的学理支撑；要积极运用科学理论分析国内外热点问题，回应各种社会思潮，在思想交锋、矛盾批判和事实雄辩中，彰显马克思主义的真理价值；要聚焦大学生的现实关切，推进教学内容的生活化融入，不断提升思政课程释疑解惑的能力。

三　教学方法在"变"，教学规律与原则"不变"

教学方法是为完成教学任务而采用的方法，包括教师教的方法和学生学的方法，是教师引导学生探讨与掌握知识技能、获得身心发展而共同活动的方法。[①] 从教学方法的内涵及其构成要素来看，教无定法，"变"是教学方法的显著特征，这种"变"由以下几个原因所决定：一是教师及其教法在变。教师是由一个个特定的人构成的，他们每一个人的成长背景、教育程度、思维方式等千差万别，这就决定了即便他们在面对相同的教学对象时也可能在具体教法上各有千秋。二是学生及其学法在变。不同的时代造就不同的学生，这些"不同"既表现在学生具体心理特征的差异上，又表现在他们的思维方式、兴趣爱好、道德观念等有所不同上。这就导致即便是在面对完全相同的教学内容时每个学生在具体学法上也不可能完全一样。三是教学环境和教学内容在变。教学环境是教学活动具体展开的时空

---

① 王道俊、郭文安主编《教育学》（第七版），人民教育出版社，2016，第215页。

场域，而时空的变迁及其组合方式必然会导致教学环境的差异或改变；教学内容则是依托具体的教学环境向学生传递的特定信息，这些特定的信息不仅自身会随着外在条件的变化而改变，也会因教学环境的差异或改变而有所不同。如此一来，不断变化的教学环境和教学内容也必然要求教学方法发生变化。新时代，互联网信息技术的飞速发展、思想观念的多元转变、学生个性特点的不断凸显等都在呼唤教学方法的发展变化。总体上，新时代高校思政课教学方法表现为"四个转变"：一是由单一理论灌输向多元教学方法转变，互动式、参与式、探究式教学方法不断呈现；二是由传统教学手段向现代教学手段转变，以大数据融媒体为支撑的智慧教学模式广泛应用；三是由以课堂理论教学为主的组织形式向理论与实践相结合的组织形式转变，实践活动内容形式丰富多元；四是由以线下教学为主向线上线下相结合转变，"互联网+"线上线下相结合的混合式教学模式发展迅速。

　　教学方法既是对各种教学方式手段的运用，又是对教学活动所包含科学规律的反映，是解决教学活动内在矛盾和处理教学关系的规律、原则、准则的具体化。[1] 所以，高校思政课教学方法之变应当以一以贯之的教学规律与方向原则作为内在机理。教学规律是指在整个教学过程中所存在的客观的、必然的、普遍的、稳定的联系，既包括教学过程与外在教学环境的联系，也包括教学过程内部各构成要素之间的联系。一般而言，教学规律主要由简约律、育人律、发展律、二主体律等具体形态构成，它们是教育管理者和教学组织实施者制定教学原则、开展具体教学活动的基本遵循。教学原则是教学规律的具体体现，其一旦成熟和定型就要求整个教学过程必须坚持。教学规律、教学原则构成了整个教学过程中的"纲"，只有遵循教学规律和坚持教学原则才能达到"纲举目张"的教学效果；相反，如果忽视了、偏离了甚至违背了教学规律和教学原则，那么教学效果将会大打折扣，有时甚至会导致教学结果与教学初衷背道而驰。作为意识形态性很强的专门课程，高校思政课不仅要遵循大教育类的一般规律，也要遵循自身独有的特殊规律，即始终坚守社会主义方向，坚持中国共产党

---

① 宇文利：《努力掌握并用好思想政治理论课教学的科学规律》，《思想理论教育导刊》2017年第9期。

的领导和马克思主义的根本指导，坚定"四个自信"，为党育才、为国育人、立德树人，为人民服务，为中国共产党治国理政服务，为巩固和发展中国特色社会主义制度服务，为改革开放和社会主义现代化建设服务。从某种意义上来说，这些不变的规律和原则是判断和衡量高校思政课是否有存在价值的根本依据。

高校思政课必须坚定不移坚持守正创新。坚持守正创新、办好思政课，就是要正确处理教学方法"变"与教学规律、教学原则"不变"的辩证关系。一部高校思政课改革和建设的历史，就是教学方法"变"与教学规律、教学原则"不变"的历史，遵循教学规律、坚守教学原则与创新教学方法是辩证统一的。守正，就不会偏离，就不会失去初心；创新，就不会僵化，就不会过时。高校思政课既要"守正"又要"创新"，要在"守正"的基础上进行"创新"；必须在不违背教学规律与教学原则的前提下，不断创新教学方法，提高高校思政课的亲和力、针对性和实效性。坚持守正创新、办好思政课，就是要切实贯彻落实"八个相统一"。新时代高校思政课的守正创新必须坚持政治性和学理性相统一、价值性和知识性相统一、建设性和批判性相统一、理论性和实践性相统一、统一性和多样性相统一、主导性和主体性相统一、灌输性和启发性相统一、显性教育和隐性教育相统一，打好"组合拳"，实现知、情、意、行的统一，叫人口服心服。① 坚持守正创新、办好思政课，就是要因事而化、因时而进、因势而新，不断改进教学形式、创新教学方法。一方面，坚持守正不是"刻舟求剑"，而是要与时俱进、向前发展；另一方面，教学形式和教学方式取决于教学内容，蕴含着教学规律和教学原则；改进教学形式、创新教学方法不是一味的趋势迎合，不是纯粹的标新立异，更不是低俗、恶搞等假需求的呈现，而是要服从思政课的根本宗旨、切合学生对真善美之期待的满足。在教学内容日益丰富、学生知识面日益拓宽的情况下，高校思政课教学形式必须更加注重时代性、多样化，教学方法必须更加强化创新性、现代化。

---

① 习近平：《思政课是落实立德树人根本任务的关键课程》，人民出版社，2020，第17～23页。

四 教育理念在"变"，思想性、理论性教学要求"不变"

教育理念是人们在教育实践过程中形成的对教育发展指向性的理性认识，[①] 是教育主体在教育教学活动中所秉持的基本观点。教育理念随着人类社会的发展、时代主题的转变以及教育主体具体认识的变化而变化。改革开放以来，我国高等教育理念发生了很大变化，主要体现在三个方面：一是高等教育的社会身份由"服务政治"转向"科教兴国"，二是高等教育管理从"高度集权"转向"适度放权"，三是人才培养从"专才为主"转向"通专结合"。[②] 高校思政课是对社会现象和社会规律进行探索和研究的课程，具有强烈的社会性、实践性和时代性。高等教育理念的变化在指导高校教育改革发展的同时，也深刻影响着高校思政课教育教学理念的革新，新时代的历史使命更要求高校思政课必须在积极更新教育教学理念方面进行及时回应。新时代，高校思政课教学理念的变化主要表现为：教学关系由教师主体向以学生为中心的教—学多元主体转变；教学形式由学生被动接受向师生互动、学生主动参与转变；教学环节由以课堂教学为主向理论与实践结合、课上与课后互补转变；教学目的由系统学习政治理论知识向重点提高思想政治素养转变；教学评价由侧重评教的形成性评价向评教与评学相结合、侧重评学的发展性评价转变。

思想性、理论性的教学要求是高校思政课课程本质与功能定位的集中体现，这一教学要求不会因为教育教学理念的更新而改变。首先，思想性是高校思政课的本质属性。作为落实立德树人根本任务的关键课程，高校思政课是大学生接受思想政治教育的主渠道，旗帜鲜明讲政治是其首要要求，思想性是其必然的本质特征。思想性发挥着价值引领的根本作用，决定了思政课的建设高度，是高校思政课"最鲜亮的底色、最鲜明的特色、最鲜艳的本色"[③]，直接回应和体现了"培养什么人、怎样培养人、为谁培

[①] 蔡克勇：《以学生全面发展为本——一个重要的教育理念及教育改革》，《高等教育研究》2000 年第 5 期。

[②] 刘献君、李培根编《教育理念创新与建设高等教育强国》，高等教育出版社，2016，第 74~75 页。

[③] 田训龙：《增强思政课思想性、理论性和亲和力、针对性》，《中国高等教育》2020 年第 10 期。

养人这个根本问题"。其次，理论性是高校思政课的内在规定。高校思政课既要突出政治导向、思想启迪，又要强化价值引领和道德涵育，超越"是什么""怎么做"的问题层面、立足"为什么"展开教学是其基本要求，理论性是其内在的逻辑规定。理论性是思想性得以有效实现的载体，发挥着价值承载的基本作用，决定了思政课的建设深度，直接回应和体现了"以透彻的学理分析回应学生，以彻底的思想理论说服学生，用真理的强大力量引导学生"这个基本要求。最后，增强思想性、理论性是高校思政课的功能特性。高校思政课承担着"增强使命担当，引导学生矢志不渝听党话跟党走，争做社会主义合格建设者和可靠接班人"的功能和职责，坚持思想性与理论性的统一是其"不变"的灵魂所在。大学生正处于"拔节孕穗期"，最需要精心引导和栽培。既不能单纯用思想性取代理论性，把思政课讲成简单的政治宣传，也不能用学理性弱化政治性，使思政课出现"去思想化"的现象。

高校思政课必须坚定不移坚守使命担当。坚守使命担当、办好思政课，就是要正确处理教育理念"变"与思想性、理论性教学要求"不变"的辩证关系。教育理念的"变"是为了更好地发挥新时代高校思政课的使命担当，思想性、理论性要求的"不变"是为了更充分体现新时代高校思政课的价值功能；无论是变化的教育理念还是不变的思想性、理论性要求，它们都是在坚持党和国家的教育方针、贯彻立德树人根本任务前提下的一种积极作为，其目的都是更好地服务于党的治国理政；教育理念的"变"与思想性、理论性要求的"不变"之间在根本性质上是一致的、在功能所指上是相通的、在作用发挥上是辩证统一的。坚守使命担当、办好思政课，就是要不断增强思想性、理论性，用习近平新时代中国特色社会主义思想铸魂育人。马克思指出："理论只要彻底，就能说服人。"[①] 马克思主义理论就是最彻底的理论，习近平新时代中国特色社会主义思想就是当代中国最彻底的理论。高校思政课所讲的理论、观点、结论要经得起学生各种"为什么"的追问，就必须把马克思主义理论讲清楚、把习近平新时代中国特色社会主义思想讲透彻、把中国特色社会主义的伟大实践讲明白，让学生在"看得见""摸得着""用得到""拿得出"的巨大变化和辉

---

① 《马克思恩格斯文集》第1卷，人民出版社，2009，第11页。

煌成就中，深刻理解中国共产党为什么"能"、马克思主义为什么"行"、中国化时代化的马克思主义为什么"行"、中国特色社会主义为什么"好"。坚守使命担当、办好思政课，就是要更新教育理念，不断推进教学改革创新。坚持以学生为中心的教育教学理念，充分尊重学生在教学过程中的主体地位，激发学生学习内生动力，引导学生真正成为学习的主人；坚持民主化教育教学理念，创设探究学习的环境、营造合作学习的氛围、形成自主学习的风尚，引导学生从"要我学"转向"我要学""我会学"；坚持整体性教育教学理念，推进思政课程与课程思政统一、理论学习与实践体验结合、课上学习与课后教育互补、学校教育与社会家庭教育协同，构建"大思政"育人格局；坚持发展性教育教学理念，立足思想政治素养的提升，强化释疑解惑，使学生既"知其然"又"知其所以然"，实现思想、道德、知识、能力、情感、态度等综合发展。

五 教学主体在"变"，针对性亲和力教学目标"不变"

教学主客体问题的实质是探讨和确立教学中人的主体地位。对教学主客体问题的讨论，可以追溯到 20 世纪 50 年代末，先后形成了教师唯一主体论、学生唯一主体论、双主体论、主导主体说、三体论、主客体转化说、复合主客体论等多种多样的观点。[1] 马克思主义哲学认为："人在实践活动中把自身之外的存在变成了自己活动的对象与客体，从而也使自己成为主体的存在。"[2] 主体既具有一定的认识能力，也具有一定的实践能力，而且是正在从事认识和实践活动的人；客体是指主体在认识和实践活动中所指向的对象。笔者认为，就思政课教学实践活动而言，无论是作为教育者的教师还是作为受教育者的学生都应该是主体，而思政课教学内容则是客体。回顾高校思政课变迁的历史，教学主体的变化大概经历了以下四个阶段：一是教师主体、学生客体的一元化主体阶段。受传统的主客二分、单向灌输教学模式影响，传统思政课教与学之间是单一的"我讲你听"关系，教师是唯一主体，学生则是居于从属地位的客体。二是教师主导、学

---

[1] 张涛：《教学主体研究的缘起、现状及未来走向》，《河南大学学报》（社会科学版）2006年第 4 期。

[2] 陈先达主编《马克思主义哲学原理》，中国人民大学出版社，1999，第 93 页。

生主体的一元化主体阶段。20世纪80年代后期，我国教育理论界对"文革"以后10年来的教育理论与实践进行深刻反省，学生学习的主体性、主动性开始得到重视，高校思政课形成了教师主导、学生主体的教学局面。三是教师、学生都为主体的二元化主体阶段。进入21世纪后，伴随着主体教育理论的逐渐兴起，高校思政课形成了教师、学生都为主体的双主体局面。四是教学双方的多元化主体阶段。新时代以来，随着党和国家对思政课的高度重视以及教育教学理念的不断更新，高校思政课呈现"地方党政领导干部、企事业单位负责人、社科理论界专家、各行业先进模范以及高校党委书记校长、院（系）党政负责人、名师大家和专业课骨干教师、日常思想政治教育骨干"[①] 等八支力量上讲台讲思政课、专兼结合形成育人合力的生动局面，形成了教学双方的多元化主体局面。

　　针对性是指高校思政课的教学过程与教学要求、教学内容、教学实际、教学目的的切合度、贴近度、达成度，亲和力则是高校思政课在教学过程中对教育对象（大学生）的说服力、吸引力、感染力。[②] 无论教学主体如何变化，增强针对性、亲和力，提高实效性都是高校思政课追求的永恒教学目标。首先，针对性、亲和力是思想性、理论性的实践要求。针对性是思政课的固有特质和实践诉求，决定了思政课的建设准度，发挥着效果达成的关键作用，体现了"因事而化、因时而进、因势而新"这个关键遵循；亲和力是思政课的人文特质和价值外化，决定了思政课的建设温度，发挥着情感认同的独特作用，直接聚焦"真心喜爱、终身受益、毕生难忘"这个建设目标。[③] 既坚持思想性、理论性，又增强针对性、亲和力，体现了理论与实践、内容与形式、本质与现象、目标与方法的辩证统一。其次，针对性、亲和力是判断思政课水平和质量的关键因素。思政课作为落实立德树人根本任务的关键课程，要满足大学生成长发展需求和期待，必须贴近实际、贴近生活、贴近学生，有的放矢开展教学，不断提升说服力、吸引力、感染力。因此，针对性、亲

---

① 《教育部等八部门关于加快构建高校思想政治工作体系的意见》，中国政府网，http://www.gov.cn/zhengce/zhengceku/2020-05/15/content_5511831.htm。
② 余远富、李亿：《以提升亲和力为导向的高校思政课教学创新与实践》，《江苏高教》2018年第9期。
③ 田训龙：《增强思政课思想性、理论性和亲和力、针对性》，《中国高等教育》2020年第10期。

和力是学生是否接受思政课的关键所在，是思政课的生命力所在。最后，针对性、亲和力是提高思政课实效性的有效途径。思政课作为高校思想政治工作的主渠道，担负着重要使命和责任。长期以来，"晦涩难懂的理论、空洞无趣的灌输、乏味冗长的说教，针对性不强、吸引力不大、抬头率不高……"是人们对高校思政课教学的固有看法和评价，如何着力解决学生"信不信""爱不爱""用不用"的问题始终是高校思政课改革面临的共性任务。因此，高校思政课只有"在改进中加强、在加强中创新"，不断增强针对性、亲和力，使之成为学生"真信""真爱""真用"的"金课"，才能提高实效性，切实履行好"用好渠""守好地""种好田"的职责。

高校思政课必须坚定不移切实提高教学质量。切实提高教学质量、办好思政课，就是要正确处理教育主体"变"与针对性、亲和力教学目标"不变"的辩证关系。教育主体之"变"是表象，针对性、亲和力教学目标之"不变"则是本质，二者相辅相成、互为支撑，共同服务于新时代的高校思政课。必须深刻把握高校思政课教育主体"变"中的不变，积极应对这种"变"与"不变"对高校思政课所带来的深刻影响，主动作为，改革创新，积极应变、主动求变、善于用变。切实提高教学质量、办好思政课，就是要加强高校思政课教师队伍建设，打造"金牌"教学团队。"办好思政课关键在教师。"[1] 要严格按照师生比不低于1∶350的比例核定专职思政课教师岗位，配齐建强思政课专任教师队伍；要对照"政治要强""情怀要深""思维要新""视野要广""自律要严""人格要正"的基本标准，加强经常性日常化的教育培训，健全科学严谨的评价体系，形成优胜劣汰的考核机制，不断提升思政课专任教师的理论素养和综合素质；要积极发挥教学名师、教学能手等优秀教师示范引领作用，建立团队首席专家负责制，严格落实集体备课制度，认真开展教案编写、教学研讨、教学疑难问题解析等，多渠道多举措打造优秀教学团队。切实提高教学质量、办好思政课，就是要在坚持思想性、理论性的前提下不断增强针对性、亲和力，提高实效性。要立足"两个主体"，面向教学实际，坚持问题导向，发现问题所在，把握针对面和关切点，真正促进主

---

① 习近平：《思政课是落实立德树人根本任务的关键课程》，人民出版社，2020，第25页。

体共生、教学相长、双向提升；要强化顶层设计，推进课程体系学科化、教学内容学术化、语言表达生动化、教学方法多样化，不断推动思政课改革创新；要健全教学质量监控体系，注重过程评价与效果评价相结合，真正把高校思政课建设成为有思想讲理论、有针对释疑惑、有温度讲情怀、有意义重质量的新时代"金课"。

第五章　高校思政课亲和力现状研究

习近平总书记指出："坚持问题导向是马克思主义的鲜明特点。问题是创新的起点，也是创新的动力源。只有聆听时代的声音，回应时代的呼唤，认真研究解决重大而紧迫的问题，才能真正把握住历史脉络、找到发展规律，推动理论创新。"① 问题也是科学研究的起点和动力源，离开问题的科学研究，不过是经验的复述和事实的陈述。对高校思政课亲和力的研究，同样不能离开亲和力的现状分析与研究，只有在掌握基本现状的基础上，才能切实把握高校思政课亲和力的成效、经验、问题和未来发展。

2021 年 6 月 18 日，《中国青年报》发布了《大学生心目中的思政课》调查报告。该报告显示：受访大学生对思政课整体评价较高，平均分数为4.35 分（总分为 5 分）；网络思政课因时效强、更鲜活受到广大学生的欢迎；既生动又深入的思政课最打动学生；大学生对思政课老师的认可度较高，受访大学生对"思政课老师的教学水平"平均打分 4.38 分等。② 从调查结果来看，大学生对思政课的期待很高，鲜活、生动等已经成为他们期待的一个重要维度，而鲜活、生动等的本质就是思政课之亲和力。然而思政课的亲和力究竟如何，还需要组织专门的亲和力调查研究。本次调查的测试工具为自编问卷"新时代高校思政课亲和力现状调查（教师卷）"（以下简称"教师卷"）与"新时代高校思政课亲和力现状调查（学生

---

① 习近平：《在哲学社会科学工作座谈会上的讲话》，人民出版社，2016，第 14 页。
② 毕若旭、程思、罗希：《超八成大学生喜欢生动而深刻的思政课——大学生的思政关键词》，《中国青年报》2021 年 6 月 21 日。

卷）"（以下简称"学生卷"），主要采用线上调查与实地调查相结合的方式进行，结合思政课亲和力的概念模型，紧紧围绕思政课亲和力的构成要素，从教师基本素养，思政课教学载体、手段、方法，思政课的受教育者，思政课教学效果，思政课教学评价等方面展开调查，以研究结果为依据，按照从现象到本质的思路，了解和分析当前高校思政课亲和力的总体情况，梳理存在问题并进一步分析存在问题的主要原因，为提出并深入探讨增强高校思政课亲和力的教学路径创新提供现实依据。

第一节　新时代高校思政课亲和力调查基本概况

本次调查范围主要涉及华东、华北和华中地区，其中以江苏省各大高校为主，调查对象限定为全国各地综合类高校本科生、研究生以及本科院校思政课教师。在样本选取时，调查组注重协调被调查大学生不同性别、年级、专业的占比，以及被调查教师不同性别、年龄、职称的占比，以确保调查对象更具有代表性。

一　调查问卷的设计思路与基本结构

本书的调查研究主要按照"问题导向、模块呈现、确保效度"的思路设计问卷内容。问题设计总体呈现以下特征：一是遵循接受规律。调研问卷在设计上，注重被调研对象的接受习惯规律，严格控制调查问卷的篇幅，问题总量在21~30道浮动，确保被调研人的情绪及思考时间处于一个相对从容的环境。二是注重宏观和微观相结合。问卷设计的问题以思政课宏观现状和思政课亲和力微观现状为基本模块，既强调宏观调研，又注重对亲和力这一相对微观问题的考察。三是落实调研效度原则。在问题的设计上，为了确保效度更高，采取了部分问题重复出现的方法，以防止问题导致的效度减弱。按照前期设计，问卷调查分为学生和教师两个不同板块，其板块内容如下。

学生卷主要包括三部分：第一部分是大学生基本信息的调查，主要包括对学生性别、年级、政治面貌、专业等的调查。第二部分是思政课的评价调查，主要包括对思政课的作用、影响、内容以及教师的教学风格、态度、方式是否具有亲和力等的调查。第三部分是思政课亲和力的影响因素调查，主要从学生学习态度、思政课考核评价方式、课堂教学等角度进行调查。

教师卷主要包括三部分：第一部分是对教师基本信息的调查，主要包括教师的性别、年龄、政治面貌、职称、最高学历等内容。第二部分是对教师亲和力的调查，主要从教师的知识素养、亲和意识、教学技能、教学态度等方面了解思政课教师亲和力。第三部分是对教师职业认同度展开调查，主要从教师的职业满意度、教师队伍保障机制的建设现状等方面展开调查。

二 调查的基本情况

（一）高校调查问卷的发放情况

本次调查研究在全国范围内展开，从 2021 年 3 月初开始发放问卷，历时 3 个月完成，共发放学生卷问卷 2050 份，收回问卷 2050 份，其中有效问卷为 2037 份，有效问卷率为 99.37%；共发放教师问卷 550 份，收回问卷 550 份，其中有效问卷为 525 份，有效问卷率为 95.45%。在此基础上，利用问卷星统计分析软件对调查结果进行数据统计，进行描述性分析和变量交叉分析。

（二）调查样本的基本信息情况

学生卷第 1 题到第 5 题主要是了解被调查者的基本信息，调查结果显示，样本中女生占比为 61.41%，男生占比为 38.59%。从年级分布来看，大一的学生相对较多，比例达到 60.73%。从政治面貌来看，大部分学生是共青团员，比例达到 58.27%。学生的专业主要集中在文史类和理工类，占比均为 38.39%，艺术类学生较少。学生样本的选择在性别、年级、专业等方面的分布符合实际情况，为问卷数据的分析提供了科学的前提条件，保证了数据结果的真实性（见表 5-1）。

表 5-1　问卷基本信息（学生卷）

单位：%

名称	选项	频数	百分比
性别	男	786	38.59
	女	1251	61.41
年级	大一	1237	60.73
	大二	343	16.84
	大三	98	4.81
	大四及以上	359	17.62
政治面貌	中共（预备）党员	182	8.93
	入党积极分子	295	14.48
	共青团员	1187	58.27
	群众	373	18.31
专业	文史类	782	38.39
	理工类	782	38.39
	艺术类	40	1.96
	其他	433	21.26

　　教师卷第 1 题到第 7 题主要是了解被调查者的基本信息，调查结果显示，样本中女性占比为 52.00%，男性占比为 48.00%。从年龄分布来看，31~39 岁的教师相对较多，比例达到 37.71%。从政治面貌来看，大部分教师都是中共党员，比例达到 84.95%。思政课教师的职称主要集中在讲师和副教授，思政课教师的最高学历大多数为硕士和博士，这在一定程度上保证了思政课教师的综合素质和教学质量。本次调研的教师样本从性别、年龄等方面来看，分布相对较均衡，这也在一定程度上保证了调查结果的相对客观性、准确性与科学性（见表 5-2）。

表 5-2　问卷基本信息（教师卷）

单位：%

名称	选项	频数	百分比
性别	男性	252	48.00
	女性	273	52.00

续表

名称	选项	频数	百分比
年龄	30 岁以下	88	16.76
	31~39 岁	198	37.71
	40~49 岁	113	21.52
	50 岁及以上	126	24.00
政治面貌	中共党员	446	84.95
	共青团员	31	5.90
	民主党派	18	3.43
	无党派人士	15	2.86
	其他	15	2.86
职称	助教	49	9.33
	讲师	160	30.48
	副教授	191	36.38
	教授	90	17.14
	其他	35	6.67
最高学历	博士	266	50.67
	硕士	213	40.57
	学士	38	7.24
	其他	8	1.52

（三）调查数据分析工具介绍

对调查数据用 SPSSAU 平台①进行统计分析，主要运用的分析方法是描述性分析和变量交叉分析。描述性分析是统计分析中最基础的方法，主要包括频数分析和百分比分析，可直观清晰地了解学生、教师问卷数据各项目的数值变化与差异。变量交叉分析是用于分析两个变量甚至多个变量之间相互关系的一种基本数据分析法，可深入探析教师、学生各方面的因素对思政课亲和力的作用程度。本书将运用此两种方法对所收集的数据资料进行整理和归纳。

---

① SPSSAU 平台是一个为用户提供在线数据分析工具的平台，其采用的内核算法同 IBM 公司旗下 SPSS 软件完全相同。

三　调查样本的信度分析

根据问卷调查的内容，分别对学生卷和教师卷第二、三部分学生对思政课的评价，思政课亲和力的影响因素，教师亲和力的认知度、认同度以及教师职业认同度等用 Cronbach α 系数值来确定指标的信度，进行信度分析。信度检验就是检验问卷的可靠性程度，指采用同一方法重复对同一对象进行测量时所得结果的一致性，反映的是问卷的可信与稳定程度。信度指标多以系数来衡量，主要使用的是内部一致性系数，用 α 系数来评价。

信度分析用于研究定量数据（尤其是态度量表题）的回答可靠及准确性。一般地，首先，分析 α 系数，如果此值高于 0.8，则说明信度高；如果此值介于 0.7～0.8，则说明信度较好；如果此值介于 0.6～0.7，则说明信度可接受；如果此值小于 0.6，说明信度不佳。其次，如果校正项总计相关性（CITC）值低于 0.3，可考虑将该项进行删除；如果项已删除的 α 系数值明显高于原 α 系数，此时可考虑将该项进行删除后重新分析。最后，对分析结果进行总结。[1]

将 2037 份学生问卷的数据用 SPSSAU 平台进行标准化处理，根据 α 系数值进行调查项信度分析。从表 5-3 可知：α 系数值为 0.781，大于 0.7，可以看出相关研究数据信度质量比较高，可以据此用于下一步研究分析。针对项已删除的 α 系数，任意题项被删除后，相应的 α 系数值并不会有明显的上升，由此说明相关题项可以不做删除处理。针对校正项总计相关性，"10. 您对曾经上过的思政课的评价是？"对应的 CITC 值小于 0.4，"22. 除课堂讲授外，您认为思政课最好的教学方式是什么？"对应的 CITC 值小于 0.2，"27. 您认为思政课教学活动在大学教育过程中是否重要？"对应的 CITC 值小于 0.2，"30. 思政课教材是否能够吸引您阅读？"对应的 CITC 值小于 0.4，说明这几个选项与其余分析项的关系较弱，在进行有关数据分析时可以考虑作删除处理。

将 525 份教师问卷的数据用 SPSSAU 平台进行标准化处理，根据 α 系

---

[1] 黄君莹：《电子元器件 A 公司人才流失问题研究》，硕士学位论文，南昌大学，2021，第 20～22 页。

数值进行调查项信度分析。从表 5-4 可知：α 系数值为 0.671，大于 0.6，可以看出相关研究数据信度质量尚可以接受，可以据此用于下一步研究分析。针对项已删除的 α 系数，任意题项被删除后，相应的 α 系数值并不会有明显的上升，由此说明相关题项可以不做删除处理。针对校正项总计相关性，"10. 您是否熟悉思政课教师'六要素养'？"对应的 CITC 值小于 0.2，"13. 您在教学中最为困惑的是？"对应的 CITC 值介于 0.2~0.3，"14. 您在思政课教学中用得较多的方法是？"对应的 CITC 值介于 0.2~0.3，"15. 您是否能够在课堂上及时回应学生提出的问题？"对应的 CITC 值小于 0.4，"16. 您与学生交流的基本途径是？"对应的 CITC 值小于 0.2，"19. 您对思政课课堂上'低头一族'的看法是？"对应的 CITC 值小于 0.4，说明这几个选项与其余分析项的关系较弱，在进行有关数据分析时可以考虑作删除处理。

表 5-3　Cronbach 信度分析（学生卷）

项目	校正项总计相关性	项已删除的 α 系数	Cronbach α 系数
7. 您认为您所在高校思政课的亲和力整体状况如何？	0.699	0.742	
9. 您认为思政课所学对未来生活的影响如何？	0.490	0.759	
10. 您对曾经上过的思政课的评价是？	0.382	0.771	
11. 您上过的思政课中是否有印象特别深刻的一堂课？	0.641	0.755	
12. 您对目前正在上的思政课教师的评价是？	0.563	0.753	
14. 从整体上看，您对思政课教师亲和力评价是？	0.614	0.756	
18. 您与思政课教师交流的类型属于？	0.454	0.762	0.781
20. 您的思政课老师是否能很好地解决您心中的困惑？	0.433	0.765	
22. 除课堂讲授外，您认为思政课最好的教学方式是什么？	0.175	0.827	
24. 您是否满意思政课教学方式？	0.701	0.736	
27. 您认为思政课教学活动在大学教育过程中是否重要？	0.198	0.788	
30. 思政课教材是否能够吸引您阅读？	0.370	0.772	

标准化 Cronbach α 系数：0.831

表 5-4　Cronbach 信度分析（教师卷）

项目	校正项总计相关性	项已删除的 α 系数	Cronbach α 系数
10. 您是否熟悉思政课教师"六要素养"？	0.145	0.675	0.671
11. 您是否能够做到了解授课对象的基本诉求？	0.462	0.641	
12. 您是否能够将所学理论知识与学生实际相结合？	0.411	0.641	
13. 您在教学中最为困惑的是？	0.299	0.672	
14. 您在思政课教学中用得较多的方法是？	0.248	0.678	
15. 您是否能够在课堂上及时回应学生提出的问题？	0.380	0.648	
16. 您与学生交流的基本途径是？	0.039	0.688	
17. 您对学生思想变化情况了解吗？	0.432	0.639	
18. 您会因为学生普遍喜欢某一电视剧（电影）而去看这部电视剧（电影）吗？	0.475	0.626	
19. 您对思政课课堂上"低头一族"的看法是？	0.328	0.649	
20. 您是否认同亲和力是思政课教师最重要的职业素养之一？	0.442	0.638	
21. 您认为思政课教师对学生的影响程度如何？	0.472	0.623	

标准化 Cronbach α 系数：0.733

第二节　新时代高校思政课亲和力存在问题分析

习近平总书记在 2021 年的全国两会上说过："70 后、80 后、90 后、00 后，他们走出去看世界之前，中国已经可以平视这个世界了，也不像我们当年那么'土'了……"① 在平视世界的话语上，不少人将"00 后"称为"平视一代"，现在的高校思政课主要教学对象就是"平视一代"。在"平视一代"的期待视野里，思政课别具风格，有活力、有视野、有格局等是这种风格的内在品格。因此，坚持马克思主义的指导地位，弘扬社会主义核心价值观，提升思政课亲和力，增强思政课说服力、吸引力、感染

---

① 《习近平总书记看望参加全国政协会议的医药卫生界教育界委员》，《人民日报》2021 年 3 月 7 日。

力、影响力、导向力就显得尤为重要。

党的十八大以来，经过十多年的教学改革与创新，高校思政课整体上趋向良好发展态势，这在本次实证调查研究的结果中得到了验证。但是，与党和国家的未来发展之需以及学生的成长所求相比，目前高校思政课亲和力建设仍存在一些不足之处，需要进一步改进。

一 师生对新时代高校思政课亲和力的整体评价

习近平总书记在主持召开学校思想政治理论课教师座谈会时强调："推动思想政治理论课改革创新，不断增强思政课的思想性、理论性和亲和力、针对性。"[1] 习近平总书记的重要讲话成为新时代高校思政课建设的明确方向和基本遵循。这就要求高校思政课教师深入推进思政课改革创新，不断提升思政课亲和力。高校思政课亲和力作为一个系统性概念，涉及教学内容、教学方法、践行途径、教师队伍综合素质、教学绩效评价等多元要素，具体表现为教育对象对思政课教学内容、教学方法和实践活动的亲近感、认同感、获得感，因而通过增强说服力、提高吸引力、强化感染力、扩大影响力、强化导向力以达成"真信""真学""真懂""真爱""真用"是增强高校思政课亲和力的重要向度。

1. 学生对高校思政课亲和力的整体评价

大学生是高校思政课的重要参与者，是教学主体之一，也是思政课亲和力的直接感知者。思政课教学亲和力是由教师的"教"和学生的"学"双向良性互动而构成的，增强思政课亲和力就是要让学生积极主动地参与到教学活动中来，从而对思政课"真信""真学""真懂""真爱""真用"。

结合学生自身认识和实际体验，从调查结果来看，68.43%的学生认为所在高校思政课亲和力整体状况很强或较强，接近一半的学生认为思政课对未来生活作用很大，仅有0.34%的人认为没有作用，而且有69.27%的学生认为思政课是终身受用、印象深刻的课程（见表5-5、图5-1、图5-2）。因而，整体而言，学生对高校开设思政课的意义和作用持积极肯定的

态度，从主观意愿上表明其愿意接纳思政课教学任务。

表 5-5 学生对当前高校思政课亲和力一般性认知问题一览（学生卷）

项目序号	调查问题
6	您是否对亲和力一词有所了解？
7	您认为您所在高校思政课的亲和力整体状况如何？
8	您认为影响高校思政课亲和力的因素包括哪些？
9	您认为思政课所学对未来生活的影响如何？
10	您对曾经上过的思政课的评价是？
11	您上过的思政课中是否有印象特别深刻的一堂课？
21	您认为富有亲和力的思政课在内容方面是怎么样的？
23	您认为思政课亲和力不足的原因有哪些？
25	您认为当前思政课课堂最需要改进的是？
27	您认为思政课教学活动在大学教育过程中是否重要？

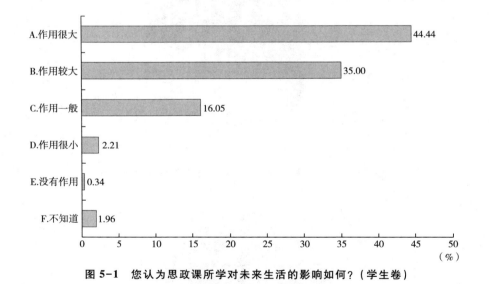

图 5-1 您认为思政课所学对未来生活的影响如何？（学生卷）

从课堂表现来看，学生课堂讨论参与率较低，"偶尔会"和"不会""积极参与课堂讨论并发表自己的观点"占比达到了 37.71%（图 5-3）。同时，仍然存在不少学生对思政课的认同感较低，处于被动接受状态，占比达到 30.73%，并且 19.15% 的学生对于上过的思政课未留下深刻印象（见图 5-4）。究其原因，思政课教学缺乏互动性、以理论灌输为主的占比

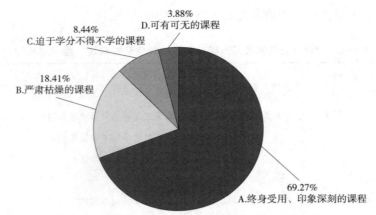

图 5-2 您对曾经上过的思政课的评价是？（学生卷）

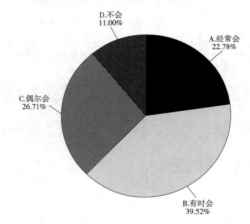

图 5-3 您是否积极参与课堂讨论并发表自己的观点？

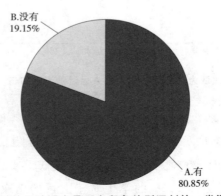

图 5-4 您上过的思政课中是否有印象特别深刻的一堂课？（学生卷）

相对较高，分别为 48.85% 和 48.75%（见图 5-5）；而且 70.05% 的学生认为当前思政课课堂最需要改进的是增加教学趣味性（见图 5-6），改善思政课强理论性与弱互动性之间的失衡也成为增强高校思政课亲和力的关键问题。

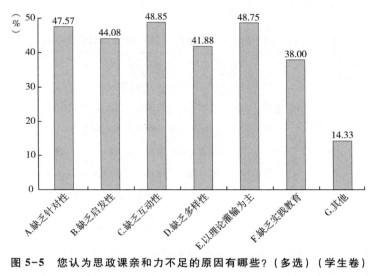

图 5-5　您认为思政课亲和力不足的原因有哪些？（多选）（学生卷）

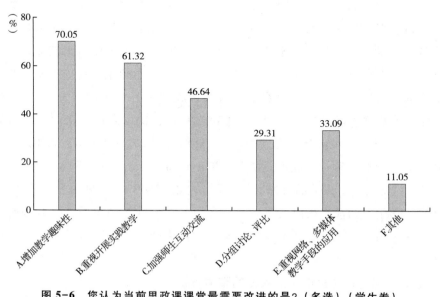

图 5-6　您认为当前思政课课堂最需要改进的是？（多选）（学生卷）

思政课教学由诸多要素构成，思政课亲和力也涉及多个关键要素，包括教学主体、教学内容、教学方法、教学载体、教学环境及教学艺术等，这些要素均构成了学生是否乐于参与思政课教学的客观条件。其中作为思政课教学的主导者，个人各方面的能力和素质在很大程度上影响了学生对思政课亲和力的认知（见表5-6）。

表5-6　学生对当前高校思政课教师亲和力的评价性认知问题一览（学生卷）

项目序号	调查问题
12	您对目前正在上的思政课教师的评价是？
13	您认为具有亲和力的思政课教师首先应具有的条件是？
14	从整体上看，您对思政课教师亲和力评价是？
15	您是否能够强烈地感受到思政课教师坚定的马克思主义信仰？
16	您认为有亲和力的思政课教师应该具备哪些素质？
17	您认为一些思政课教师缺乏亲和力的原因是？
20	您的思政课老师是否能很好地解决您心中的困惑？

调查显示，46.49%的学生认为具有亲和力的思政课教师首先应"善于与学生沟通"，而"教学能力强"仅占7.76%（见图5-7）。因此，在学生看来，思政课具有亲和力的关键在于教师的个人魅力及其与学生之间的互动交流状况。然而，在问及学生与思政课教师交流的状况时，44.77%的学生选择"偶尔交流，关系平淡"，更有19.39%的学生选择"无交流，关系淡漠"（见图5-8），这一数据反映出学生所期待的师生互动理想状态与现实之间的落差，这一因素也影响了思政课在学生心目中的亲和力。此外，学生认为思政课教师缺乏亲和力的原因选项中再次以高比例指向"语言缺乏感染力"和"对待学生态度冷漠"，分别占到69.86%和48.40%，紧随其后的分别是"理论功底不扎实"（占比40.80%）、"性格不易相处"（占比38.44%）、"个人的品行修养问题"（占比32.40%）（见图5-8）。综合来看，学生对当前高校思政课教师亲和力的评价处于中等层次，其中师生之间的沟通交流程度以及教师的主动性和人格魅力更能影响学生对思政课教师亲和力的判断。

2. 教师对高校思政课亲和力的整体评价

思政课教师作为马克思主义理论的践行者、信仰者、研究者、传播者，

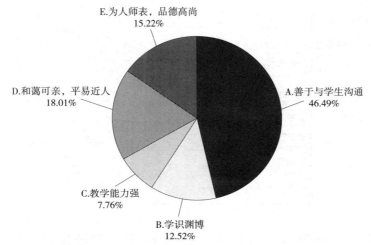

图 5-7　您认为具有亲和力的思政课教师首先应具有的条件是？（学生卷）

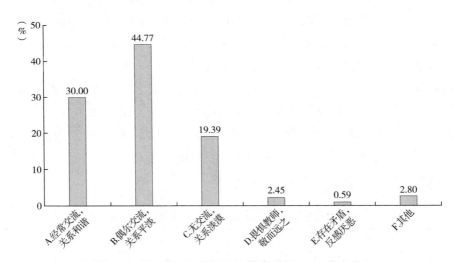

图 5-8　您与思政课教师交流的类型属于？（学生卷）

是高校落实立德树人根本任务的主力军，更是大学生坚定理想信念的教育者、引导者，在高校思想政治教育中扮演着极为重要的角色，在高校思政课亲和力构成要素中也是关键的组成部分。思政课教师对于高校思政课的认知和自身的定位，影响着教师在思政课教学过程中的心理状态、情感态度和精力投入，进而影响学生对思政课的体验和感悟。

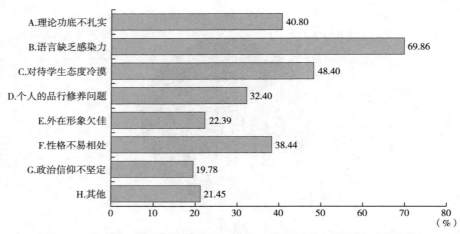

图 5-9 您认为一些思政课教师缺乏亲和力的原因是？（多选）（学生卷）

　　近年来，高校思政课教师队伍建设得到进一步加强，整体素质和能力水平有了较大的提高，但仍存在一些需要改进的问题与不足，在一定程度上影响了高校思政课亲和力的提升效果。从"受欢迎"的角度描述教师所需的基本素养，调查结果显示，教师对此的选择分布较为均匀，每个选项均有涉及，这也反映出要成为一名受欢迎的思政课教师，学生的期待值越高，对教师能力的要求也就越高，给教师带来了不小的挑战，需要从各个方面着手努力，不仅需要渊博的学识，也需要丰富的教学经验，甚至教师个人的教学风格、语言魅力、品行修养也成为学生对思政课教师亲和力评价的重要影响因素（见表 5-7、图 5-10）。

表 5-7 教师对当前高校思政课亲和力自我认知问题一览（教师卷）

项目序号	调查问题
8	您认为受学生欢迎的思政课教师一般具备什么样的特征？
9	您认为哪些因素影响一名思政课老师是否受学生欢迎？
10	您是否熟悉思政课教师"六要素养"？
19	您对思政课课堂上"低头一族"的看法是？
20	您是否认同亲和力是思政课教师最重要的职业素养之一？
21	您认为思政课教师对学生的影响程度如何？

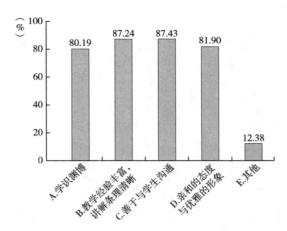

图 5-10　您认为受学生欢迎的思政课教师一般具备什么样的特征？（多选）（教师卷）

"六要素养"是指习近平总书记在学校思想政治理论课教师座谈会上提出的"政治要强""情怀要深""思维要新""视野要广""自律要严""人格要正"①。图 5-11 显示，26.29% 的教师对"六要素养"非常熟悉，48.19% 的教师较为熟悉，19.81% 的教师一般熟悉，而对此"不熟悉"的教师也有一定数量，占比 5.71%，通过与"年龄"参数进行交叉分析，可以发现后者主要集中于年轻教师群体（见图 5-12）。调查教师对思政课堂出现不良现象的态度时发现半数以上的教师对课堂上"低头一族"的看法较为平淡，或回答"正常，无法杜绝"，或认为"没关系，我完成教学任务就好"，仅有 42.29% 的教师认为"不正常，必须杜绝"（见图 5-13），教师对待课堂乱象的态度侧面反映了其对课堂的责任感和积极性，也在一定程度上反映出学生对思政课堂的兴趣低落甚至出现厌恶、排斥等负面情感。

苏霍姆林斯基曾说："学校就像一种精致的乐器，它奏出一种和谐的旋律，从而影响到学生的心灵，但这乐器能否弹奏出美妙的音律关键在于教育者。"② 教师自身的亲和力对思政课亲和力有着至关重要的作用。根据调查结果，绝大多数教师认同亲和力是思政课教师最重要的职业素养之

---

① 习近平：《思政课是落实立德树人根本任务的关键课程》，人民出版社，2020，第 12~16 页。

② 〔苏〕B. A. 苏霍姆林斯基：《给教师的一百条建议》，周蕖、王义高等译，天津人民出版社，1981，第 120 页。

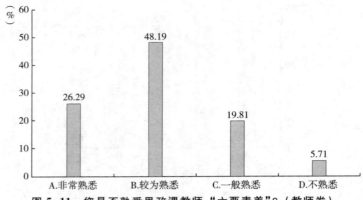

图 5-11　您是否熟悉思政课教师"六要素养"?(教师卷)

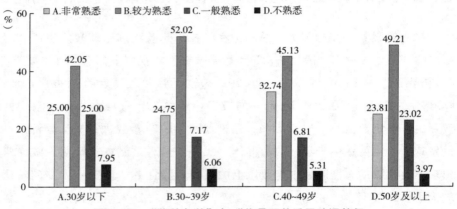

图 5-12　"您的年龄"与"您是否熟悉思政课教师
'六要素养'"两项交叉分析(教师卷)

一,而在以"年龄"为自变量 X,以"您是否认同亲和力是思政课教师最重要的职业素养之一"为因变量 Y 的交叉分析中,可以得出,"50 岁及以上"教师群体不认同亲和力是思政课教师最重要的职业素养之一的比例明显高于其他年龄层次,达到 31.75%(见图 5-13)。此外,72.96% 的教师对思政课教师对学生的影响程度持积极乐观的态度,但也存在部分教师报以失落悲观的情绪,认为思政课教师影响力一般,不及专业课教师,而从学生问卷的反馈情况来看,63.72% 的学生认为思政课教师对自身产生了重要影响,持积极肯定的评价,由此说明部分思政课教师对自身定位不够自信、自我认知还不够充分。本质上来说,就是对课程自信、学科自信、岗位自信还不够高。

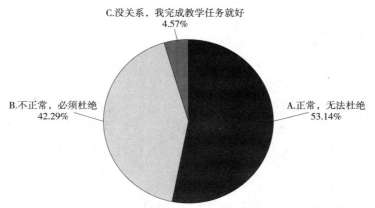

图 5-13　您对思政课课堂上"低头一族"的看法是？（教师卷）

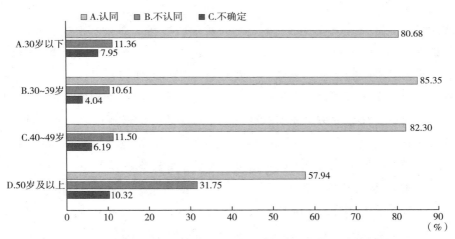

图 5-14　"您的年龄"与"您是否认同亲和力是思政课教师
最重要的职业素养之一"两项交叉分析（教师卷）

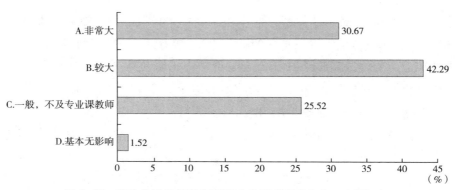

图 5-15　您认为思政课教师对学生的影响程度如何？（教师卷）

二　高校思政课亲和力存在的问题

依据对调查问卷的分析，可以发现高校思政课教育者和受教育者间的亲和关系总体上来说既呈现良好态势，也存在一些问题，主要反映在高校思政课的教学内容、教学方法、践行体系、教师队伍、教学评价等方面，归根结底表现为：说服力不足、吸引力不够、感染力不强、影响力不大、导向力不优。

（一）高校思政课教学内容说服力不足

学习兴趣是学生主动学习的最主要动力。如果学生对教学内容缺乏足够的学习兴趣，甚至从内心产生反感和排斥的情绪，那么就很难达到理想的教学效果。教学内容是否具有说服力、能否让学生产生学习兴趣，与思政课是否具有亲和力密切相关。"做好新修订马工程高校思政课教材从教材体系向教学体系转化，讲深讲准、讲清讲透新教材所体现的党的理论创新、中国特色社会主义实践和马克思主义理论研究的最新成果。"[①] 教材内容的分析、教学内容的选择与组织，对学生"真信"思想政治理论影响巨大。当前，高校思政课教学内容说服力不足主要表现在以下几个方面。

1. 教学内容不够鲜活

丰富教学内容要求教师不能机械地照本宣科，而要在教材内容的基础上，根据学生成长发展规律和学习需求，创造性地用好教材、整合素材、选择案例，以生成具有生动性、多样化、说服力的教学内容，使教学内容更加贴近学生，更加生动、鲜活。图 5-16 显示：在"您认为所在高校的思政课在内容方面存在哪些问题？"的调查中，最突出的问题是"枯燥乏味"，选择此项的学生数占总数的 44.87%，接着是"过于空洞陈旧"，选择此项的学生数占总数的 41.73%，这两项占比总和高达 86.60%。这些数据均反映出当前高校思政课教学内容不够鲜活，难以抓住学生眼球。

2. 教材内容针对性有待增强

从世情看，世界多极化、经济全球化、文化多元化、社会信息化的趋

---

① 中共教育部党组：《关于印发〈"新时代高校思想政治理论课创优行动"工作方案〉的通知》，《中华人民共和国教育部公报》2019 年第 9 期。

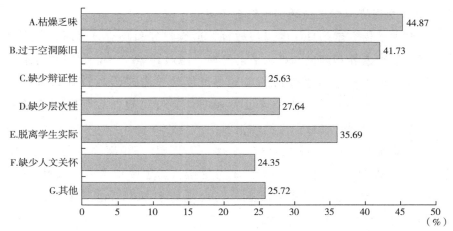

图5-16　您认为所在高校的思政课在内容方面存在哪些问题？（多选）（学生卷）

势不可逆转；从国情看，中国特色社会主义进入新时代、社会主要矛盾发生了历史性变化，我国国际地位得到前所未有的提升。高校学生大部分都是"90后""00后"，在当前时代背景下，真伪混杂的信息充斥在学生生活中，而作为新时代的青年，学生主体意识增强、思维活跃，价值取向多元，他们追求个性化的趋向与当前思政课教学内容的普遍化、格式化形成了巨大的矛盾。图5-17显示，65.93%的学生认为思政课教材比较枯燥乏味，不能激发阅读兴趣。这实际上也显示出思政课本身说服力的弱化。针对新时代大学生的特点，如果思政课教师仍然固守传统的教育方式，只是将书本上抽象的政治理论直接灌输给学生，而不注重对教材内容的整合、加工，毫无疑问只会加重学生对思政课的抵触情绪。

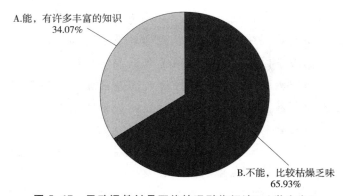

图5-17　思政课教材是否能够吸引您阅读？（学生卷）

3. 教学内容与学生生活实际结合不足

思政课的内容就是具体的思想教育、道德教育和政治教育内容，而学生的思想道德素养和理论知识水平也是衡量思政课教学效果和亲和力水平的重要指标。因此注重思政课的亲和力可以使思想政治教育效果事半功倍。但在实际的调查过程中，可以发现部分高校思政课教师备课不够充分，教学内容局限于教材，讲授理论时不能理论联系实际，与青年学生的生活实际紧密结合，86.75％的学生认为，思政课以理论灌输为主，缺乏实践教育（见图5-5）。这就直接导致部分学生认为思政理论内容太过枯燥、无趣，与自己的现实生活离得较远，和自身的学习生活以及未来关系不大，因而对思政课学习兴趣不大、积极性不高。

（二）高校思政课教学方法吸引力不够

毛泽东同志曾形象地说："我们不但要提出任务，而且要解决完成任务的方法问题。我们的任务是过河，但是没有桥或没有船就不能过。不解决桥或船的问题，过河就是一句空话。不解决方法问题，任务也只是瞎说一顿。"① 这充分说明了方法的重要性。"新时代，思想文化的多元交融、价值观念的激烈交锋、学生个性特点的不断凸显、互联网信息技术的飞速发展等都要求教学方法的不断变化创新。"② 教学方法的恰当运用对提升思政课亲和力起着至关重要的作用。

教学方法包括教与学两个方面，是教师教的方法（教授法）和学生学的方法（学习法）的有机融合、统一。当前，高校思政课课堂上存在教学方法刻板化和缺乏吸引力等问题，高校思政课教师在教学过程中创造性运用方法的能力有待进一步提升。从学生的角度看，高校思政课堂缺乏吸引力，主要表现在高校思政课教师教学方法运用不够合理、创新不够，不能根据教学内容、教学对象选取适合学生的恰当教学方法，使教学方法缺乏吸引力。同时由于高校思政课教师繁重的教学科研压力以及学生数量众多，教师没有充足的时间投入教学方法的创新、根据学生的差异性而因材施教，在服从共性的同时，失去了关乎学生个性的机会

---

① 《毛泽东选集》第1卷，人民出版社，1991，第139页。
② 佘远富：《把握高校思政课教学要素的"变"与"不变"》，《红旗文稿》2021年第14期。

（见表 5-8、表 5-9）。

表 5-8　思政课教学方法亲和力调查问题一览（教师卷）

项目序号	调查问题
13	您在教学中最为困惑的是？
14	您在思政课教学中用得较多的方法是？

表 5-9　思政课教学方法亲和力调查问题一览（学生卷）

项目序号	调查问题
18	您与思政课教师交流的类型属于？
22	除课堂讲授外，您认为思政课最好的教学方式是什么？
24	您是否满意思政课教学方式？

1. 教学方法灵活性不强

教有教法，但教无定法。当代大学生的思想更具独特性、个性化、多变性、复杂性，为了吸引学生更好地参与到课堂教学中来，迫切需要思政课教师及时更新教学理念、创新教学方法，根据教学内容、教学对象灵活选择与综合运用多种教学手段，针对新时代大学生的特点和新媒体快速发展的实际，巧妙使用案例分析法、网络教学法、实践锻炼法、情境体验法、榜样示范法等多种教学方法，努力增强思政课教学方法的吸引力。图5-18 显示，只有 28.38% 的学生非常满意当前思政课的教学方式，这也说明当前思政课教师在灵活运用教学方法方面做得不够，仍然有较大的改进和提升空间。

2. 教学载体多样性不够

教学载体是指师生为实现预期的教学目的，在相应的教学策略指导下开展教学活动所选择运用的工具、媒体或设备。从广义上讲，教学载体包括教材、媒体、资料等一切用于传递信息的手段；从狭义上讲，教学载体主要是常规教学工具以外的教学辅助手段，如事物模型、电教设施、计算机网络等。教师总是借助一定的教学手段作用于学生来实现预期目标，相较于"黑板、粉笔加教案"的传统模式，高校思政课往往采用"电脑、投影加课件"的现代模式。教学载体不够丰富多彩，教学手段不够多样多

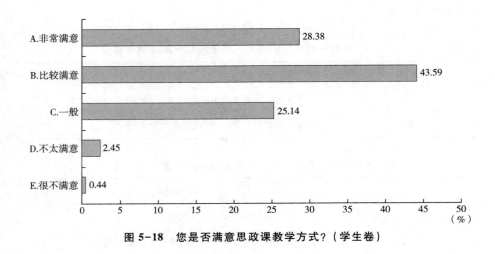

图 5-18　您是否满意思政课教学方式？（学生卷）

元，不能充分调动学生学习思政课的兴趣和积极性，这是思政课教学方法吸引力不够的直接原因。在活动载体方面，学生普遍希望参与更多丰富多彩、形式多样的教学活动，而不仅仅是课堂问答、小组讨论等传统的活动形式。调查显示，除课堂教学外，学生普遍认为社会实践、时事辩论等是较好的教学方式。高校思政课相对于其他学科课程来说，更具有严谨性和严肃性的特点，这也在一定程度上使高校思政课课堂比较沉闷，教师也多选取以教材为主的灌输式教学方式，课堂以教师灌输为主，学生处于被动接受地位。大学生自主意识较高，课堂教学缺乏互动性，很容易会让学生产生疲惫感，进而不愿意参与到课堂学习中来。"真理越辩越明"，相比于被动接受教学，大学生更喜欢自己主动进行学习，高校应坚持"理论为本、内容为王、问题导向、形式创新"，如此思政课才能真正"入脑""入心"。相反，教师不顾学生的听课感受，机械地向学生灌输思想政治内容，容易激发学生的逆反心理，不利于和睦师生关系的建立，进而影响教学效果。图 5-19 显示，相比于传统的灌输式教学方法，31.22%的学生更偏爱社会实践类的教学方式，这也凸显了思政课要做到理论与实践相结合，贯彻活动型课程的要求。

3. 教学设计吸引力不足

习近平总书记指出："学科体系同教材体系密不可分。学科体系建设上不去，教材体系就上不去；反过来，教材体系上不去，学科体系就没有

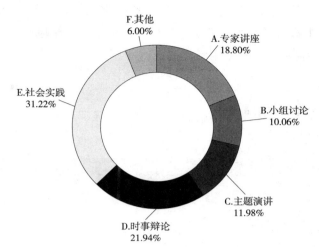

图 5-19　除课堂讲授外，您认为思政课最好的教学方式是什么？（学生卷）

后劲。"[1] 这表明培养有用之才就要有好的教材。作为思政课教师，在教学过程中，选择什么教学案例、选择多少教学案例来补充完善教材体系，采用何种教学手段、方法以及如何组织教学，都必须经过精心、完整的教学设计，从而减少盲目性、克服随意性、提高针对性、增强有效性。但当前高校思政课教学设计仍存在诸多问题，直接影响了思政课教学吸引力的增强。

对教材内容理解把握不透彻。教材是承载思政课教学内容的重要工具，是思想政治教育活动中教师所意欲传递给教育对象的思想政治观念，是连接思想政治教师和教育对象的信息纽带，是构成思想政治教育关系的基本要素，是蕴涵教育目的的载体，体现了马克思主义思想的指导地位，体现了马克思主义中国化具体要求，体现了中华民族优秀传统文化和国家民族的基本价值观，体现了人类文明传承与创新，是传播知识的主要载体。故而把教材体系转化为教学体系，提高思政课教学实效性显得尤为重要。"言之无文，行而不远"，就思政课教学而言，教材体系向教学体系转化，教材内容取舍、教学内容是否丰富精彩直接决定思政课教学感染力。从图 5-20、图 5-21 来看，当前思政课教师在教学时与学生的期待还有一定的差距。在"您是否能够做到了解授课对象的基本诉求？"中，仅有

---

① 《习近平谈治国理政》第 2 卷，外文出版社，2017，第 345 页。

11.62%的教师选择完全能够做到；在"您对学生思想变化情况了解吗?"中，51.62%的教师不是很清楚学生的思想情况变化。教师不了解学生实际情况，自然不能做到针对学生特点进行教学。

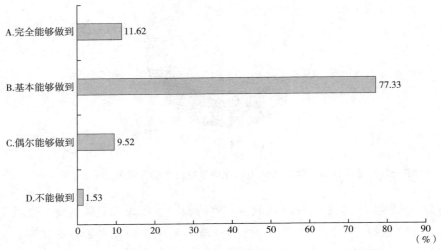

图5-20　您是否能够做到了解授课对象的基本诉求?（教师卷）

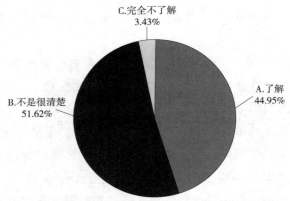

图5-21　您对学生思想变化情况了解吗?（教师卷）

教学设计的另外一个关键在于教学方法的选取，即高校思政课教师能否恰当地选择和运用教学方法。思政课的教学方法多种多样，在一定的教学活动中，不同的教学方法可以同时运用或相继运用。教师作为选择和运用教学方法的主体，具有丰富的教育理论和经验，教师为了更好地完成教学任务，增强教学效果，要从实际出发，灵活运用教学方法。目前，高校思政课的教学方法较为单一，创新性不强、灵活性不够，思政课教师"烹饪"教学内容、创造性运用方法的能力有待进一步提升。对于教学方法的运用，30%以上的教师更偏爱多媒体展示法，除此之外，案例分析法、理论教授法都是常见的教学方法。在实际教学中，高校学生普遍反映，他们的思政课仍然继续沿用"教师讲、学生听"的传统教学模式和"满堂灌"的教学方法，教学方法单一，上课形式单调。对于课堂上的"低头一族"，42.29%的教师认为这是不正常的现象，必须杜绝（见图5-13），但大多数学校和教师都是简单采取批评、警告等方式，并没有从教学设计方面去寻找原因，也没有在教学过程探索教学方法的创新，更没有从增强思政课亲和力、提升课程魅力的角度考虑去吸引学生、留住学生。

4. 教学话语感染力不足

语言是师生思政课教学交流的纽带。富有魅力的教学话语能够增强教师感召力，激发学生学习兴趣，提升思政课教学效果。习近平总书记指出要"让马克思讲中国话，让大专家讲家常话，让基本原理变成生动道理，让根本方法变成管用办法"[①]，也就是说要让马克思主义立足中国实际，用通俗易懂、富有亲和力、时代感的教学语言把学理化的、深奥的专有名词阐释得浅显易懂化、通俗化，把基本原理密切联系生活实际，以此切实有效地来指导社会生活实际，这样才能实现教学语言亲和力的提高和感召力的增强。但一些思政课教师不善于用"中国话""常话"进行教材语言体系转化，把"基本原理"转变成"基本道路"，理论讲解照本宣科、晦涩难懂，难以激起学生学习兴趣，弱化了思政课的亲和力。

所以说，高校思政课亲和力在很大程度上取决于学生对思政课教师的欢迎与肯定，主要表现为学生的到课率、课堂参与度、满意度（见表5-10）。调查发现，越来越多的青年学生开始喜欢思政课，喜欢思政课教师，不少学生对于教师的总体评价较高，整体呈现良好态势，69.27%的学生认为思政课是终身受用、印象深刻的课程。但是，思政课教学中仍然存在不少问题。图5-2显示，18.41%的学生感觉思政课是严肃枯燥的课程，30.73%的学生对思政课的评价是负面态度。

---

① 《习近平关于社会主义文化建设论述摘编》，中央文献出版社，2017，第100页。

表 5-10　思政课教学话语亲和力调查问题一览（教师卷）

项目序号	调查问题
11	您是否能够做到了解授课对象的基本诉求？
12	您是否能够将所学理论知识与学生实际相结合？
15	您是否能够在课堂上及时回应学生提出的问题？
16	您与学生交流的基本途径是？
17	您对学生思想变化情况了解吗？
18	您会因为学生普遍喜欢某一电视剧（电影）而去看这部电视剧（电影）吗？

（三）高校思政课践行体系感染力不强

思政课教学的最终目的是立德树人，引导学生对思政理论真心喜欢、真正践行。因此，建立健全高校思政课践行体系对思政课的教学过程和教学效果有着重要影响，是思政课亲和力提升的重要影响因素。当前高校思政课虽然重视践行体系建设，关注度和投入度有所提升，但是仍然存在践行体系不完善而导致其感染力不强的问题，影响并制约了高校思政课亲和力的提升。

1. 践行机制不够稳定

当前高校思政课普遍采用"大班制"进行教学。"大班制"教学虽然在很大程度上能够提升教学效率，但是受制于班级人数，实践教学无法得到真正的展开，理论与实践无法得到真正的结合，致使本来理论性就较强的思政课更加难以获得学生的喜爱，教学质量也无法得到保障。在学生卷第25题"您认为当前思政课课堂最需要改进的是？"中，可以清楚地看到，学生认为当前思政课堂应重视增加教学趣味性，占比高达70.05%，接着是重视开展实践教学，占比达到61.32%（见图5-6），毫无疑问，实践教学是增加教学趣味性的好方法。

以上诉求都反映出一个问题，当前高校思政课践行机制不够稳定，部分高校不够重视高校思政课践行体系的完善，结合实际情况来看，主要表现为以下几个方面：首先，没有形成关于高校思政课践行体系的稳固化做法，有的教师实施，有的教师没实施；有的课程实施，有的课程没实施。其次，践行保障不够，践行经费、人力、物力等不能得到充分保障。最后，联动机制不够，与校外联动偏少。

2. 践行形式较为单一

高校思政课教师在教学时要从理论与实践相结合的角度进行教学组织，建立和完善践行体系。一般而言，高校思政课的践行体系应是思政课程与课程思政相协同、课内与课外相结合、校内与校外相统一的立体多元体系。从问卷调查结果可以清楚地看到，在学生卷第 19 题"您认为所在高校的思政课在内容方面存在哪些问题？"中占比最高的三个选项分别为枯燥乏味、过于空洞陈旧、脱离学生实际，占比分别为 44.87%、41.73%、35.69%（见图 5-16）。

调查结果不仅说明当前高校缺乏对思政课践行体系的重视，而且突出了当前高校思政课在践行过程中存在的一个明显问题，即实践形式较为单一，主要表现如下：一方面，考虑到外出安全问题，所以课内实践较多；另一方面，就算是课外实践也以参观为主，如实地参观红色革命教育基地等。因此，必须因地制宜、与时俱进拓展实践方式和路径，如除了线下践行外，结合当前互联网的迅猛发展和网络资源比较丰富的形势，组织开展线上践行也不失为一种好方法。

3. 践行内容较为狭隘

强化思政课践行体系是增强思政课亲和力的重要途径之一。应当加强立体的践行体系建设，加强思政课实践教学的开展和形式创新，引导学生带着思政理论参加各类校内外实践活动，在实践中发现问题、思考问题，结合实践进行批判性反思和分析，再回到课堂中来开展"实践归来话感受"。这是一个从理论到实践，再从实践回到课堂的认知过程。通过加强师生间的合作和思政课教师的精心引导，增进彼此的亲近感，培养学生用所学理论解决实际问题的能力，从而增强思政课程的亲和力。

在学生卷第 22 题"除课堂讲授外，您认为思政课最好的教学方式是什么？"中，通过图 5-19 可以观察到社会实践所占比例最大，是学生普遍倾向的教学方式。结合实际也不难发现，当前思政课教学过程中践行内容较为狭隘，实践教学中红色革命教育内容多，但其他内容很少，比如：生态文明建设、乡村振兴以及涉及新中国史、党史、社会主义建设史等方面的实践内容较少，这是当前非常值得关注的问题，也是今后思政课亲和力提升的主要方向。

（四）高校思政课教师队伍影响力不大

高校思政课课堂教学中，教师是思政课教学的主导者、组织者。教师具有较高的能力与素养是强化教学感染力、发挥课堂教学主阵地作用、完成时代使命的前提条件。尽管在国家政策的引导支持下，思政课教师队伍建设不断加强、师资力量得到壮大、教师能力素养有所提升，但仍有部分思政课教师知识结构和能力素养跟不上形势发展需要，自身感召力不足、影响力不大，致使其所在的思政课堂亲和力不高。

1. 部分教师不注重与学生的沟通

思政课亲和力的首要特征就是主体性。当前，广大高校思政课教师认真学习和贯彻习近平新时代中国特色社会主要思想，积极努力提高高校思政课的亲和力。从图 5-22 中可以看出，思政课教师在传道授业解惑方面得到了绝大部分学生的认可，86.40% 的学生认为思政课教师能很好或较好地帮助自己解决思想困惑。

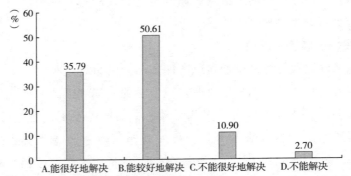

图 5-22　您的思政课老师是否能很好地解决您心中的困惑？（学生卷）

但是当代大学生并不仅仅满足于课堂的理论知识学习，他们更期待课下通过社交媒体等方式与教师进行沟通交流，倾诉学习生活的烦恼，表达内心的各种困惑和疑问，从老师这里得到回复、解答。包括思政课涉及的学科之外的其他许多具体知识、面对社会热点问题的态度与看法等，他们都希望与教师进行言语的沟通、思想的交流、心灵的碰撞。但图 5-23 显示，高校思政课教师与学生之间的交流局限于课堂，占比达到了 67.81%，超过一半的比例。而除课堂教学外，教师与学生的沟通交流甚少，更不要说帮助学生解决生活中的疑难困惑了。学生上课走神，课堂互动不积极，迟到早退、旷课等，这些现象表面上是学生存在的问题，但是究其本质体现的却是教师的教学问题。此外，教师的教学理念也要随着时代的变化进行适时的更新。

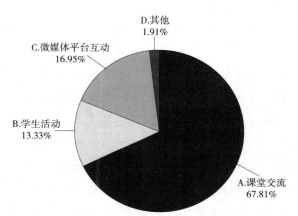

图 5-23 您与学生交流的基本途径是？（教师卷）

除此之外，教师和学生的情感交流也略显不足。思政课教的是人，赢的是心。教师亲和力是建立在师生间情感交流基础上的一种相互认同、相互吸引的力量。具有亲和力的思政课教师，师生关系应是平等的、和谐的，只有这样才能增强思政课亲和力，形成一种教学相长的良性局面。

然而从图 5-8 来看，当前思政课仍存在师生情感交流不足的问题。大多数学生希望与老师互动，但实际上只有 30.00%的学生能够实现思政课课上或课后与老师的"经常交流，关系和谐"，44.77%的学生停留在与教师"偶尔交流，关系平淡"的状态，甚至有 19.39%的学生与教师"无交流，关系淡漠"。这表明，当前高校思政课教学话语仍以教师单向传播为主，师生间信息交流与反馈路径不够通畅，师生间没有构建形成平等沟通、愉快交流的交互式对话方式。当代大学生独立意识强，善于彰显个性、表达自我，他们更喜欢在交流沟通中形成对理论知识的获得、理解与掌握。因而，思政课教学应注重与学生建立起顺畅的平等对话、互动交流的路径。教师不深入学生、不了解学生，学生不亲近教师、不理解教师，长此以往、恶性循环，必然严重制约教师教学亲和力的生成。有些教师在课堂教学过程中只注重理论知识的灌输，却忽视学生的实践体验；只注重教师单向的教学讲授，不注重与学生的双向互动交流；只注重教学内容的完成，不注重对学生正确"三观"的塑造；对学生的学情不了解、实际所需不掌握、思想变化情况不清楚，导致课堂上缺乏师生情感共鸣而出现失语现象，课堂外缺乏师生互动而使学生逐渐远离教师。

2. 部分教师素养不够高

部分思政课教师能力素养不够、影响力不大，主要表现在以下几个方面。

一是政治素养有待进一步提高。思政课旗帜鲜明，必须理直气壮地强调社会主义意识形态的灌输与教化。思政课教师必须拥有马克思主义的世界观、人生观和价值观，坚定的共产主义信仰，过硬的政治素质，明辨是非，勇于发声。图 5-24 显示，65.34% 的学生认为思政课教师有马克思主义信仰并且能强烈地感受到教师带给他们信念上的坚定态度，但是，也有 29.06% 的学生有感受但是不强烈，甚至分别有 2.85%、2.75% 的学生感受不到或说不清楚。有些教师政治素养不高，政治意识薄弱，对敏感性的政治是非问题，要么言辞偏激、混淆视听；要么避而不谈，把问题简单带过。他们不能满足学生预期要求、对学生进行释疑解惑，这些行为极大地影响了思政课教师自身的感召力、影响力，也削弱了思政课的亲和力。

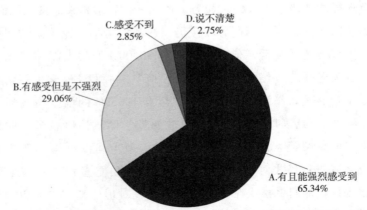

图 5-24　您是否能够强烈地感受到思政课教师坚定的马克思主义信仰？（学生卷）

二是理论素养有待进一步深化。习近平总书记指出，要"让马克思讲中国话，让大专家讲家常话，让基本原理变成生动道理，让根本方法变成管用办法，将总体上的'漫灌'和因人而异的'滴灌'结合起来"①，也就是说要让马克思主义立足中国实际，用通俗易懂的家常话、富有亲和力的通俗话、剧院时代感的大白话，把学理化的、深奥难懂的理论知识、专有名词阐释得浅显易懂、落地生根，把基本原理密切联系生活实际，以此切实有效地指导社会生活实际，这样才能实现教学语言亲和力提高、感召力增强、影响力扩大。但一些思政课教师不善于用"中国话""家常话"进行教材语言体系转化，把"基本原理"转变成"基本道路"，理论讲解照本宣科、晦涩难懂，难以激起学生学习兴趣，弱化了思政课的亲和力。正如前文所讲，44.87%的学生认为高校思政课"枯燥乏味"，41.73%的学生认为高校思政课"过于空洞陈旧"（见图5-16）。深究其原因：一方面是教学内容有没有与时俱进，另一方面是教师进行教学设计时没有对教材进行深入理解，没有结合学生特点、教学重点对教学内容进行再整理、再设计。

三是多媒体辅助教学使用不当。教师借助新媒体手段辅助教学，可以增强课堂教学的趣味性，提升课堂吸引力，提高学生的学习积极性、主动性和创造性，促进教师和学生之间的有效互动，使课堂气氛更加活泼。图5-25显示，32.76%的思政课教师在思政课教学中以多媒体展示为主。但是，值得注意的是，仅仅使用新媒体单纯地改变课堂内容呈现方式或者过分依赖多媒体教学是无法真正提高课堂实效性的，教师需要正确理解、灵活应用多媒体辅助教学，使新媒体手段真正融入课堂教学、服务课堂教学，增强学生的学习热情，提升教学效果。

3. 教师队伍培训机制有待完善

针对教师队伍影响力不大的问题，不断完善和健全思政课教师队伍的培训机制是一项重要举措。当前思政课教师的培训存在一些需要改进和完善的方面。首先，在顶层设计上思政课教师的培训政策有待进一步完善。例如，将思政课教师培训纳入教师职称评聘的指标，虽在一定程度上能够调动教师参与培训的积极性和主动性，但也不可避免地出现部分教师为了评职称而被动参与培训的现象，造成主次颠倒、本末倒置，与设置这一指标的初衷背道而驰，导致部分思政课教师参加培训"身在曹营心在汉"、

---

① 《习近平关于社会主义文化建设论述摘编》，中央文献出版社，2017，第100页。

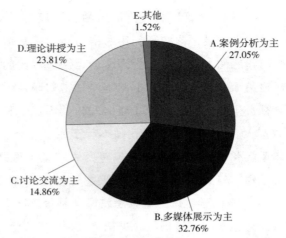

图 5-25　您在思政课教学中用得较多的方法是？（教师卷）

人在而心不在或是忙于自己的其他业务，更有甚者以代签到的方式"走过场"。其次，思政课教师的培训组织工作也存在一定的问题，直接影响了思政课教师对于培训的学习态度和学习效果。教育培训是提升思政课教师素质的重要途径，也是思政课教师重塑锻造和学习交流的重要机遇，培训师资、培训内容、培训考核手段等要素是思政课教师队伍培训机制是否健全及其能否满足思政课教师成长需要的关键。图 5-26 显示，思政课教师对学校教师培训工作"非常满意"和"比较满意"的共占比 53.34%，满意度"一般"的占比 33.90%，还有 12.76%的教师对此表示不满意。由此可见，当前思政课教师队伍的培训机制仍有较大的改进空间。

（五）高校思政课教学评价导向力不优

高校思政课导向力不优主要表现在教学评价方面。教学改革推进了教师教学行为的创新，不断更新的评价理念更是催生了高校思政课教学评价的变革。思政课教师对教学评价的认同感逐渐提高，科学合理的教学评价使教师认识到教师专业发展的重要性，引导他们更加重视自身知识结构的完善、教学理念的更新、教学内容的丰富、教学方法的创新、教学水平的提升、教学效果的提高。虽然已经取得了不少的成绩，但高校思政课教学评价在理论与实践上仍存在诸多不足之处，对高校思政课教学产生了不良导向，评价的现实与评价的理念之间的差距仍不可忽视。

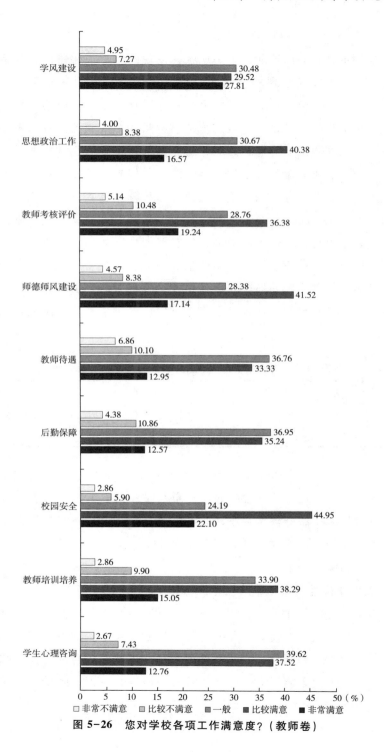

图 5-26　您对学校各项工作满意度？（教师卷）

1. 教学评价目的功利倾向严重

教学评价具有问脉诊断、了解现状、发现问题、强化整改、促进提高的综合功能。但在高校现实生活中，重科研、轻教学的现象仍然普遍存在，项目、经费、论文、著作、成果获奖等科研指标往往成为高校考核教师的众多可量化指标。目前多数高校考核教师的标准较为单一，考核主要集中在教师的科研能力与业绩方面，对教师的教学能力、教学业绩和教学质量等，则由于不易量化、不具显示度等而被轻视或忽视。思政课的教学评价应该以立德树人为导向，重点应放在考核学生能否接受、消化、践行思政理论知识上。科研与教学是相辅相成的，教学对科研有辅助功能，同样科研对教学也有促进作用。如果教师能够把自己的教学重心放在学生身上，用心用情投入教学，那么教学的亲和力就会自然生成。因此，要进一步更新教学评价理念、创新思政课教学评价方式方法，引导广大思政课教师热爱教学、潜心教学、投入教学，真正使广大学生喜欢、热爱这门课程（见表5-11）。

表5-11 思政课教学评价亲和力调查问题一览（教师卷）

项目序号	调查问题
22	您所在学校是否设有以学生评教为主导的教学荣誉奖励？
23	您对学校各项工作满意度？

图5-27显示，37.33%的学校并未设有以学生评教为主导的教学荣誉奖励，这也是忽略过程性评价的表现。重视学生对教师的评价，可以激励教师在日常生活中做好教学工作，而不仅仅只是注重最终结果。在了解教师对各项工作的满意度时，我们可以看到教师关注学校工作的方方面面，并且持有一种满意的态度。

2. 教学评价过于重视终结性评价

大学生对思政课的学习动机、基本态度是决定其课堂表现的重要因素。当前大部分高校思政课的考核主要还是通过期中、期末考试的分数来衡量，缺少对学生课堂参与、学习过程、日常表现的综合评价。这种课程成绩考核形式不仅影响了学生日常学习的积极性，也大大降低了学生的课堂参与度（见表5-12）。

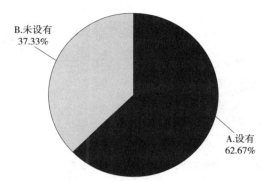

图 5-27　您所在学校是否设有以学生评教为主导的教学荣誉奖励？（教师卷）

表 5-12　思政课教学评价亲和力调查问题一览（学生卷）

项目序号	调查问题
28	您认为思政课的考核方式是否能反映您的学习状况？
29	您更喜欢思政课哪一类考核方式？

图 5-28、图 5-29 显示，66.76% 的学生认为思政课的考核方式"完全可以"和"大多数方面可以"反映自己的学习状况，但仍有 33.24% 的学生对思政课考核方式的评价是"一般""很少方面可以""根本不能"，表明思政课的考核方式仍存在一定的问题，有待改善；并且侧重思维能力和价值观念的考核方式在学生群体中更受青睐，占比达到了 85.96%，传统侧重知识水平的考核方式仅占 7.51% 的比例。

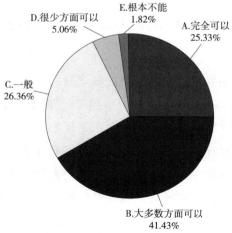

图 5-28　您认为思政课的考核方式是否能反映您的学习状况？（学生卷）

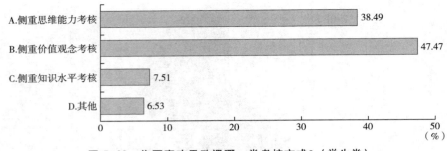

图 5-29　您更喜欢思政课哪一类考核方式？（学生卷）

　　从调查数据的分析结果来看，实质上是符合思政课的课程要求的，但是两项数据相比较可以发现学生的评价和喜好之间比例不对等，存在矛盾，这恰恰说明在实际考核过程中出现了偏差，应然和实然的考核方式不一样，无法满足学生的期待。在唯分数的评判标准下，大学生对思政课的学习往往表现出功利化的倾向。部分学生认为，思政课讲授的内容都是与现实生活实际不相关的抽象理论和概念，对今后的职业发展不起重要作用；还有一些学生认为，思政课总是讲大道理，从内容到形式都缺少吸引力，在知识性和实用性上都不如专业课。这些都是对高校思政课的误解、偏见。因此，思政课考核的内容不应局限于理论条目的死记硬背，而应重点考核学生对思政理论的学、思、行以及发现问题、分析问题、思考问题及解决问题的能力提升情况。

第三节　新时代高校思政课亲和力存在问题原因分析

　　提升思政课的亲和力"不是最终的教育目的，而是达成目的的重要手段"①，最终目的还是让学生真正理解掌握思政知识、践行思政理论。当前社会矛盾日益加深，各种不良社会思潮严重影响学生价值判断，与此同时高校思政课亲和力也存在多方面的不足。对思政课亲和力存在问题进行原因分析，有利于进一步明晰思政课亲和力各要素间的关系，同时也能为探索提升路径提供方向性的指导。只有清楚问题、明晰原因，才能"对症下

---

　　①　张秀：《提升高校思想政治工作亲和力》，《党政论坛》2017 年第 9 期。

药"，提出可行的提升对策。

一　新时代高校思政课教学主体认识层面

（一）大学生主观能动性发挥不足

高校思政课离不开教育对象的积极主动参与，大学生自身的学习积极性、主动性、创造性是影响思政课亲和力提升的关键要素。尽管在调查中发现，大部分大学生在思政课的认知度上比较高，对思政课的地位和作用也比较肯定，但在实际的教学课堂中往往积极性不高、参与度不够、主动性不强。主要有以下两方面原因：一是大学生的主体意识不强，缺乏主观能动性。长期以来，人们对思政课总是带着"有色眼镜"，有着枯燥无味、晦涩难懂的固有印象，这种评价和判断或多或少影响到大学生对高校思政课的认识。可见，部分大学生对思政课的学习往往处于被动状态，并未充分认识到自身在思政课中的主体性地位和作用。长此以往，自然而然给大学生一种被灌输的感觉，甚至会有学生由此产生反感情绪和逆反心理，直接导致大学生对思政课学习的内驱动力不足，思政课亲和力也就无从谈起。二是大学生会被功利化价值取向所影响。有一部分学生认为，与专业课相比，思政课只是一门副课，对自己的专业提升并没有什么实质性用处，更不愿意花时间在"副课"学习上。还有一些学生受大学考核评价模式影响，为了学分而学。这种对思政课学习的功利主义倾向，使部分大学生产生"近视"，只关注眼前有益的工具性知识获取，不注重自身综合素质和品德修养的提升。这种"走过场"的功利形式主义无法使大学生自身形成对思政课的认同感和亲近感。这种错误的价值取向势必会给高校思政课亲和力提升带来阻碍。[①]

（二）教师亲和力意识不够

理念是行动的先导。教育者和受教育者的思维方式存在一定的差异也是思政课亲和力不足的原因之一。现在的高校大学生大多是"00后"，他

[①]　翟述斌：《高校思想政治理论课亲和力提升路径研究》，硕士学位论文，桂林理工大学，2020。

们的主体意识较强，个性张扬度高，开放务实的思想观念比较鲜明，同时他们对新兴事物的敏感度和接受能力也比较强，很多流行事件、新鲜事物都会快速进入他们的视野，成为他们竞相效仿的对象。但是，一些思政课教师特别是中老年教师早已形成固定的思维模式和行为方式，在教学之前并没有弄清自己与学生之间的年龄差距、心理距离和思想差异，这种思维方式的差异就会造成"隔阂和代沟"。有亲和力意识的教师能够通过教学方式的创新、教学模式的变革，主动地靠近学生、了解学生、影响和感染学生，尽可能填平师生之间实际存在的代沟，自觉营造平等和谐、积极向上的课堂氛围，将学生的注意力吸引到教学活动中来，这样的教师和这样的思政课堂自然不缺少亲和力。但现实中，一些缺乏亲和力意识的教师在课堂上只是照本宣科，难以引起学生对思政课的兴趣。教师亲和意识的缺乏削弱了彼此之间的信任感，长此以往，思政课亲和力推行的效果会大打折扣。[①]

二 新时代高校思政课教学环境塑造层面

(一) 教学环境建设不足导致教学氛围亲近感不足

教学环境对思政课教学和学生思想道德素质的提高具有重要影响，良好的教学环境有助于实现教学各要素的良性互动，提高思政课的亲和力。

1. 物质环境建设不够完善

高校物质环境基本良好，但部分高校教学硬件投入还不到位，教室环境建设还不够完善，造成教学氛围亲近感不足。从教室布置上看，大部分高校采用的是走班制教学模式，教室不固定，教室布置风格大同小异，教学环境既没有特色，也无法给学生带来融入感、亲近感。从授课模式看，大部分高校采用同级、不同专业学生分组相对集中，一百到两百人为一个班级的"大班制"组织方式，集中进行思政课教学。这种"大班制"的教学具有一定优势，教师讲授更为集中，教学效率高，学生也可以拓展自己的交际圈。但弊端也同样存在，一方面使学生活动空间少，学习的主动性与积极性降低，学习舒适度减弱；另一方面教师难以充分靠近学生、接触

---

① 刘静：《高校思想政治理论课亲和力研究》，硕士学位论文，河北科技大学，2020。

学生、了解学生，难以进行近距离的互动交流，教师把控课堂的难度增加。从访谈情况看，对于高校普遍存在的思政课堂的"超员"现象，无论是老师还是学生都有不适应的感觉。从教室教学设施看，部分教室课桌椅比较破旧，座位设置不够科学，活动空间狭窄；多媒体和投影仪等存在超出使用年限、更换不够及时、使用效果较差的问题。还有学生认为，思政课授课班级人数过多，教学环境压抑；教室环境脏乱差，桌椅板凳残缺不齐；坐在角落根本无法看清教师的课件；等等。这些都大大降低了学生的学习热情，思政课的亲和力也随之减弱。[①]

2. 精神环境建设不够浓厚

"大班制"下组建的思政课教学班级，学生来自不同学院、不同专业，难以形成有凝聚力的班级团队，班风、学风建设更无从谈起。部分学生学习态度不端正，抱着"思政课的学习就是到场应付、完成任务的心态"，班级学风差，学习氛围不浓厚。同时学生也容易受旁边学生的影响，盲目跟从，导致学习兴趣下降。这种精神环境与思政课教学要求不相协调，难以相互配合形成合力，导致思政课的亲和力被削弱。对于期末考试，更多的学生采取平时不重视、等靠"画重点"、最后去冲刺的应付模式来通过考试，学习积极性不强。这样的班风、学风必然会对思政课亲和力的提升产生阻力。

（二）社会环境参差不齐冲击思政课教学亲和力

1. 网络等新媒体的迅猛冲击

"新媒体"的特征是"微"，即文字信息简短精练、软件小而操作简便、移动终端小而便于携带。在"新媒体时代"下，人人既是信息的接收者也是信息的发布者，信息的内容更加丰富多样、传播方式更加方便快捷、传播范围更加广泛。新媒体的这些特征正好切合新时代大学生的特点。当代大学生个性独立、追求时尚，相比于传统的遵从教师知识权威、主要依赖教师传授和教材书本获取知识的学习方式，大学生更加习惯于在丰富多彩的网络世界冲浪、遨游，有的甚至沉迷其中、不能自拔。通过网

---

① 薛茸茸：《高校思想政治理论课教师亲和力提升研究》，硕士学位论文，西安理工大学，2020。

络技术，大学生能够更快捷便利地获取开放、免费的知识资源，教师不再是学生获取知识的主要来源。思想政治教育本身是一门综合性学科，与政治、经济、社会等多个学科都有不同程度的交叉和渗透。网络等新媒体的到来加速了思想政治教育的知识更新，这不仅给新时代思政课教师的知识结构更新带来挑战，同时也对思政课教师的能力、素质提出更高的要求。对专业及专业以外相关知识储备不足、更新不快，对现实生活了解不多、把握不够，对学生生活世界深入不够、贴合不紧，所有这些都成为影响新时代思政课教师亲和力的重要因素。

2. 多元化社会思潮的负面影响

思政课是一门实践性极强的课程，与社会现实联系紧密，极易受不良社会思潮的影响。习近平总书记在党的十九大报告中指出："意识形态领域斗争依然复杂，国家安全面临新情况。"[①] 网络化的生存特征使当代大学生面临的价值观更加多元，受到的意识形态影响和冲击也更加激烈。网络技术的普适性、隐匿性、新颖性为各种社会思潮的传播提供机遇，使不良社会思潮广泛存在于社交软件、网络文章、影视作品中。而当代大学生正处于价值观形成时期，对于一些问题的看法仍不成熟，极易被这些经过精心包装的社会思潮所迷惑，造成价值选择的迷茫、世界观的偏失、人生观的彷徨。当前我国正处于社会变革的重大转型期，各类社会矛盾日益凸显，西方敌对势力借此炒作话题，向大学生传输西方价值观和各种错误思潮，使有些大学生产生了诸如享乐主义、功利主义等错误的人生观，影响思政课对大学生价值观的培育作用。同时，信息时代加速了信息传播，各类社会思潮的冲撞日趋复杂，对主流意识形态话语权造成了巨大挑战，致使有些大学生对思政课讲授内容产生疑惑，甚至抵触，给教学亲和力的提升带来了巨大的挑战。

三　新时代高校思政课教学内容与方法层面

（一）教学内容设计不当导致教学说服力不足

教学设计的好坏直接关系着教学内容的呈现效果。如果教学设计缺少

---

① 习近平：《决胜全面建成小康社会　夺取新时代中国特色社会主义伟大胜利——在中国共产党第十九次全国代表大会上的报告》，人民出版社，2017，第 9 页。

对教学对象的针对性，重点不突出、难点不明晰、详略不恰当，教学内容的吸引力就会大打折扣，阻碍思政课亲和力的提升。教师只有在透彻理解教材的基础上，针对不同专业背景的学生，运用更具针对性的教学设计，采用贴近学生实际的教学案例，才能提高教学内容的说服力，将教学内容更好地传授给学生，从而增强思政课的亲和力。

1. 教材内容把握不够透彻

教材内容是教学内容的基础，对教材内容的准确把握是思政课教师必须具备的基本教学能力，也是对思政课教师的最基本要求。部分思政课教师对学生的学情了解不够，不能根据学生的实际状况和真实需求来进行合理的针对性教学设计；对教材内容把握不够透彻，将教材体系转化为教学体系的能力不强，重难点把握不到位，导致思政课教学重难点不突出；对教材内容的取舍与整合不够精确，教学内容呆板枯燥，缺乏吸引力、说服力，学生的期待得不到很好满足；教学设计顾此失彼，仅重视思政课的政治性与理论性，却忽视了思政课的情感教育，师生之间缺少应有的互动呼应和双向的情感交流，导致教学内容缺乏活力和魅力、思政课堂气氛沉闷压抑。另外，部分教师忽略了对各门思政课程的总体把握、系统规划、合理布局，容易出现讲授不同课程时内容却有所重叠的状况，导致学生对教学内容提不起兴趣，形成学生对思政理论的"知识倦怠心理"。

2. 教学案例缺乏说服力

教学案例的选择与编排代表着一位教师的教学能力与水平。教学案例是否选择恰当、具有说服力，不但影响教学成效，而且在很大程度上影响着师生之间距离的远近。教学案例既是对教材内容的补充和延伸，也是对教学内容的进一步阐释和佐证，是服务和服从于教学内容的。教学案例既要反映教学内容、切合教学内容，又要契合学生的兴趣、贴合学生的实际、满足学生的需求。如果教师在课堂上所呈现的教学案例不具代表性，不仅远离学生的生活实际、可读性低，说服力不够、吸引力不足，甚至出现张冠李戴、牛头不对马嘴的现象，则教学案例不仅不能佐证教学内容，产生不了说服学生、吸引学生、感染学生的效果，而且会降低教学内容信度，产生适得其反的不良效果。反之，如果教学案例选择得当，具有典型性、代表性、吸引力，不仅有助于消除学生的逆反心理，拉近师生之间的距离，增进师生之间的亲近感，而且有利于克服理论教学枯燥单调的弊端，促进理论与实际生活的有机结合，大大增强思政课的说服力、吸引力、感染力。

3. 教学设计针对性不强

教学设计是教师对教学过程、教学环节、教学思路、教学内容、教学方法、教学形式、教学反思的整体构思与规划。部分教师在教学过程中，面对不同年级、不同专业的学生，教学设计千篇一律、变化不大，针对性不强，难以解答学生心中的疑惑；部分教学设计理念陈旧、方法老旧，跟不上时代发展的步伐，容易使学生产生厌恶心理，降低教学内容的吸引力。成功的教学设计一定是教师深思熟虑、精耕细作、精心打磨的结果。教学设计前，教师应对教学对象有充分的了解，对学生的学情进行细致的分析，在教学目标设计、内容设计、教法设计等方面下功夫，并根据不同年级、不同专业进行适当调整和改变，从而提高教学设计的针对性、有效性和亲和力。这样的教学设计才能提供更符合学生需求的内容，吸引学生的注意力，激发学生的积极性，启发学生的思考，从而提高思政课的亲和力。

（二）教学方法运用不当导致教学吸引力不足

学生对课程的认识和学习兴趣，一定程度上依赖于教学方法的应用、改进和创新。教学方法的灵活应用和及时更新不仅能够激发学生的学习兴趣，有助于营造良好的教学环境，而且有利于教学内容的更好呈现，强化师生之间的沟通与交流，促进师生之间共情力的产生，提升课程亲和力。教学方法运用不当或教学方法与教学内容不匹配将会导致学生学习积极性不强，课程的吸引力降低，难以使教学内容"入脑""入心"。

1. 教学方法使用不够灵活

一堂有亲和力的思政课应该是学生"动"与"静"的结合。单纯采用教师讲学生听的传统教学模式，或者从头到尾都由学生展示、老师不加点评引导的课堂都是不成功的。教学方法的单一使用容易造成学生的感觉、知觉、视角疲劳，影响学生对教学内容的掌握和吸收。如果教学方法与教学内容不匹配，或者教学方法与教学对象不适应，将直接制约教学吸引力的提升，影响课堂教学质量和效果。应当根据教学内容的需要、教学对象的不同、教学环境的变化等，灵活运用多种教学方法，充分调动学生的视觉、听觉、感觉，避免单一方法使用所造成的吸引力不足的情况。例如，在以课堂教授法为基础的前提下，穿插使用启发式教学法、案例教学法等，将教学内容的呈现方式变得多元，有助于促进师生之间的交流合作，增强教学方法的吸引力，启迪学生的心灵。

2. 过分依赖多媒体教学

多媒体等现代化教学手段的普及不仅给课堂教学带来许多便利，而且也增添了更为生动形象的教学效果。但部分教师课前制作好精美的教学课件，课堂上仅是播放课件，既缺少应有讲解，也不再书写板书。多媒体毕竟只是辅助教学，绝对不能以多媒体代替教学。如果过分依赖多媒体教学，或者一味利用翻转课堂进行教学，课堂大部分时间都由学生自主学习，教师对学生的引导不多、指导不够，将会导致课堂教学成效难以保证、师生情感难以建立、"亲其师信其道"难以实现。过分依赖多媒体教学，师生间缺乏沟通和交流，还会导致教师主体缺位，学生产生厌倦情绪，加剧师生之间的距离感，削弱思政课的亲和力。

3. 实践教学法使用有限

实践教学法是促使思政课亲和力提高的重要教学方法之一。思政课教学成效的达成，有赖于多元多样践行体系的构建和实施，有赖于丰富多彩实践教学的组织和开展。受制于班级人数多、经费投入不够、外出实践存在安全隐患等多种主客观原因，一些高校思政课实践教学法使用频次相对较少，致使本来理论性就较强的思政课更加难以获得学生的喜爱。应当构建课内课外相结合、校内校外相合作、学校家庭社会相协调的践行体系，加强思政课实践教学的开展，有计划、有组织、有实施、有考核，真正实现思政小课堂与社会大课堂的密切结合、有机融合，从而增强思政课程的亲和力。教学仅局限于课堂，容易造成单纯的理论学习缺乏吸引力和感染力，常常使学生感到思政课的理论抽象、枯燥，教学实践方法的使用能使这一问题得到解决。[①]

---

① 赵敏：《高校思想政治理论课亲和力不足问题及提升研究》，硕士学位论文，牡丹江师范学院，2021。

四 新时代高校思政课教师队伍建设层面

"经师易得，人师难求""亲其师信其道"，说的都是思政课教师的重要性。思政课教师在教学过程中的一言一行都直接影响着学生对于课程内容的接受程度和对于思政课的喜爱程度，甚至直接影响到学生正确"三观"的确立。教师亲和力是提升思政课亲和力的关键，对其他要素亲和力的提升也有着重要的影响。

(一) 教师能力和素养不高导致教师感召力不足

教师是思政课的主导者、组织者。思政课教师具有较高的能力和素养，思政课亲和力才有保障。近年来，党和政府高度重视学校思政课教师队伍建设，不断加大投入力度，多渠道多举措加强思政课教师队伍建设，高校思政课师资力量不断壮大，思政课教师能力水平进一步提升。但由于种种原因，仍有部分思政课教师政治素质不够高、理论修养不够好、人格魅力不够强、语言魅力不够佳，这些都导致思政课教师感召力不足、影响力不大，从而制约着思政课亲和力的提高。

1. 部分教师政治素质不够高

思政课的本质是进行核心价值观和社会主流意识形态的灌输与教化，鲜明的政治属性是思政课的本质特征。如果思政课教师政治素质不够高，在政治立场上摇摆不定"含糊其辞"，在大是大非面前不敢发声勇于斗争，将给思政课带来不可估量的消极影响。政治素质不高、立场不坚定的教师不仅会削弱思政课的亲和力，还可能传递给学生错误的价值观，其后果往小处说是误人子弟，往大处说就是误党误国。作为思政课教师，必须有过硬的政治素质和坚定的社会主义信仰，坚持党的领导，坚持不懈用中国化时代化的马克思主义武装自己的头脑，坚定不移地学习贯彻习近平新时代中国特色社会主义思想。在访谈中，有部分学生表示，思政课上，有个别教师对一些敏感政治问题简单带过，不能解答学生心中的疑惑；有部分教师在一定程度上有思想偏激、语言夸张的现象。这些问题如果不能及时解决，久而久之，学生对教师的期待下降，教师感召力会受到影响，思政课的亲和力也将随之减弱。

2. 部分教师理论素养不够好

思政课是一门理论性很强的综合性学科，对教师理论素养有着较高的要求。教师如果对马克思主义基本理论、马克思主义中国化时代化的理论成果等学科基础理论把握不透彻，就容易在课堂上讲不清楚问题，道不明白真理，"以其昏昏，使人昭昭"，不但难以赢得学生的认可和支持，而且会造成教师与学生之间的疏离，更谈不上是富有亲和力的课堂。部分思政课教师不能及时更新自己的知识结构，不太注意加强其他学科的理论学习，知识体系落后，不但课堂上不能做到旁征博引，理论的阐释力、说服力、引导力较弱，课堂的感召力不足，而且自身影响力不大，在学生心目中的形象也大打折扣，从而降低了思政课的亲和力。部分思政课教师理论素养不高，视野不够开阔，给学生的思想引领、人生启迪十分有限，也容易造成学生视野的狭窄，降低了思政课的教学质量。

3. 部分教师语言魅力不够佳

语言是教师与学生交流的桥梁。富有魅力的教学语言不仅能增强教师的人格魅力，还能吸引学生的注意力、激发学生的学习兴趣、感染学生的情感情操，提高思政课程的亲和力。部分思政课教师语言魅力不足，没能实现教材语言向教学语言的良好转换，课堂语言不接地气、没有灵气，教学语言缺乏风趣幽默感，不能很好地拉近学生与教师的距离，也不能很好地调动起学生学习的积极性。有的思政课教师一味为了满足学生的需要，消极迎合学生趣味，对网络流行语言不加选择、直接拿来，大量用于课堂教学语言，不仅使教学内容丧失理论深度、失去原本的意义，而且有时还可能引起学生的误解，误导学生的言行，这就要求教师在教学语言的使用上做好"度"的把握。教师语言具有感人魅力，能够让幽默的语言成为课堂的调味剂、吸引学生的注意力，也能够提高教师自身的感召力、影响力，助推思政课亲和力的提升。

4. 部分教师人格品质有待提高

人格品质是指一个人性格、品德、气质、能力的综合表现。高校思政课教师具备亲切的个人形象、高尚的道德情操，积极发挥思政课的主导作用，充分调动学生学习的主动性和积极性，是高校思政课得以顺利开展并保证效果的关键。高校思政课教师的人格品质也是衡量其是否具有亲和力的核心指标。有的高校思政课教师缺乏爱岗敬业精神，工作态度不够积极主动，工作激情不够高涨持久，存在职业倦怠心理，不能以饱满的热情和积极的心态投入教学工作；有些高校思政课教师出现上课迟到、课堂语言不文明、课堂行为举止不佳的现象；有的高校思政课教师职业操守不严，对课堂纪律不管不问、放任自流，不能形成良好的课堂学习氛围与风气；有的高校思政课教师为了迎合学生，在考核标准方面降低要求，为了学生能够及格，将原本应该进行考试的课程改以考察课的形式进行；还有的高校思政课教师职业道德滑坡，不仅没有发挥好对大学生的榜样作用，而且带来负面、消极影响，不利于高校思政课教师亲和力的提升；有的高校思政课教师性格方面存在不利于亲和力发挥的因素，如有的教师性格比较内向，本身在日常生活中与人的沟通交流语言就不多，再加上授课对象是跟自己年龄有差距的大学生，因而更缺乏沟通交流，有的教师性格比较鲜明，行事过于偏激，眼里揉不得沙子，在授课过程中容易与学生发生矛盾和冲突，使学生不敢与老师亲近。所谓"亲其师信其道"，由于性格问题，学生不敢亲近，高校思政课教师的亲和力也不能很好体现。[①]

（二）教师队伍保障机制建设不完善

党的十八大以来，党和国家高度重视思政课教师队伍建设，从教师的培训培养、教研工作到教师的职务晋升等方面给予了政策倾斜，为思政课教师职业发展提供了强有力的支持。但从调查结果来看，学校在政策实施方面还有待完善，在教师队伍保障机制建设方面还有待加强，主要表现为教师培训机制和教师激励制度方面的不足。

1. 教师培训机制有待完善

在调查过程中发现，多数教师反映自己上课班级规模大，教学课时多、任务重、压力大，没有太多精力精心组织教学。因此，思政课教师数量按照350∶1的生师比配备，不仅是平衡思政课教师需求总量和供给总量之间的必要措施，更是提高思政课教师积极性，追求思政课教学高质量发展、创新性建设的重要基础。在教师培训与培养方面，当前学校组织的培训仅限于理论知识的培训，缺乏对实操技能的培训，进而导致

[①] 王博颜：《高校思想政治理论课教师亲和力提升研究》，硕士学位论文，辽宁大学，2020。

培训成果转化不理想。在访谈调研中，有不少教师表示在培训中感觉收获满满，但在实际教学过程中却不知该如何运用。同时培训缺乏针对性，学校组织的培训大多面向全体教师，没有对培训主体进行分类指导，思政课教师尤其是缺乏经验的青年教师普遍表示培训对自身的适用性不强、实际收获不大。

2. 教师激励制度有待完善

调查研究发现，思政课教师对学校各项工作满意度中的教师待遇评价整体处于中等层次，其中 36.76% 的教师认为"一般"，所占比例最高；当问及"为了更好地激发教师教学亲和力，您认为应该从哪些方面完善教师队伍保障机制？"时，82.48% 的教师选择了"提高思政课教师的工资待遇，根据政策给予专项津贴"。事实证明，激励机制的不合理、不完善在很大程度上会影响思政课教师对教学工作的热情程度和积极性发挥。部分高校在教师福利待遇、薪酬补助、岗位津贴等方面的分配体系未能对思政课教师和专业课教师进行均衡、统筹考虑，导致部分思政课教师心理失衡，难以有效发挥思政课教师队伍良好的正向激励和引导功能。思政课教师社会地位的提高和社会舆论的重视固然重要，但是思政课教师的职业获得感、幸福感也需要以一定的物质基础、利益保障为支撑。因此，加快建立健全合理公平的激励制度，着力提高思政课教师的实际待遇和福利水平是保障教师队伍建设不容忽视的重要方面。

五 新时代高校思政课教学评价导向层面

思政课教学评价是保障新时代高校思政课教学质量的重要一环，能够诊断教学过程中存在的问题，发现教学主体各方的需求，引导思政课教学发展方向。推进思政课教学教师主体和学生主体评价相统一、过程性评价和终结性评价相统一，建立健全新时代高校思政课教学评价体制机制，更好地发挥教学评价对于思政课亲和力各构成要素的导向功能，是全面、系统提升思政课亲和力的有效措施和重要保障。

（一）学生考核评价机制尚待健全

对学生的学业考核是高校思政课教师整个教学活动中非常重要的一

环，也是增强思政课教师亲和力、提高思政课教学效果的重要抓手。在与思政课教师的访谈中，有思政课教师反映，高校思政课对学生的学业考核机制存在不合理、不到位、不够科学的问题。目前，大部分高校对学生的思政课成绩考核以理论考核和实践考核的结合为主，理论考核主要由学生期末考试的成绩（占60%）和平时成绩（占40%）组成，其中期末考试的试题绝大部分来自书本原封不动的知识，学生只需要在考试前两天花时间背记，基本都能考核及格，这种僵化的考试模式并不是一种科学衡量学生能力和教师教学效果的考核方式。实践考核主要是结合时政热点、社会现象等，让学生进行社会实践调研，撰写调研报告并以一定形式做分享汇报，这种考核的形式本身是非常有意义的，对学生综合素质的锻炼起着很大作用。但是在实际的实施操作中，有教师反映，一是学生本身不够重视，敷衍了事，存在浑水摸鱼的情况。学生没有全身心投入，也就很难体会到思政课这种实践考核带来的独特体验和成就感受。二是有的思政课教师在实践考核时，存在按照印象随意给学生打分，或者直接以学生的出勤情况来打分等情况。这种操作既难以让学生发自内心的信服思政课教师，难以考核出学生的真才实学，同时也难以贴近学生、走进学生内心。[1]

（二）教师考核评价机制尚待健全

调查中有些教师认为当前教师考核评价有失偏颇，既存在重科研轻教学的现象，也存在主要考量论文发表量、忽视教学工作量、教学能力考核的现象，这对于教学任务重、工作量大的思政课教师来说显然有失公平。高校思政课教师因思政公共课教学任务繁重而挤压了科研的空间，导致绩效考核与实际呈现完全相反的导向。部分高校在教师评奖评优、职称评定等关乎教师发展的核心指标上，有的考核评价体系和标准比较单一，对思政课教师没有分类指导、分开考核；有的虽在形式上设有教学评价相关制度，但实质上所占比重仍是科研成果更胜一筹。此外，在学生评教中部分学生对此不以为然、敷衍了事，为了完成任务而乱选一通，导致评教结果掺杂着些许"水分"。这种教学评价从根本上违背了

---

① 孙文宇：《高校思想政治理论课教师亲和力研究》，硕士学位论文，成都理工大学，2019。

考核评价机制设计的初衷，也无法体现出其对于思政课教师教学能力、教学水平等重要指标的导向作用和功能发挥。基于此，在教师考核评价机制中合理增加教学成果和教学效果的权重，找出学生、教师、学校和国家共同关注和关切的问题，引导思政课教师厚植素养、提高能力，改善教学、研究教学，才能更好地发挥思政课教学评价的导向功能，为提升思政课亲和力指引方向。

第六章 丰富教学内容，增强说服力

习近平总书记强调："理论上不彻底，就难以服人。"[1] 生动活泼才能把理论讲透彻，透彻的理论才有说服力，有说服力的教学才有亲和力。新时代高校思政课的说服力来源于两个方面：一是思政理论本身的彻底性。思政课所依据的理论是马克思主义及其中国化时代化的理论成果，这是已经被历史和现实所证明的科学理论，其科学性、彻底性毋庸置疑。二是教学内容的鲜活性。只有不断丰富教学内容，把思想理论讲深、讲透、讲活、讲彻底，才能不断增强说服力、提升亲和力。教学素材、教学场域、教学案例、教学专题、教学考察等教学要素无不深刻影响着教学说服力的形成。因此，增强新时代高校思政课的说服力，必须围绕"真信"问题，以培植红色基因为主线，通过吸纳跟进式教学素材、开辟移动式教学场域、挖掘本土式教学案例、开发嵌入式教学专题、开展渗透式教学体验，丰富教学内容，唱响主旋律，让学生在理解中认知、在体验中感受，从而真正"相信"思政理论。

第一节 跟进式教学素材：创新理论进教案

习近平总书记指出："做好高校思想政治工作，要因事而化、因时而

---

[1] 习近平：《在庆祝中国共产党成立 95 周年大会上的讲话》，人民出版社，2016，第 9 页。

进、因势而新。要遵循思想政治工作规律，遵循教书育人规律，遵循学生成长规律，不断提高工作能力和水平。要用好课堂教学这个主渠道，思想政治理论课要坚持在改进中加强，提升思想政治教育亲和力和针对性，满足学生成长发展需求和期待。"① 思政课既是一门常新常讲的课程，也是一门常讲常新的课程，具有很强的时代性、实践性、规律性。思政课要紧跟时代步伐，顺应时代召唤，在理论上因时而进讲好中国理论，在案例上因事而化讲好中国故事，在素材上因势而新讲好形势政策，让创新理论、时政素材等及时融入思政课教学，在教学内容上贴近实际、贴近生活，解答学生疑惑，做到既高大上又接地气，不断增强说服力。

一 因时而进讲好中国理论

作为立德树人的关键课程，高校思政课是系统地对大学生进行马克思主义理论教育和思想政治教育的主渠道和主阵地，担负着用科学理论武装大学生头脑、立德树人、为党育才、为国育人的时代使命。马克思主义理论是科学理论，马克思主义中国化时代化的理论成果更是科学理论。科学理论是开放的、发展的、与时俱进的，理论武装更要因时而进，做到"理论创新每前进一步，理论武装就要跟进一步"②。习近平新时代中国特色社会主义思想是当代中国马克思主义、二十一世纪马克思主义，是中华文化和中国精神的时代精华，实现了马克思主义中国化时代化新的飞跃。③ 在新的时代背景下，推动习近平新时代中国特色社会主义思想"进教材、进课堂、进学生头脑"，是高校思政课面临的重大政治任务和重大教学任务。

第一，因时而进讲好中国理论，必须用好高校思政课新教材。2021年，中宣部、教育部有关部门组织对马克思主义理论研究和建设工程重点教材高校思政课教材进行了全面修订，目前，新修订的五门本科生思政课教材、两门研究生思政课教材以及《习近平新时代中国特色社会主义思想

① 《习近平谈治国理政》第2卷，外文出版社，2017，第378页。
② 《十九大以来重要文献选编》（中），第109页，中央文献出版社，2021，第109页。
③ 《中共中央关于党的百年奋斗重大成就和历史经验的决议》，人民出版社，2021，第23～24页。

概论》已全部投入使用。准确理解和正确使用新修订教材，创造性地讲授新修订教材，是当前和今后一个时期高校思政课的重大政治任务和光荣历史使命。广大思政课教师要不断提高自身的马克思主义理论素养，不断增强对习近平新时代中国特色社会主义思想的整体性把握、深入性理解和系统性阐释，不断增强学术底蕴，以理论的透彻性把握好新教材，实现创新理论从教材体系向教学体系最终向学生价值体系的转化。

第二，因时而进讲好中国理论，必须及时跟进吸纳理论创新的最新成果。时代是思想之母，实践是理论之源。时代在变化，社会在发展，新情况、新问题层出不穷。实践发展永无止境，我们认识真理、进行理论创新就永无止境。① 习近平新时代中国特色社会主义思想是一个开放的、不断发展完善的理论体系，必将随着时代的变化和实践的展开而不断发展完善。在推进新时代党和国家事业发展进程中，习近平总书记发表的一系列重要讲话、作出的一系列重要论断、提出的一系列富有原创性的治国理政新理念、新思想、新战略，都是习近平新时代中国特色社会主义思想的重要组成部分。受限于教材篇幅及出版发行的时间，有许多即时发生的理论创新成果并不能出现在教材当中，而这部分内容又是思政课最为重要的部分。能否将党的最新创新理论反映在教学素材中，及时编入教案、进入思政课堂，直接影响到思政课教学的实效。广大思政课教师要以敏锐的政治头脑和科学的思维意识，准确把握马克思主义中国化的最新理论成果，及时将其补充到教材内容中，融入课堂教学中，绝不能因被动等待教材修订改版而落后于形势的发展变化。

第三，因时而进讲好中国理论，必须善于将创新的理论体系转化为教学内容体系。习近平新时代中国特色社会主义思想体系完备、内容丰富、内涵深刻，蕴含着马克思主义基本理论、基本原则和基本观点，具有显著的原创性、强烈的时代气息和鲜明的现实针对性。科学的理论体系是教学体系的基础，但理论体系绝不等同于教学体系。将理论体系向教学体系转化，是因时而进讲好中国理论的关键。对于"95 后""00 后"大学生来说，理论的强制灌输是无效的，他们更乐意接受"有理有据"的理论内

---

① 习近平：《在庆祝中国共产党成立 95 周年大会上的讲话》，人民出版社，2016，第 9 页。

容。① 广大思政课教师要在体系转化上下功夫，学懂弄通创新理论，理清理论的内在逻辑，厚实理论的实践根基，充分挖掘思想的真理光辉，并结合学生的实际情况认真备课，真正做到融会贯通、熟练驾驭、精辟讲解，增强理论的说服力和吸引力。

二　因事而化讲好中国故事

习近平总书记是善讲故事的大家，他的讲话、文章中，常常用讲故事的方式传达深意、感染他人，深刻的思想、抽象的理论通过故事转化为鲜活、生动的例子，"具有令人震撼的思想力量、直抵人心的人格力量、平易近人的语言力量"②。党的十八大以来，习近平总书记多次在讲话中论述"讲好中国故事"，强调"讲好中国故事，传播好中国声音，展示真实、立体、全面的中国"③"深刻道理要通过讲故事来打动人，说服人"④"讲好故事事半功倍"⑤……这些重要论述准确指出了讲好中国故事的重要意义，也为当前高校思政课因事而化讲好中国故事指明了方向。

第一，因事而化讲好中国故事，必须旗帜鲜明讲政治。一方面，思政课具有很强的理论性，"只有讲透思政课中的热点难点问题，才能彰显马克思主义理论的魅力，增强思政课的说服力"⑥。通过讲好故事，将深奥理论融入生动故事中，把抽象哲理寓于具体细节中，使理性说理渗透于感性素材中，用故事讲清道理，以道理赢得认同，可以起到事半功倍的教育效果。另一方面，思政课具有鲜明的政治导向功能，必须旗帜鲜明地讲政治，"选择能体现出党和国家的总基调、展现中国形象和中国精神、弘扬

① 薛薇：《习近平新时代中国特色社会主义思想"三进"研究》，《高教学刊》2018年第14期。
② 李拯：《精彩中国需要精彩讲述》，《人民日报》2017年6月16日。
③ 《习近平谈治国理政》第4卷，外文出版社，2022，第316页。
④ 《论学习贯彻习近平总书记新闻舆论工作座谈会重要讲话精神》，人民出版社，2016，第34页。
⑤ 《新时代宣传思想工作》，学习出版社，2020，第257页。
⑥ 魏燕妮：《新时代讲好高校思想政治理论课要把握好"六个度"》，《思想理论教育导刊》2020年第10期。

主旋律传播正能量的故事"①。讲好中国故事必须根据高校思政课教学内容的需要、符合立德树人根本要求,既要结合中华优秀传统文化讲好经典故事、历史故事,又要结合新时代中国特色社会主义的伟大实践讲好中国共产党治国理政的故事、中国人民奋斗圆梦的故事、中国坚持和平发展合作共赢的故事,讲出中国味道、中国特色、中国风格、中国气派,讲出说服力、感染力、吸引力、影响力。只有把握时代脉搏、聆听时代声音、适应时代要求、紧扣时代主题选好中国故事,思政课才是鲜活生动的、可听可信的。

第二,因事而化讲好中国故事,必须立足现实讲真话。立足现实讲真话,才能令人信服、产生说服力。那些体现中国力量的时代叙事,都是最鲜活的教学素材,思政课必须把握时代命题,保持与时代同频共振,从新时代中国特色社会主义的生动实践和伟大成就中选择中国好故事并讲好中国故事。思政课选取的中国故事必须是客观存在、与事实一致的人与事。当然,为了使故事更切合思政课内容、更适合课堂教学氛围、更满足学生学习兴趣,在不违背事实的前提下,可以运用丰富的表现形式进行适当的艺术加工,创造性地对中国故事进行符合思政课教学风格的合理改造。但是,绝不能为了吸引学生的注意力,追求所谓的标新立异而编造、杜撰脱离实际的故事情节,在学生中产生负面效应。

第三,因事而化讲好中国故事,必须精挑细选讲典型。中国故事具有悠久的历史底蕴、深厚的文化底蕴和鲜明的实践底蕴,是在数千年绵延不断的中国传统文化与具体生动的中国特色社会主义伟大实践融合发展中形成、提炼和总结的结果,既是中华优秀传统文化现代价值的体现,也是中国人民奋进新时代、实现中国梦的现实写照。悠久的历史和具体的实践蕴含着丰富的故事原材料,但并不是每一个事件都适合成为思政课所讲的中国故事,只有根据教学内容需要有针对性地合理选择展现不同时期、不同主题、内容丰富、人物丰满、情节感人的典型故事,才能起到事半功倍的效果。因此,思政课教学必须善于梳理和发现典型的中国故事,精心选择具有典型性、代表性的中国故事。这种具有典型性的故事,拥有更震撼的

---

① 郭巍巍:《新时代高校思政课讲好中国故事的实践理路》,《思想政治研究》2021 年第 10 期。

社会信度和更丰富的思想容量，能够更好地吸引学生的注意力，产生更强烈的说服力、感染力和号召力。

三 因势而新讲好形势政策

"形势与政策"是高校思政课的重要组成部分，"是理论武装时效性、释疑解惑针对性、教育引导综合性都很强的一门高校思政课"①。时事热点是教师教学的重点和难点，是社会关注的焦点，也是学生学习的兴趣点。在世界多极化、经济全球化、社会信息化、文化多样化迅速发展的今天，青年群体的知识面越来越广，面临的选择也越来越多，因势而新讲好形势政策也越来越重要。

第一，因势而新讲好形势政策，必须精准设计教学内容。青年大学生正处于人生的"拔节孕穗期"，这一关键阶段最需要精心引导、精细栽培和精准滴灌。"形势与政策"课具有常新常讲的特点，更需要常讲常新。与时俱进、精准设计教学内容，就是要紧扣时代脉搏，围绕时事"专题"，紧密联系学生实际，及时更新教学素材，准确设计教学内容。这就要求任课教师必须与时俱进，对时政资源准确把握、精准跟进、主动吸纳和有效融合，及时将时事政治编入教案，第一时间反映到教学中去，有效转化为教学话语体系。

第二，因势而新讲好形势政策，必须精雕细琢教学资源。习近平总书记强调："国内外形势、党和国家工作任务发展变化较快，思政课教学内容要跟上时代，只有不断备课、常讲常新才能取得较好教学效果。"② "形势与政策"课教学内容涉及面广、信息量大，具有深厚的理论性和鲜明的时效性、针对性、综合性。面对日新月异的国内外形势和爆炸式的海量信息，思政课教师必须具备雾里看花的独到慧眼、去伪存真的敏锐思维、去粗取精的非凡智慧，融会贯通吃透教学要求，对教学素材精挑细选形成教学内容，并在此基础上认真研究教学内容、思考教学内容、悟透教学内容，对教学内容进行精耕细作，为课堂提供"有思想、有内涵、有深度、

---

① 教育部：《关于加强新时代高校"形势与政策"课建设的若干意见》，《中华人民共和国教育部公报》2018 年第 4 期。

② 习近平：《思政课是落实立德树人根本任务的关键课程》，人民出版社，2020，第 11 页。

有温度"的教学内容。

第三，因势而新讲好形势政策，必须贴近生活释疑解惑。"思政课上学生会提一些尖锐敏感的问题，往往涉及深层次理论和实践问题，把这些问题讲清楚讲透彻并不容易。"① 学生的问题就是教师教学改革的课题。思政课教师要始终坚持问题导向和目标导向相结合，突出问题意识，了解学生困惑，清楚教学双方存在的问题，找准努力的方向，明确要达到的目标，"根据形势发展要求和学生特点有针对性地设置教学内容，及时回应学生关注的热点"②。教学过程中要坚持以学生为中心，真正贴近实际、贴近生活、贴近需求，"少一些结论和概念，多一些事实和分析；少一些空泛说教，多一些真情实感；少一些抽象道理，多一些鲜活事例"③，善于从历史传承中寻找源头活水、从文化经典中构建精神支撑、从现实生活中挖掘教学素材、从人民群众中选树典型案例、从伟大实践中提炼经验启示，把更多有温度的场景、有共鸣的细节注入教学内容，向学生呈现既有思想说服力又有文化感染力、既有道德感召力又有情感穿透力的思政"金课"。

第四，因势而新讲好形势政策，必须完善集体备课制度。集体备课是发挥教学团队的集体力量、汇聚合作共建的集体智慧、群策群力优化备课内容、齐心协力提升备课效果的一种教学备课形式，是新时代思政课丰富教学内容、提升教学质量的基本教学要求和通行做法。事实证明，通过教学团队集思广益、集体攻关和协力合作，可以有效避免个人备课的单一性、片面性和局限性，达到丰富教学内容、完善教学方案、优化教学设计、探索教学技艺、推动课堂教学效果和教学质量同步提升的目的。④ 要在培育建设优秀教学团队的基础上，"健全集体备课活动的制度规范，探索集体备课实施的模式创新，推进集体备课方式的流程再造，注重集体备课内容的问题解析，加强集体备课内容的教研转化"⑤，进一步完善集体备课制度、发挥集体备课作用。

① 习近平：《思政课是落实立德树人根本任务的关键课程》，人民出版社，2020，第11页。
② 教育部：《关于加强新时代高校"形势与政策"课建设的若干意见》，《中华人民共和国教育部公报》2018年第4期。
③ 李拯：《精彩中国需要精彩讲述》，《人民日报》2017年6月16日。
④ 刘志侃、李臻：《高校"形势与政策"课教学效果提升策略》，《榆林学院学报》2021年第6期。
⑤ 赵庆寺：《高校思想政治理论课集体备课制度探析》，《思想理论教育》2020年第8期。

第二节　移动式教学场域：红色理论常宣讲

　　高校思政课的移动式教学场域是相对于传统意义上的固定课堂而言的，它能够打破时间和空间对思政课的限制，实现"时时是思政，处处是课堂"的全方位育人成效。思政课"移动课堂"教学新模式将教学内容与社会实践相结合、与生活实际相融合，既是我国长期坚持的社会主义教育方针，也是思政课程性质的内在要求，① 更是思政课丰富教学内容，增强说服力的有效途径之一。

　　作为一种全新的教学模式，移动式教学对高校思政课适应教学场景和教学条件变化的能力提出了更高要求。红色理论具有文化内涵丰富、精神感召力强、政治教育价值高的特点，能够为高校思政课移动式教学的顺利开展提供坚实保障。理论宣讲是宣传工作的重要形式，它能够因时而变、因地制宜、因势利导地将发生的重要事件或者最新生成的理论进行有效传播。将理论宣讲移植到高校思政课教学，使之成为增强说服力的有益方式和重要补充，一场场深入浅出、生动活泼的红色理论宣讲成为一堂堂思政课移动式教学的亮丽风景。

一　丰富红色理论宣讲内容

　　红色作为一个属性词，具有极强的象征意义。红色一直是中国传统文化中的吉祥色，寓意幸福与美好。近代以来，为了争取民族独立和人民自由幸福，无数志士仁人抛头颅洒热血，用生命作为代价，用鲜血换来希望，红色被赋予了极强的政治意义。习近平总书记指出："共和国是红色的，不能淡化这个颜色。"② 红色代表了中国共产党人的革命本色、政治本色，是人民心中最崇高的颜色。红色本身代表强烈的热情、勇气和反抗精神，是社会主义的象征色，马克思本人也非常喜欢红色。因而，人们总是

① 蒋德勤：《"移动课堂"：思想政治理论课的当代诉求》，《思想教育研究》2011年第3期。
② 《习近平关于"不忘初心、牢记使命"论述摘编》，党建读物出版社、中央文献出版社，2019，第25页。

将马克思主义理论与红色联系在一起。

今天，我们所说的"红色理论"具有更加丰富的内涵，它不仅仅包含马克思主义理论，也凝聚了中国共产党人革命、建设和改革的理论，是实施高校思政课移动式教学的天然优质资源。习近平总书记在全国高校思想政治工作会议上强调："做好高校思想政治工作，要因事而化、因时而进、因势而新。"① 新时代新形势下，我们在选取红色理论宣讲内容时应当树立勇立潮头、先学先知的意识，将学习宣传传播习近平新时代中国特色社会主义思想作为宣讲重点，并结合中华优秀传统文化，阐释中国理论，讲好中国故事。此外，也应当适当增设国内外时事热点相关内容，激发爱国主义情怀，不断丰富红色理论宣讲的内容，进一步提升育人实效。

1. 宣讲要以习近平新时代中国特色社会主义思想为重点

习近平新时代中国特色社会主义思想是自觉坚持和发展马克思主义的典范，是坚持"两个结合"、勇于推进理论创新的产物，它以全新的视野深化了对共产党执政规律、社会主义建设规律、人类社会发展规律的认识，实现了马克思主义中国化时代化新的飞跃，是马克思主义中国化时代化的最新成果，是我们以中国式现代化推进中华民族伟大复兴的行动指南。党的二十大报告指出，党的十九大、十九届六中全会提出的"十个明确""十四个坚持""十三个方面成就"概括了这一思想的主要内容，必须长期坚持并不断丰富发展；"要把握好新时代中国特色社会主义思想的世界观和方法论，坚持好、运用好贯穿其中的立场观点方法"②。培养新时代青年马克思主义者必须与时俱进，将先进的思想理论内容融入红色理论宣讲内容。红色理论宣讲不但要重点讲习近平新时代中国特色社会主义思想，还要将它讲好、讲深；不仅要围绕这一思想的主要内容讲细讲活，而且要把贯穿其中的立场观点方法讲深讲透；不仅要回应新时代青年以及整个社会对于理论学习的诉求，还要为坚定理想信念、凝聚人心贡献持久力量。

---

① 《习近平谈治国理政》第 2 卷，外文出版社，2017，第 378 页。
② 习近平：《高举中国特色社会主义伟大旗帜 为全面建设社会主义现代化国家而团结奋斗——在中国共产党第二十次全国代表大会上的报告》，人民出版社，2022，第 18 页。

2. 宣讲要结合中华传统优秀文化相关内容

中华优秀传统文化源远流长、博大精深，积淀着中华民族最深沉的精神追求，代表着中华民族独特的精神标识，形成了中国人的思维方式和行为方式，标定着民族复兴征程的前行方向，是中华民族宝贵的思想资源和精神基础。① 近年来，习近平总书记就弘扬传统优秀文化做出了一系列重要指示，强调要"讲清楚中华文化积淀着中华民族最深沉的精神追求，是中华民族生生不息、发展壮大的丰厚滋养；讲清楚中华优秀传统文化是中华民族的突出优势，是我们最深厚的文化软实力；讲清楚中国特色社会主义植根于中华文化沃土、反映中国人民意愿、适应中国和时代发展进步要求，有着深厚历史渊源和广泛现实基础"②。红色理论宣讲结合中华优秀传统文化，既是必要选择，也是创新之举。将中华优秀传统文化运用于红色理论宣讲中，能够在讲好中国故事的同时，借助优秀传统文化的独特魅力，帮助大学生自觉认同红色理论，引导他们进一步坚定"四个自信"，增强做中国人的骨气、志气和底气，从心灵深处激发大学生的自豪感和自信心，让他们更好地认识祖国、热爱祖国、报效祖国。

3. 宣讲要有机融合国内外时事热点

所谓热点事件，是指那些能够在短时间内快速获得数量较多的社会公众关注并形成较为广泛讨论的事件，具有关注度高、敏感性高、涉及面广、争议性大、影响力大、情绪化强、参与性强、传播速度快等特点。③热点事件经网络发酵和传播后，极易变成舆情事件，引起社会普遍关注，形成连锁反应，对社会成员产生重大影响。当代大学生思维活跃，视角敏锐，渴望融入社会，因此对发生在他们身边的热点事件比较关注。习近平总书记指出："要教育引导学生正确认识世界和中国发展大势，正确认识中国特色和国际比较，全面客观认识当代中国、看待外部世界，正确认识时代责任和历史使命。"④ 新时代思政课教学既要立足党和国家事业发展全局，也要放眼世界百年未有之大变局。热点事件能够构筑独特的教育情

---

① 王志东：《中华优秀传统文化是当代中国最深厚的文化软实力》，《光明日报》2019 年 1 月 16 日。

② 《习近平谈治国理政》，外文出版社，2014，第 155 页。

③ 白艳：《热点事件报道中的法律知识普及策略》，《传媒》2020 年第 2 期。

④ 《习近平谈治国理政》第 2 卷，外文出版社，2017，第 377 页。

境，是对大学生进行正反两方面思想政治教育的鲜活事例、生动素材和宝贵资源。在红色理论宣讲中融合国内外时事热点，有利于引导当代大学生准确理解和把握党的路线、方针和政策，深化对所学思政理论的理解，增强运用理论分析问题、解决问题的能力。

二 红色理论宣讲的线上线下联动

红色理论宣讲作为践行高校思政课移动式教学的重要途径，要充分体现出"移动式"的教学特点，既要借助科技手段实现教学信息化、智能化发展，又要实现教学场景的多场域移动。当前，移动式教学的发生场域可以分为线上和线下两个维度：线上的红色理论宣讲主要在新媒体社交平台以及专门的教学应用软件上进行，通过录制创意宣讲视频开展高校思政课的指尖课堂；线下的红色理论宣讲则以流动课堂的形式在学校、社区、实践基地等多场域进行。红色理论宣讲的线上线下联动将"键对键"与"面对面"有机整合、形成互补，使思政课既能站稳讲台，又能网上出彩。

1. 线上云宣讲：多平台开展指尖课堂

随着数字通信技术和移动互联技术的发展，各类新媒体凭借高效的传播速率和丰富的传播方式，吸引了十分庞大的用户群体，大学生是其中的主力军。新媒体平台为大学生提供了一个相对自由的共享空间，他们得以在网络上相对自由地展现自我、表达诉求。这些发展新态势改变了高校思想政治教育的大环境，不断地催促着高校思政课要尽快形成新的教学方式和课堂状态。

习近平总书记指出："要运用新媒体新技术使工作活起来。"① 当前，新媒体的迅猛发展和移动智能设备的广泛应用为高校思政课教学提供了新的载体。高校思政课教学应发挥新媒体的传播优势，用红色理论线上云宣讲的方式与受教育者即时互动，开展行之有效的高校思想政治教育。利用新媒体平台开展线上红色理论云宣讲既是必然之路，也是创新之选。

---

① 《习近平谈治国理政》第 2 卷，外文出版社，2017，第 378 页。

新媒体是一个综合性的概念，按照具体功能划分，我们目前使用的新媒体平台大致可以分为社交软件、视频平台、交流论坛等几类。除了在线网络会议外，还包括微博、微信、抖音、快手、哔哩哔哩、知乎等在内的多种 App。红色理论宣讲要充分利用新媒体平台，将相关理论知识与时下最热门的新媒体传播途径有机结合，利用新媒体平台开展指尖课堂，使当代大学生在使用新媒体的过程中随时随地接受红色理论的教育和宣传。而每一类别下的新媒体平台，都有其各自的特点，我们还必须做到准确分析、合理规划以及精准出击，根据不同情境、不同需要，采用不同的方式推动红色理论的指尖课堂。

一是线上会议。线上会议能为两个以上的人建立直播视频和声音的实时连接。其实早在 20 世纪 60 年代，一种名为"可视电话"的设备在 1964 年的纽约世界博览会上首次亮相，那时这项技术就已经存在了。如今线上会议平台技术更全面、复杂、实用，已经融入人们的日常生活。例如，腾讯会议、企业微信、钉钉、云视讯、全时云会议、好视通云会议、好信云会议等众多网络视频会议软件，具有远程、实时、高效、便捷、低成本等优点。人们只需通过电脑或手机登录会议云平台，便可快速地与全球各地的团队或人员进行实时音视频沟通，并可同步分享各类数据文档。线上会议不但能降低差旅和会议布置成本、节省经费，而且能简化会议流程、增强沟通交流，同时不受时间、空间限制，可以容纳多达千名嘉宾和万名观众进行实时互动，高清视频图像和高保真语音的传输更是让人有身临其境，如同面对面开会一般的体验。当然，线上会议也存在一定的缺点，如线上会议通过网络很难产生现场那样良好、热烈的气氛；线上会议必须要有优质的互联网环境。线上会议可用于在特殊时期、特殊情况下开展比较正规、大型的红色理论宣讲报告。

二是微博（Weibo）。微博，即微型博客（Micro Blog）的简称，它是一种通过关注机制分享简短实时信息的广播式的社交网络平台，具有互动性、即时性、自主性、大众化、文字短小、传播力大等特点。微博以"随时随地发现新鲜事"为宣传标语，里面的信息包罗万象，特别是它的评论、转发、点赞、关注、热搜功能可以在较短时间内引发较大的舆论关注，具有庞大粉丝群的大 V 能够产生较强的信息影响力。所以说，"微博所具备的特点和功能决定了它能够对思想政治教育工作产生影响"①。但是，微博也存在不少缺陷，如需要有足够的粉丝，如果没有任何知名度和人气很难达到传播的效果；新内容产生的速度太快，许多内容可能被淹没在海量信息中；如果监管不及时、到位，容易引起负面传播。在微博平台推行红色理论宣讲的指尖课堂，应当由具有责任心、影响力的优秀教师建立专门的运营账号，精心制作、及时发布并有规律更新红色理论宣讲的主题视频、系列视频，创建与大学生群体的良性及时互动平台。

三是微信（WeChat）。微信是中国腾讯公司于 2011 年 1 月 21 日推出的一款支持 Android 以及 iOS 等移动操作系统的即时通信软件，微信公众平台则是腾讯公司在微信的基础上新增的功能模块。微信使人们的沟通更快捷、更及时、更有情境感，信息获取也更方便、更有效、更符合用户的需求。但微信也存在一些不足，如信息的质量很难得到保证，导致一些不良信息大量传播；快餐式的信息获取方式加重了碎片式阅读习惯，给人们的文化生活带来不良冲击；容易产生依赖性，给身心健康带来不良影响。近年来，微信公众平台逐渐成为高校宣传工作的主阵地，每年腾讯都会对各个高校公众号的运营情况进行系统排名。能够在众多公众号中脱颖而出的学校，无外乎都具备以下几点特征：图文亮点突出、点击量超群、用户关注度高、制作水准精良、有鲜明的自身风格以及紧密贴近学生校园生活等。因此，在微信公众平台推行红色理论宣讲的指尖课堂，一定要注意形式的新颖和接地气，在细致入微的内容中渗透思想政治教育，以打造"舆论阵地、精品内容、传播思想"为主要目的。

此外，以抖音、快手为代表的短视频平台，强调"音乐+视频+社交"三大功能，通过短平快的体验感、独特的拍摄手法快速吸引用户的关注。基于此，在抖音、快手等平台打造红色理论宣讲指尖课堂，应控制好宣讲视频的时长及其创意性，专门录制适应短视频平台的宣讲视频或者选取原有宣讲视频中最为精彩的部分进行公开发布。随着网络直播的兴起，弹幕功能愈加受到大学生们的青睐。以哔哩哔哩 App 为例，可以邀请学术大咖做客直播，进行红色理论宣讲，通过弹幕提问的方式拉近教育者与受教育

---

① 鲍中义、陈俊：《微博的思想政治教育功能及实现路径研究——以在校大学生为例》，中国社会科学出版社，2019，第82页。

者之间的距离，减少红色理论宣讲者与大学生交流时在流程上的耗时，增强师生之间的亲密度。实现"空中思政课"和"云上思政课"，进一步完善新媒体的思想政治教育功能。

除了合理运用相关 App 软件平台外，高校也应善于利用新媒体、新技术开发构建具有自身特色的红色理论宣讲线上阵地。以运营较为成功的学习强国 App 为例，学习强国学习平台由中宣部主管，以重大时事政治、热点焦点事件为主要内容，立足全体党员、面向全社会，是一个能进行思想学习、文化学习、慕课学习等的综合性优质平台。借鉴学习强国 App 的成功经验，高校可以根据自身特色和需要，不断探索新媒体中的新领域，譬如在深受大学生欢迎的端游、手游、动漫等方面进行红色理论宣讲内容的渗透、融合与创新，开辟思想政治教育新阵地，增强大学生对于思想政治教育课程的兴趣，为大学生健康成长保驾护航。

2. 线下大讲堂：多场域推进流动课堂

思政课必须以科学理论知识为依托，但理论最终要能说服人，取得应有的教学效果，又必须"通过学生对社会实际生活的参与和体验，使其主观世界得到感性的再教育和主体能力得以优化"[①]。红色理论宣讲的线下大讲堂以学生在课堂上获得的理论知识和间接经验为基础，通过沉浸式学习和宣讲实践两种方式在多场域推进流动课堂。

一是开展场景教育，实现红色理论宣讲沉浸式学习。

充分利用地方爱国主义教育基地、各类先进典型纪念场馆等开展场景教育，打造红色理论宣讲的移动场域。

第一，结合重要历史纪念日。充分发挥重大纪念日的影响力，开展有关红色理论宣讲，能很好地吸引大学生在纪念活动中接受历史教育。例如以"纪念中国共产党成立 100 周年"重要历史纪念日为契机进行红色理论宣讲，结合学校自身实际情况前往嘉兴南湖、上海一大会址等红色教育基地接受党史理论宣讲教育，能够有效引导大学生在现场的沉浸式体验中感悟党的百年历史和辉煌成就，激发思想共鸣，培育爱党爱国情怀。

第二，依托重大活动。重大活动主题明确、意涵丰富、影响广泛，是

---

① 教育部社会科学研究与思想政治工作司编《高校思想政治理论课实践教学的探索与思考》，高等教育出版社，2005，第 5 页。

开展红色理论宣讲的良好载体。如在 2008 年北京奥运会、2014 年南京青奥会等重大活动中，许多大学生都主动成为志愿者，以实际行动彰显社会主义核心价值观。因此，要以重大活动为契机，进行沉浸式红色理论宣讲，在重大活动氛围的感染下激发当代大学生的参与热情，在参与活动中提升红色理论对大学生的理论说服力和情感说服力。

第三，设计重要主题教育活动。将思政课教学内容中的重点难点分成不同主题和模块，设计相应的教育主题，并借助党团日主题教育活动形式，开展主题丰富、形式多样的主题教育活动，如国家安全教育、廉洁自律教育、弘扬社会主义核心价值观教育、改革开放成效见证、美丽乡村建设体验等，实现思政课教学内容的活化，加深理解、增强感悟、提升说服力。

二是开展巡回宣讲，打造大学生红色理论主题宣讲团。

大学生红色理论主题宣讲团是以大学生为主体进行红色理论主题宣讲活动的社团组织，由发起者从马克思主义理论的学习者中选拔宣讲员，打造一支政治素养高、语言表达能力突出、创新能力强的红色理论志愿宣讲队伍，并聘请富有宣讲经验的红色理论研究专家和思政课教师作为指导老师，深入大中小学校、社区乡镇、厂矿企业以及社会基层单位等，以紧跟时代主题的宣讲主题、听得懂记得住的宣讲内容、多样化立体化的宣讲方式，开展不同主题的政治理论巡回宣传活动。

大学生红色理论宣讲团有着各种形式新颖、富有趣味的社内活动，学生群体进入团队之后，不仅能够在日常的培训试讲中进行理论学习，还能够产生课外自我教育和相互教育的热情和兴趣，通过相互间的沟通交流说出心中所想，对于互不认同的观点进行辩论，最终在指导老师的帮助下，准确理解并将正确的理论和观点宣讲出去，是自我教育和双向互动的有效结合。这是一种体现理论教学与实践教育有机融合的教学新模式，强化了思政课教学过程中的实践性、互动性、交往性和反思性，蕴涵着学成教育与养成教育相统一的思想政治教育教学新理念。在推进红色理论宣讲活动的具体过程中，要注意做到以下三点。

第一，应势而谋，在创意性上下功夫，针对不同的宣讲受众准备相应的红色文化产品。针对青少年群体，可以根据宣讲主题将理论内容设计成画册、趣味印章等文化产品，用生动的手绘图片和鼓励性文字激励青少年不断成长。针对社区居民，可以根据宣讲主题将理论内容辅助设计在笔记本、帆布包、杯子等实用性较强的生产用品中，在引起宣讲受众兴趣的同时又起到宣传红色文化的作用。

第二，因势而动，在专业性上下功夫，结合活动场域、针对不同的宣讲受众采取不同的宣讲形式。例如，在中小学可以通过播放视频、讲历史故事、唱红色歌曲等方式拉近与受众之间的距离，形成情感共鸣；在基层党群组织，可以将理论内容编成情景剧、广场说唱等形式，同时可以结合大量的史实图片、影像资料、官方文件和经典书籍等展现历史，引导党员同志深刻理解红色文化的内涵，营造弘扬红色精神的良好氛围。

第三，顺势而为，在实效性上下功夫，进行宣讲后的社会调研，有效跟踪宣讲效果。宣讲后跟进式的社会调研应当成为整个红色理论宣讲活动的一大重点。团队成员于宣讲活动结束后向受众进行调查研究，通过跟踪红色理论宣讲的效果进行分析总结，为后期形成学术研究成果提供丰富的一手资料。

"社会实践是最鲜活生动的教育素材，通过社会实践可以把学校课堂和社会课堂连接起来，增强教育教学实效。"[1] 大学生红色理论宣讲团一方面承担着传播红色理论的重任，另一方面也肩负着培养时代新人的使命。红色理论宣讲讲授的不仅仅是一个个浅显易懂的理论知识点，传递的也不仅仅是一段段脍炙人口的红色故事，更多的是一种奋斗不止的精神。对于宣讲对象来说，宣讲中的一句话、一张图片、一段视频甚至是宣讲员的精神面貌都会对他们产生潜移默化的影响。尤其是对于青年来说，他们通过生动的图文学到了书本上没有的知识，通过手绘画册、印章、书签等文化产品更直观地感受到祖国的沧桑变化，激起强烈的爱国主义情怀。对于宣讲员来说，经过多次试讲演练和正式宣讲，他们从不敢讲、不会讲的学习者成长为敢于讲、善于讲的宣讲员，不仅提升了综合能力，而且教育引导了许多同辈坚定理想信念、勇于矢志奋斗，实现了奉献自我、服务社会。

以红色理论宣讲常态化为抓手，组建红色理论师生宣讲团，走进中小学课堂、社区街道、厂矿农村，面向校内外常年开展宣讲活动，构建一个

---

① 唐慧玲、张丽：《思想政治教育专业实践育人教学改革研究》，《学校党建与思想教育》2021 年第 1 期。

个移动的思政课堂，一方面提高思政课堂的知识转化，另一方面也把思政课直接搬到现场一线，让思政课的教学场域不再固守校园，而是走出校门，移步社会，让思政课教学场域"活"起来。

第三节　本土式教学案例：榜样典型上讲台

"各种类型的本土文化资源蕴含着大量的价值观教育资源，能以一种潜移默化的方式深刻影响大学生的精神世界，帮助大学生形成积极乐观的人生态度，建构崇高美好的精神世界。"[①] 挖掘身边典型鲜活的人物和故事，将榜样典型请进教室、先进事例搬上高校思政课讲台，能够使高校思政课更具有说服力、更加可亲可学。

一　榜样典型的内涵及教育作用

榜样是旗帜和标杆，代表着努力方向。榜样的力量是无穷的。以"榜样"为镜，可以知不足、补短板、促进步。

1. 榜样典型的内涵

榜样典型是一种无声的语言，拥有巨大的教育力量。在教育工作中，榜样典型指的是"用他人的好思想、好行为、好道德来影响学生的教育方法、德育方法"[②]。榜样典型是个性与共性的对立统一，它既能够代表一般，而又比一般更突出。通过树立榜样典型，可以宣传先进人物或者先进集体的先进事迹，进而推广先进的工作经验和工作方法。

马克思主义认为，客观事物的发展总是不平衡的，所有人的发展也一定会有先后优差的分别。先进与后进的存在符合事物发展的客观规律。思想政治教育的一个重要方法就是树立榜样典型，通过典型引路、榜样示范，运用榜样典型的模范事迹，来宣传鼓舞受教育者，达到激励先进、鼓舞后进的教育目的，提升思想政治教育的说服力。

[①]　唐慧玲、汪佳玉：《社会主义核心价值观教育亲和力的微观建构——基于高校思想政治理论课视角》，《社会主义核心价值观研究》2020年第6期。

[②]　张念宏主编《教育学辞典》，北京出版社，1987，第463页。

2. 榜样典型的教育作用

榜样的力量虽然无形无声，但它能穿透人的心扉、激荡人的心灵，激发着个人的责任和激情。古人云："夫以铜为镜，可以正衣冠；以古为镜，可以知兴替；以人为镜，可以明得失。"① 发挥好榜样的引领作用，有利于树立看齐意识，汇聚前进动力。

一是榜样典型对大学生具有强大的说服力。一个好的榜样典型能够发挥非常现实、非常直观的教育和引导作用，它具有强大的说服力和吸引力。青年大学生身上都有不甘落后的自尊心和积极上进的进取心，榜样典型的树立能够激发大学生积极上进的思想动力，它会激励大学生在学习生活中严格要求自己，学习先进，调动和发挥他们的积极性和创造性。近年来，我国各地涌现出了"时代楷模""道德模范""最美人物""身边好人"等一批又一批榜样典型人物，形成了"群星灿烂"与"七星共明"的先进群体格局，充分展现了当代中国人的精神风貌。众多的榜样典型人物是走在时代前列的先进模范，他们身上所闪耀的先进思想和高贵品质是思想政治教育形象化、具体化的体现，能够使高校思政课更加具有说服力、号召力。

二是榜样典型能够促进大学生的心理健康发展。榜样典型教育比较符合当代大学生的年龄特点和身心发展规律。青年大学生的年龄一般在十八岁至二十五岁左右，正处于一生中生理及心理快速发展、激烈变化的关键阶段，也是思想品格、精神境界进一步完善和定型的重要时期。从心理发展的角度来看，青年大学生拥有比青少年时期更强的模仿学习力，抽象思维和逻辑思维能力也有了较大程度的提高，对待新事物热情高涨，能够产生丰富的情绪体验但波动较大。他们有青春热情和强烈责任意识，思维敏锐、自信自强、富于思辨精神。但他们缺乏人际交往的经验，是非辨别能力还不是很强，在待人处事中往往暴露出思虑不周全、缺乏判断力等不足，特别是容易把社会上出现的新事物和自我认知良好的观点变成效仿的对象。由于自身社会经验和认识水平的不足，他们在面对错误思潮的冲击、不良舆论的影响和人生方向的选择时往往会感到困惑和迷茫，不能真正独立正确地调节自身的思想和行为。回应学生在

---

① 裴汝诚等译注《贞观政要译注》，上海古籍出版社，2006，第42页。

学习生活中遇到的实际问题和成长困惑，帮助大学生调节心理发展状态成为高校思政课的迫切需要。通过展示真实的、具有时代特征的榜样典型，以身边人身边事教育引导身边人，可以营造见贤思齐、崇德向善的浓厚氛围，激发当代大学生积极进取、奋发向上的学习热情，感染和带动他们以典型对标，向榜样看齐。

二　榜样典型进思政课的融入路径

习近平总书记指出："青年模范人物是广大青少年学习的榜样，肩负着更多社会责任和公众期望，在青少年中乃至全社会都有着很强的示范带动作用。"[①] 高校思政课运用榜样典型作为教学案例，能够将原本抽象的思想政治理论知识变得具体。结合不同的教学主题和教学目的，树立真实的、与时俱进的榜样典型形象，能够让学生将理论性的知识充分分解，实现学习内容由书本知识到现实生活的升华。榜样典型进思政课讲台，不仅能够调动学生的积极性，营造良好的课堂氛围，转换高校思政课的教学模式，提升思政理论的说服力，增强高校思政课的课堂教学效果，还是引导大学生健康成长成才的好形式和好方法。

1. 身边典型进校园、上讲台

思政课教师立足办学所在地，就地取材，用本地风味的课堂教学案例，实现思想政治理论阐释的案例本土化、身边化。

一是邀请"城市好人"进校园。好人，被定义为"有善心、宽厚待人的人"，历来是人们评价某个人道德高尚最朴素的用词，正如歌中所唱"你是一个好人，一看就知道有颗好心"，这应该是人们对一个人道德素养的最高褒奖。近年来，全国各地各城市结合文明城市创建，深入选树本地典型、深化开展各种主题道德实践活动，传播好人故事、弘扬好人精神，相继涌现出一批批道德模范、最美人物、优秀志愿者等先进典型人物，俗称"城市好人"。这些"城市好人"从寻常巷陌走进公众视野，以其向美、向善、向上的力量，为人们树立起一个个形象具体的道德典范。这些"城市好人"是城市生活中的普通一员，就在人们身边，看得见摸得着，是大

---

① 《习近平谈治国理政》，外文出版社，2014，第53页。

家可信、可亲、可敬、可学的身边好人。教师可以邀请"城市好人"走进校园、走进教室、走上思政课讲台，为大学生讲述"城市好人群"的故事，打造一本鲜活的道德教科书，从而使高校思政课更具温情、更有说服力。

二是邀请"校园先进"上讲台。聚焦校园，发掘校园先进、好人好事并使其走进思政课堂，让身边的典型讲述身边的事迹，可以实现思想政治理论阐释的案例校园化、朋辈化。例如邀请"校园先进"讲述身边人的故事，让大学生感受身边典型勤于学习、善于创造、勇于实践、甘于奉献的家国情怀和责任担当；组织"情暖校园人物"开设专题讲座，讲解做人、做事与做学问的人生哲理；组织学生观摩学习学校历届"校园先锋""校园之星"等的典型事迹，实现朋辈教育的最优化。采用"好人示范""典型导引""朋辈鼓舞"的方式，用鲜活、感人的身边故事起到春风化雨、润物无声的育人效果，让一本正经的大道理引起更多"00后"大学生的共鸣，让高冷的理论、沉重的话题更能圈粉，大大提高了教学资源的可感性和获得性。这些都让思政课从"有意义"转向有故事、有温度、有情怀、有意思。

2. 根据教学内容需要针对性选树榜样典型案例

习近平在中国人民大学考察时强调："广大青年要做社会主义核心价值观的坚定信仰者、积极传播者、模范践行者，向英雄学习、向前辈学习、向榜样学习，争做堪当民族复兴重任的时代新人，在实现中华民族伟大复兴的时代洪流中踔厉奋发、勇毅前进。""青少年思想政治教育是一个接续的过程，要针对青少年成长的不同阶段，有针对性地开展思想政治教育。"① 教学有针对性是思政课亲和力的重要方面。不仅思政课教学总体上要体现针对性，在典型案例教学中也要体现针对性，只有这样才能达到好的教学效果。

一是选树"爱岗敬业"榜样典型，加强对大学生的就业观念教育。高校毕业生的就业情况一直是党和国家十分关心的问题，为此国家采取了多种举措，积极动员社会各界的力量帮助大学生应对就业难的问题。解决大

---

① 习近平：《坚持党的领导，传承红色基因，扎根中国大地，走出一条建设中国特色世界一流大学新路》，《人报日报》2022年4月26日。

学生就业难的问题，需要我们从多方面进行努力，其中，加强对大学生的就业观念教育是一个有效措施。新形势下，部分大学生的择业观发生了偏差，衡量短期实际利益多过未来事业发展，注重个人名利多过社会需求。针对这一问题，高校思政课要通过选树"爱岗敬业"榜样典型，加强对大学生的就业观念教育。例如，可以选择"七一勋章"获得者张桂梅老师的事迹作为教学案例。张桂梅老师扎根贫困山区40多年，以弱小的身躯托起了大山女孩们的求学梦想，不计较个人利益得失，不看重功名利禄。张桂梅老师身上"捧着一颗心来，不带半根草去"的精神品质能够激励更多的大学生在未来职业生涯中坚守初心，照亮他人。

二是选树"团结友爱"榜样典型，加强对大学生的集体主义教育。集体主义是"一种一切言论行动以合乎广大人民群众的集体利益为最高标准的思想"[1]，培育集体主义精神是社会主义国家公民应尽的责任和义务，也是我们进行思想政治教育的核心内容。高校思政课是大学生集体主义教育的重要存在方式和载体，同时也是有效开展大学生集体主义教育的重要渠道。对大学生进行集体主义教育，在选树"团结友爱"榜样典型时不能一味采用名人案例，可以通过挖掘身边鲜活的人物和故事，使教育更具有说服力，甚至可以邀请榜样典型进入课堂现身说法，让他们感同身受，也使高校思政课课堂更加可亲可学。在具体的教学过程中，可以在高年级的优秀集体中选择"团结友爱"的榜样典型，比如"学霸宿舍""考研超牛班"等，这些先进的集体体现了同学舍友间的互帮互助、互勉互励和共同进步，对大学生增强集体荣誉感和归属感有较强的引导作用。

三是选树"科研创新"榜样典型，加强对大学生的实践创新教育。时代的发展呼唤创新型人才，呼唤有强烈创新意识的当代大学生，大学生创新意识和创新能力的强弱，事关国家未来社会的兴旺发达和国家核心竞争力的进一步提升。在建设创新型国家的大环境下，高校应当以培育具有创新意识的高素质强能力人才为教育目标。高校思政课应紧密结合社会需要，选树"科研创新"榜样典型，加强对大学生的实践创新教育。例如，可以选择"共和国勋章"获得者袁隆平院士作为教学案例。"杂交水稻之父"袁隆平院士曾多次提起自己的两个梦想，分别是"禾下乘凉梦"和

---

[1]　张蔚萍主编《思想政治工作知识辞典》，河北人民出版社，1990，第68页。

"杂交水稻覆盖全球梦"。他将一生都奉献在了水稻的科研事业上，生命不止，创新不息，始终为祖国的科技创新而奋斗。袁隆平院士是广大青年学子非常熟悉的一名科学家，在高校思政课有关实践创新的教学中以他为例，能够让学生的内心产生极大的亲切感，真切地感受到创新对一个国家的重要性，唤起高校大学生内心的国家荣誉，自觉投入祖国的实践创新事业中。

第四节　嵌入式教学专题：廉政教育进课堂

所谓嵌入式教学，是指在教学过程中思政课教师准确研判社会形势，根据学生了解社会、适应社会的需求，以专题教学的形式嵌入教材较少或者没有涉及的内容，构成专门的嵌入式教学篇章。例如，在全面从严治党、加大反腐倡廉力度的大形势下，将廉政教育嵌入思政课教学，组织各类廉政资源进课堂，课堂内廉政人物现身说法，课堂外警示教育巩固成效，形成思政课一道独特的风景线。廉政教育进课堂能够极大地体现嵌入式专题化教学篇章的优越性，专题集中讲解的形式也突破了零星疏导的离散化弊端。

一　以"理"服人：阐明廉政发生机理

"一些国家因长期积累的矛盾导致民怨载道、社会动荡、政权垮台，其中贪污腐败就是一个很重要的原因，大量事实告诉我们，腐败问题越演越烈，最终必然会亡党亡国！我们要警醒啊！"[1] 腐败滋生和蔓延的根源在于公权力的滥用，是公权力异化的必然结果。党的十八大以来，以习近平同志为核心的党中央作出全面从严治党的重要战略部署。党以永远在路上的清醒和坚定，坚持不敢腐、不能腐、不想腐一体推进，惩治震慑、制度约束、提高觉悟一体发力，坚持无禁区、全覆盖、零容忍，坚持重遏制、强高压、长震慑，坚持受贿行贿一起查，坚持有案必查、有腐必惩，以猛

---

[1] 《习近平关于全面从严治党论述摘编》，中央文献出版社，2016，第175页。

药去疴、重典治乱的决心，以刮骨疗毒、壮士断腕的勇气，坚定不移"打虎""拍蝇""猎狐"；经过坚决斗争，全面从严治党的政治引领和政治保障作用充分发挥，党的自我净化、自我完善、自我革新、自我提高能力显著增强，管党治党宽松软状况得到根本扭转，反腐败斗争取得压倒性胜利并全面巩固，消除了党、国家、军队内部存在的严重隐患，党在革命性锻造中更加坚强。① 全面从严治党和反腐败斗争的成效，不但赢得了广大人民群众的衷心拥护和拍手称快，也带来了社会的风清气正。廉政教育进课堂，要将辩证唯物主义基本理论与廉政建设相联系，正确处理好廉政建设中的各种关系和各类矛盾，帮助学生厘清各种模糊或错误认识，达到以"理"服人的目的。

首先，廉政建设脱离不了大环境的影响，面临着世情变化所带来的挑战。经济全球化的快速发展为我国提供了机遇与挑战，国际地位也在不断提高。但面对经济全球化这把双刃剑，我们也看到了其对我国思想文化的正面冲击。一方面，一些蓄谋已久的西方敌对势力夸大某些腐败分子的行为，丑化共产党和社会主义，动摇民众对党的信任度，恶意揣摩我国当前的反腐倡廉行动，从思想的渗透、谣言的编造到对人心的蛊惑，通过各种方式迷惑心智尚未成熟的青年学生；另一方面，西方的黑恶势力千方百计地在我国掀起奢靡腐败之风，侵蚀一批党内政治意识单薄、理想信念不坚定的党员干部。正是这样一种复杂的大环境影响到廉政建设的小环境，两者有其共生性与互动性。要改变大环境，不能一味地归咎于西方，而是要在坚决斗争的同时积极主动创造良好的小环境，这就要求广大党员牢记初心使命，无论何时何地都要起到模范带头作用，净化身边的小环境，抵制大环境的不良侵蚀。

其次，廉政建设与经济建设相联系。廉政建设取得的成效也受到部分人的质疑，他们错误地认为廉政建设与经济建设是相对立的，反腐败就会阻碍经济发展，认为传统的法律或官僚制度是经济发展的障碍，腐败行为常常是跨越这种障碍的有效手段，起到"润滑"经济的作用，这一论调影响了部分民众，导致其不认同反腐败的措施与成效。廉政建设

---

① 《中共中央关于党的百年奋斗重大成就和历史经验的决议》，人民出版社，2021，第27~28页。

与经济建设是辩证统一的关系。所谓"腐败经济"带来的虚假繁荣，不过是海市蜃楼、过眼云烟。只有廉政建设取得有效成果，才能为经济长远健康发展提供廉洁的政治环境，才有助于缓解收入不均、分配不公等社会矛盾，从而进一步激发劳动者积极性，优化生产力发展环境，对经济发展产生巨大的能动作用，推动生产关系的改革和生产力的进步；反之，生产力的提升又为廉政建设提供必要的物质条件，经济的稳健发展也会打消部分群众"反腐影响经济"的疑虑，进一步支持和促进廉政建设，增强创建廉洁环境的信心，共建富强民主文明和谐美丽的社会主义现代化强国。

最后，制度建设要常抓不懈。社会转型与腐败现象的产生与蔓延有着直接的影响。当前，我国正处于社会转型期，必然会带动经济体制、社会结构、利益格局与思想观念的变动。强化廉政建设必须要配以必要且有效的制度。第一，建立教育防范制度。外在的约束并不能长期促进廉政建设，只有通过制度化的反腐倡廉教育，才能使党员干部由内而外地自发形成思想道德防线，自觉增强拒腐防变的意识和能力。第二，建立有效的监督制度。监督机制的高效运行可以为廉政建设筑起一道防火墙，切实提高反腐震慑力，推进民主政治建设。要借助新媒体技术，构建立体化的监督机制，切实发挥其制约腐败的作用，使监督机制从纸上谈兵成为动真碰硬。第三，建立完善的法律法规。"有法可依，有法必依，执法必严，违法必究"的前提是有法可依。随着时代的发展，廉政建设遇到更多的挑战，对应的法律法规需要结合时代特征不断完善，让权力在法制约束下阳光运行。第四，建立严苛的惩治制度。腐败大部分由贪恋与侥幸而起，所以需要建设强有力的惩治制度体系，扎牢制度笼子，从根本上全面推进不敢腐、不能腐、不想腐，使教育说服力、制度约束力和监督威慑力最大化。

廉政建设是反腐倡廉中一项长期而艰巨的工作，不可能一蹴而就，更不可能一劳永逸，不仅需要深化理论研究，把握廉政发生机理，而且需要加强实践探索，充分发挥廉政建设的教化作用，将关口前移，通过将廉政教育嵌入思政课教学，引导青年学生树立正确认识，形成尊廉、尚廉的思想品格。

二 以"文"化人：讲好廉政教育故事

浩瀚的五千年中华文明积累了宝贵的精神文化财富，其中的中国传统廉政文化为精华之一。面对当前社会经济发展过程中呈现的风险考验和各种利益诱惑，必须"积极借鉴我国历史上优秀廉政文化，不断提高党的领导水平和执政水平、提高拒腐防变和抵御风险能力"[①]。

"历览前贤国与家，成由勤俭败由奢。"（唐李商隐《咏史二首·其二》）俭约一直为中国传统文化所倡导，是中华民族的传统美德。孔子提出"礼奢宁俭"（《论语·八佾》）、荀子提出"节用裕民"（《荀子·富国》），强调在讲礼的同时要注重节俭；墨子则在此基础上结合国家治理强调"俭政""节用"，"以厚葬久丧者为政，国家必贫，人民必寡，刑政必乱"（《墨子·节葬》），痛斥统治者的奢靡无度，并辩证分析了生产与消费之间的关系，倡导在合理消费、适度消费的同时重视生产，积累社会财富。当下社会随着经济的快速发展，消费主义观念盛行，不少群众虚荣心作祟，攀比成风，给社会带来了极其恶劣的影响。节俭要从小事做起，从身边做起，大力开展"光盘行动"，倡导厉行勤俭节约，反对铺张浪费。党员干部被腐蚀的源头大部分集中于一个贪字，贪的不仅仅是利，还有权，权力的不断扩展给贪官们带来了极大的满足感，以致深陷泥沼，无法自拔，严重影响了党群、干群关系。习近平总书记指出，"鱼和熊掌不可兼得，当官发财两条道，当官就不要发财，发财就不要当官"[②]。所以，在纷繁复杂的名利场中，要做到"宠辱不惊，闲看庭前花开花落；去留无意，漫随天外云卷云舒"（洪应明《菜根谭》）。

"政者，正也。子帅以正，孰敢不正？"（《论语·颜渊》）从政的人自身要端正，才能以帅天下，以孔孟为代表的儒家思想强调"以德治政"，统治者只有以德治国，才能安邦兴民。"德政"思想是中国传统政治思想中具有代表性并一脉相承的，孔子从统治者的角度提出："苟正其身矣，于从政乎何有？不能正其身，如正人何？"（《论语·子路篇》）从政者首

---

① 《习近平谈治国理政》，外文出版社，2014，第390页。
② 习近平：《做焦裕禄式的县委书记》，中央文献出版社，2015，第11页。

要的是严以律己，见贤思齐，不断提高自身道德修养，为天下人做表率，形成强大的号召力，端正其品德，实现"得道者多助"，构建和谐稳定的社会。强调德治的同时，孔子提出治理国家要辅之以刑政，"道之以政，齐之以刑"（《论语·为政篇》）。孔子的政治思想中体现出道德高于刑政的意识，首要的是提高统治者和政府官员的道德修养，针对犯错仍不知悔改的官吏要施以刑政，这仍然是一种道德感化过程，儒家思想主张的是德政，要以礼乐教化百姓，使人民由内而外地规范约束自己的行为。

"民为贵，社稷次之，君为轻"（《孟子·尽心下》），以民为本是中国传统政治思想中非常重要的一环。孟子继承了孔子的"仁政"思想，发展为民本思想。一方面提出国家统治的基础在于百姓是否安稳，百姓安稳必须要有最基本的物质保障，即给民以"恒产"，并且要轻徭薄赋，"民为邦本，取之无度，则其国危矣"（南宋朱熹《孟子集注》），减少税收给百姓以休养生息的机会；另一方面选贤任能也是孟子提倡的重点，"左右皆曰贤，未可也；诸大夫皆曰贤，未可也；国人皆曰贤，然后察之；见贤焉，然后用之"（《孟子·梁惠王下》），官员的选任必须以贤能为标准，并且要为百姓所认可，这样的官员必然是清正廉洁之人，真正能为百姓和国家造福。不仅孟子提出充满仁爱之心的仁政思想，荀子也以"载舟覆舟"巧妙比喻君与民的关系，道家的"爱民"思想、墨家的"兼爱"思想以及法家的"为民"思想等，都是中国传统政治文化中以民为本思想的体现。习近平总书记一直强调的坚持以人民为中心的思想正是从中华优秀传统文化中汲取政治思想养分发展形成的，丰富了当下开展廉政教育的文化资源。

高校思政课创新发展廉政教育，讲好廉政教育故事必然要赋予中国优秀传统文化新的时代内涵，充分发挥传统文化的廉政教育功能。一是要追本溯源，建立廉政教育资源库。结合社会发展环境，挖掘中国传统文化中丰富的廉政教育资源，中国传统文化中的清官与贪官是资源库中体现正反两方面的重要素材。如一生清白、人称"四知先生"的东汉名臣杨震，被誉为"忠义满朝廷，事业满边隅，功名满天下"的范仲淹，"粉身碎骨浑不怕，要留清白在人间"的于谦，历朝历代的廉洁典范对于高校大学生和当今党员干部都有积极的教育意义；而利用权力压榨百姓的贪官也不在少数，如"天下第一大贪官"和珅、卖国求荣的秦桧、北宋富可敌国的蔡京等，这些贪官以权谋私、搜刮民脂民膏，也有着警示与教育作用。二是要宣传到位，搭建信息传送带。传统文化中提炼出的廉政教育资源要发挥其作用还需要传送给每位学生，可以借助校园媒体等宣传载体的优势，把中国传统文化中的廉政人物、案例等相关资源输送给青年学生，营造浓郁的学习氛围，使其无论何时、何地都能有效地学习中国传统文化中的廉政教育资源。三是要完善课程体系，吸收传统文化中的廉政教育元素。学生的主要任务仍然是课程的学习，这就需要高校不断完善课程体系，不仅仅是思政课要体现廉政教育，而且在其他适合有机融合的课程中也需要全面开拓传统文化中的廉政教育元素，这样能贴合更多学生的实际需求，增强学生对廉政文化的关注度和学习力。

将中国优秀传统文化与廉政教育相结合是一个符合时代特征并且需要不断创新和实践的过程。加强中国历史文化中关于廉政的案例教育，有助于提升青年学生对中国优秀传统文化的认同感，增强高校思政课的说服力。

三 铸"魂"育人：坚守廉洁自律初心

习近平总书记强调："一百年来，中国共产党弘扬伟大建党精神，在长期奋斗中构建起中国共产党人的精神谱系，锤炼出鲜明的政治品格。"[1] 中国共产党百年精神谱系和伟大的建党精神丰富了高校思政课的教学资源，充分利用这一宝贵资源开展红色革命文化教育，有助于强化高校思政课的育人效果。

"理论只要说服人，就能掌握群众；而理论只要彻底，就能说服人。"[2] 首先，教师本身要对红色革命文化有充分的了解，储备知识，提升素养，把握红色革命文化的发展脉络，晓之以理，动之以情地展示红色革命文化的教育亲和力。其次，教师要善于根据大学生的心理特征和认知能力，耦合红色革命文化的各种教育资源，"丰富的红色资源蕴含着历久弥新的革命精神和厚重的历史文化，是对青年大学生开展理想信

---

① 习近平：《在庆祝中国共产党成立100周年大会上的讲话》，人民出版社，2021，第8页。
② 《马克思恩格斯选集》第1卷，人民出版社，2012，第10页。

念教育、爱国主义教育、思想道德教育和法制教育的鲜活教材"①，例如扬州市的曹起溍故居、郭村保卫战纪念馆、江都水利枢纽等红色教育基地可以充当教学的第一素材，充分调动学生的主观能动性，让学生切实感受到红色文化的教育力量，提高大学生对传统革命文化的认同感，提升思政课的说服力。充足的教学资源只是基础条件，还要辅之以优秀的教学设计。在多媒体课件广泛应用的背景下，教师要善于运用现代信息技术搭建课程目标与课件之间的桥梁，结合教学对象的学习需求与特点，突出红色革命文化教学主题，深入阐释相关理论，创新课堂教学形式，给学生深刻的学习体验。

"改革创新是时代精神，青少年是最活跃的群体，思政课建设要向改革创新要活力。"② 思政课要改革创新，必然要从教学形式入手。一是坚持灌输知识和价值引领相统一。"知识输入是有效实现政治性、学理性、知识性的重要方式"③，红色革命文化并不会自发地形成于学生的头脑中，灌输知识是有必要的，但是灌输不是搬运，教师需要吸收多学科的知识，融会贯通地开展红色革命文化教育，深刻阐述红色革命文化对于建设新时代中国特色社会主义的重要意义，宣传党的优良传统和作风，选择具有地方红色记忆的代表人物、事件等，运用启发性语言，注重学生的情感体验，达到灌输知识与价值引领相统一。二是理论教学与实践教学相统一。在把握课堂教学主阵地的基础上，积极采用案例式教学、探究式教学、体验式教学等方法。一方面，可以将当地具有代表性的红色文化资源开发形成经典教学案例，研发传统革命文化校本教材，提升大学生的获得感；另一方面，可以通过追寻红色足迹、打卡红色教育基地等方式切身感悟传统革命文化，可以采用开展实践调研、诵读红色经典、创作红色情景剧等多种实践教学形式，也可以通过组织一支由专业老师指导的红色理论宣讲队伍，面向人民群众进行宣讲，不仅让党的创新理论"飞入寻常百姓家"，而且锻造了一批又一批能讲好中国故事的青年大学生，学生在组织活动的过程

---

① 占毅：《红色资源融入高校思想政治理论课教育教学探究》，《思想教育研究》2016年第1期。

② 习近平：《思政课是落实立德树人根本任务的关键课程》，人民出版社，2020，第17页。

③ 彭杉杉、邹之坤：《"八个统一"：红色文化在高校思政课中的教育价值探析》，《现代教育科学》2020年第1期。

中，能够系统地领悟红色革命文化，并吸收转化为自己的语言传播给大众，确切地"把思政小课堂同社会大课堂结合起来"。三是传统教学与网络教学相统一。"要运用新媒体新技术使工作活起来，推动思想政治工作传统优势同信息技术高度融合，增强时代感和吸引力。"① 教师要主动增强新媒体技术运用本领，积极利用互联网优势，有效处理多方红色文化资源，构建红色革命文化教学数据库，架起多层次、全覆盖的立体式红色文化资源育人空间，实现传统优势与新媒体技术高度融合，拓宽学生的视野与格局。例如，新冠疫情暴发后，高校纷纷开展线上教学，有的教师创新运用网络技术，开发新兴教学形式，开展线上升旗仪式，特殊而庄严的仪式教育让学生更加深刻地体会到国歌的含义，感受到"国家"二字的力量，更加有效地提升了思政课的说服力。

习近平总书记在"七一勋章"颁授仪式上强调："在全党全社会形成崇尚先进、见贤思齐的浓厚氛围，激励广大党员、干部牢记党的性质宗旨……"② 而加强红色革命文化教育必须营造浓厚的红色文化氛围，让传统红色革命文化理念渗透到高校教学、科研、管理、服务等各项工作中，以"润物细无声"的方式使学生受到红色革命文化的熏陶，提升高校思政课的育人成效。此外，依托贴近学生生活的图书馆、宣传橱窗、社交软件等舆论阵地，举办形式多样、内容丰富的校园红色文化活动、校外红色体验活动和红色社会实践活动，如唱红歌比赛、党史学习教育专题讲座、"三下乡"暑期社会实践等，将思政课实践教学与各种校园主题文化活动相结合，在提高红色革命文化影响力的同时，引导学生"不忘初心、牢记使命"，加强革命历史的学习和艰苦奋斗作风的宣传，坚守廉洁自律初心。同时，高校要与政府协作发力。一方面，结合各地政府部门实际情况，搭建起基层党建融合发展平台，形成校内外相结合的红色革命文化育人基地，促进理论与实践相结合，实现资源共享，加强大学生的理论素养与实践能力。另一方面，校地协作，共同打造良好的校园周边环境，为红色革命文化有效融入高校思政课营造良好氛围、提供坚实保障。

---

① 《习近平谈治国理政》第 2 卷，外文出版社，2017，第 378 页。
② 习近平：《在"七一勋章"颁授仪式上的讲话》，人民出版社，2021，第 4 页。

第五节 渗透式教学体验：红色精神进血液

习近平总书记在庆祝中国共产党成立 100 周年大会上的讲话中指出："历史川流不息，精神代代相传。我们要继续弘扬光荣传统、赓续红色血脉，永远把伟大建党精神继承下去、发扬光大！"[①] 红色精神是红色文化的精神实质，是党一个世纪以来奋斗淬炼而成的精神结晶，是中国共产党人理想、追求、信念和信仰凝聚而成的精神力量，是中国革命胜利和建设所依靠的精神动力。[②] 高校是传承和弘扬中华民族光荣传统的前沿阵地，大学生是引领时代发展和社会变革的先锋力量。随着全球化和网络化的发展，西方敌对势力借机在高校传播和渗透各种负面思潮，腐蚀大学生的精神净土。红色精神具有强大的感召力、明确的意识形态性和稳定的历史继承性。红色精神与高校思政课在内在本质上具有一致性。红色精神注入高校思政课能够有效抵御意识形态领域的错误思潮，彰显社会主义意识形态的时代力量，提升教学说服力。打造实境课堂、创设情境课堂、回归生活体验的渗透式教学体验，是推动红色精神进血液的三条可行路径。

一 打造实境课堂：开展红色景点教育学习活动

红色景点是红色精神的固态物质化表现。对理论的学习思考离不开一定的实践活动，高校思政课借助红色景点开展红色精神教育实践能够提高大学生的参与度和互动性，帮助其在实践中内化红色精神的价值底蕴，加深对理论知识的理解。当前，一些红色景点过分关心红色旅游开发的功利性，忽视了红色精神传承的公益性。要实现高校思政课教学的沉浸式体验，还要着力探究红色资源的开发、使用和反馈手段，开展红色景点的教育学习活动。

---

① 习近平：《在庆祝中国共产党成立 100 周年大会上的讲话》，人民出版社，2021，第 8 页。
② 张华波、邓淑华：《色文化与社会主义核心价值观培育》，《重庆邮电大学学报》（社会科学版）2017 年第 6 期。

1. 注重红色资源开发利用

开发是使用的前提和基础。科学合理地开发红色资源，不是将已挖掘到的红色资源简单叠加在一起或是随意拼凑成一个整体，而是在遵循思想政治教育规律的基础上进行合理配置，使各种资源之间协调互促，发挥 1+1>2 的合力效应。

一方面，要有针对性地开发地方红色资源。不同地方的红色资源有其发展的特殊背景和历史脉络，具有鲜明的区域特色，承载着地方的独特记忆，是一方学生所熟知的红色经典。因而在开发红色资源的过程中应注重挖掘高校所在地方的红色资源，以独具魅力的地方红色资源渲染思政课教学情境，实现教学资源的属地化、本土性。例如，坐落在黑龙江省大庆市的王进喜铁人纪念馆就是"大庆精神"的物质化载体。身处该地的高校大学生前往纪念馆进行实地学习，能够在心灵受到强烈震撼的同时深刻感受其中蕴藏的爱国主义精神和奉献精神，增强高校思政课教学的说服力。此外，红色精神兼具历史继承性和时代创新性，在承载历史的同时也被赋予了新的内容。因而红色资源有着与时俱进的意涵，应予以针对性挖掘。

另一方面，要系统地开发各地红色资源。红色资源在革命人物或革命历史事件的关联下产生，将不同时期或不同地域的红色资源串联起来有助于还原历史原貌，实现思政课教学的统筹化。系统化开发红色资源需打破分割式研究，树立大的格局观，既注重开发具有地方唯一性、特殊性的红色资源，也要开发具有全国多样性、普遍性的红色资源，建立健全红色资源共享数据库并及时更新、补充。大学生可以在红色资源共享数据库中自主选择关键词检索，自觉接受红色资源的熏陶。此外，大数据作为有力的分析工具，能够根据检索到的数据把握学生共性、明确个性，从而提升思政课的实效性和亲和力。[①]

2. 创新实践平台使用途径

习近平总书记深刻指出："革命博物馆、纪念馆、党史馆、烈士陵园等是党和国家红色基因库。"[②] 创建全景式、立体式红色景点教育实践平台，能够有效实现历史与现实的对接与融合。

[①] 范小青：《网络时代红色资源在高校思政课中的应用》，《学校党建与思想教育》2021 年第 6 期。

[②] 习近平：《论中国中产党历史》，中央文献出版社，2021，第 111 页。

第一，打造全景式实景体验，凸显红色景点的历史性。红色景点是革命先辈战斗和生活过的地方，是极其珍贵的历史文化遗产。红色景点也是常学常新的生动课堂，蕴含着丰富的政治智慧和道德滋养，能让党员干部群众在潜移默化中加强理想信念教育、接受红色精神的洗礼。[①] 开展红色景点教育实践能够引导学生在亲身探究与体验的过程中理解和把握思政课教学内容。因而，对红色景点教育实践平台的搭建要在整体和细节上尊重历史，重视教育引导作用，努力保持原汁原味，恢复历史全景，修旧如故，确保红色资源的历史厚度、思想高度和情感温度，让红色景点、革命文物"活起来"。

第二，打造立体式虚拟体验，凸显红色景点的时代性。不少红色景点仅仅单纯依靠红色文物、图片、讲解等展现红色历史，虽然具备了历史性，但时代性却没有得到很好彰显，导致学生的参与度和互动性不强。利用虚拟现实技术手段，在红色景点打造数字化博物馆和 VR 体验馆等具有三维空间的虚拟场景，推动历史场景的立体化还原，能够让历史情境可听、可见、可感、可触，从而提升学生的体验感、参与度。

第三，开展体验式教学考察，凸显红色景点的现场性。直面知识的具象地，充分运用体验式的教学考察，可以让红色理论知识更加形象地入脑入心。高校应足额拨出思政课实践教学专项经费，思政课教学可以带领学生因地制宜、就近就便开展实践考察，进行现场体验式教学。体验式教学参观考察让师生在红色的第一线，置身历史的场景，现场感受红色灵魂，让红色精神更具象地融入心灵和血液。

3. 加强教育学习反馈交流

打造实践平台、深入开展红色景点体验教育虽然可以帮助学生将思政课的理论说服力转化为行动引领力，但是实践活动不能单纯停留在参观考察和实践体验阶段。在红色景点的教育实践后适时进行评价、反馈和交流，能够增强实境体验的实效性。

首先，要引导大学生及时回顾反思。开展社会实践考察活动，组织师生前往重要红色教育基地，通过参观遗址纪念馆、走访调研、现场教学等形式，感受波澜壮阔的峥嵘岁月，收集大量一手教学素材和资源，在此基

[①] 许徐琪：《用好红色资源　传承红色基因》，《经济日报》2021 年 6 月 21 日。

础上及时撰写调查报告，将实践体验中对红色精神的领会感悟转化为笔下实实在在的文字体会。

其次，要及时开展总结交流活动。实践归来后，要及时开展"追寻先辈足迹，飞扬青衿梦想""颂先进模范，传红色精神""考察归来话感受"等一系列精彩的主题班团活动，通过报告会、故事会、讨论交流会等多种形式，引导学生进行"实践归来话感受"，巩固提升实践学习所得。同时，教师要正确引导、作出点评并及时进行总结评价，进一步巩固和拓展实践教育活动成果。

最后，要形成实践成果汇编材料。高校可以将大学生的实践成果汇编成册，适时举办实践教育成果交流展示活动，既为大学生提供一个交流和展示的平台，同时也为学校思政课积累教学实践资源，有效提升学生在思政课教学中的获得感。

二 创设情境课堂：营造红色文化教育体验氛围

红色文化是红色精神的具象化表现。它是中国共产党领导中国人民在长期的革命和建设实践中积淀下来的一种文化类型，内含革命性、先进性、民族性、开放性等特征，并随着时代的发展不断被赋予新的内涵。[①]德国诗人歌德说过："理论是灰色的，而生活之树长青。"只有面向学生的生活世界，将思政课深刻而抽象的科学理论转换成学生生活世界的叙事话语，才能充分加强思政课教学的实效性、针对性、时代性与实践性。将红色文化资源嵌入高校思政课教学，通过创建生动具体的教学情境、开展生动活泼的情景教学，有助于提升思政课教学的理论魅力和情感渲染力。所谓情景教学，是指教育者根据教育教学目标，人工模拟或真实创设一个生活场景或行为过程，或身临真实现场，让学生在行为选择和环境认知的过程中求索知识、感受生活、体悟真理、陶冶情感的教学方法。[②]要实现单向灌输式教学向双向互动型教学转变，打造高校思政课教学的全时空体验

---

① 杜向民、郗波、王立洲：《高校红色文化教育传承研究》，中国社会科学出版社，2021，第 8 页。

② 田志文：《马克思主义基本原理概论课情景教学的实现路径》，《广西青年干部学院学报》2014 年第 3 期。

式情景教学，还需着力创设叙事情境、历史情境、问题情境和网络情境，营造红色文化教育情境体验氛围。

1. 打造叙事情境

将"事实"转化为"故事"，必须经过叙事者的进一步构思、加工和叙述，而转化的前提则是叙事情境。叙事情境理论将叙事者与故事世界的复杂关系精练为若干基本元素，其中人称、视角、表述是叙事情境中三个不可缺少的因素。叙事情境能够让受众产生与情境一致的信念和态度，具有独特的说服力。借鉴叙事情境理论，思政课叙事情境是指根据教学内容需要、精选相关案例创设教学情境，通过生动形象的语言描绘情境、叙述事实，进而解析思政理论的基本原理与抽象概念，把抽象的理论话语和生活的叙事话语紧密结合起来，使形象的语言叙事情境渗透着思政理论的理性智慧，达到唤起学生思想和情感的共鸣、拉近教师与学生间距离的目的，让学生在不知不觉中领悟思政理论。在叙事情境创设过程中，师生的角色可以在叙事者和感受者之间反复变化。在思政课教学中构建叙事情境，能够有效克服内容抽象、语言枯燥、形式单一等教学问题，增强教学说服力。

高校思政课创设红色叙事情境，首先要做好充分的课前教学准备。要统筹各门思政课之间的关系，明确各门思政课的教学侧重点，合理规划好各门思政课的教学设计。其次要精选具象化的教学内容。教师要根据教学内容中具体的价值观念，整合教学资源，挖掘与教学要求相适应的红色文化案例，将两者有效融合以避免空洞的说教。最后要善用合适的表达方式。要构建身临其境的教学环境，善用生动形象的语言表达，通过声情并茂的叙事诠释，彰显历久弥新的时代价值。如在讲述集体主义价值观的时候，教师可以结合伟大抗疫精神，分享自己在面对新冠疫情时的亲身经历，并鼓励学生参与分享，使学生在浓厚的爱国氛围中感受集体的强大力量。

2. 模拟历史情境

通过模拟历史情境进行课堂表演是情景教学的一种常用形式。所谓历史情境模拟，就是根据教学内容，模拟类似史实的场景，通过学生自导自演的形式，让大学生作为对应的角色进入历史情境，进行情景表演、情景再现的教学模式。通过模拟历史情境开展课堂表演情景教学，需要教师根据教育教学目标和教学内容、确定表演主题、说明表演原则、设计场景与剧情，并将学生进行具体分工，在课堂上扮演相应角色进行表演和展示，从而调动学生探索知识、提升能力、展现个性、培养德性的主动性、积极性、创造性，让学生沉浸在历史情境中，以身临其境的情景表演感受高尚人格、领悟人生哲理、培养道德情操、激发思维活力、达成教学目标。课堂表演情景教学可以采取小品、话剧、演讲、相声、故事、微型剧等多种方式，积极有效地调动全体学生的参与热情。

在模拟历史情境进行课堂表演情景教学时，必须认真准备，精心策划，做好各环节的组织工作。一是教师必须根据教学内容提前设计、做好安排，向学生说明课堂表演的主题、内容、目的和要求；二是学生排练表演时，教师应全程参与、亲自指导，同时要与学校相关部门、学生辅导员等沟通联系，取得他们的帮助与支持；三是在课堂表演过程中，教师不但要善于激发情感、活跃气氛、给予鼓励，而且要总体把控、因势利导；四是表演结束后，教师要组织学生进行思考、讨论、交流，及时进行点评、总结和提升。高校思政课模拟红色历史情境，开展课堂表演情景教学，能够直观地再现历史场景，把遥远的历史人物拉近，产生身临其境、潜移默化的沉浸式教学效果。课堂表演情景教学可以在教学过程中根据教学需要灵活安排，可以在课堂教学时将学生分组分工，轮流开展小型表演，也可以在课程结束时安排思政课教学成果展示活动，将课堂移到舞台之上，并将表演的创新性和还原度纳入课程评价体系。学生在编排情景剧的同时活用红色历史资料，在表演的同时感受历史的"回声"，用红色精神鼓舞大学生在新时代接续奋斗。

3. 创设问题情境

有价值的教学情境一定是具有问题意识的情境，教学情境中的内含问题能有效地引发学生的思考。所谓问题情境，就是教育者针对大学生在思政课教学中面临的焦点、热点和难点问题，在课堂中引入红色文化案例，与学生进行交流研讨，达到把握学生思想动向、拉近理论与实际距离目的的课堂教学情境。情境中的问题要具备目的性、适应性和新颖性。目的性是指根据教学内容和教学目标创设满足教学要求的问题；适应性是指根据班级学生的实际学情和可参与思考、讨论、分析的实际水平创设难易程度适合的问题；新颖性是指贴近学生实际创设具有生动性和吸引力的问题。

具备目的性、适应性和新颖性的问题创设，才能激发学生思考问题、分析问题、解决问题的求知欲望，引导和培养学生的问题意识。

问题情境是能最好地承载认知冲突和动机激发的情境。教师要善于通过创设问题情境让学生处于"饥饿状态"，即迫切想要寻找答案的状态。创设问题情境时，教师要注重联系生活实际、注意新旧知识有机结合、巧妙设置疑惑问题、突出认知冲突、灵活应用比较分类、善于运用多媒体技术。例如，针对全球化背景下的反马克思主义思潮和错误认知，创设红色文化问题情境，借助红色文化案例化解学生的思想困惑，利用老一辈无产阶级革命家在迂回曲折中选择并信仰马克思主义的历程，揭示马克思主义指导下的社会主义道路的逻辑正确性，实现红色文化教育功能的具象化、形象化，凸显红色文化的现实有效性。

4. 开发网络情境

习近平总书记指出："要运用新媒体新技术使工作活起来，推动思想政治工作传统优势同信息技术高度融合，增强时代感和吸引力。"① 所谓网络情境，就是利用日新月异的现代互联网与网络信息技术，创设网上"学习讨论区"，教师通过上传学习内容或设立讨论主题，引导学生学习讨论，实现知识与观点之间的流动、碰撞、整合，助推思政课从"线下"走到"线上"，形成线上与线下结合、虚拟与现实呼应的课堂教学情境。开发红色网络情境，能够有效实现红色文化与思政课教学的创新发展。

开发红色网络情境，其主要路径可以分为三步：一是搭建网络传播和互动平台，录制并上传与思政课程相关的红色主题线上课程，或紧密结合社会现实生活与学生人生际遇科学设计讨论主题，引导学生网上学习、线上讨论，使课堂教学突破时间的局限和空间的范围。二是做好线上教学平台的监管和维护，定期更新课程教学内容、视频、讨论主题，营造风清气正的网络生态。三是展开师生之间、生生之间的讨论互动和学习交流。在网络讨论的过程中，教师要全程参与、有效控制网络讨论的全过程，对错误的观点要理直气壮回击批判，对偏激的观点要有理有据分析纠正，对正确的观点要热情鼓励积极支持，对不同的观点要尊重包容比较分析，对冲突的观点要引导其深入论辩归纳明晰。网络情境中

---

① 《习近平谈治国理政》第 2 卷，外文出版社，2017，第 378 页。

的弹幕区、评论区等，为师生之间、生生之间跨时空的平等对话提供了广阔的平台。

三 回归生活体验：实现红色精神教育场域迁移

提升思政课的理论说服力还必须回归生活体验，立足家庭生活体验、创建校园生活体验、凝聚社会生活体验，让红色精神跨越思政课课堂理论教学或实践教学的空间范围，渗透到日常生活的各个方面，实现红色精神教育的立体化、常态化。

1. 立足家庭生活体验

习近平总书记指出："无论时代如何变化，无论经济社会如何发展，对一个社会来说，家庭的生活依托都不可替代，家庭的社会功能都不可替代，家庭的文明作用都不可替代。"[①] 三个"不可替代"高度精辟地概括了家庭教育的重要性。立足家庭生活体验，就是要充分发挥家庭教育功能，让学生回归家庭生活，在日常生活中感受"近在眼前"的红色精神。在家庭生活中融入红色精神，具有时间上的连续性、过程上的持续性、内容上的继承性和形式上的亲和力等优势。家庭中的老党员或长辈可以给子女晚辈讲述亲身经历的革命故事或成长岁月的人生感悟，一同欣赏看过的红色经典影视，一同回顾听过的红色故事，一同分享读过的红色书籍，推动红色精神教育向家庭生活迁移。

2. 创建校园生活体验

高校是传承红色精神的主阵地，校园生活是涵育大学生精神品质的隐性场域。创建校园生活体验，就是要推动思政课教学走出课堂，融入丰富多彩的校园文化生活。在校园文化生活中渗透红色精神教育，可以生动展现出高校思政课教学的整体性和层次性。一是营造校园红色文化氛围，让学生在校园环境熏陶中强化红色精神认知。二是打造校园红色教育平台，在校园内建设红色文化长廊、建筑红色雕塑、开发红色文化主题教育馆等，让学生在校园红色文化主题教育中感受红色精神伟力。三是组织校园红色文化活动，开展红色理论宣讲、红色故事分享、红色

---

① 《习近平关于注重家庭家教家风建设论述摘编》，中央文献出版社，2021，第3页。

歌曲大赛、红色知识竞赛、红色专题讲座等常态化活动，让学生在多姿多彩的校园文化活动中自觉践行红色精神，将"内化"的理论"外化"为日常言行。

3. 凝聚社会生活体验

家庭教育和学校教育最终是要回归社会生活的。红色精神是英雄人物对待金钱、利益、衣食住行、人际交往和生死等日常生活的态度和行为。[①] 凝聚社会生活体验，就是将思政课小课堂融进社会大课堂，将红色精神迁入社会日常生活的过程。在社会生活中凝聚红色精神，对拓展学生的眼界、充实学生的体验以及丰富学生的生活十分有益。将红色精神迁移至社会生活中有以下路径：一是政府提供保障，包括建立法规政策等法律保障和加强财政投入等资金保障。二是典型引路，发挥先进榜样的模范作用。通过选树红色先进典型，发挥其传播红色精神的榜样示范与引领作用。如张桂梅、钟南山等应该成为新时代大学生群体所追逐的"星"。三是搭建社会思想政治教育平台。既要持续不辍地开发、推广具有核心竞争力的文化产品、搭建红色文化主题公园等，巩固线下教育平台，也要充分应用新媒体新技术，注册传承红色精神的微信、微博、视频平台账号等，打造线上教育平台，激活思政课堂，统筹育人效益、社会效益和经济效益。

总之，实境课堂是沉浸式体验，情境课堂是全时空体验，生活课堂则是全方位体验。以红色精神进血液为主要手段的体验式教学能够丰富大学生的精神世界，激发大学生学习和践行政治理论的兴趣，有效提升高校思政课教学说服力。

---

① 程东旺：《红色资源在高校思想政治理论课教学中的应用》，《教育探索》2016 年第 7 期。

第七章　创新教学方法，提高吸引力

有互动的课堂才有活力，有活力的教学才有吸引力，有吸引力才能产生亲和力。新时代要增强高校思政课的亲和力，激发学生学习的积极性和主动性，必须在贴近学生实际、遵循教育教学规律和学生学习特点的基础上，围绕"真学"问题，以强化互动性为关键，从打造研究性教学、情境化教学、互动式教学、自助选单式实践教学、互联网+教学等多个层面不断创新教学方法，激发教学活力，提高吸引力，让学生在互动中真正"习得"思想政治理论。

第一节　"转识成智"打造研究性教学

研究性教学是相对于传统的灌输式教学而提出的。与传统单纯强调理论知识传授的灌输式教学不同的是，研究性教学更加注重理论知识与创造能力的全面培养。研究性教学的内涵和外延并没有统一的模式。一般来说，研究性教学就是借鉴科研的理念和思路，以培养学生的研究意识、研究能力和创新能力为目标，从学科领域、课程内容或现实生活中选择和确定专题进行研究，将教学与研究有机结合起来，引导学生进行研究性学习。[①]

---

① 陈娱、鹿林：《交互主体性教学——高校思想政治理论课教学新理念》，河南大学出版社，2019，第 241 页。

研究性教学多采取启发式、探究式教学形式，引导学生通过小组活动或集体活动等组织形式，结合生活实际对问题或课题进行自主思考和共同探究，培养学生主动获取知识、运用知识和研究知识的能力与习惯。研究性教学突出显示了师生双主体的重要性，在教学过程中十分注重师生双方的参与和互动。

一　研究性教学的主要特征

研究性教学重在引导学生从"要我学"向"我要学"的观念转变，课堂习得的内容不再仅仅是单纯的理论知识，更多的则是激发学生自主学习潜能，培养学生独立观察问题并解决问题的能力，实现由"学知识"向"学智慧"的转变。研究性教学既是一种教育思想观念，也是一种教育教学方式，对于高校深化教学改革和人才培养目标的实现产生积极影响，其主要特征包括：创新性、开放性、指导性、过程性、综合性。

1. 创新性

创新性是研究性教学的首要特征，是衡量研究性教学成功与否的重要标准。其创新性特征表现为以培养学生创新精神和探究能力为教学目标，充分发挥学生主体的积极性、主动性和创造力。在研究性教学过程中，教师要树立教学方式的创新意识，根据教学内容，有针对性地确定教学研究的主题、创设学生思考的问题，引导学生围绕问题主动探索并得出结论。在这一过程中，问题意识贯穿着整个教学活动过程，教师自觉地将教学与科研统一起来，引导学生敏锐地发现问题、主动地提出问题、积极地解决问题，从而不断发现新问题，获得新收获，达到预期的教学效果。

2. 开放性

传统教学强调三个中心，即教师中心、教材中心、课堂中心，具有一定的封闭性，而研究性教学强调开放性，其主要体现在教学内容和教学形式两个方面。一方面，研究性教学的开放性表现为教学内容的包容性，具体表现在"跳出"教材，与其他社会知识资源相结合，如网络资源、学术期刊、相关专著、调查报告、人物座谈等。另一方面，研究性教学的开放性表现为教学形式的广延性，即教学时间上不仅限于 45 分钟的课堂教学，而且包括课前的预习与资料准备、课中激发的问题意识，这些都使学生的思考向课外进行深层次延伸；教学空间上地点选择多样化，如学校与社会、实践基地等结合教学，从而达到兼顾理论学习与实践经验学习的良好效果。

3. 指导性

研究性教学的指导性特征主要表现为教师角色发生重大转变，其在教学活动的开展中起指导性作用，即教师是"研究性教学的设计者、组织者、启发者、引导者、鼓励者和促进者"①，引导学生发现问题、自主探究、自主创造、自主总结。教师设计并组织研究性教学的内容、实施及评价等环节，启发学生对研究专题进行思考，并共同参与到研究方案的论证、操作等全过程中去，进行有针对性的指导，较好地引导学生围绕问题进行调研、分析、整理、总结，形成具有创新性的观点和结论，并以适当的形式进行研究成果展示，从而激发学生的求知欲望和学习主动性。

4. 过程性

相对于传统教学方式只注重学生学习的量化结果，研究性教学更加关注教学活动过程，更加注重学生对实地考察、资料搜索、文献研究及现代信息技术应用等科学研究方法技能的掌握，更为重视学生在研究性学习中获得知识感悟和研究能力的过程性价值。其过程性特征不仅体现在课堂教学中的师生互动交流过程中，课堂从"单向主导"转变为"平等互动"，而且体现在课堂教学之外的集体探讨、自主学习的过程中，并在此过程中形成科学态度、情感、价值观等。因此，如何加强研究性教学的过程性管理，完善教学过程监控和评价机制，是高校思政课教学改革必须高度重视的大问题。

5. 综合性

与传统教学方式侧重于智力因素单一能力的提高相比，研究性教学具有综合性特征，表现为不仅注重"知"方面的理解与掌握，而且注重"情""意""行"等多方面非智力因素的全面发展。如在团队合作研究过程中，学生在领会理论知识的同时，还有利于养成团队合作、灵活应变等优良品质。同时还表现为教学内容不是僵硬的知识体系，其来源于学生学习生活和社会生活，涉猎范围广泛，既有理论知识又有实践知识，既包括

---

① 顾沛：《试论研究性教学中教师的作用》，《数学教育学报》2006 年第 3 期。

单一学科知识又包含多学科交叉知识内容。

二　研究性教学的具体步骤

高校思政课研究性教学过程既是师生双向互动的过程，也是始终贯穿研究性特点的过程。其一，思政课研究性教学的应用强调有效利用教学过程中动态生成的教学内容，注重通过创造平等、融洽的教学氛围以及激发学生自主学习兴趣和研究热情，引导学生自主探索、主动探究、展现自己。其二，思政课研究性教学的应用体现了以学生为主体的教学理念，在教学过程中倡导学生对思想政治理论与实践问题进行主动研究，促进知、情、意、行相互渗透。其三，思政课研究性教学的应用促使师生在双向互动交流过程中，相互学习有价值的知识经验和生活经验，从而达到教学相长、相互促进、共同进步。

为确保高校思政课研究性教学的顺利展开，师生两个主体的课前准备、课上交流及课后反馈三个方面的工作是非常重要的。

第一，课前准备。即教师和学生课前的各项准备工作，包括研究教材、了解学生、设计课题、课题调研等几个环节。

1. 研究教材

教材是教学活动的最基本依据。高校思政课教材（本科）主要包括《马克思主义基本原理》《毛泽东思想和中国特色社会主义理论体系概论》《中国近现代史纲要》《思想道德与法治》《形势与政策》《习近平新时代中国特色社会主义思想概论》以及相关参考书目等。教师在通过研究思政课教材以及相关参考书目对教材内容进行专题教育模块划分的同时，通过精选适当的补充材料对教学内容进行必要的拓展和丰富。以"思想道德与法治"课为例，可将教材内容划分为理想信念教育、爱国主义教育、道德观教育、法治观教育四大专题模块，收集必要的教学音频、视频材料和相关教学案例进行研究，通过整合教学资源，形成每个模块的教学内容，设计每个模块的研究主题和教学问题，诱发教学研究动机。

2. 了解学生

高校思政课的受众是新时代的青年大学生群体，这一类群体的心理发展水平和心理需求等都具有一定的新时代特征。因此，高校教师在开展思政课教学活动之前要尽可能地了解学生集体及个人的已有知识结构及水平、思想状况等多方面情况，从总体上了解学生、把握学生的整体状况。这是贯彻以生为本教学理念的生动体现，也是研究性教学的必要准备。高校思政课教学一般是大班教学，不同专业学生共同学习，这就要求高校思政课教师不仅要了解学生班集体的学风情况，同时要对不同专业背景学生的行为特征、思维方式、思想实际、基本学情等进行观察、分析和研究，从而制定更为行之有效的、更加具有亲和力和针对性的教学策略，帮助学生建立研究性教学的共同经验，力求教学效果达到最大化。

3. 设计课题

基于前期对教材和学生细致全面的研究准备工作，思政课教师在课程开始之前，根据课程教学目标和任务，分析学生的基本学情，选择确定适合学生的研究主题和问题。设计课题时应注意挖掘和设计开放性问题，并对问题或疑问进行展开，为学生的调研工作提供有效参考。

4. 课题调研

及时向学生发布研究课题，明确探究任务与目标，必要时也可以对学生进行适当分组分工，教师在这一环节扮演背景材料提供者的角色。学生方面，则要在教师的指导和要求下，预习教材有关内容，并进行相关拓展性阅读；依据自身兴趣和生活经验，选择合适的课题，组成科研小团队，分工收集与课题相关的资料并对信息资料进行分析加工，形成课堂交流研讨材料。

第二，课上交流。即对课堂交流研讨的组织实施，包括学生共享材料、小组交流研讨、教师适时引导等几个环节。

1. 学生共享材料

学生课前对调研所收集的信息和数据进行分析处理，形成课堂研究报告和课题交流材料；课堂上，开辟学习材料共享区，将学生提交的材料展示出来，供大家学习借鉴、交流参考；各课题组进行组内交流研讨，形成小组交流材料，并推选出小组交流发言人。

2. 小组交流研讨

充分利用课堂交流的机会，组织各课题组之间的交流研讨，通过报告会、研讨会、答辩会、演示汇报等多种形式，由各小组交流发言人向师生汇报小组的研究成果、交流研究心得、探讨研究结论；一个课题小组汇报后，可以留有一定的时间进行小组间的提问、讨论、答辩等，形成课堂研讨氛围。

3.教师适时引导

教师在课堂交流环节扮演交流研讨引导者的角色，在学生分享交流过程中适时切入，指导发现问题，引导科研结论向教学目标靠近；同时，通过提问、组织讨论、答疑辩论等方式引导其他学生参与课题交流互动，进而营造积极向上的课堂氛围；小组汇报交流结束后，教师要进行适当的小结，指出存在问题，提出修改完善方向，引导学生继续研讨完善。

第三，课后反馈。即对研究性教学的课后反思与评价，包括对课堂交流的教学反思、对学生学业的综合评价、对教师教学的评价反馈等几个环节。

1.对课堂交流的教学反思

研究性教学课堂交流讨论环节结束后，教师要对学生汇报情况进行评价，及时总结得失，指出优点，肯定成绩，同时指出不足，说明需要进一步改进完善的方面，通过布置延伸阅读、专题作业等开展课后拓展研究，引导学生及时反思，将研究性学习活动继续向课后延展，让学生深化对知识的学习掌握和对技能的学习运用。

2.对学生学业的综合评价

其表现形式一般为学生的学业成绩，主要包括期末考核成绩及平时表现成绩两个构成要素。研究性教学更加注重学生创新精神和研究能力的培养，要求对学生学业的评价反馈加大平时表现成绩的比例，尤其重视对学生研究与创新能力的评价，根据学生小组成员的分工情况、汇报情况、研究报告撰写情况、课后作业完成情况及最后考试成绩，综合评定学生成绩。

3.对教师教学的评价反馈

学校教学管理、教学质量监控部门要建立健全相关教学制度，鼓励教师建立电子教学档案，以数字化的形式记载和展现教师的教学理念、教学设计、教学组织、教学经验、教学成果、教学反思等教学环节，并作为教师研究性教学评价的依据之一，以督促教师不断提升教学能力。同时，通过学生评价、同行评价、专家评价、领导评价相结合的评价模式，对思政课研究性教学的组织情况、课堂的参与互动情况、课题或项目设计的实际关联性和创新性情况等进行综合评价，及时反馈评价结果，引导教师在后续教学中进行整改完善。

三 研究性教学的显著优势

从根本上说，研究性教学是师生双主体共同参与互动，对马克思主义理论知识不断趋近、认识、理解的过程，是对马克思主义理论的本质和内涵进行更深层次探索和把握的过程，整个过程中都充满对问题的研究与探索。在教学过程中，教师的任务并不是传统意义上的理论讲授，而是借用科学研究的思维方式，向学生提出问题，组织学生围绕问题查阅收集资料并自主思考，引导学生树立问题意识，培养他们思考问题、分析问题、解决问题的能力。与传统的灌输式教学相比，研究性教学具有明显的优势，是目前思政课教学改革的重要方向。

1. 打破传统学科束缚

高校思政课教学通常实行大班制教学，不同学科、不同专业学生集中学习，教学活动呈现学术自由、教学民主和注重自主学习的特征。研究性教学应用于高校思政课堂中，打破了传统学科专业的束缚，密切了学科之间的交流联系，使学科之间多向互动、交融发展，具有较强的科研取向和较好的研究便利。如在《中国近现代史纲要》的"改革开放与中国特色社会主义的开创与发展"这一章节的研究性教学中，教师结合学生的专业背景，指导学生从医学、农学、工学、哲学、文学等单一学科角度或是鼓励学科交叉，确定研究切入口，从中体验改革开放之后中国各个领域的发展与强大，从而更加坚定中国特色社会主义的理论自信、制度自信、道路自信、文化自信。

2. 密切联系日常生活

问题来源于实践、来源于日常生活。可以说，密切联系日常生活是使研究性教学更具可行性的必要条件。如在《毛泽东思想和中国特色社会主义理论体系概论》的"建设美丽中国"这一章节的教学活动中，教师可以设计研究性课题"家乡生态环境的改善与治理机制调查"，组织学生对家乡生态环境变化和当地政府生态治理政策进行调查，收集图文资料，整理调查数据，撰写调查报告。从学生的日常生活出发确定研究课题，不仅能够锻炼学生的实践能力，而且使思政课教学更加"接地气"，进而促使学生从自身生活中感悟思想政治理论的魅力。

3. 遵循学生兴趣经验

研究性教学以学生为中心，教师应充分了解学生、充分尊重学生，从学生实际出发，坚持因材施教，以激发学生研究性学习的积极性、主动性、创造性，实现多元化的发展目标。学生对感兴趣的知识往往会热心接触和观察，进而积极从事有关的研究性学习。以"思想道德与法治"课的理想信念教育专题教学为例，在设计研究性教学选题时，对案例的选择要紧密联系学生实际、贴近学生生活，并以学生喜闻乐见的形式开展讨论和辨析，在此过程中形成正确的世界观、价值观、人生观，坚定理想信念。

4. 学生积极参与教学

研究性教学将师生从传统的"满堂灌"的教学方式中解放出来，学生的学习方式不再是被动的接受式学习，而是主动参与教学活动，师生之间由单向活动向双向互动发展。研究性教学应用于高校思政课教学中，在一定程度上能够有效转变"思政课就是纯理论讲授"的错误认识，促进思政课教学改革，从而培养学生自主求知、主动探究意识；同时由于学生角色向自主学习者、独立研究者、学习共同体成员方向转变，学生对思政课的学习兴趣得到充分激发，使课堂氛围更加活跃，增进师生互动、增强教学效果，保证思政课教学高质量完成。

5. 建立多元评价体系

研究性教学应用于高校思政课教学的目的在于促进学生个性化发展和全面发展。因此，对于学生的研究性学习成果应当给予即时评价，以剖析研究中蕴含的理论知识和价值导向为落脚点，建立多元评价体系。研究性教学不提倡以终结性考试来衡量教学成果，尤其是思政课教学，更为注重对平时表现的评价，这要求评价内容、评价主体、评价方式等多元化，关注过程性评价、激励性评价与学生自我评价，帮助学生更加系统地掌握理论知识，更加全面地了解自己、提升自己。

总之，研究性教学是教师理论教学与学生自我探索学习的有机结合体，学生在团队合作研讨中获取理论知识，并逐步内化为自我观念、外化为自我行为，同时还能够有效培养学生的创新、合作、表达等综合能力与素质，其教育效果是传统教学方式无法比拟的。在高校思政课教学中，开展研究性教学需要注意以下几点问题：一是要"以问题为导向"，培养学生的问题意识，引导学生学会发现问题、善于分析问题、自主解决问题。二是要"以内容为中心"，对思想政治理论知识和研究性教学活动之间的关系进行科学分析，明确思想政治理论知识基础是研究性教学开展的根基和跳板。三是要"以研究为关键"，研究性教学强调"教师要以研究的心态和眼光对待自己从事的教学活动，要从宏观到微观，从总的教学指导思想到各个具体的教学环节，进行深刻的思考和策划，时时加以总结和研究，不断发现和解决自己教学中存在的新问题，在解决问题的过程中不断创造出新的教学环节和要素，推进自己的教学活动向着时代要求的方向发展"[①]。研究性教学以培养学生研究意识、提升学生创新精神、促进学生全面发展为目的，是当前高校思政课教学的改革趋势和发展要求。

第二节 "构境说法"打造情境化教学

高校思政课不仅是教学主体对思想政治理论的传授、接受和内化的过程，也是情感与理论交融的过程，是以理服人、以情感人和以境动人的协调统一。脱离生活情境、空谈马克思主义的思政课，对于强化马克思主义认同是没有价值的。因此，高校思政课引入情境化教学，对于促进教学融入学生现实生活，解决教学过程中学习与生活脱离、学校与社会脱节的失衡问题，实现教学效益最大化等，具有积极的理论与实践价值。

一 情境化教学的基本内涵

情境化教学是在传统学校教育的基础上寻找到的一个情境理论实践的平衡点，遵循"理性回归现实生活"的原则，是人与情境交互影响的教学过程。它强调教学内容、情境设计以学生为主，与社会实践或真实情境相通，通过情境创作构境，再现经典历史或现实生活来组织教学，使学生的

---

① 曾华、罗明东主编《云南师范大学本科教学工作改革与探索》，云南科学技术出版社，2006，第264页。

知识获得过程与身心发展过程融合在一起。目前国内学界对于情境化教学的研究较少，尚未形成完全一致的准确界定，具体内涵仍存在分歧。从哲学视域理解，情境是人们在认识和改造世界的过程中，能够产生情感反应的特定情感氛围环境。① 整体而言，情境化教学是教师在教学过程中有目的地创设与教学内容相匹配的教学情境，引导学生以一定的形式进行相关实境体验，从而帮助学生深化对理论知识的理解的一种教学方式。

在情境化教学教学活动中，师生通过情境活动来合成知识，即"师生通过创设或课堂自主生成的包含物质的、精神的具体教学场景，唤醒学生学科知识的识记、理解和运用，引发学生学科学习技能与方法的增强，强化学生学科情感和态度的体验，引领学生学科学习价值观趋同与提升"②。高校思政课情境化教学的特殊性在于：借助思想政治教育情境资源人为创设特定教学情境或直接引入现实生活情境，让学生在模拟生活或真实生活的情境中体验知识、产生情感共鸣，潜移默化地接受思想政治教育信息和内容，从而内化为价值观念、外化为道德行为，最终达成"立德树人"的根本目的。

二　情境化教学的情境构建方式

在实际的教学活动中，情境化教学的常见情境构建方式可归纳为生活展现、实物演示、图画再现、音乐渲染、表演体会、语言描述等。教师应根据教学内容，优选教学方案，结合师生特质灵活地选用多种方式构建教学情境，促使教学理论情境向现实情境转变、教材理论向生活实际转换，从而达到润物无声、潜移默化、陶冶暗示的成效。

1. 生活展现

生活展现情境即教师通过语言描绘现实生活中的某一典型场景，使其鲜明地展现在学生眼前，从而利用现实情境的再现将学生带入与课程内容相似的社会场景中，使学生在教学过程中获得真实体验。思想政治理论虽然大多以方针政策、学术理论等形式呈现，但思政理论无不来源于实践、

---

① 邵文英：《思想政治教育情境资源论》，河北科学技术出版社，2014，第19页。
② 徐兆宏、张治升：《"三维"关照下情境化教学推进的着力点》，《思想政治课教学》2020年第11期。

无不渗透于人们的日常生活中。因此，只有将教材理论与生活实际密切联系的情境教学才是行之有效的。这就要求思政课教师紧密结合教学内容需要，善于创设生活情境，联系学生已有经验，激发学习欲望，而不能脱离实际、脱离生活、流于形式。

2. 实物演示

实物演示情境即通过构建特定的背景环境，以实物为载体，演示某一特定情境。实物演示情境的重点在于演示过程，通常设定相应的主题，以激发学生学习热情，引发思考；同时还应考虑到相应的背景，通过背景描述，引发学生联想。实物演示情境在思政课上的表现主要有两种形式：一是选择具有一定代表性、典型性和教育意义的实地场景，如革命历史事件发生地、革命纪念馆、国有大型企业、军营、经济文化发展变化巨大的农村等，以增进学生的实感体验；二是有组织地开展社会调查、社会考察、参观访问、志愿服务、公益活动、"三下乡"实践等社会实践活动，通过接触社会、了解社会、熟悉国情、感悟人生，深化对书本知识的理解掌握，达到受教育、长才干、作贡献的目的。

3. 图画再现

图画再现情境即在教学过程中，教师将相关视频、图像、动画等资料借助多媒体形式展示出来，将理论知识内容形象化，给学生带来一种全新的环境和认知方式，通俗易懂地将学生引入特定的情境中。思政课情境化教学中，教学内容所需情境较多，情境构建存在一定难度。图画再现情境方式的优势在于情境切换较为便利，有利于较为直观地打破学生与教师之间、学生与教材之间的话语对立，从而有效提升教学效率。如在"毛泽东思想和中国特色社会主义理论体系概论"课堂教学中，对中国特色社会主义进入新时代、发生历史性变革和取得历史性成就这一部分内容进行情境创设时，可以通过视频、图画、数据等具体化、形象化的再现形式，让学生真实感受到党的十八大以来我国经济社会发生的巨大变化，从而激发学生的自豪感和自信心。

4. 音乐渲染

音乐渲染情境即以特有的旋律、节奏塑造音乐形象，使学生在轻松和谐的氛围下进行学习，将学生带入特定的意境中。音乐渲染情境有两种形式，一是作为情境化教学的一般辅助手段，在教学活动中播放特定的音乐以起到情境渲染和铺垫的作用，通常不涉及实际教学内容。如在"思想道德与法治"课的爱国主义教育模块，可以组织学生进行国学经典诵读或爱国歌曲歌唱来进行情境化教学，调动学生的听觉、视觉等感官，通过音乐语言与文字语言的沟通，引导学生走进历史，感受经典魅力，感悟深邃思想。二是以红色主题音乐欣赏、传唱为主要形式的音乐思政。主要是针对当代青年大学生的特点，以主题音乐讲解、欣赏与颂唱等形式，将思政理论与音乐有机结合，把理论学习和艺术审美深度叠加，在一首首红色旋律中，在现场声光电氛围营造的加持下，引导学生开展穿越时空、感受时代、感悟理论的艺术对话，在轻松愉快中把党的创新理论传播好，实现"真学""真懂""真信""真做"，深受大学生喜爱。

5. 表演体会

表演体会情境即在教学过程中，学生在教师的指导下通过进入角色和扮演角色两种方式，与情境角色进行深入交流，加深内心体验，增进对思想政治理论的理解和体验。"进入角色"即假设自身是案例中的人物；"扮演角色"即根据教学内容设计，对教学场景中的实际人物角色以实际演练的形式进行模拟表演。其表现形式多种多样，如情景剧、故事会、小品、微电影、微视频、相声、诗歌朗诵、辩论赛等。这一情境教学方式强调真实性，包括场景的真实性和表现的真实性，要求教师在教学中对演练过程及结果进行细微的观察和指导，同时在教学之后进行反思和点评，从而便于学生了解自身学习状况，不断改进完善。如在"思想道德与法治"课的道德观教育模块，可以组织学生分组排演道德风尚情景剧、好人故事情景剧等进行情境化教学，通过表演激发学生思考当前社会道德问题。

6. 语言描述

教学语言是创设情境的基础。语言描述情境即在教学情境呈现时，教师伴以带有感情色彩的语言描绘，作用于学生的感官，从而激发学生情感，自主进入特定情境中去，这对学生的认知活动起到一定的导向性作用。情境化教学讲究直观手段与语言描绘相结合，语言描绘具有提高感知效应、情境更加鲜明的优点，但是其虚拟性和间接性的特点对教师的知识储备及语言表达能力提出更高要求。教师要深入研究教学内容，提升语言艺术，力求通过语言表达构建虚拟情境，促进师生双边互动，传授和接收理论知识。

三 情境化教学的具体步骤

高校思政课情境化教学形式丰富多彩、不拘一格，其具体步骤大致包括"创设情境""感悟情境""情境中教学""情境抽离与总结"等几个环节。每一个步骤都必须紧扣教学内容和教学需要，其包含着特有的教学目的与方式。

1. 创设情境

创设情境是情境化教学的首要步骤，同时也是关系整体教学效果的直接因素。由于高校思政课整体课程单元大多以主题、专题的形式呈现，课程情境的创设具有便捷性特征，从而便于教师使用情境化教学方式。如"思想道德与法治"课程单元可以大致划分为理想信念教育、爱国主义教育、道德观教育及法治观教育四大专题教育模块，主题鲜明，非常便于创设情境。在创设情境时，必须结合专题内容和实际情况创设贴近生活的生动情境，教学情境的创设应尽可能地真实完整，从而运用生动直观的形象激发学生的联想，唤起学生原有认知结构，以帮助学生在后续情境化教学过程中对新知识的理解、接受和运用。相应的情境创设包括问题情境、真实情境、虚拟情境、仿真情境、竞争情境、自主探究情境、合作学习情境等。

2. 感悟情境

在情境化教学过程中，感悟情境环节是沟通教学情境和理论知识的"桥梁"，起着非常重要的纽带作用，也是根本区别于纯知识灌输式传统书本教学的表现方式和关键环节。在创设好的情境中，学生以角色体验或角色塑造的方式自主融入情境，产生情感共鸣、形成情感认同，从而将知识架构与情境融合并反复体会和感悟知识，以较好地感知、消化知识。高校思政课通过创设与思政主题内容紧密关联的情境课堂，以多种形式展现历史故事和当代鲜活故事，引导学生入情入境，多角度、多方位、多层次地对情境内容进行分析、比较、概括，在主体情感体验的同时自主建构自己的知识系统和价值系统。学生在创设的情境中受到感染，获得体验和感悟，情感世界得以丰富，人格境界得以提升，进而形成良好的学习态度和人生态度，实现"情境式"实践感悟力。

3. 情境中教学

情境中教学是情境化教学的重要环节和具体实施。值得注意的是，情境化教学并非完全摒弃或排斥基础知识教学，不能以一种目标游离状态任由学生自由发挥、自由学习。相反，情境化教学服务于基础知识教学，是深化教学改革、创新教学方式、提升教学吸引力的一种路径，在思政课教学中扮演教学催化剂和能量剂的角色。因此，要运用多种情境方法，将基础知识教学带入设定情境，从情境中领悟知识、在体验中加深记忆、在感悟中深化理解，从而提升思政课吸引力、实现学习效率最大化。当然，在教学过程中应坚持道德理论与个人实际相结合、现实情境与角色定位相结合、典型案例与学生感悟相结合、知识传授与隐性渗透相结合。

4. 情境抽离与总结

情境抽离与总结是情境化教学得以深化、升华的重要步骤和关键环节。这一环节变封闭式的接受知识为开放式的广泛储存知识，有效拓宽了教学情境。情境教学之后，教师主动带领学生抽离、回忆情境学习，对情境学习过程中的表现进行互动评价、总结提升，并对课后学习与复习巩固提供思路指导，是情境化教学的收尾工作。通过情境化教学总结反思，能够帮助学生自我分析、自我检查，对自身的学习水平和效率有一定感悟，从而认知水平得以提高、思想情感得以升华。

四　情境化教学的显著优势

情境化教学通过教学情境的创设，融枯燥的理论知识于生动的情境中，以形象的情境体验提升思政理论的认知与感悟，对于提升思政课的吸引力、增强思政课的亲和力，具有比较明显的优势。

1. 破解思想政治理论"高大上"难题

情境化教学在高校思政课堂的应用，能够帮助教师将教授的思想政治理论知识与现实世界的真实情境结合起来，引导学生在接受思想政治教育的过程中，将晦涩难懂的理论知识与现实生活情境相联系，使教学活动成为一种具有趣味性的探索知识的过程，从而帮助学生更好地对知识进行理解掌握和恰当运用，以解决实际问题。可见，情境化教学通过创设案例、影视、表演、实地等多样化的教学情境，适应了当代大学生的图像化认知交流方式；采用通俗易懂的情境和喜闻乐见的方式，课程内容以视觉记忆的形式呈现，使学生获得身临其境之感，拓展延伸了思政课的重点难点，便于学生对知识的记忆、理解及感悟，从而破解了思想政治理论"高大上"的难题。

2. 激发学生学习动机和学习兴趣

情境教学法通过创设教学情境，实施情境暗示或启迪，让学生主动思考、积极参与，激发学生的学习兴趣和表达欲望，有利于锻炼学生的创造性思维和适应能力；通过模拟演练，将理论知识转化为实际运用的技能，同时作出相应的指导和评价，有助于学生在体验和改进中对理论知识的接受、感悟、内化。由于传统教学模式的影响，高校学生对于思政课普遍缺乏学习主动性，更多的是在制度的约束、教师的鞭策或是获取学分的需要下进行学习。情境化教学在某种意义上使学生的参与感得到保障、主体地位得到体现、学习动机得到激发，从而引导和带动学生养成良好的思想政治理论学习的习惯，化被动为主动，使高校思政课教学实现"以教为中心"向"以学为中心"的根本转变。

3. 强化"润物细无声"的教学效果

高校思政课发挥思想政治教育作用的过程，就是促进新时代大学生知、情、意、信、行层层推进、不断提升的过程。学生通过情境化教学中特定情境所提供的线索，调动自身原有认知结构，经过思维整合，从而对思想理论产生顿悟或是生成新的认知结构。在这里，情境所提供的线索起到唤醒或启迪智慧的效果，对学生学习具有潜移默化的暗示、启迪作用。情境化教学将深刻的理论分析与生动鲜活的案例、新颖活泼的形式结合起来，有效吸引学生的注意力，能够帮助学生加深对理论的认识、了解、消化、吸收与巩固，自觉运用理论视角观察、分析和解决实际问题，将马克思主义理论真正"内化于心、外化于行"，实现知行合一，以可感、可知、可觉、可悟的方式，达到强化思政课"润物细无声"的教学效果。

任何教学活动都是在一定的教学情境中发生的。情境化教学应用于高校思政课堂教学的优势体现在：其能够充分利用生动形象的教学场景，让学生产生情感共鸣，以达到更好理解思政课知识点的效果。在高校思政课教学过程中，开展情境化教学需要注意以下几个问题。一是要"有效构境"。最大限度地发挥教学情境的教学功能，创设具有针对性和亲和力的思政课教学情境，也就是说思政课教学情境的创设应当注重其有效性，而有效的教学环境应当具有连贯性、生活性、学科性、问题性、开放性、竞争性和激烈性的特征。二是要"以实创境"。情境化教学的实施策略关乎学生的知识领会效率，因此，在情境化教学实施之前需要教师进行系统的构思和充分的调研准备工作，一切从学生实际学习状况和思想状况出发，以保证情境教学的质量和流畅度。三是要"以情说境"。由于情境化教学以沟通交流为首要目的，注重实际效用，加之高校思政课教学内容具有理论性、学术性等特点，因此，教学过程中教师必须转化教学话语，将宏大叙事的教材话语向大学生能够理解的生活话语转化，强化师生的情感交流和互动。四是要"以境述理"。情境化教学的最终目的是"构境说法"，借助必要的教学情境，达到寓理于境、提升吸引力的教学效果。因此，教学情境要与教学内容相联系，并服务和服从于教学内容需要。此外，需要指出的是，虽然情境化教学已经成为高校思政课教学改革的发展方向，但是，由于教学模式的不断更新和教学方法的不断创新，高校思政课在打造情境化教学的同时，也要注重"以其他有效的教学方式作为补充，充分发挥不同教学方式的'合力'作用，使学生的学习状态丰富多彩"[1]，从而使思政课充满吸引力。

第三节　"教学相长"打造互动式教学

受传统的应试教育的影响，过去的课堂教学呈现"苦读+考试""强制灌输+被动接受"的枯燥、沉闷、无趣状态。进入新时代，随着教育教学改革的不断深化，高校思政课教学发生了深刻的变革，互动式教学应运而生。互动式教学注重"教学相长"，强调教师与学生、学生与学生之间在教学过程中的多元互动。这种教学方式顺应了新时代的要求和社会对人才的需求，受到高校思政课教学改革的青睐。

---

① 齐健等：《活动建构——创新教育的教学革新》，山东出版社，2004，第235页。

一 互动式教学的基本内涵

现代教学方式在不断被创造和更新的过程中，发生了五大转变：变"组织教学"为"动机激发"，变"讲授知识"为"主动求知"，变"巩固知识"为"自我表现"，变"运用知识"为"实践创新"，变"检查知识"为"相互交流"。[①] 新时代高校思政课只有尊重教学规律和社会发展规律，主动顺应这些转变，坚持在改进中加强、在加强中创新，不断探索和创新教学方式，才能实现高校思政课教学转化的路径突破，增强自身吸引力，使学生真正爱上思政课，使思政课成为学生受益终身的课程。互动式教学正是高校思政课主动应变、深化改革的结果。

所谓互动式教学，就是通过营造多边互动的教学环境，形成教学双方平等的交流探讨，实现不同观点碰撞交融，进而激发教学双方的主动性和探索性，达成教学相长、提高教学效果的一种教学方式。高校思政课互动式教学，指的是在课程教学过程中，将教师的"教"与学生的"学"相统一，结合党和国家对大学生思想政治教育的目标和要求，结合当前时代背景和社会发展具体形势，结合大学生自身特点，在传统的理论传授方法基础之上，创新教学方法，重视学生的主动参与性，采用课堂辩论、专题讨论、专题演讲、社会实践活动等多种形式，形成课内课外师生互动，互为中心、互为主导、互相推动，从而达到预期教学目的的一系列教学方式的总和。[②] 互动式教学方法虽然多种多样，但各种互动方式并不是绝对并列或相互割裂的关系。教学过程中，教师需要根据教学内容、教学对象、教学环境等的不同特点，进行合理选择、精心设计、灵活运用，充分发挥不同互动教学方式的合力作用。

互动式教学的关键在于"动"，而且关键的关键是学生的"动"。要实现教学互动，教师必须精心设计、精细策划、认真组织，通过多种途径和手段激发学生的学习兴趣，使学生能真正"动"起来。因此，互动式教学对教师提出了更高的要求。教师要抛弃因循守旧、循规蹈矩的教育方式，

---

① 王德斌、胡荣华：《教学方式的五个转变》，《湖南教育》2004 年第 2 期。
② 凌福林：《新形势下大学生思想政治理论课教学发展与创新研究》，九州出版社，2019，第 16 页。

从传统教学模式的框架中走出来，积极与学生建立一种民主、平等、协商、沟通、交流、信任和理解的和谐师生关系，形成师生之间交流探讨、互相启发、共同提高的宽松环境。

二　互动式教学的实现路径

当前高校思政课在开展互动式教学过程中，还面临一些挑战。一是理论灌输多于互动交流，实际开展的互动式教学层次较浅，深度不够，仍有很大的发展空间；二是受到授课时间和授课人数的限制，互动式教学的针对性不强，广度有限，难以实现多维度、全员性的参与。适应新时代新形势的要求，高校思政课应积极应变、主动求变、深化改革，积极倡导教师引导与学生分享相结合的主体互动、教学内容与现实问题相结合的内容互动、传统对话与网络传媒相结合的形式互动、教学课堂与社会课堂相结合的场域互动等多种非功利的教学互动，不断提升教学吸引力。

1. 主体互动：教师引导与学生分享相结合

高校思政课教师承担着向大学生传播知识，培养能力，塑造世界观、人生观和价值观的使命。一个有使命感的思政课教师不仅是理论知识的传播者、实践能力的培育者和理想信念的塑造者，还是思政课教学的互动者。作为高校思政课教学对象的大学生不仅是被动的"接受者"，也是主动的"发现者"和"开拓者"，也应是教学的主体。教师和学生都为主体的互动式教学，能够促进师生之间、生生之间的交流、沟通与合作，提高教学质量。师生在主体互动中存在的偏差为进一步改进教学互动提供了方向。从教师维度出发，高校思政课教师大多只参与学生的课程教学，并不了解学生的实际生活，师生互动被限制在理论知识层面，缺少情感方面的交流。加之高校思政课教师人才短缺、教研任务较重，他们大多忽视学生已经"外显"的问题，漠视学生尚存的"内隐"问题，导致互动重心偏离，效果不好。从学生维度出发，教师传统的权威地位、大班授课的课堂环境使大学生因害怕出错被打击批评而不敢表达。基于上述现存的问题，高校思政课教学要立足于教师与学生"双主体"，打造师生双向沟通的主体互动式教学。

一方面，教师要做高校思政课教学的设计者和引导者。教师作为教学主体应发挥自身的主动性。首先，教师要做好互动的准备。即教师要有全面的知识和深广的情怀，向学生提供感兴趣的时事热点话题，拉近与学生的心理距离。其次，教师要做好互动的跟进。教学过程中，教师要尊重学生、启迪学生、宽容学生，鼓励学生大胆发言，倾听学生的思想困惑，对学生难以深入的问题给予点拨。最后，教师要做好互动的评析。教师既要对学生互动的情况进行总结，也要引导学生之间相互评论、交流，及时升华合理但不够深入的观点，纠正偏离主流价值观的错误观点，引导学生的价值观朝着正确的方向发展。另一方面，大学生要做高校思政课教学的参与者和维持者。大学生要将寻求主体意识的强烈愿望转化为个体的无限潜能。积极准备课堂交流提问材料，踊跃参与师生互动过程，力求在交流中分享个人见解，在争论中辨明个人疑惑，在互动中增进师生情感。最终通过师生双向度的主体互动，实现说服教育，达到师生在知识、情感和思想等方面的融合。

值得注意的是，强调对学生主体性的重视，并不是相应的对教师主体性的忽视。不能单纯地把思政课堂教学主阵地交由学生来"主持"、无限制地任由学生自由发挥，而将教师置于"听众"的旁观位置。高校思政课堂发挥教学双方"双主体"互动作用，应让教学过程成为师生共同"表演"的广阔"舞台"。

2. 内容互动：教学内容与现实问题相结合

主体凭借内容开展互动，内容依靠主体发挥价值引导作用。内容互动是主体互动的内在支撑，主体互动是内容互动的外在表现。内容互动既指现实问题与教学内容两者之间的交互，也指师生互动以教学内容为介质展开。思政课内容与国家社会时势紧密相关，能否将重要时事内容反映在教学素材中，及时将党的最新创新理论和时政编入教案，直接影响到思政课教学的实效。受限于教材篇幅以及教材出版发行的时间，教材内容呈现相对稳定性和滞后性，有许多即时发生的时事政治并不能出现在教材当中，这部分内容又是思政课最为重要的成分。因此，要求任课教师与时俱进，及时将时事政治编入教案，对时政资源精准跟进、主动跟进和有效跟进，第一时间反映到教学中去，有效转化为教学话语体系。教学内容的更新要面向多元的社会思潮和突出的社会现实问题。没有现实问题的教学内容会趋于抽象，脱离了内容的师生互动则会流于形式。教学内容贴近学生所关注的现实热点问题是提升高校思政课吸引力的关键所在。将抽象的教学内容结合具体的现实社会问题、现实个人问题，有利于师生进行心与心的交流，有利于形成开放、多元、互动的教学模式，有利于提高教学的吸引力进而增强亲和力。因而高校思政课教学要改变传统的单向输出型模式，营造凸显内容互动性的教学路径。

教学内容与现实问题相结合的内容互动需要教师备课从备"知识"向备"问题"转变。这里的"问题"，既指学生在学习中可能会向教师提出质疑的难点问题和学生可能感兴趣的热点问题，也指教师准备向学生提出以供进一步探讨的问题。针对前一种问题，教师要拓宽自身知识面，了解学生的思想实际，对学生关注的问题做好预设和准备。针对后一种问题，教师要根据思政课教学内容对现实问题进行筛选，突出时代性、生活化和延展性。一是要突出现实问题的时代性。我们生活在特定的时代，时代映照着过往的经历、反映着社会的现实、暗含着未来的方向，凸显时代特色的问题更易引导学生结合历史背景进行积极地思考。二是要体现现实问题的生活化。符合大学生的思想实际和日常行为规律的现实问题，能够激发学生根据自身经验去理解、消化教学内容。反之，脱离实际的问题容易走向抽象化，给学生的思想造成更大困惑。三是要挖掘现实问题的延展性。教学中提出的问题不需要很多，但是要让学生不仅能"有话可说"，还能"深入去说"，制造课堂讨论和深入交流的空间。总之，现实问题的选择和使用很重要，用得好事半功倍，用不好适得其反。[①]

要发挥教学内容的强大魅力吸引学生、引领学生，就要实现教学体系的转变，突出教学内容的问题导向。需要注意的是，引入现实问题的最终目的是让学生深刻理解教学内容，因此不能为了互动而强行制造问题，偏离教学方向，削弱教学吸引力和教学实效。

3. 形式互动：传统对话与网络传媒相结合

内容决定形式，形式是内容的反映。内容互动能够体现教学丰富性，形式互动能够展现教学多样性。高校思政课互动式教学既包括传统的对话交流形式，也包括现代的网络互动形式。前者互动的双方是教师和个别积

---

① 王国学、顾博：《高校思想政治理论课积极互动教学方法研究》，《学校党建与思想教育》2018年第24期。

极性较高的学生；后者则拓宽了互动的覆盖面，将互动的双方扩大为教师和全体学生或单个学生和其他学生。传统对话强调师生在课堂上即时的互动，是最基本、最普遍、使用率最高的互动形式。它是教师与学生面对面的交流，但高校思政课教学是大班授课，一位教师面对着几十个甚至超百个学生，教师无法倾听每个人的观点、了解所有人的疑惑，平白的对话中也难以感知抽象的理论。

网络传媒具有开放性、交互性和形象性的特征，恰好能够弥补传统对话较为生硬的不足，打破互动时间和地点的壁垒，使师生之间的互动突破传统的课堂场域，实现线上线下、课堂内外的实时互动、随时互动、即时互动。因此，基于网络传媒开展的互动式教学逐步得到广泛运用。但是，这也在一定程度上加剧了教师工作的繁重性，对教师的教学态度、教学能力、教学付出等提出了更高要求。一些高校思政课教师尚未认识到网络传媒给教学带来的便利性，也没有掌握一定的先进技术。提升高校思政课教学吸引力，就要发挥网络传媒对传统对话的补充作用，创新形式互动的教学路径。

学生感兴趣的时事热点问题主要来自网络传媒，"要运用新媒体新技术使工作活起来，推动思想政治工作传统优势同信息技术高度融合，增强时代感和吸引力"①。利用网络传媒形式开展互动教学，要积极探索"准备—参与—反馈—深入"的循环教学模式。第一，利用网络传媒准备互动。网络是教师捕捉学生感兴趣的热点问题的便捷渠道。通过网络，教师能够扩大知识容量和教学案例库，为课堂上深层次的互动交流做好准备。第二，利用网络传媒参与互动。一些在线课堂学习软件不仅支持观看线上教学课程，而且基于民主和开放的理念开发了线下课堂互动交流的小程序。教师可以随时发布问题供学生讨论，学生可以像发送弹幕一样边学习边交流，让每位受教者有随时表达的机会，② 师生因此拥有平等的话语权。第三，利用网络传媒分析互动反馈情况。信息技术能够提供互动数据监测功能，算法技术能够在较短的时间内准确分析线上和线下互动情况，教师能够在了解互动反馈情况的基础上开展深入互动并为新一轮的互动做好

① 《习近平谈治国理政》第 2 卷，外文出版社，2017，第 378 页。
② 吴珊、李晓蕾：《巧用弹幕语言 激活思政课堂》，《中学政治教学参考》2020 年第 15 期。

准备。

　　总之，教师要不断提升使用网络传媒的熟练程度，将传统对话与网络传媒相结合以提升教学的亲和力。但是网络传媒技术的应用是为了营造更加富有生机的思政课堂以提高学生的参与度，并不是取代教学本身，现代教育技术和多媒体的应用永远是教学的辅助。因而要把握适度原则，切忌用形式取代内容本身。

　　4. 场域互动：教学课堂与社会课堂相结合

　　形式互动需要一定的场域作为背景，在不同的场域互动也应采取不同的形式。课堂是对学生进行思想政治教育的主阵地，校园文化、社会实践则是学生接受思想政治教育的"第二课堂""第三课堂"。教学课堂是思维的互动，有利于加深学生对理论的理解和认知。社会课堂是行为的互动，学生在实践中走进社会、了解社会，体悟理论的亲和力和现实感，有利于缩短教学与现实的距离，实现学生对理论的认同和践行。当前教学课堂与社会课堂之间的匹配性有所欠缺，表现为在教学中被反复强调的真理在实践中有时却得不到肯定的反馈，造成了学生的自我怀疑。因而要在把握教学课堂的基础上把互动的场域拓展到社会课堂之中，实现主体与环境的有效互动，增强教学的亲近感和说服力、吸引力。

　　将"思政小课堂"和"社会大课堂"相结合，就是把高校与社会、课内与课外有机联动起来。一方面，要推进社会资源进教学课堂。要把社会合理的教学资源引入课堂教学之中，如邀请基层干部、具体领域的研究专家等走进高校思政课堂，再现社会资源的生命力，在教学课堂中感受社会资源的吸引力。另一方面，要推进教学资源进社会课堂。教学课堂是有限的，社会课堂则是广阔的，教学资源进社会课堂能够将抽象的理论形象化，实现知与行的结合。社会课堂是时事热点问题产生的根基，也是思政课教学课堂内容得以实践的场所，能够实现理论教学与社会实践的联动。互动实践的意义就在于聚沙成塔，培养团队意识，令学生尽快进入社会角色，体验团队协作，提升团体共赢的实力。① 因此，要鼓励学生运用所学知识分析和解决现实问题，如开展社会实践活动和主题调查活动，把课堂上的知识转变为脚下的实践。将教学课堂与社会课堂相结合的目的是鼓励

---

① 张祖蓁：《浅谈互动教学在高校思想政治理论课中的应用》，《教育探索》2011 年第 9 期。

学生从认知、认同向践行转变。在场域互动中,不能让深入互动止步于一般参观,导致偏离塑造学生世界观、人生观和价值观的目的。

总之,不论是主体互动、内容互动、形式互动还是场域互动,其最终目的都是提升高校思政课的吸引力和亲和力。由于互动主体的差异性、内容的丰富性、形式的多变性和场域的宽阔性,互动式教学充满了不确定性。因此,在具体实施中要以最终目的为指向进行合理的规划。

三 互动式教学的显著优势

互动式教学实现了师生之间教与学的双向交互,使教学过程变成一个对话、交流、理解、互信、互补的过程,师生相互协调、教学相长。因此,互动式教学具有明显的优势,是提升教师教学的针对性和实效性、提高思政课吸引力、增强教学亲和力的重要方式。

1. 激发学生学习兴趣,提升教学吸引力

新时代大学生具有十分鲜明的群体特点。一方面,新时代大学生群体崇尚科学、善于思考,追求真实、厌恶虚假,不盲从、不轻信说教,遇事更偏重于直观化的感受;另一方面,新时代大学生在认知、意志、情感等方面更注重独立性,强调个性化,参与意识和表现欲望强烈。思政课互动式教学需要学生全方位参与、多形式互动以及多途径实践体验,这种互动教学方式正切合新时代大学生的特点,有利于吸引大学生的注意力,激发学生学习兴趣,增强学生学习的自主性、积极性和主动性。

2. 克服传统教学弊端,增强教学实效性

相对于传统灌输式教学而言,互动式教学更注重教学过程中双向的"沟通"与"对话",有利于克服传统教学弊端,增强教学实效性。在教学理念上,传统教学注重"教了多少",关注的是学生最终"考了多少",是一种教师主导、学生服从的教学理念;而互动式教学则注重"如何教学",关注的是学生最终"学会了什么",是一种提倡师生平等交流的教学指导思想。在教学方式上,传统教学模式是我教你学、你考我评,往往是教师"一言堂""满堂灌";而互动式教学则强调师生及生生之间的平等对话、互相讨论、交流沟通,教师不仅要教好,更要指导好。在师生关系上,传统教学是教师强行灌输、学生被动接受的单向传输关系,互动式教学则是

多向的、互动的、双主体的，学生的角色从被动接受转变为主动参与、探究学习，从"要我学"转变为"我要学"。

3. 促进教学相长，提升教师教学科研素质

互动式教学以"让学生爱学、会学、善学"为目标，把传道、授业、解惑看作师生之间情感交往、信息沟通、相互影响、教学相长的过程。要给学生一滴水，教师自身就得有一桶水，互动式教学对教师提出了更高的要求。要使互动式教学达到预期效果，教师必须与时俱进，更新教学理念，积极钻研，不断创新教学方法，提前大量研读相关理论，精心做好教学设计，强化知识积累、储备并不断更新知识体系，终身学习，不断提高教学艺术。长此以往，教师的教学技能必然会得到极大提升、科研能力和水平必然会得到不断增强，在教书育人的同时提升教师自身的教学科研素质和能力水平。

第四节　"自助选单"打造模块化实践教学[①]

无论是对思政课还是其他各类学科课程而言，实践教学都是课程教学极其重要的组成部分，对于实现教学目标发挥着重要作用。高校思政课具有特殊的学科性质和课程特点，这决定了其更需要开展行之有效的实践教学。只有将思政课的理论与实践相结合，才能提高学生的学习积极性，强化学生对思政理论的理解和掌握。什么是行之有效的思政课实践教学？一是实践内容要丰富多彩，切合思政理论需要；二是实践项目要新颖多样，贴近学生实际需求；三是组织形式要多元创新，满足学生个性化选择；四是实践考核要灵活多样，有效调动学生实践积极性。基于这样的要求，自助选单式实践教学是一种有效的实践探索。笔者所在高校的实践表明，自助选单式实践教学能够有效提高思政课吸引力，让学生在实践中喜爱、领悟、认同思想政治理论，充分发挥思政课育人功能的内在价值。

[①] 本节部分内容参见佘远富《"1+X"自助式高校思政课实践教学体系探究》，《高等农业教育》2015 年第 11 期。

一　自助选单式实践教学的基本内涵

目前，学界关于实践教学的定义主要存在以下三种观点：一是认为实践教学是区别于课堂理论教学的教学模式；二是认为实践教学是学生作为主体亲身参与的教学活动；三是从狭义和广义两个角度探析，认为狭义上的实践教学专指在课外进行的社会实践活动，广义上的实践教学指除课堂教学之外所有与实践相关的教学活动。整体来说，实践教学是教师以教学目标为导向，以理论教学为基础，以提升学生认知能力、创新能力、实践能力、科研能力等多种能力为目标，引导学生有目的地参加一系列与课程内容紧密联系的实践活动，从而在潜移默化中将理论知识内化为高尚品德、外化为良好行为的教学方式。

思政课实践教学以思想政治学科理论为基础，具有独特的思想政治教育价值和功能，强调大学生通过亲身体验，深化对马克思主义理论和中国特色社会主义理论的深刻理解，达到认知、认同和践行的有效融合。所谓自助选单式实践教学，是指根据不同思政课程教学要求和需要，设置若干实践教学模块，模块内容主要包括社会实践、课程论文、经典阅读、志愿服务、影视欣赏、影视剧制作等，每一模块对应设置相应学分和若干实践项目，由学生根据自身兴趣特长自助选单、自主实践。自助选单式实践教学成功打通了"第一课堂""第二课堂""第三课堂"，将三个"课堂"整合为一个"课堂"，有效克服了思政课理论教学与实践教学"两回事"、思政课教学与日常思想教育"两张皮"的现象，实现课内与课外的互补、教师与学生的互动、校内与校外的协同，促进学生的全面发展和综合素质的提高。①

二　自助选单式实践教学的模块设置

"思政课是一门思想性和实践性相结合的课程，除了培养学生形成正

---

① 余远富、李亿：《以提升亲和力为导向的高校思政课创新与实践》，《江苏高教》2018 年第 9 期。

确的三观，还要培养学生在实践中运用知识的能力。"[1] 因此，新时代高校思政课要整合一切可利用的实践资源开拓和丰富教育内容：一方面，可以通过整合以主题演讲、文艺晚会、知识竞赛活动、征文比赛、读书活动等形式呈现的校园实践资源，启迪大学生对"真善美"、社会价值准则等问题进行思考，从而培养高尚道德情操；另一方面，可以通过整合校外实践资源，开展与思政课相关的社会实践，如实地参观红色革命圣地、博物馆、烈士陵园、革命纪念馆，开展寒暑假的挂职锻炼活动等，培养学生真正运用马克思主义立场、观点、方法思考并解决实际问题的思想意识、思维习惯和行为能力，从而增强社会责任感。

自助选单式实践教学的形式丰富多彩、多种多样。根据课程教学需要，合理设置若干实践教学模块，每一模块设置相应的学时和学分，模块设置主要包括课题研究、社会实践、社会调查、课程论文、经典阅读、志愿服务、影视欣赏、课程学习体会交流等，由学生根据自身兴趣特长自主选择。

1. 课题研究

每年初，根据思政课教学要求，面向全校学生征集并公布课题指南，学生在导师指导下自由组合成立课题小组，开展课题申报招标，获得立项和资助后在教师指导下按要求开展课题研究，形成研究报告。年底由学校组织课题验收组对各课题组进行评估、验收、总结，通过验收的课题组成员即可根据对课题研究的贡献大小，获得相应的实践学分。

2. 社会实践

学校各级团组织每年寒暑假都会以"受教育、长才干、作贡献"为主题，组织开展形式多样、丰富多彩的社会实践活动。学生根据要求，报名参加学校各级团组织开展的假期社会实践活动，达到规定的要求，经院级团组织考核合格，可获得相应的实践学分；如果社会实践活动获得校级以上奖励，可再获得相应学分。

3. 社会调查

结合思政课教学需要，根据思政课涉及的相关内容，教师梳理、设计

---

① 卢云：《新时代思想政治理论课教学学生主体性发挥研究》，硕士学位论文，云南财经大学，2019，第38页。

并发布实践活动项目指南；学生以项目指南为参考，从中自选主题，利用课余和节假日时间进行社会调查研究，完成相应的调查报告撰写，用所学知识分析当下社会现象，以巩固实践成果。学生按时完成并提交调查报告，可获得相应的实践学分；如果被评为优秀调研报告，可再获得相应学分。

4. 课程论文

教师在各门思政课教学开始，即根据课程教学内容，布置课程论文写作要求。学生在学习各门思政课程的过程中，结合课程学习体会，撰写完成不少于 3000 字的课程论文，经指导教师评阅合格可获得相应的实践学分；如果论文被公开发表，可再获得相应学分。

5. 经典阅读

"对于思政课而言，学生的阅读实践程度的高低和数量的多少，将直接而深刻地影响到学生的理论和把握程度与水平。"[①] 学生根据自身兴趣需求，充分利用课余实践时间，结合课程学习，有目的、有计划地阅读教师或专家推荐的马克思主义原著或相关经典书籍，以培育对思政课的兴趣和热情。达到规定的阅读数量并撰写心得体会或小论文，经指导教师评阅合格，可获得相应的实践学分；如果论文被公开发表，可再获得相应学分。

6. 志愿服务

志愿服务具有目的的非营利性、形式的自主性、管理的非政府性和参与者的志愿性的特点。将社会志愿服务作为思政课实践教学模块之一，统一服务时长认定标准，赋予相应学分，并针对不同学院和专业学生设置具有差异性的志愿服务内容和形式。如：法学专业学生可以开展法律宣传、法律咨询、法律援助等方面的社会服务；艺术专业学生可以开展艺术培训、送艺下乡、义务演出等方面的社会服务；医学专业学生可以进社区进行义务会诊，提供医疗健康咨询方面的社会服务；等等。学生按规定要求参加并完成各类社会公益劳动或志愿服务，并撰写心得体会或小论文，经院级团组织考核合格，可获得相应的实践学分。

7. 影视欣赏

影视欣赏具有声形并茂、形象生动、极具感染力等特点，是一种在新

---

① 柳礼泉主编《大学思想政治理论课实践教学研究》，湖南大学出版社，2006，第 123 页。

时代大学生群体中非常受欢迎的实践教学形式。学生可以带着思考选择观看与思政课相关的影视资料，并撰写观后感以方便考核。如：在影片《钱学森》中，感悟钱学森开拓创新的科学精神、淡泊名利的人生态度、矢志不渝的爱国情怀，见证中国航天事业的发展壮大；在影片《觉醒年代》中，感悟革命先驱们对真理的不懈追求、对革命的坚定决心、对强国的坚强信心，更为切实地领会中国共产党的初心和使命；在影片《长津湖》中，感悟中国人民志愿军心怀伟大使命、不负伟大人民、捍卫伟大祖国的爱国精神，激发为祖国美好未来贡献力量的决心；等等。学生结合课程学习，按规定要求完成自行观看的影视片数量，并撰写观后感，经指导教师评阅合格，可获得相应学分。

8. 课程学习体会交流

在各门思政课程教学过程中，各教研部结合社会实际拟出一定的学习讨论题、辩论题、情景剧表演主题等，在班级组织开展讨论、交流、辩论、表演的基础上，确定各学院参与全校交流（辩论、表演）的代表队，组织开展全校性的学习体会交流（辩论、表演）活动；活动结束后，经指导教师考核合格，所有参与班级讨论、交流（辩论、表演）的学生，可获得相应的实践学分；被选拔参与全校交流（辩论、表演）的学生，可再获得相应学分。

三　自助选单式实践教学应遵循的基本原则

高校思政课实践教学有其规律性，其根本目的在于：通过实践教学，紧密联系社会实际和学生实际，全面系统地掌握马克思主义科学理论，不断提高大学生的思想理论水平和政治觉悟，成为合格的社会主义建设者和接班人。因此，高校思政课开展自助选单式实践教学应遵循以下基本原则。

1. 实践内容"三贴近"原则

"三贴近"原则要求实践内容必须贯彻以人为本的教育理念，重视实践教学内容的日常性，使其做到贴近实际、贴近生活、贴近学生。其一，思政课教学是实现理论与实际相结合的重要途径，教材中许多理论内容都是实践经验的理论总结和概括，这就决定了实践教学内容必须与学生关注的社会实际问题相联系，实现课内与课外的联动。其二，思政课教学是提高学生分析和解决现实生活问题能力的重要平台，强调让学生主动关注社会、观察生活、发现细节，将了解社会与服务社会有机联合起来，从对社会生活的真实体会中树立正确的价值观念。其三，发挥学生专业优势，针对学生不同的专业背景，设计一些能够展示学生专业特长的实践选题，实现课程实践与专业教育的有效结合，这既能巩固和深化专业知识，又能培养和提高学生的思想理论水平。

2. 实践形式"多样性"原则

思政课实践教学的形式要注意把参加社会实践的脑力劳动与体力劳动结合起来，以帮助学生了解国情，培养社会责任感，增强服务社会、服务群众的意识。尤其要引入社会调查、生产实践、志愿服务等多样化的实践形式，有效地发挥实践活动的比较优势，占领课内与课外两个阵地、利用校内与校外两类资源、实现理论与实践两种体验，构建起教师引导、知行合一的教学新机制，从而促进学生的全面发展和综合素质的提高。同时，因地制宜地与当地社会资源的结合，也是遵循实践形式多样性原则的重要体现。发挥地域资源优势，充分利用当地教育资源，不仅能够保障思政课实践教学更具可行性、可操作性，而且能够在经费、时间有限的情况下获得事半功倍的效果。

3. 教学过程"可操作"原则

自助选单式实践教学是一项系统工程，要使其提升思政课教学的实效，必须遵循教学过程的"可操作"原则，这就要求一切从实际出发，完善组织保障机制、整合实践教学资源和理顺教学活动环节，提高实践教学的针对性。其一，通过开展适应性的师资培训、形成学工部与团委以及辅导员等一体化的组织合力、设立思政课实践教学专项基金等途径完善组织保障机制，以努力拓展增强思政课实践功能的路径。[1] 其二，通过有效整合思政课实践教学内容与形式、积极探索实践教学的科学方法、完善成绩评价方式、着力加强实践教学基地建设等途径整合实践教学资源，以适应实现社会实践活动良性运行的客观要求。[2] 其三，通过理顺确定活动主题、

---

[1] 教育部社会科学研究与思想政治工作司编《高校思想政治理论课实践教学的探索与思考》，高等教育出版社，2005，第117~119页。

[2] 柳礼泉主编《大学思想政治理论课实践教学研究》，湖南大学出版社，2006，第112~114页。

制定活动计划、充实教学内容、善于总结提高这四个实践教学环节之间的关系，以保障实践形式与内容的统一。[①]

4. 考核评价"客观性"原则

考核评价是判断学生的实践活动是否达成教学目标或达成程度的重要环节，对学生实践情况的考核评价是一个非常复杂的过程，应当严格遵循客观性的原则，以发挥实践教学考核评价的判断、预测、选择及导向功能。其一，注意评价内容客观。不仅要注重对学生的知识性评价，同样也要注重对学生道德修养、团队精神等方面的价值性评价，对学生素质提升和行为表现方面进行终结性与过程性的综合考核评价。其二，强调评价标准客观。这里的评价标准特指具体的评价标准，即根据实践内容、形式、难易程度以及教学要求拟定的操作性强的具体评分细则。如对实践时长、成果鉴定形式等进行具体规定，同时也可将获奖证书、成果发表等作为加分项。

四　自助选单式实践教学的显著优势

高校思政课实践教学是课堂理论教学的拓展、延伸和有益补充，是深化思政课教学改革、加强针对性、增强亲和力、提高实效性的重要环节。由于种种原因，高校思政课实践教学既存在一些共性问题，也面临新的形势、新的挑战和新的要求。自助选单式实践教学顺应了新时代思政课的新要求，有利于进一步深化高校思政课实践教学改革，更新教育理念，创新实践方式，引导学生积极参加各类实践活动。

1. 有利于实现思政课教学的"双赢"

自助选单式实践教学实现思政课教学的"双赢"主要体现在教师自身素质、教学水平的提高以及受教育者德智体美劳的全面发展。一方面，自助选单式实践教学的覆盖面较广，不同专业、不同年级的师生共享教学资源，能够使师生双方在教学过程中与实践客体发生实际接触，并对实践客体形成初步的感性认识，之后经过思维加工由感性认识升华为理性认识，

---

① 教育部社会科学研究与思想政治工作司编《高校思想政治理论课实践教学的探索与思考》，高等教育出版社，2005，第91~92页。

师生在思维的交流与碰撞中，加深对思想政治理论的理解，提高认知水平。另一方面，相较于理论教学来说，自助选单式实践教学使大学生的主体性得到最大程度的发挥与实现。这一教学方式将实践教学学时、学分纳入思政课学科总成绩的计算范围之内，与学生综合素质评定、各种评优评奖活动挂钩，充分调动学生的积极性，赢得了学生学习的活跃度和参与度。

2. 有利于增强思政课教学的实效性

自助选单式实践教学增强思政课教学的实效性主要体现在以下几个方面：一是能够有效避免思想政治教育的"孤岛效应"。"孤岛效应是指某一事物或系统与其相关的条件或环境脱节，被孤立起来所导致的连锁反应。"① 自助选单式实践教学使思想政治教育与外部社会环境紧密联系，从而有效克服了思政课理论教学与实践教学脱节、思政课教学与日常思想教育脱节的现象。二是能够有效整合优化实践教学资源。"加强对思政课实践教学资源的开发、利用和管理，为提高思政课实践教学的实效提供有力的资源保障。"② 自助选单式实践教学调动校内资源、校外资源、虚拟资源等多种显性或隐性的资源力量，遵循实事求是原则、有效性原则、针对性原则、广覆盖性原则，对实践教学资源进行优化整合，从而尽可能地实现资源综合效益的最大化。三是教学内容与时俱进。思政课实践教学内容的设定大多是学生关心的社会热点、难点问题，时效性较强，能够加深学生对国家和社会的了解，增强其社会责任感和历史使命感。

3. 有利于提升思政课教学的满意度

人的本质属性是社会属性，自助选单式实践教学具有较强的开放性与灵活性，学生能够在形式多样的实践活动中增强与社会的交流，满足了大学生接触社会、了解社会、适应社会、在社会交往中发展自身的需求。自助选单式实践教学提升思政课教学的满意度主要表现在两个方面：一是使思政课教学不再是枯燥乏味的理论灌输，更加具有社会性、实践性和趣味性，学生在实践过程中更加关注社会、关注民生、关心政治，对思政课的

---

① 李辉：《现代思想政治教育环境研究》，广东人民出版社，2005，第 200 页。
② 吕志、黄紫华：《面向社会 实践育人：高校思想政治理论课实践教学探索》，华南理工大学出版社，2009，第 42 页。

兴趣和参与度也明显增强。二是具有思政特色的系列实践教学活动设计包括多种模块，内容丰富、形式多样，可供学生自由选择，自主参与喜欢的实践活动，教师主导和学生主体双向互动，进而可以增强思政课教学的持续性和常态化。

实践是马克思主义最鲜明的特点，以马克思主义理论为基础的思政课教学必然地具有实践性特点。思政课实践教学是巩固和加深理论教学的有效途径，是最终促成知行合一的重要平台，促进了思政课教学"学思结合""知行合一"，提升了思政课教学的亲和力。在高校思政课教学过程中，开展自助选单式实践教学应注意以下几个问题：一是要进一步提高对自助选单式实践教学的认识。实践教学虽然强调对客观感性认识的体验与实践，但并不是说实践教学是理论教学的替代品，两者应当处于平等地位，都是立德树人、培养高质量人才的重要途径，二者在内容与形式上应当是相互联系、相互促进、协调发展的。二是自助选单式实践教学实施方案的设计具有科学性、前瞻性、协调性和可操作性。也就是说方案设计要符合学科特点、学生发展规律和教学改革规律；要对实施过程中遇到的问题做到尽可能精准地预测并提供相应的解决方案；要兼顾课程之间、学科之间、部门之间的协同；要设置具体详细的认定标准以提高可行性和可操作性。三是要充分认识到实践教学在社会教育与学校教育之间的枢纽作用，始终贯彻理论联系实际的教学理念，将其贯穿于课前准备、课堂讲授、师生互动、实践基地建设、考核评价等环节，实现思政课课堂实践、校园实践、社会实践的"三结合"，形成点、线、面相互配合的"大思政"实践格局。

第五节　"互联网+"打造数字化教学

随着科技的进步和社会的发展，人类逐渐步入信息化时代，传统的思政课教学模式已经不适应当代大学生的成长特点，需要我们顺应时代发展和教育改革趋势，转变教育教学观念。如今，互联网已经广泛运用于社会各领域，"互联网+教学"将互联网技术应用到实际的教学过程中，为推进高等教育信息化及创新思政课教学模式指明了方向、提供了平台。

一 "互联网+教学"的基本内涵

互联网作为一种数字媒体，具有大众化、虚拟性、便捷化的特点，是现代社会信息交流的重要通道。"互联网+"是信息技术高速发展和普遍应用的时代产物，具有创新性、开放性与智能化的特征，其利用信息技术与各行各业跨界融合，既充分发挥各个行业的自身优势，又让全民共享互联网所带来的益处，从而达到"1+1>2"的效果。"互联网+教学"是一种将教学与互联网信息技术进行有机结合的教育模式，它并不是互联网与教学的简单相加，也不是对传统教学方式的推翻和替代，而是将二者深度融合在一起，利用互联网促进传统教学方式的升级优化，从而推进课程教学的信息化和现代化发展。

"互联网+教学"理念为"互联网+思政课"教学模式的应用提供了参考和依据，网络教学在思政课中的重要作用越来越受到重视，高校充分利用网络创新授课方式，推进教学媒介数字化、数据化，让互联网元素融入教学过程中来。"互联网+"教学模式彰显了互联网技术在高校思政课教学改革中的优势，是推动高校思想政治工作改革的必然要求，是提升高校思政课教育效果的有效举措。[①] "互联网+"思维运用于高校思政课教学中，既发挥了网络教学的技术优势，又实现了思政课教学的现代化，使思政课教学达到化静为动、变难为易、寓教于乐的境界，从而提高教学的趣味性、可信度、灵活性，以期达到进一步提升思政课教学实效性与亲和力的目的。

二 "互联网+教学"的主要特征

"互联网+教学"的主要特征表现为：时效性、灵活性、互动性、激励性。

1. 时效性

"互联网+教学"是全球信息化时代的必然产物，时效性是其首要特

---

① 杨章钦、徐章海：《思政理论课教学改革与大学生思政教育互动研究》，上海财经大学出版社，2017，第 85 页。

征。随着信息技术的发展，社会信息内容一直处于动态更新的状态，且更新速度快，给思政课教学改革带来了新机遇。学生借助便捷的移动设备在网络中获取大量前沿性资讯，能够及时了解真实有效的国内外时政要闻、日常生活资讯、学习和工作信息等，具备接受思想政治教育的信息基础。教师通过大数据等互联网技术，对学生的政治观点、学习状况、关注热点等思想状况进行精准把握，使思政课教学真正做到有的放矢。另外，互联网时代多样化的信息不仅对教学主体的知识获取产生作用，同样对教学客体（即课程教材）产生影响，使教材的素材更新与时代紧密联系。在此基础上，借助互联网、多媒体等及时更新、发布教学内容，能够帮助学生全方位地及时获取各种社会信息、学习资源，实现网络资源和线下信息的同步化更新。

2. 灵活性

"互联网+教学"的灵活性特征主要表现在以下三个方面：一是其多元化的媒体中介可以使教与学的活动不再受环境的限制，教学时间、教学空间、教学人数等条件的要求相对灵活，给"任何时间、任何地点"的学习模式赋予了新的革命性内容。在此基础上，"学习者利用云技术扩充了学习领域的知识范围，从一台电脑扩充到整个互联网，接受教育的地点也从生活周边扩充到了全世界"[1]。二是移动设备逐渐成为高校思政课虚拟社区、虚拟课堂载体的背景促使教师改变注重概念性知识和基础性知识传授的传统教学方式，采用灵活化的教学方式，如利用互联网平台开展互动式教学、探究式教学、对话式教学等，使学生在教师的引导下，不断实现理论的自我建构。三是充分利用大数据跟踪学生学习动态，发挥网络教学平台学习进度跟踪、课程考试监控、班级活动管理等功能，解决传统大课堂教学管理难、教学评价难等问题，科学评价师生教学成果，实现师生教学评价系统化、精细化和灵活化。

3. 互动性

互联网与高校思政课教学的融合过程，是师生积极互动的过程。因此，"互联网+教学"具有互动性的鲜明特征。"建构主义认为，学习者与周围环境的交互作用，对于学习内容的理解（即对知识的建构）起着关键

---

① 罗金玲：《互联网+时代智慧校园建设探索》，吉林大学出版社，2018，第163页。

作用，这是建构主义的核心概念之一。"① 在传统思政课教学模式中，课堂教学以"教"为主，呈现"老师讲+学生听"的教学方式，加之思政课教学内容偏理论化，导致其教学效果不显著。而"互联网+教学"通过在线讨论和课堂互动等互联网技术功能，能够有效建立起教师与学生、学生与学生、网络与课堂之间的互动教学体系。在这一教学模式下，学生更愿意通过文字、图片等形式表达自己的观点、交流学习疑惑和回答课堂问题。同时，"互联网+教学"模式可以打造师生的共同关注点，传授思政课教学内容，有效扩展师生之间的互动空间和实践，增加有效的互动性。并且基于互联网的教学互动具有实时性，能够进一步提高教学反馈的效率，深化师生对思想政治理论的认识、理解和认同。

4. **激励性**

"互联网+教学"是把互联网的创新成果与思政课教学深度融合，推动教学理念更新、教学方法创新和教学组织变革，形成以互联网为基础设施和创新要素的思政课教学新形态。"互联网+教学"的激励性特征体现在三个方面：一是推动教学理念更新。"互联网+教学"需要改变传统的"教室+课堂"的教学模式，实现线上与线下、课内与课外的结合、协同，这是互联网技术迅猛发展给思政课教学带来的机遇与挑战，也是时代发展对思政课提出的新要求。二是推进教学方法创新。"互联网+教学"的立体化教学模式应用于思政课教学，可以借助各种网络教学手段的协调运作开展线上或线上线下混合式教学活动，并与学生进行及时的课后交流，从而将思想政治教育延伸至课堂之外，充分发挥思政课线上教学的育人功能，在教学相长的良性循环中更好地推动思政课的全过程育人。三是促进教学与科研的深度融合。一方面，网络技术发展的最新成果进一步应用于思政课教学，可以加速推进高校思政课教学的现代化、信息化。另一方面，高校可以与互联网机构合作，设立联合攻关小组，围绕互联网与思政课教学的深度融合开展课题研究，进一步发挥互联网技术在高校思政课教学中的作用。在此过程中，师生的科研能力无疑能够得到提升。

---

① 曲艳红主编《基于信息技术的教学方法》，哈尔滨工业大学出版社，2015，第80~81页。

三　"互联网+教学"的具体形式

当前大数据和新媒体技术飞速发展，互联网逐渐成为改善教师教学水平、提升学生思想认识水平的重要载体，这为高校思政课教师不断创新和探索适应时代发展和满足学生需求的新式教学方式提供了良好的社会契机。"互联网+教学"的具体形式主要包括以下几个方面。

1. 建立网络交流平台，推送优质思政内容

一是要充分利用集网络集体备课平台、教师培训研修系统、大学生自主学习"青梨派"等为一体的全国高校思政课教研系统，为思政课教师集体备课和大学生线上学习提供便利。二是要不断创新网络教学形式，将直播、短视频等新媒体技术广泛运用于思政课堂，形成网上"思政大课"新样态，提高网络思政课的吸引力。三是思政课教师可以通过微信公众号、微博、新闻终端等载体，聚焦思政教材和时政素材，适当运用合适的图片、音频和短视频，定期推送优质的学术文章、发布热点问题讨论等。或是通过利用通信终端（如 QQ、微信）、自媒体工具（如微博、博客）等的"群组"功能，建立聊天室，为师生共同分享心得感想、发布讨论话题创建交流平台，以此强化师生之间的关联性。四是通过建立校园思政课教学专题网站，主动占领思想政治教育宣传阵地，传达思政课专业知识、学校规章制度、国家最新政策、社会热点问题等多种信息，在为学生提供自由、平等的言论空间的同时，不断更新与完善思政课教学专题网站，切实发挥专题网站的引导功能。

2. 运用自学测评资源，鼓励学生自助教育

"自助教育是指基于移动互联网的空间环境和技术优势，学校构建专业课程的线上测试平台，以及相应的自评服务，大力鼓励学生运用自助服务学习，从而感受到其中的乐趣。"[①] 基于移动互联网快速传播的特点，高校可以通过创建具有测试性质的、涵盖授课内容或政策性文件的相关应用程序，使学生通过日常行为对课程内容和国家重大战略部署等进行潜意识

---

① 张亚丽：《移动互联网背景下高校思想政治理论课教学方法研究》，硕士学位论文，桂林理工大学，2019，第43页。

的了解、认识、学习和思考。同时，还可以通过安排抽奖、发放证书等形式鼓励学生积极参与到自学测评形式中来，激发学生学习热情，从而达到理想的教学效果。可见，自助式的网络自学测评资源能够优化师生之间的交流沟通，拓宽信息传递形式与内容，将授课内容与时事热点密切结合，有效促进学校与社会、教师与学生之间的关联度。

3. 建设线上网络课程，吸引学生观看学习

思政课教师充分利用现代化教学手段，打造线上网络课程，也是"互联网+教学"的重要形式。线上网络课程以网络平台为载体，以短小精悍、形式多样、内容活泼形象为特征，实现网络技术与思政课深度融合。例如：思政课教师利用腾讯会议、QQ群课堂等网络直播平台开展实时教学，吸引学生观看学习；利用线上慕课资源，建设"微课程"教学单元，组织学生注册并观看视频、完成在线测试和随堂检测、主动参与答疑讨论、自主调节学习进度等，打破传统教师单向输出的授课形式，进而扩大优质教育资源的覆盖面；利用微课、翻转课堂等平台进行思政课教学，借助大数据最新技术，掌握学生学习动态，开展差异化教学。

4. 利用虚拟现实技术，身临其境感受课堂

虚拟现实是指在计算机内部构造出虚拟环境，用户可以自由地与环境开展交互活动，达到相当于在现实环境中获取真实的、身临其境的感觉。[1]虚拟现实技术在高校思政课堂中的逐步应用，颠覆了对智慧学习环境的刻板印象，在未来教育具有潜在的应用前景。高校通过建设虚拟仿真实验室，使学生身临其境，产生情感共鸣，加深对理论知识的理解与内化。例如：北京理工大学基于VR软件突破空间、资源及能力限制的技术优势，带领学生们"重走长征路"，感受永垂不朽的伟大长征精神；天津中德应用技术大学通过虚拟现实技术，将革命故事、红色展馆制作成三维动态视景和实体行为的交互式仿真系统，使思政课的育人实践更加饱满立体；华南农业大学建成首个大学思政虚拟社区平台——华农思创园；等等。

5. 共享课程教学资源，服务学生答疑解惑

互联网与教学的跨界融合使教学信息更加多元化、多样化，并且具有共享性的显著特性，使教与学的资源都得到极大丰富拓展。一方面，对于

---

[1] 张泊平：《虚拟现实理论与实践》，清华大学出版社，2017，第1~2页。

高校思政课教师来说，互联网中课程内容的不断更新、课程资源的共建共享，为他们更加充分地做好教学设计和提前备课创造了有利条件。如：在高校思政课网站或者学术网站共享优秀教学案例、精品课件、教学视频、试题库及时事政治等多方面的内容，思政课教师根据需要进行浏览和下载；或者通过微信、微博、网络会议等软件与名师进行教学方面的深入交流探讨，以帮助学生答疑解惑。另一方面，对于学生来说，学生能够在网络中实时地获取海量的学习资料，通过浏览、下载学习电子教材、网络课程、经典书目、题目测试等教学资源，及时、便捷地了解掌握最新的形势与政策，满足了学生对思政课知识的需求量和好奇心。

四　"互联网+教学"的显著优势

"互联网+教学"的思政课教学形式既创新了教学方法，丰富了教学资源，增强了课程时效性，也创新了师生沟通方式，拓展了师生交流渠道和教学时空，增强了思政课的吸引力，具有不可替代的显著优势。

1. 有利于解决传统教学方式僵化问题

习近平总书记强调："要运用新媒体新技术使工作活起来，推动思想政治工作传统优势同信息技术高度融合，增强时代感和吸引力。"[①] 就目前教学模式的改革趋势来看，面对信息传播现代化的新一代大学生，仅仅依靠黑板、粉笔、嘴巴的传统教学方式已经很难具有吸引力和感染力，不再能够满足学生个性化发展的需要。因此，高校思政课可以借助高科技手段，在互联网信息化教学载体上研究新软件、开辟新渠道，展示鲜活事例、阐释基本原理、讲清思政道理，让学生感受到极具时代性、趣味性和知识性的思政课堂，充分发挥互联网载体的隐性教育功能。同时，在以互联网为载体的线上（线上线下混合）授课环节中，学生可以即时地向教师反馈学习情况，教师可以根据反馈内容迅速地调节授课节奏及内容，能够及时地调整教学设计、完善教学信息和优化教学过程，进而有效解决传统教学方式的僵化问题。

2. 有利于拓展课堂教学时空

"互联网+教学"模式的运用并不是说完全摒弃传统的面对面的讲授方

---

① 《习近平谈治国理政》第 2 卷，外文出版社，2017，第 378 页。

式。但是，由于思政课教学内容理论性较强，局限于固定时间、固定空间的课堂教学远远不能满足学生的学习需求，而现代化技术手段作为一种教学辅助手段能够有效地弥补课堂教学的不足。其一，互联网媒体具有实时互动的功能，教师可以通过直播互动、弹幕互动等多元方式实时掌握具体的教学情况，实现了教师与学生之间全方位、高效的双向互动，进而增强了教学的精准度。其二，新媒体的个性化数据分析和预测功能能够将学生的课堂参与度和知识的掌握情况数据化，为教师后续优化教学设计以及学生成绩评定提供参考。其三，多样化的互联网平台是高校思政课的授课新阵地，其拓宽了思政课授课模式的外延和发展空间，具有超越时空的显著优势。在线上教学与线下教学深度融合中，多样化的网络教学载体将思政课课堂教学的教育价值延伸至课堂之外，充分发挥了互联网载体的隐性教育作用，实现了高校思政课教学方式和人才培养机制的创新。

3. 有利于创新师生沟通方式和交流渠道

在移动互联网时代，互联网所具有的互动性优势有益于缓解师生之间的陌生感和代沟，促进师生之间沟通交流方式的创新。互联网教学平台大多兼具学习、社交、阅读、技能训练等多项功能，甚至将知识消化环节游戏化、趣味化，在线连麦、发送弹幕、奖励经验值等新型师生互动方式，放松了学生的学习状态，深受大学生群体的喜爱，在提升教师信息化教学能力的同时，能够有效减少师生思想交流与情感沟通的距离感。在语言表达方面，思政课可以将传统说理教学与现代新媒体技术展示教学结合起来，特别是在教学过程中恰当地融入一些广泛应用的网络用语，将中国特色社会主义创新理论、社会主义核心价值观和中华文化精粹与思政课教学内容有机结合，变晦涩原理为生动道理，扩大了主流价值观在大学生群体中的影响力，进而帮助学生在轻松、熟悉的语言环境下掌握思政课的知识要点。

4. 有利于改进评价考核方式

教学模式的变革必然促进教学评价考核方式的创新。依托互联网技术，教师可以通过后台导出数据，根据学生个人累积答题量、正确率等信息进行智能化分析，作为最终成绩的参考，这大大提高了课程考核的科学性和有效性。互联网与思政课的融合要求必须坚持线上考试与线下考试相结合，打破传统单一笔试考核方式，同样重视学生网络学习情况。如：根据学生的实时签到、群组留言、讨论区发言、连麦互动情况等，对学生的知识掌握程度和践行情况进行全方位评价。通过"线上+线下"的多元考核形式，利用网络试题库和移动教学软件开展随堂测试和阶段性测试，变期末一次测试为多次，及时检测和反馈教学效果，使课程考核更加体现对学生综合素质的促进。

总之，以互联网为主的现代信息技术的快速发展进一步对高校学生的思维方式、实践活动、心理活动、价值观念等产生重大影响，"互联网+教学"的教学模式在高校思政课教学中的应用是适应现代信息技术发展的必然要求。互联网时代如何通过教学模式创新有效发挥高校思政课思想政治教育功能，是当前思政课教学改革值得重视的课题。为此，必须高度重视对师生进行互联网应用技术的培训，提升媒介素养。首先，教师提高运用互联网的综合素质是保障"互联网+教学"模式顺利开展的关键。思政课教师要自觉加强互联网思维意识，主动提高互联网技术应用水平，适应新型交流方式；同时改变传统教学观念，开展互动平等的思政课授课方式，加强与学生的互动交流。其次，规范学生运用互联网的行为是增强"互联网+思政课教学"效果的重中之重。应当增强学生网络法制观念，指导学生对包罗万象的网络信息进行筛选，正确辨别有效信息，自觉屏蔽低级信息，推动其主动遵守网络道德规范；同时还应加强网络异化管控，不断净化网络环境。最后，学校、社会、家庭相结合的教育模式是拓展"互联网+思政课教学"的新渠道。在教育过程中充分挖掘学校、社会、家庭三方的隐性教育资源，在潜移默化中使学生形成并保持积极健康的网络行为，影响他们对思政课的学习态度，达成真正喜爱思政课的目的。

第八章　健全践行体系，强化感染力

习近平总书记强调，思政课要坚持"理论性和实践性相统一"①，这就要求在学生的理论认同与实践践行之间架设好桥梁，提升实践的感染效能，增强学生的获得感。本书所指称的感染力更多地指向实践维度，是引导学生从理论认同走向实践践行的一种推动力量。有亲身体验才有获得感，有获得感才有感染力，有感染力的思政课才能更有亲和力。因此，增强新时代高校思政课的说服力，必须围绕"真懂"问题，以增强获得感为目的，通过构建专业思政、学科思政、校园思政、校外思政、环境思政的"大思政"格局，促进全过程、全课程、全方位、全社会、全时候与思政课同向同行，以实践体验引领理论践行，强化感染力，让学生在实践中"学懂弄通做实"思政理论。

第一节　专业思政，全过程推进"习得"

专业化是提升思政课感染力的前提性向度。对思政课而言，教学方法等方面的改革创新是形式多样化的外化展现，但思政课内容第一性的原则应当得到肯定。"教学形式的改革创新固然重要，但'内容为王'的教学定律仍是改革创新之本。提高思政课教学实效，基础在教学内容，关键在

---

① 习近平：《思政课是落实立德树人根本任务的关键课程》，人民出版社，2020，第20页。

以理服人。思政课教师应在增强理论的解释力、说服力上下功夫，否则就容易变成舍本逐末。"① 突出思政课教学"内容为王"最重要的是要做到专业性，必须使专业化在各个环节得以贯彻实施。构建全流程化闭环式的专业化思政体系，对思政课感染力提升举足轻重、影响深远。

一　优化思政课感染力，提升全流程形态

思政课是有组织的教学实践活动，具备一定的组织形态。"从形态学角度而言，'大思政课'不仅'大'在思政课在时空维度上的拓展延伸状态，而且'大'在思政课内在要素及其结构方式的充实优化状态，更'大'在思政课作为'国之大者'功能的充分实现状态。"② 空间形态、实践形态、结构形态以及功能形态是思政课的宏观组织形态构成。思政课教学在遵循宏观组织形态的基础上，也派生出具有教学特征的组织形态，这种形态绝非仅仅是课堂教学 40~45 分钟的物理与时间形态，相反，其形态学延伸可分为前课堂教学、课堂教学、后课堂教学三种面相。因而，提升思政课教学感染力也需要分阶段嵌入思政课课堂的此三种形态。

1. 前课堂教学：感染力植入

前课堂教学主要指的是教师为课堂教学所做的各种准备。备课是这种准备的核心部分，而就感染力来说，教学素材的获取、教学方法的选择、学生学情的掌控等都将直接影响课堂教学之感染力。因而，我们也可以将这种来自前课堂教学形态的感染力称为"感染力植入"。事实上，"感染力植入"在很大程度上决定了课堂教学感染力的程度。因此，如何优化"感染力植入"是每一名思政课教师都要面对的课堂教学先在性"审问"。我们日常所说的"一堂好课是磨出来的"其实就是这种先在性"审问"的另一种表述。以思想道德与法治课"第三章　继承优良传统 弘扬中国精神"下属小节"做改革创新生力军"的"感染力植入"为例，这一章节从学情分析来讲，是最贴近当代青年大学生思想特点的。习近平总书记在中国共产主义青年团成立 100 周年大会上的讲话中也指出："青年是常为新的，

---

① 陈金龙：《提高教学实效性须坚持"内容为王"》，《人民日报》2019 年 1 月 25 日。
② 杨威、田祥茂：《"大思政课"的形态学考察》，《思想理论教育》2022 年第 4 期。

最具创新热情，最具创新动力。"① 那么此时的"感染力植入"就需要紧扣青年创新这一核心要点来进行，在教学形式的选择上，应当选择最具创新性、时代性的赛博媒介，例如抖音、哔哩哔哩、视频号等；在教学素材的选择上，要坚持代表性、青春化，以典型的青年创新案例为素材，特别是在地化、在校化的青年学生代表，只有如此才能更好地实现沉浸式体验，如大学生"互联网+"创新创业大赛、"挑战杯"课外学术科技作品竞赛等，在课堂中能起到事半功倍的效果；在教学语言的选择上，要"认真研究、辨别、分析、判断当代网络流行话语背后隐藏的价值取向、态度立场，找到教材话语同网络流行话语之间的结合点、共通点，主动学习、吸收和借鉴网络话语开放性、平民性和拼贴性等优点，对教材话语进行重新'网络编码'，将网络话语渗透于思政课的教学过程，打造青年大众喜闻乐见的话语表达方式"②，用青年学生喜好的"网言网语"、流行语言等，更能拉近与学生的距离。由此可见，在"感染力植入"环节，教学形式、教学素材、教学语言等的选择必须根据具体教学内容和教学要求，而这种选择是否最适当、最切合，将直接影响教学感染力的生成。

2. 课堂教学：感染力生成

课堂教学是感染力的生成阶段，也可将其称为"感染力生成"。这一阶段是感染力提升的关键环节，"感染力植入"很多情况下是一种想象性的设计，最终能否将这种设计转化为"课堂教学生产力"，取决于课堂教学环节。众所周知，随着全球化的发展，特别是人工智能时代的到来，"传统生产力理论中的土地、劳动力、资本等构成要素逐渐被科技、文化、教育等软生产力要素所取代，生产力理论由于被赋予了新的内涵而逐渐得以创新和改写"③，"生产力"这一概念也从经济学领域逐步被拓展至社会科学各个领域。在教育领域里，教育生产力的理论在1972年左右即被提了出来，"尽管教育不是直接的生产力，无法像物质形态的生产力要素一样，直接产生巨大的经济效益。但作为一种软生产力要素，教育在促进人类社

① 习近平：《在庆祝中国共产主义青年团成立100周年大会上的讲话》，《人民日报》2021年7月2日。
② 黄传慧：《高校思政课话语有讲究》，《光明日报》2019年6月18日。
③ 鲁雁飞、曹建东：《教育生产力发展研究：理论内涵、分析框架与作用机制》，《湖南社会科学》2013年第3期。

会发展和经济增长过程中所起的作用是物质形态的生产力构成要素所无法比拟的，教育一直在为人类文明提供源源不断的发展动力"①。教育生产力理论普遍适用于高等教育。对高校而言，教学也能产生"生产力"，也能引起各方面要素的变化，而这个变化最主要的就是对人的知识结构以及思想状态的影响与改变。评价高校课堂教学效果的直接指标就是课堂教学生产力。高校思政课教学生产力不仅指向的是对人的知识结构的影响与改变，而且更重要的是指向对人的思想状态的影响与改变。从现实反馈来看，按照"感染力植入"预设执行教学任务，大部分的思政课教师是能够有效完成的。然而，即便面对同样一份"感染力植入"预设方案，在课堂教学中，不同的教师所产生的感染力亦有高低。究其原因，归根结底在于思政课课堂是一个复杂的变量，这是思政课和其他课程教学有明显区别的地方。教师教学积淀调度能力、师生情绪情感体验、外界环境因素干扰等，都会对"感染力生成"产生直接影响。因此，这就要求思政课教师在做好充足的"感染力植入"方案时，不断增强自身对方案的高度执行力、临时拓展力以及课堂的整体把控力，尤其是学生在课堂上的情绪反馈，教师必须能够精准识别，并根据现状适时实施调整。此外，课堂教学的感染力生成有一定的时间线性规律，一般遵从酝酿铺垫—适应进入—沉浸体验—交互消退等消长阶段，每一个阶段都需要教师提前介入、快速切换。

3. 后课堂教学：感染力复合

后课堂教学主要指的是物理空间上的课堂教学结束后，新课堂教学开始前的一个阶段，这一阶段可以称作"感染力复合"。这是思政课课堂教学感染力提升最复杂多变的一个阶段，一方面面临前期课堂教学后的巩固时期，另一方面又与新一轮"感染力植入"交织进行，因而生成样态呈现双面相或者多面相，这是课堂教学感染力"后生成阶段"和"前植入阶段"的交汇期（见图8-1）。一般意义上而言，交汇期指的是时空意义上两个历史时期的重叠交叉，有承上启下的历史意义。例如，我们常讲的从党的十九大到党的二十大，是"两个一百年"奋斗目标的历史交汇期，这一时期"正是我国转变发展方式、优化经济结构、转换增长动力的攻关

---

① 王莹：《教育对我国经济拉动的实证分析》，硕士学位论文，吉林大学，2006。

期"①，历史交汇期要求具备新的发展思维、思路和战略。与历史交汇期一样，思政课教学后感染力生成阶段和前感染力植入阶段的重合叠加，使这一时期的课堂教学处于一个更加"激变"的时空领域，教师的教学方式、教学结构、教学思维以及学生的学习方式、学习结构、学习思维等都即将发生较大的转换，特别是对学生而言，这种转换属于整体式的转换，每个学生要面临的不止是思政课程，还有专业课程及校园开设的其他课程的转换。当然，课堂教学的复合期带来的不仅是挑战，还有"新"的特征和条件，课堂教学的积累以及新课程的"新鲜度"，为课堂感染力提升开创了有利条件。针对感染力复合阶段的激变特征，教师要牢固树立课堂教学非静态理念，将课堂教学从物理形态的单一性中剥离出来，真正让课堂"流动"起来，以变化制变化、以变化应变化。课堂教学感染力生成后，需要一个巩固与提高的过程，课后作业是实现这种巩固和提高的有效手段。从传统的意义上来讲，一旦脱离了教室这个有形的教学空间，教学的延续就会显得更加难以把控，因而作业设计就变成了把控教学延续的教学发现和关键抓手。所以，从一定层面来说，如何进行作业设计是"感染力复合"期的一个转合点。尽管思政课五门本科生统编教材（含《习近平新时代中国特色社会主义思想概论》）里设计了思考讨论、文献阅读环节，但对感染力提升而言，需要教师对这些思考讨论和文献阅读进行创造性的转化，特别是需要设计具有同情心、同理心特质的课后作业，以巩固并升华思政课课堂教学的感染力。

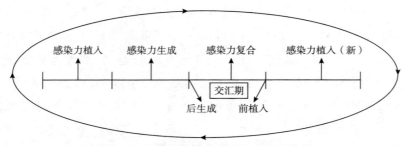

图 8-1　思政课课堂教学感染力提升阶段

---

① 黄泰岩：《把握好"两个一百年"奋斗目标的历史交汇期》，《求是》2017 年第 24 期。

二　构建专业化、特色化的"十大育人"体系

思政课建设需要一个合力共举的组织形态。作为思政课建设成效之一的感染力，在提升进路中也同样需要合力的助推。2017 年教育部印发《高校思想政治工作质量提升工程实施纲要》，提出从课程、科研、实践、文化、网络、心理、管理、服务、资助、组织等十大方面聚焦思想政治工作短板弱项，全面助推新时代思想政治工作高质量发展，"十大育人"体系自此登上高校思想政治工作历史舞台。"十大育人"体系之间并非互相割裂的独立板块关系，它们之间有着缜密的逻辑关联，属于板块嵌入的关系，彼此互相影响、互相作用。

1."十大育人"体系对思政课感染力提升的实现路径

2021 年"两会"期间，习近平总书记在看望医药卫生界、教育界委员时提出："'大思政课'我们要善用之，一定要跟现实结合起来。上思政课不能拿着文件宣读，没有生命、干巴巴的。"① 从习近平总书记的讲话中，我们可以看出，"大思政课"的提出，是破解思政课"没有生命、干巴巴的"的有效途径，"有生命"的思政课才有活力，才能感染人。"大思政课"建设需要构建起思政课建设的"两个循环"，即社会的"大循环"和校园的"小循环"。对思政课课堂而言，构建"十大育人"体系既是"大思政"格局之一环，也是专业思政的重要组成部分。下文以"十大育人"体系之科研、资助两个板块为例进行说明。

思政工作提升要求加强科研育人，对思政课感染力而言，就是要在课堂上结合最新研究成果把道理讲活。"思政课的本质是讲道理，要注重方式方法，把道理讲深、讲透、讲活，老师要用心教，学生要用心悟，达到沟通心灵、启智润心、激扬斗志。"② 所谓把道理讲活，就是不能把思政课要讲授的道理讲得干巴巴的，"是要实现马克思主义理论讲授的通俗化大众化生活化，既不能将学生看作等待知识填充与道德浇灌的白板，只重视理论知识的规范化灌输，忽视学生心理接受能力，也不能完全一贯延用传

---

① 习近平：《大思政课：总书记心中的一件大事》，《人民日报》2022 年 5 月 22 日。
② 习近平：《坚持党的领导，传承红色基因，扎根中国大地，走出一条建设中国特色世界一流大学新路》，《人民日报》2022 年 4 月 26 日。

统的课堂讲授方式，对于网络、信息技术等新方式疲于应付，而是根据时代发展的需要，以一切有利于马克思主义理论教育的方式进行课程的讲授，实现理论传输的可接受、愿接受"①。讲活的前提是把道理弄透，只有理解一个道理背后所蕴含的诸多元素，才能实现"读书百遍其义自见"的功效。因此，对思政课感染力提升而言，发挥科研育人的支撑作用非常重要，以科学研究带动思政课道理的深入浅出，无疑为思政课道理阐释的"活"之维度提供了扎实的学理支撑。

思政工作提升要求加强资助育人，对思政课感染力而言，就是要在课堂内外一以贯之做好"暖人心"的工作。"有仁爱情怀，把对家国的爱、对教育的爱、对学生的爱融为一体，心中始终装着学生，让思政课成为一门有温度的课。"② 资助育人是"暖心人"的温度工程，思政课亦不是冷冰冰的知识传授，思政理论知识是"有温度"的心灵交流工程，思政课感染力的提升和资助育人工程能够产生广泛共鸣。高校广泛开展的资助工作是党和国家以人民为中心发展思想的生动呈现，是中国共产党百年来坚持不懈推进民生建设在高校的直接实践。"在党和国家的高度重视下，学生资助不仅促进了教育公平、社会公平，促进了教育事业快速发展，而且在人力资源开发、扶贫脱贫等方面发挥了重要作用，取得了显著成效"③，涌现出了苏明娟等一大批典型。"以人民为中心""坚持改善民生"等都是思政课的重要内容，将获得过资助的学生的成才故事引入思政课堂，无疑能为思政课增加更多温馨感人的故事。江苏省扬州大学将获得国家资助学生的成人成才故事汇编为《逆风飞扬》读本，掀起了校园的励志之风，为思政课感染力提升提供了有温度的经验借鉴。除此之外，资助育人启发思政课教学不仅要关注知识讲授，更要关注人的因素，把学生的冷暖放在心上，为学生解疑惑，送温暖、暖人心，做学生的"知心朋友"。思政课教师与学生做朋友是思政课感染力提升的一条重要法则。

2. "十大育人"体系的实践案例及启示

在课程育人体系中，思政课是其中的核心构件，发挥着至关重要的作

---

① 李合亮：《思想政治理论课的本质是讲道理》，《思想教育研究》2022 年第 8 期。
② 习近平：《思政课是落实立德树人根本任务的关键课程》，人民出版社，2020，第 13~14 页。
③ 全国学生资助管理中心：《新中国 70 年学生资助成效显著促进教育公平助力全面小康》，《人民日报》2019 年 9 月 25 日。

用。在高校"大思政"工作格局中，思政课感染力的提升绝非课程本身所能达成的，科研、实践、文化、网络、心理等育人体系都发挥着助推作用。经过 5 年多的持续探索和实践，全国高校推出了一系列可推广、可复制的经验模式。比如，科研育人方面，出现了西南交通大学打造的科研育人"动车模式"、东北大学构建的科研育人新生态、武汉大学构建的"明诚崇学"科研育人大格局等；实践育人方面，"百万师生重走复兴之路""百万师生'一带一路'社会实践专项行动"等项目的实施，"北京大学等打造泥土味的思政实践课，思政大课堂越过大学围墙，开到了田间地头、工厂车间、脱贫一线；中南大学将育人内容与实践资源深度融合，先后建设了价值观体验课堂、问渠晨读长廊等思政实践资源，为夯实育人最后一公里架桥通渠，有效提升了工作的主动性、针对性和实效性……"[①]；文化育人方面，西北农林科技大学打造了"四个一"打造法治文化育人精品工程，辽宁石油化工大学构建了"五位一体"雷锋精神育人体系等；网络育人方面，厦门大学推进了"五维一体"网络育人新探索，陕西科技大学打造了"有易思"共享供给站，"湖南'我是接班人'网络大课堂探索'大思政课'路径，将思政教育'溶解'到学生喜爱的内容、形式、人物等各方面，着力提升吸引力和有效性，形成了网络育人新模式"[②]；心理育人方面，河南科技大学着力构建心理育人"五位一体"工作新格局，河海大学探索"三式三微"工作法提升心理育人质量，贵州大学构筑"六大平台"高质量推进心理健康教育工作等；管理育人方面，长春光华学院推进"五覆盖三打通十融入"模式下"三全育人"机制创新研究与实践，吉首大学积极推动"三通协同"着力汇聚思政工作合力等；服务育人方面，西北农林科技大学推进"点、线、面"的结合，兰州大学打造"四+"模式等，提升资助育人实效。溯及上述所列实践经验或模式，可以发现一个共同的特点，"十大育人"体系的贯彻落实者是一支支有着过硬专业素质的队伍，课程育人的主体是高校的专职教师，其中思政课教师发挥着思政课程立德树人的关键作用，科研育人的主体是高校从事科研工作和科研管理的人员，实践育人的主体是辅导员队伍和思想政治工作队伍，如是等等，

---

① 林焕新等：《源头活水润心田》，《中国教育报》2022 年 3 月 17 日。
② 禹爱华等：《"我是接班人"网络大课堂：探索数字转型共上思政金课》，《光明日报》2022 年 7 月 3 日。

正如高校的高度专业化一样，"十大育人"体系的执行者先要性的特质也正是其专业化。因此，从"十大育人"体系入手提升感染力，专业性是其前件之一，然而，由于历史底蕴、文化特质、立校根据、发展历程等的不同，只有与各个高校的办学特色相结合，形成具有高校特色的做法，才更可能使其感染力快速提升。"看菜吃饭、量体裁衣"的原则在提升感染力时应得到贯彻，以形成感染力提升的多样化路径。

第二节　学科思政，全课程促进"提升"

每一门思政课以及由此构成的思政课课程体系不是静态的、孤立的，而是与各学科其他课程教学尤其是同学校整体的教育教学活动融为一体的。思政课是高校落实立德树人根本任务的关键课程，而这个关键课程之关键作用的发挥，是以思政课教育教学体系的优化为条件的。只有把思政课纳入学校整体的教育教学体系与人才培养体系，不断完善与优化思政课教育教学体系，才能真正体现思政课之"大"，也才能实现思政课之"大"。[1] 提升思政课感染力，也要遵循"大"的原则，把思政课的感染力嵌入学校整体的教育体系，尤其是课程体系中去，不仅要使每个学科每一门课程的思政元素得到充分挖掘，还要让每一门课程被挖掘出来的思政元素转化为思政课教学感染力提升的抓手和着力点，构建起全课程抓好感染力提升的"学科思政"教学体系。

一　讲好每一门课程的"思政道理"

习近平总书记在中国人民大学考察时说："思政课的本质是讲道理，要注重方式方法，把道理讲深、讲透、讲活。"[2] 思政课就是讲道理的课程，要在每一门、每一堂思政课中把道理讲清楚、讲透彻。然而，"讲"如果用"每事问"来寻根问底的话，总体包括讲什么、怎么讲、谁来讲等

---

① 杨威、田祥茂：《"大思政课"的形态学考察》，《思想理论教育》2022 年第 4 期。

② 习近平：《坚持党的领导，传承红色基因，扎根中国大地，走出一条建设中国特色世界一流大学新路》，《人民日报》2022 年 4 月 26 日。

几个方面；"道理"则包括是什么、哪里来、去哪里等几个方面。思政课堂中的"道理"有其一般性，但更有其特殊性，它所讲授的道理既包括学生成长成才的一般需求，更指向讲清楚中国共产党和中国特色社会主义制度从何而来、因何而兴、去往何处的根本道理。因此，思政教育中的"道理"既包括思政理论所反映的一般"道理"，也包含各个学科每一门课程蕴含的思政元素所揭示的特殊"道理"。

为何每一门课程都有且应当挖掘思政元素呢？这是一个认识论问题，如果不从根本上弄清楚这个问题，就很难从根本上解决课程思政的"软绵乏力"。社会主义的办学方向是中国大学必须坚持的根本原则，也是所有高校的天然底色，这是不容置疑的，它的合法性来源就是中国共产党的领导及其所创造的中国特色社会主义制度。这是宏观层面的原因。在微观层面，思政课所讲授的道理，绝非从哪里沿袭而来，也绝非从何处复制而来，绝非"母版说""模板说"可以盖棺定论的。究其根源，思政课所讲之道理，都是从实践中来的，是中国人民从血与火的艰辛探索中总结出来的。因此，思政课所讲的道理都极具实践性。但这些道理同样具有一定的抽象性，在理解、讲授时，不能还是以抽象释读抽象，而必须以具象解释抽象。因此，旁征博引各个学科门类知识的课堂，一定是深受学生欢迎、深得学生喜爱的课堂。既然思政课的课堂能够从其他课程中吸收讲道理的素材或者说支撑来源，那就说明其他课程中本身就蕴含思政元素、育人元素。

教育部有关文件要求加强课程思政建设，"专业课程是课程思政建设的基本载体。要深入梳理专业课教学内容，结合不同课程特点、思维方法和价值理念，深入挖掘课程思政元素，有机融入课程教学，达到润物无声的育人效果"[①]。其中文学、历史学、哲学类专业课程蕴含马克思主义世界观和方法论、社会主义核心价值观、中华优秀传统文化、革命文化、社会主义先进文化等多种多样的思政元素，这些课程本身就是思政课程的支撑体系及知识体系；经济学、管理学、法学类专业课程蕴含相关专业及行业领域的国家战略、法律法规和相关政策，对培育学生经世济民、诚信服

---

① 《教育部关于印发〈高等学校课程思政建设指导纲要〉的通知》，中华人民共和国教育部网站，http：//www.moe.gov.cn/。

务、德法兼修的职业素养具有重要意义；教育学类专业课程蕴含师德师风教育、教师职业理想与职业操守、中国特色社会主义教育发展道路等思政元素；理学类专业课程蕴含科学思维方法的训练和科学伦理的教育之思政元素；工学类专业课程蕴含工程伦理教育，培养大国工匠精神，激发科技报国的家国情怀和使命担当等方面的思政元素；农学类专业课程蕴含中华悠久农学史、生态文明教育，"大国三农"情怀，服务农业农村现代化、服务乡村全面振兴的使命感和责任感等思政元素；医学类专业课程蕴含中华悠久医学史、医德医风教育，提升综合素养和人文修养，提升依法应对重大突发公共卫生事件能力的思政元素；艺术学类专业课程蕴含弘扬中华美育精神，自觉传承和弘扬中华优秀传统文化，增强文化自信等的思政元素。从指导纲要的文件要求来看，事实上每一门课程都蕴含了思政课要讲述的道理，而在思政课堂上，思政课教师所调用的教学素材其实都来源于其他学科课程，而不是单一的思政教材，这充分说明了每一个学科、每一门课程实际上都是思政课课堂教授道理的支撑体系和证明来源。故此，提升思政课感染力的重要途径就是既要善于借用其他课程的内容体系和话语体系，也要充分发掘其他课程讲道理的感染力，实现思政课程与课程思政双管齐下、两维并举的感染力提升。

二 提升课程思政感染力

作为思政课程感染力提升体系的子系统之一，课程思政如何更有感染力是一个值得思考和探索的问题。其实，课程思政的感染力既与思政课程的感染力有别，也与课程思政之课程的感染力有异。因此，对课程思政的感染提升，要从课程与思政两个维度来进行把握，只见课程而不见思政，会陷入专业课程感染力提升的泥沼；只见思政而不见课程，则会掉入一般意义的思政感染力困境。故而，尝试从课程思政感染力着手提升思政课感染力，主要从两个维度进行实践探索。

第一，要在课程中见思政。课程思政出发点和落脚点都在课程上，如果说思政课程讲道理的特质是显山露水，那么课程思政之讲道理很多时候就是润物无声了。事实上，在高校里许多专业课教师的教学水平、教学能力及教学效果都是上乘的，在他们的专业课堂里，学生学习到了基本专业素养，练就了扎实的专业功底。与此同时，有一个很独特的现象，高校里教学受到学生欢迎的教师，其行为举止也受到学生的普遍追随与模仿，学生以效仿老师为荣，这即是我们常言的"亲其师信其道""行为世范"的具象化表达。正是这个缘故才更加要强调专业课教师和专业课程的思政育人能力，让专业课教师树立起牢固的思政育人意识，充分发掘专业课程之中的思政元素。据有关媒体报道，著名农学专家、扬州大学张洪程院士在其课堂上经常用"1.01^{365}"和"0.99^{365}"之间的差距教育学生要珍惜时间、用足时间，勉励学生在成长的道路上不能偷懒，这其实就是专业课堂上的思政教育，就是大学生思想道德与法治课在专业课堂上的衍化。但也有不少专业课堂为了实现思政元素的嵌入，出现了教学偏差现象，存在生搬硬套、生硬嫁接的情况。比如在数学课堂上，将对某些公式的解读，生硬地用到党的历史中去，让人觉得非常突兀，"硬凑"之举让课堂效果大受影响。这种行为不仅导致专业课教学效果下滑，而且严重影响了课程思政的落地。因而，在专业课堂上看见的思政，应当是顺其自然、顺势而为的"自然景色"，而绝非生搬硬套、生硬对接的"人造景观"。

第二，要在思政中见课程。课程思政的建设绝非冲淡专业教学的举动，相反课程思政的建设对专业课程而言应当是思政教育与专业教学的互补互赢。然而，在专业课堂实际教学实践中，思政教育和专业教学之间的黄金分割点把握起来还是有一定的困难的。这就要求专业课教师牢记教书育人的本职，在实施教学前，所进行的备课工作需要发生积极主动的变化，要时刻将课程的育德功能和育智功能有机结合起来，既不能让思政教育冲淡了专业课程，也不能因强调专业教学而忽视思政教育。课程思政的主责核心仍然是专业教学，这一点不能动摇，否则课程思政的存在意义将大打折扣。如前所言，课程思政中的思政元素应是顺其自然的生发，而不是刻意而为，自然的生发更能打动学生、教育学生，让学生在接受专业知识的同时学习思政道理，自然而然接受思政教育。就感染力而言，思政元素的自然生发，是有效融入专业课程，在专业知识讲授中自然生发、无缝衔接。因此，对学生来说感染力、亲和力也将更强。从某种层面上来说，提升课程思政的感染力，还要不断提升专业知识讲授的感染力，让课程思政的感染力在专业课程感染力之中油然而生。

第三节 校园思政，全方位推动"转化"

大学校园是实施思政课教学的主战场和核心场域。基于此，可以将思政课教学供给分成内供给、第一供给、第二供给以及交叉供给四个层面（见图 8-2）。其中内供给主要指的是课程内部资源的供给，例如教学方法、教学内容等的改进和提升；第一供给是距离课堂最近的资源供给，即大学校园为思政课堂输送的各类有效养分；第二供给是校园之外的社会资源供给，这是距离大学思政课堂的第二顺位距离；而交叉供给主要是内供给和第一供给重合之处、第一供给和第二供给重合之处的资源供给，有着重合和共享的特色。大学校园作为内供给之外的第一供给，发挥着极为重要的资源支撑和有效补位作用，能否有效发挥大学校园思政功能和思政元素的作用，对思政课感染力提升影响深远。因此，构建起全方位的"校园思政"体系以转化各类思政功能和思政元素就成为提升思政课感染力的重要途径之一。

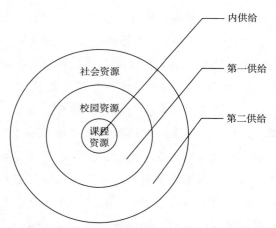

图 8-2 思政课教学供给的四个层面

一 彰显"人"主体地位

人是感染力之源，构建提升思政课感染力的"校园思政"体系首先在激活人的要素、彰显人的主体地位。在大学校园里，师生是一对互动主体，围绕这一主体还有许多其他的关系存在，例如后勤保障人员（食堂、宿舍、教室等）、离退休人员（退休教师、退休职工）、图书管理人员、实验室管理人员等，大学校园里的"社会关系"之复杂一点不亚于真正的大社会。如何彰显这些人的因素，构建校园各类群体教书育人、管理育人、服务育人的校园思政体制机制，以校园思政提升感染力，是高校思政课建设应当首先思考的问题。

从现实实践的反馈来看，不少地区和高校试点探索了"八支队伍"（地方党政领导干部、企事业单位负责人、社科理论界专家、各行业先进模范以及高校党委书记校长、院党政负责人、名师大家和专业课骨干教师、日常思想政治教育骨干）走进思政课堂的做法，受到了学生极大的欢迎和肯定，在"八支队伍"里高校党委书记校长、院党政负责人以及日常思想政治教育骨干是大学思政课堂的骨干；也有不少高校通过评选校园里的先进模范、好人典型等群体，形成典型引路、以文化人的氛围，将这些先进典型请进课堂，以学生身边人感染学生、身边事教育学生，思政课堂的感染力大为提升。在《人民日报》《光明日报》《中国教育报》《中国青年报》等主流媒体上经常可见此类报道，例如扬州大学所推行的"用淮扬人、淮扬事、扬大人、扬大事烹饪淮扬风味、扬大口味的课堂教学案例"。近十年来，该校先后邀请16位"扬州好人"、35位"情暖校园人物"以及150多位"校园先锋"走上思政课讲台，打造了一系列鲜活的"大思政课"课堂[①]；"从考取博士并成功进入高校任教的北大保安，到在湖北老家社区防疫28天的清华学生曾泽华，众多大学生身边的优秀榜样在辛苦的岗位面前不抱怨，在可见的困难面前不退缩，把人生的意义变成鲜活的形象，生动诠释了何为拥有优良品格、高尚人格，如何树立远大理想、爱国之情与报国之志"[②]。高校思政课堂正越发呈现突出主体的力量，从某些方面来说，主体力量越是突出，思政课堂的感染力就越强烈。

---

① 唐慧玲：《在有温度的"大思政课"课堂中收获幸福》，《光明日报》2022年6月14日。
② 尹燕：《愿更多榜样励志故事走进思政课堂》，《中国教育报》2021年1月12日。

二 彰显"环境"活态地位

校园环境是大学育人功能的重要组成和载体,对大学课堂教学有着极为重要的补充作用。对思政课堂而言,思政课教师讲授的结束,并不意味着教学活动的终结,校园里的文化长廊、雕塑、宣传标语、宿舍环境等都对教育活动产生着影响,并不断演化为教育活动的素材和内容。以校园雕塑为例,校园雕塑是校园文化的重要组成部分,是大学精神的呈现和历史记忆,具有不可替代的育人作用。例如不少高校都有马克思恩格斯塑像,作为马克思主义指导下的社会主义大学,马克思恩格斯塑像的设立尤其具有合法性、合理性、必要性、可行性。而对思政课堂来说,特别是"马克思主义基本原理"课程教学的开端,即介绍马克思主义的创立与发展来源时,将课堂移至马恩塑像前进行,会直接提升课堂感染力,通过塑像的载体呈现,能够更加形象生动地讲解马克思主义的创立和发展。再如不少高校对本校发展中作出突出贡献的人物进行塑像,将塑像人物的精神以实体形式延续传承,带领学生进行校史任务的精神挖掘和讲解,将思政课堂中教授道理的抽象性变换为校园环境的具象表达,从而更加有利于达到课堂效果。由此可见,大学校园环境承载着的育人功能与思政课堂的功能有异曲同工之妙,理应紧密结合二者,实现思政课堂的有效供给。值得注意的是,校园环境里"软文化"如果得到恰如其分的运用,也将发挥重要的育人作用。如校园电子显示屏、宣传栏、横幅悬挂、网页、微信微博平台等新媒体矩阵,都能够成为思政课堂效应的补充载体,实现更加具有延展性的育人效能。

三 彰显"制度"保障地位

一般而言,学校教育中教师依据教材及教学大纲,按照规定的教学时间在教室里进行的课堂教学活动称为"第一课堂"。第二课堂教学是指在第一课堂之外的时间进行的与第一课堂相关的教学活动。从教学内容上看,它源于教材又不限于教材;它无须考试,但又是素质教育不可缺少的部分。从形式上看,它生动活泼、丰富多彩,涵盖知识性、学术性、文艺性、健身性、公益性等各种校内外素质与能力教育活动。它的学习空间范围非常广大：可以在教室，也可以在操场；可以在学校，也可以在社会、家庭开展。当然，也有学者把第一课堂之外的教学活动进一步细分为第二课堂（校内）和第三课堂（校外）。第二课堂是高校日常教育的重要组成部分，是第一课堂的重要延伸和补充。为了规范和完善第二课堂教学，一些高校实行了第二课堂"成绩单"制度，对学生参加第二课堂教学活动的情况实施成绩单登记与学分制管理。第二课堂"成绩单"可以详细记录学生在校期间参加第二课堂教学活动的全部情况，包括项目名称、活动时间、活动地点、活动内容、活动成果、考核评价以及所获学分，学生可以凭学号和密码登录第二课堂教学线上管理平台，实时更新自己的活动参与情况和评价结果。建立规范化、全方位、多维度的第二课堂"成绩单"制度，能够将思想道德教育与学生专业知识发展有效结合起来，将新时代思想道德教育建设的核心理念和价值追求与学生的终身发展紧密结合起来，充分发挥"德""技""能"兼备的文化素质教育功能，实现学生参与校园文化活动和素质拓展活动等第二课堂的可记录、可测量、可评价，实现学生参与思想政治引领、素质拓展提升、社会实践锻炼、志愿公益服务和自我管理服务等第二课堂活动的科学化、系统化、规范化。

第四节　校外思政，全社会落实"践行"

思政课教学同样也离不开一定的空间形式。但与其他专业类课程不同，思政课教学的空间不能仅仅局限于传统的物理空间，不能封闭在学校、教室的校园"小天地"，而要立足于社会实践的社会"大舞台"。《中共中央、国务院关于进一步加强和改进大学生思想政治教育的意见》指出，社会实践对大学生思想政治教育具有十分重要的作用，高校要与社会、家庭紧密协作，结合思政课教学深入开展社会实践活动，促进大学生在社会实践中"受教育、长才干、作贡献"。因此，新时代高校思政课教学必须在校园和社会之间铺设立体畅通的互通桥梁，充分挖掘和利用社会资源，积极健全"校外思政"体系建设，促进全社会关心、支持大学生社会实践。

一　把实践性原则融入思政课教学

当前，高校思政课建设应正确处理理论与实践的关系，推进理论与实践的深度融合，把实践性原则融入思政课教学，打通大学生所学思政理论"外化于行"的"最后一公里"，激发学生对思政理论的学习积极性，提升思政课教学感染力。

1. 坚持理论性与实践性的高度统一

理论是实践的基础，为实践提供世界观和方法论指导；实践是理论的来源，更是对已有理论的验证。毛泽东同志曾精辟指出："通过实践而发现真理，又通过实践而证实真理和发展真理。从感性认识而能动地发展到理性认识，又从理性认识而能动地指导革命实践，改造主观世界和客观世界。实践、认识、再实践、再认识，这种形式，循环往复以至无穷，而实践和认识之每一循环的内容，都比较地进到了高一级的程度。"[1] 高校思政课是一门理论性和实践性都很强的课程，其所承载的立德树人根本任务，要求思政课教学必须遵循马克思主义认识论的基本规律，坚持理论性与实践性的高度统一。习近平总书记指出："思政课要用科学理论培养人，遵循不同学段学生的认知规律，把马克思主义基本原理讲清楚、讲透彻。同时，马克思主义是在实践中形成并不断发展的，要高度重视思政课的实践性。"[2] 理论性是思政课的重要特征，思政课的本质是讲道理、以理服人，增强理论性是思政课教学的应有之义；实践性是思政课的重要特色，思政课所讲的理论不仅来源于实践，更需要通过实践佐证来提升说服力、感染力，增强实践性是提高思政课实效性、亲和力的基本要求。如果高校思政课只注重理论教学而忽视实践教学，这样的思政教育远离社会实际、脱离学生生活，只能是干巴巴的"一言堂"、枯燥无味的灌输和苍白无力的说教，这样的思政课教学谈不上具有吸引力和感染力，更谈不上让学生真心喜爱、终身受益。

2. 坚持思政小课堂与社会大课堂的有机融合

思政课承载的不仅是知识、能力、素质，而且是价值观、政治信仰、

---

[1] 《毛泽东选集》第 1 卷，人民出版社，1991，第 296 页。

[2] 习近平：《思政课是落实立德树人根本任务的关键课程》，人民出版社，2020，第 20 页。

思想道德；浓缩的不仅是马克思主义及其中国化时代化的理论成果，而且是促进大学生身心健康和思想政治素质发展的方法论指导与行动指南。"'大思政课'需要宽阔的实践视野，贯通衔接的大中小学思政课、融汇各专业元素的课程思政，以及学校、家庭、社会等多元实践场域，使'大思政课'具备了'实践的宽度'。"① 健全"校外思政"体系，需要坚持理论与实践相结合，把思政课教科书与新时代中国的伟大实践这本大百科书有机融为一体，把思政小课堂同社会大课堂有机统一起来。一方面，思政小课堂离不开社会大课堂，只有把思政小课堂融入社会大课堂，强化对时代的深切感知和深入回应，思政课才能保持教学内容的时代性、前瞻性和先进性，才能成为常讲常新、常学常新的时代大课；另一方面，思政小课堂不能脱离社会大课堂，只有推进思政课学校教育与社会实践教育的有机统一、良性互动，才能促进学生对所学思政理论的知行合一，才能对思政课形成强烈的参与感、代入感和获得感。②

二 创新实践教学模式

构建"大思政"格局、以校外思政推动全社会抓"践行"，需要高校不断更新教学理念，深化实践教学改革，以"大思政"视野创新思政课实践教学模式。

1. 打造思政课实践教学平台

打造思政课社会实践平台需要在思政课教学过程中"请进来""走出去"，通过"校地共建"推进校内校外资源的有机汇通，校内校外共同协作、有机联动，共建思政课实践教学平台。一是大力推进校地结对共建。高校要充分挖掘和利用社会资源，积极与区域内各类纪念场馆、爱国主义教育基地结对共建，共同研究、开发和共享思政教育资源，开展现场讲解、现场教学活动，努力实现校内外思政教育资源开发、利用效率的最大化。二是大力建设校外实践基地。高校要进一步加强校地、校企、校社合作，积极遴选、建立一批相对稳定、合作紧密的校外实践基地，强化校外

---

① 刘先春等：《"大思政课"要在"大"上做文章》，《中国社会科学报》2022年2月22日。
② 巩克菊：《让"思政小课堂"与"社会大课堂"协同育人》，《光明日报》2022年9月6日。

实践基地规范性管理，充分发挥其在思政课实践教学中的作用，推动思政课实践教学质量的不断提高。

2. 创新思政课实践教学模式

进入新时代，高校思政课面临前所未有的挑战。应对新挑战、增强亲和力，需要高校思政课不断更新教学理念，不断创新实践教学方式方法。一是积极构建体验式实践教学模式。高校要加大对思政课实践教学的投入，充分利用校地共建合作，大力开展社会调查、参观考察、现场教学等体验式社会实践活动，不断提高大学生参与体验式社会实践活动的覆盖面，让大学生接触社会、了解实际，在社会实践大课堂中感受伟大时代的巨大变化，验证思政理论的科学性，提高践行思政理论的自觉性。二是积极构建虚拟式实践教学模式。习近平总书记指出："要运用新媒体新技术使工作活起来，推动思想政治工作传统优势同信息技术高度融合，增强时代感和吸引力。"① 高校思政课要积极适应新媒体、新技术迅猛发展的大势，主动回应新网络技术浪潮的冲击，积极推进思政课实践教学与网络技术的深度融合，构建虚拟式实践体验场馆和教学情境，提高大学生对思政课的学习积极性和思政课的趣味性。三是积极实施研究性实践教学模式。充分发挥各类校外实践基地的作用，积极实施研究生、本科生"1+1"顶岗锻炼实习制度，让他们在真实的岗位锻炼中受教育、长才干、做贡献；借用研究性教学的理念、思路和方法，积极探索实施研究性实践教学，助推思政理论实践的生活化、日常化，促进思政课教学由知识体系转向实践体系，再由实践体系转化为信仰体系。

三 建立健全"校外思政"体系长效保障机制

"校外思政"体系的构建需要学校层面的相应机制作为保障。

1. 保障实践教学时间，提升实践教学覆盖面

应当在教学培养方案中对思政课实践教学的学分、学时等有一个明确具体的规定。理论教学与实践教学是思政课教学必不可少、不可分割的两个环节，两个环节都很重要，都应该给予高度的重视，都应该在各个方面

---

① 《习近平谈治国理政》第 2 卷，外文出版社，2017，第 378 页。

得到保障，而不是重理论轻实践，认为实践环节可有可无、得过且过。对于思政课实践教学的学分、学时安排，既要严格执行党和政府对高校思政课的各项制度性规定，也应当根据高校具体实际、自身特点、具体教学任务的安排等情况来确定。不同学校的学期长短、专业安排都是不同的，在不违反国家标准和规定的前提下，量身打造才是最为合适和最有效的。

2. 保障实践教学资金，加强实践教学实现率

思政课实践教学是一个涉及多个领域的系统工程，一方面需要校地协作、多方合作、齐抓共管、共同发力；另一方面必须要有充足的经费保障。一是用好用足专项经费。中共中央有关文件曾经指出，要对教学经费相关问题有足够的重视，使其能够符合生均投入的相关标准及要求。近几年来，中央和各地方财务部门对思政课建设的投入不断加大，不仅设立了思政课建设专项经费，而且要求不断增加、足额到位。高校要认真贯彻落实上级有关文件精神，规范使用思政课建设专项经费，确保专款专用、真正发挥专项经费对思政课实践教学的支撑保障作用。二是多渠道筹措思政课实践教学经费。高校要积极拓展办学渠道，通过国际合作办学、校地合作办学、各类社会力量赞助办学、杰出校友资助办学等多种途径，多方筹措思政课实践教学经费，确保覆盖全体大学生的各类社会实践活动有足够的资金保障。

3. 打造立体式的思政课实践教学指导教师队伍

用"大思政"的视角审视思政课实践教学，建设一支以思政课教师、思想政治教育工作者为主，专业课教师、地方党政干部、社会企业负责人、有关专家、杰出校友等参与，数量充足、素质优良、专兼结合的高校思政课实践教学指导教师队伍，对于确保思政课实践教学顺利开展，显得尤为重要。一是加强思政课教师与专业课教师的相互协作。高校思政课教师思想政治理论比较扎实、思政教学能力和水平比较精湛、思想政治教育经验比较丰富，在构建"校外思政"体系方面占据一定的优势。广大专业课教师不但教学科研能力水平比较强，而且专业知识比较渊博，社会资源比较丰富，在构建"校外思政"体系方面也是不可忽视的力量。因此，高校应建立健全相关规章制度，积极鼓励更多的专业课教师参与到思政课实践教学过程中。二是加强思政课教师与思想政治教育工作者特别是学生辅导员的协同。高校要构建协同育人体制机制，促进思政课教师与辅导员的协同合作，使两股力量可以在开展思政课实践教学时相互配合，发挥合力作用，实现共同育人。要建立导师制，通过辅导员进入相应学科、思政课教师和辅导员结对、共同承担相关科研项目等多种途径，把两支队伍进行有机整合，避免出现"两张皮"现象。三是积极发挥兼职队伍对思政课实践教学的重要作用。思政课实践教学指导教师队伍建设也不能仅仅依靠思政课教师和辅导员，还可以依靠高校党政管理者、后勤服务人员、离退休老同志以及地方党政、社会企事业单位、科研机构等很多方面的人力资源，打造一支立体式的思政课实践教学指导教师队伍。

第五节　环境思政，全天候渗透"育人"

中国传统文化不仅有"近朱者赤，近墨者黑"的谚语，更有"孟母三迁"的故事，充分说明了环境对人的发展的重要性。一般而言，思想政治教育环境指的是"思想政治教育所面对的环绕在教育对象周围并对其产生影响的客观现实"[1]，也即教育对象所置身的时空境遇与坐标，可以分为有形之境与无形之境、物质之境与精神环境、自然之境与人文之境、宏观之境与微观环境等，也可具体划分政治环境、经济环境、社会环境、学校环境、家庭环境、文化环境、信息环境、网络环境、国际环境等。作为现实的个人，无时无刻不与周边的环境发生着各式各样的联系，自然环境、社会环境等不仅为人类塑造着生存之基，也塑造着不同种类的人类文明与文明性格，中国人之雍和、希腊人之思辨、德意志人之严谨……文化性格之形成更多时候起源于人类不同种族生生不息的自然之境。环境塑造着人、感染着人，其在教育领域历来是一个重要的范畴，得到诸多的关注。对高校思政课感染力提升来说，亦离不开环境的作用，需要造就一个全天候渗透的思政环境，形成全天候渗透"育人"的环境思政。

一　提升教学环境的育人功能

什么是教学环境？"课堂教学环境就是课堂教学过程中的各种教学条

---

[1]　陈秉公：《思想政治教育学原理》，高等教育出版社，2006，第258页。

件的总和，它分为显性环境和隐性环境。教学显性环境即教学硬环境，主要包括外在的教学物理条件（如灯光、音响、条幅、气味、色彩、温度、版画、教室桌椅的空间布置和其他的教学辅助设施等）和信息技术条件（如视频、案例、故事、电子图书、图片等多媒体素材和学科资源）；教学隐性环境又称为教学软环境，主要是指内在的教学心理环境，优质的教学心理环境包括和谐包容、民主平等的人际关系，容错质疑、辨析讨论的课堂热烈氛围，欣赏肯定、调侃纠错的评价方式，积极向上的校风学风以及规范合理的班规班纪等。"[1] 对环境作出独立自主的判断与选择是青年大学生的一个显著特点，他们对环境有着鲜明的内在需求，符合青年大学生环境期待视野的课堂往往更具有感染力。

1. 建设完善教学硬件设施，营造适宜的课堂教学物理环境

高校应加大投入，建设完善教学硬件设施，包括教室、桌椅、多媒体教学器材、教材，借助现代科学技术手段，调控室内空气、温度、光线、声音、颜色、气味等。因为这些物理因素直接作用于课堂教学活动，一方面可以引起师生生理上的变化，促进身体对教学环境的适应；另一方面也可以引起师生心理上的变化，促进心理对教学环境的融入，产生不同的情绪，形成不同的情感，从而对学生的智力发展、学习动机、课堂行为，甚至对整个课堂的心理气氛产生重大影响，继而影响教学感染力。同时，尽可能采用小班制模式上课，从"视觉范围""视距""视角"等几个方面考虑，合理安排课堂座位，构建有利于组织和开展课堂教学的环境氛围，提高学生课堂学习注意力，实现教师与学生及学生之间的无障碍交流，充分发挥教师课堂主导作用，促进教学活动系统、有序进行，继而增强教学感染力。

以大学教室的格局布置为例，不同类型的讲授课程对课桌桌形有着不同的要求，理论讲授课大多数以传统课桌桌形为主，辩论讨论课以圆桌或U形桌为主等。"70后、80后、90后、00后，他们走出去看世界之前，中国已经可以平视这个世界了，也不像我们当年那么'土'了……"[2] 当代

① 曾咏辉、伍晓霞：《守正创新：优化农村思想政治课堂教学环境》，《中学政治教学参考》2020年第12期。

② 《徐文秀：坚定而自信地"平视世界"》，共产党员网，https://www.12371.cn/2021/03/23/ARTI1616490310724346.shtml。

大学生是"平视一代",他们"体验丰富,见多识广,需求和行为表现多样"①,更加注重平等的对话交流与沟通,因此,对他们来说,传统课堂布局已经不能满足他们的求知期待,事实上更多的学生需要的是平等沟通交流的课桌布局,比如说圆桌形。因此,对高校而言,要提升思政课教学感染力,在教学设备上的投入必须走"与时俱进"的道路,但受限于经费,很多高校未能实现移动课桌的普遍覆盖。除此以外,对于教学设备,学生期待的是更智能的数字化设备,习惯于数字化生存的大学生,智能化、智慧化教室对他们的吸引力、感染力更大。

2. 创设愉悦的课堂教学心理气氛,增强感染力

课堂教学心理气氛是师生在课堂上的情绪情感状态,是影响教学感染力的一个重要因素。思政课教师要创设愉悦的课堂教学心理气氛,需要注意以下几点:一是树立以生为本的教学理念,把握好课堂教师主导地位及权威角色,正确处理教学中多与少、静与动、快与慢、紧与松的关系,把控好课堂教学节奏;二是重视情境效应,增加教学情趣,使教学适境、适势、适度,激发学生学习激情,增强教学感染力,提高思政课教学实效性;三是强化课堂教学心理气氛创设的立体化,增强教学感染力。在纵向上,制定整体规划和长远策略,发挥教学目标的导向功能,总体创设个性化风格的课堂心理环境,推动学生向着富有激励性的阶段性目标迈进,推动心理纵深发展;在横向上,面向全体学生,采用多种教学组织形式,实行开放式课堂教学,加强学生之间学习的竞争与合作,拓宽心理空间范围;在立向上,促进学生融入课堂教学情境创设,实现人与人及人与环境之间的和谐,形成团结友爱、互帮互助的心理氛围,不断提高课堂心理环境的教学感染力。

就隐性环境而言,教师是否可以和学生建立起感情的共鸣点、兴趣的共同点、关注的共通点,也对思政课教学感染力产生直接影响。试想,如果教师在课堂中能够准确抓住学生的需求点、兴趣点、关注点,实现师生同频共振、同向同行,如此的课堂感染力不可能不强。思政课教学教室的布景对学生的感染力同样有不可替代的作用,教师如果能够根据教学内容的变化,调整课堂布景,使学生产生新的刺激感,将有利于感染力的提

---

① 《面对"平视一代",思政课怎样用心讲道理》,《光明日报》2022 年 7 月 19 日。

升。例如，有不少思政课教师保留了剪报纸的习惯，将一些记录时代变迁的新闻报道剪贴汇集并带入教室、融入教学，在教室显眼的位置摆放旧报纸，或者传阅剪报合集，对课堂的布局而言就是一种新变化，在一定程度上改变了课堂文化结构，使学生对本堂课的直观感受发生积极变化，从而让课堂生发出更具历史感的感染力。

3. 依托现代科学方法使课堂心理环境系统化，增强教学感染力

思政课教学感染力生成并非单一要素作用结果，而是教学系统内部诸要素合力作用生成。如只有教师的人格魅力性与业务精湛性、教学内容的丰富性与真理性、教学设计的科学性与灵活性、教学载体的多样性与新颖性、教学环境的渲染性与熏陶性等教学系统内部诸要素综合作用，形成强大感染力量，才能凝聚思政课教学系统内部的感染合力。

因此，在调控课堂心理环境中要树立系统观，协调发挥课堂教学系统内部各要素作用，提高教学系统内部各要素的耦合度，确保课堂教学信息传递畅通有效，减少或消除干扰、无用信息，促进课堂心理环境发生共振并产生倍增效应，增强教学感染力，提升思政课亲和力，提高思政课教学实际效果。同时，要协调教学系统与外部环境之间的关系。思想政治教育感染力的生成与作用发挥，不仅会直接受到教学系统内部诸要素的作用，同时也会受到外部环境的重要影响。当外部环境与思政课教学内部系统高度契合时，外部环境就会对思政课教学系统内部的感染力生成起到强化和促进作用，形成强大的内外部正向感染合力；反之，当外部环境与思政课教学内部系统相矛盾和冲突时，外部环境则会消解和侵蚀思政课教学内部系统的感染力量，影响思政课教学感染合力的大小。由此要加强思政课教学感染力，还必须要强调思政课教学系统外部环境建设，形成高校、家庭与社会三位一体的感染合力，这样才能真正增强教学感染力，提升思政课教学亲和力，从而助力于思政课教学目标的实现。

二　增强生活环境的育人元素

生活环境是指与人类社会生活密切相关的自然条件和社会条件的总和，它由自然环境和社会环境中的物质环境和精神环境（习俗、文化、风气等）所组成。生活环境是生存形态的直接呈现，每一个人都有着属于个

人的生活环境。大学生日常吃、穿、住、用、行等"第一生产活动"的主场域是高校校园，在"第一生产活动"基础上形成的是日用而不自觉的生活环境。

1. 建设生活化的思政育人环境

在生活环境对大学生成长成才的影响日益重要的背景下，有不少研究者也提出了"高校思政课生活化"的观点和实践方法，例如：高校思政课程教学生活化是思政教学领域中的一种新型教学模式，其能够充分保障思政教学效率，提升学生思想意识，培养学生的综合素养，提高教学质量。[①]思政课和日常生活密不可分，学生真正学好、用好思政课，可从中获取生活智慧；教师讲好思政课同样离不开生活这一源泉。[②] 这些观点的提出，均表明从生活化的角度来推进思政课改革创新已经成为一种普遍的共识，思政课教学质量离不开生活这块沃土，离不开"烟火人间气"。而生活化的视角里，生活环境的存在又是不可回避的一个重要领域。

2. 强化大学生宿舍的育人成效

对大学校园来说，最主要的两个生活场所由宿舍和食堂构成，能否发挥宿舍和食堂的环境育人功效，对思政课感染力提升影响较大。宿舍承载着大学生日常生活的基本形态，宿舍文化是大学文化的微观缩影，每一个大学都有其独具特色的文化样貌，同一个大学不同的宿舍楼栋、宿舍单元都有不同的文化呈现。高校思政课要善于抓住宿舍文化这种与大学生日常生活最直接相关的微文化载体，把宿舍文化打造成为思政课教学延伸的重要环节，与宿舍管理建立起有机联系。例如，在重要的时间节点，宿舍楼道的宣传栏、板报等能够进行宣传提醒，引起学生的关注，这对课堂教学有着很好的引导帮助作用。"党史上的今天""党史故事"等宣传设计，对"中国近现代史纲要"课有着前瞻性或巩固性效果；而党和国家的奋斗成就，则对概论课有着帮助作用；马恩生平事迹展览等，对原理课有着推动作用；先进人物、典型事迹等宣推，则是道德修养与法治课不可或缺的生动素材。

---

① 安娜：《利用"生活化"策略探索提升高校思政课程教学》，《光明日报》2022 年 5 月 27 日。
② 黄慧微等：《高校思政课生活化话语体系的构建》，《河北科技大学学报》（人文社会科学版）2022 年第 1 期。

3. 发挥学生食堂的育人作用

大学校园食堂也是高校思政课感染力提升不可或缺的场所，利用学生就餐时间进行思政教育宣传，不仅吸引了学生在学习空闲之余的注意力，在有限时间内取得了最好效果，而且可以将高校思政课内容和饮食餐饮文化有机结合，让思政课生活气更浓，也更具有感染力。高校食堂通过配备电视，及时播放时政新闻；定期更新思政教育宣传专栏，及时更换宣传内容；悬挂宣传标语，张贴名人名言、格言警句等，利用鲜活的宣传形式，将学生的碎片化时间充分利用起来，起到巩固性效果，将思政课的感染力弥散在学生日常生活的方方面面，成为一种渗透式的思想引领和成果转化。

三　浓厚自然环境的育人氛围

一般意义上，自然环境是相对社会环境而言的，指的是由水土、地域、气候、设施等自然事物所形成的环境。自然环境对人的生活有重要意义，对大学生成长成才的影响也十分重要。"大学者，非谓有大楼之谓也，有大师之谓也。"大学之大核心在于有大师、有大学问，但亦不可否认校园生态、大楼设施等自然环境的存在和影响。这里的自然环境，更多地指向大学的生态环境、基础设施、有形设施。

随着时代的发展，特别是进入中国式现代化建设的新征程，中国式现代化建设成就越发明显，大学现代化建设也逐渐被高校所认可，大学校园基础设施的建设质量和能力如何，也是高校办学治校的一个重要体现，造就一个现代化的美丽校园是高校的不懈追求。而对于现代化的美丽校园，自然环境是一个重要方面。这种自然环境包括学校的生态与绿化、亭台水榭等设施，这些造就了高校的基本形象。作为以育人为首要职责的高校，其每一个细胞都被要求为育人服务，校园的自然环境建设也不例外。

大学校园自然环境建设如何嵌入思政课教学，对提升思政课感染力也将产生一定影响。例如，中国高校普遍有悬挂横幅的传统，这一传统因其简明快捷、清晰醒目、实用方便等特点，不仅发挥着宣传的作用，更具备对学生的思想引领作用，因此，在中国高校被长期沿用了下来。可以说，悬挂的横幅是高校的文化之一，但横幅其有形的存在使其成为学校自然环境的一个嵌入性部分。对思政课而言，校园横幅和校园标语也是不可缺乏的一个重要教学形式，能够全天候渗透在学生的日常生活中，因而能够提升直观性和感染力。再比如，大学校园的楼名、路名、雕塑等，如果能够根据学校历史特色和思政教学需要进行合理有趣的设计、命名，就会让生活在其中的大学生时刻浸润在环境教育氛围中，起到润物无声的效果。还如，众多高校在校园里建设了湖泊，用于陶冶学生情操，在设计湖泊造型时，亦有众多考量，湖泊本身所设计的育人元素以及承载的校园记忆为移动式思政课提供了鲜活的素材和场所。此外，高校的田径运动场本身是一个非常理想的户外教学场所，思政课教师率领学生在田径场开展户外教学活动不仅能够拓宽教学场域，也能够为思政课教学创造许多不可预见的可能，因此，田径运动场的其他附着建设就显得更加重要了，这就要求高校将体育锻炼之外的育人功能叠加其上，以发挥更多的效能。同时，这也就要求思政课教师积极利用好高校的自然环境之便利，善于打破课堂教学的空间之墙，引导学生到课堂之外的校园其他更大空间开展教学活动，从而在新鲜活泼的基础上增强本体的感染力。

第九章　加强队伍建设，扩大影响力

思政课教学的影响力主要来源于教师。学识渊博、人格高尚、语言亲和、情感投入的教师具有影响力。教师具有影响力，才能以身作则、增强示范性，思政课教学才能具有影响力，而有影响力的思政课才有亲和力。增强新时代高校思政课亲和力必须围绕"真爱"问题，以增强示范性为抓手，通过提高职业影响、提升学识素养、增强人格魅力、优化语言艺术、涵养深厚情怀等途径，加强教师队伍建设，扩大影响力，以思政课教师的以身作则、示范引领影响和带动学生"真心喜爱"思想政治理论。

第一节　夯实根基，提高职业影响

思政课教师的职业影响力是一种权力性影响力，由法律法规、政策制度等赋予思政课教师一定的职务、地位、权力和职能，这些因素的综合作用能够对学生的学习产生一种外在的、带有强制性的影响力量。因此，要提高思政课教师的职业影响，使其积极性、主动性、创造性充分迸发出来。

一　进一步优化教育生态，增强思政课教师职业认同感

思政课教师地位直接关系到教师教学能力的主动提升、教学质量的改

315

善和教师团队的建设。受传统"重智育，轻德育"应试教育观念的影响，在一些地区、一些领域、一些学校，思政课教师的地位和作用有时没有得到足够重视，挫伤了教师主动投身思政课程建设的积极性、主动性、创造性。因此，必须进一步优化教育生态，提高思政课教师地位，增强教师的职业认同感、荣誉感、责任感。

1. 适时修订法律法规，提高思政课教师的职业地位

百年大计，教育为本。有高质量的教师，才会有高质量的教育。《教师法》就是规范教师职业行为、保障教师合法权益的专门法律。我国现行《教师法》是我国教育史上第一部关于教师的法律，1993 年 10 月 31 日由第八届全国人民代表大会常务委员会第四次会议通过，于 1994 年 1 月 1 日起施行。2009 年 8 月 27 日，《全国人民代表大会常务委员会关于修改部分法律的决定》对《教师法》作出细微修正，于 2009 年 8 月 27 日起实施。2021 年 11 月 29 日，教育部官方网站发布《教师法（修订草案）（征求意见稿）》，对现行《教师法》进行了大幅调整、修订和充实。征求意见稿指出，公办教师"是国家公职人员，依据规范公职人员的相关法律规定，享有相应权利，履行相应义务"，这是对教师身份和职业性质的权威界定，对于提高思政课教师地位无疑具有重要意义。

我国《高等教育法》是根据《宪法》和《教育法》制定的关于高等教育的专门法规。现行《高等教育法》于 1998 年 8 月 29 日通过，自 1999 年 1 月 1 日起施行。2015 年 12 月 27 日，根据第十二届全国人民代表大会常务委员会第十八次会议《关于修改〈中华人民共和国高等教育法〉的决定》修正。2018 年 12 月 29 日，于第十三届全国人民代表大会常务委员会第七次会议决定修改。《高等教育法》第五章对高等学校的教师及其他教育工作者任职资格、基本条件、聘任办法以及享有权利、履行义务等进行了明确与规定，但是对于高校教师的地位并没有像《教师法（修订草案）（征求意见稿）》那样作出明确具体的规定。

党中央、国务院历来高度重视教师队伍建设。2018 年 1 月，《中共中央 国务院关于全面深化新时代教师队伍建设改革的意见》明确提出，要根据各级各类教师的不同特点和发展实际，采取有针对性的政策举措，定向发力。2019 年 8 月，中共中央办公厅、国务院办公厅印发《关于深化新时代学校思政课改革创新的若干意见》。2020 年 2 月 26 日，教育部出台《新

时代高等学校思政课教师队伍建设规定》（教育部令第 46 号）。这些法律法规、文件制度为加强高校思政课教师队伍建设提供了坚实的法治保障。

时代在变，高校思政课的教学内容、教学方法等教学要素不断发展变化，对高校思政课教师的要求也越来越高。要充分发挥高校思政课教师的积极性、主动性、创造性，必须适时修订相关法律法规。一是要使《教师法》《高等教育法》以及相关规定、制度与时俱进，与时代要求相适应；二是《教师法》《高等教育法》以及相关规定、制度之间要有机衔接，强化可操作性、针对性；三是要充分吸收新时代高校思政课教师队伍建设的理论研究和实践探索成果，认真总结队伍建设的规律，凝练上升为制度举措。

2. 进一步优化社会环境，增强思政课教师的社会认同

所谓职业认同，是指个体对于所从事职业的目标、社会价值及其他因素的看法，与社会对该职业的评价及期望的一致。[1] 即个人对他人或群体的有关职业方面的看法、认识完全赞同或认可。教师职业认同"是教师作为个人和职业者，对自己所从事的教师工作，受学校内外和教师内外各种因素影响，产生的完全认可的情绪体验或心理感受"[2]。提高高校思政课教师职业认同仅仅依靠高校是不够的，必须全社会共同努力，齐抓共管，为思政课教师营造一个支持其职业威望的社会氛围。[3] 一种职业只有得到全社会充分肯定、被社会大众广泛认同、形成良好的职业舆论与环境氛围，从事这种职业的个体才会在情感上感到无比的荣耀，产生职业归属感和荣誉感。诸多研究还表明，社会认同表现出公众对思政课教师职业的肯定性评价，对职业的肯定性评价越高，思政课教师的社会认同、社会地位越高，反之，则思政课教师的社会认同、社会地位越低。

因此，必须进一步优化社会环境，增强思政课教师的社会认同。一是进一步优化管理政策，真正提高思政课教师的社会地位和声望。各地党和政府、教育管理部门要加强对国家有关法律法规的贯彻执行，结合实际研

---

① 韦耀阳、项娜、王丽：《影响教师职业认同的因素及解决对策》，《教书育人》2011 年第 6 期。

② I. F. Goodson, A. L. Cole, "Teacher's Professional Knowledge: Constructing Identity and Community," *Teacher Education Quarterly*, 1994 (1), pp.185–105.

③ 杜凯：《高校思想政治理论课教师的职业心理问题及其克服》，《思想政治教育研究》2008 年第 4 期。

究制定贯彻落实的具体实施细则（方案），使国家关于教师地位、职责、义务的各项法制规定、制度要求落地见效。二是进一步营造宽松的人文环境，切实为思政课教师松绑解压。一段时期以来，社会期望过高造成思政课教师职业认同的缺失。把思政课作为"灵丹妙药"、把思政课教师当成"万能钥匙"，希望仅仅通过思政课教学就把全体大学生培养成坚定的马克思主义者，这种想法是不切实际的。有研究发现，社会过高的期望增加了思政课教师的精神压力。因此，要科学认识思政课作为立德树人关键课程的重要作用，正确定位思政课教师的重要价值和功能作用，进一步加强社会舆论宣传，切实为思政课教师营造宽松的人文环境，为思政课教师营造良好的公共信任氛围。三是进一步加强社会道德建设，树立良好社会道德风尚。各级党委、政府和社会各界要多形式、多渠道、大范围地进行社会公德教育，大力弘扬中华民族道德精神，创造良好社会风气，净化社会舆论氛围，消除社会环境建设滞后的负面影响，切实改善思政课教师职业认同的社会环境。[①]

3. 进一步明确学科定位，提升思政课教师的职业归属

"归属和爱的需要"是人的重要心理需要，只有满足了这一需要，人们才有可能"自我实现"、全面发展。研究发现，高校思政课教师受各方面因素的影响，找不到学科归属感，缺乏职业认同感，与思政课独立的学科地位没有得到认可密切相关。[②] 高校思政课具有比较高的政治地位，它涉及的学科范围非常广泛，包括心理、社会、道德、法律、政治、经济、教育、哲学与文化等。长期以来，由于种种原因，人们对思政课的学科偏见依然存在。一是学科范畴仍然显得有些狭窄。2005 年马克思主义理论作为一级学科，从原政治学一级学科下设的"马克思主义理论和思想政治教育"二级学科独立出来。马克思主义理论上升为一级学科后，思想政治教育仍然是马克思主义理论的一门二级学科，并且学科理论体系还欠成熟，人们对其学科属性认识不够，对马克思主义理论与思想政治教育学科的学科歧视还在一定范围、一定程度上客观存在。二是学科定位仍需进一步科

---

① 秦元海：《高校思想政治理论课教师职业认同缺失的成因与对策》，《上海海洋大学学报》2012 年第 6 期。

② 王迎：《高校思想政治理论课教师的职业倦怠与解决路径探析》，硕士学位论文，吉林大学，2011。

学明晰。马克思主义理论虽然上升为一级学科，但仍然归属于法学门类，马克思主义理论、思想政治教育专业的毕业生取得的仍然是法学学位。三是存在学科间的歧视现象。一些专业课教师认为，思政课是进行社会主义意识形态教育的主阵地，反映的是国家意志，是政治，而不是科学，不是学术，因而谈不上或者没有必要谈学科地位和学科建设问题。四是学科内的歧视现象也依然存在。党的十八大以来，随着党和政府对思政课前所未有的高度重视，思政课教师的自信心、自豪感得到极大提升。但是，仍然有部分思政课教师怀疑思政课的生命力，认为这门课在很大程度上依赖党和国家的高度重视，思政课的生命力得靠"输液"来维持，思政课本身缺乏科学性，因而没有生命力。①

习近平总书记指出："讲好思政课不仅有'术'，也有'学'，更有'道'。思政课的政治性、思想性、学术性、专业性是紧密联系在一起的，其学术深度广度和学术含金量不亚于任何一门哲学社会科学。"② 因此，必须进一步明确学科定位，提升思政课教师的职业归属。一是进一步加强马克思主义理论学科建设，为思政课教师专业化发展提供学科归属。目前马克思主义理论一级学科下设的 6 个二级学科（马克思主义基本原理、马克思主义中国化研究、思想政治教育研究、中国近现代史基本问题研究、马克思主义发展史、国外马克思主义）中，有 4 个二级学科直接对应本科生的 4 门思政课。国务院学位委员会和教育部等相关部门制定的相关文件，都明确把通过马克思主义理论学科建设为思政课服务定位为"基本任务""主要任务""重要任务""第一位任务""首要任务"。因此，要进一步加强马克思主义理论学科建设，在理念上清晰定位其在马克思主义学科群中的地位及功能，在内容上明确研究的重点，在路径上强化问题意识。③ 二是进一步规范马克思主义理论的学科专业归属。尽快将马克思主义理论及其二级学科从法学学科门类中独立出来，使马克思主义理论及其二级学科的毕业生拥有自身独立的学位类别，从而进一步提升思政课教师的职业归

---

① 秦元海：《高校思想政治理论课教师职业认同缺失的成因与对策》，《上海海洋大学学报》2012 年第 6 期。

② 习近平：《思政课是落实立德树人根本任务的关键课程》，人民出版社，2020，第 25 页。

③ 陈锡喜：《切实发挥马克思主义理论学科对哲学社会科学建设的引领作用》，《中国社会科学报》2022 年 4 月 28 日。

属感、自豪感。三是加强思政课教师专业化发展。所有思政课教师都要按照马克思主义理论的二级学科分类，明确自身的学科归属，进学科进团队；组建思政课教师专业共同体，把思政课看作一个相对独立的研究领域、一个独立的学科，其是与其他学科并列，甚至在地位上高于其他学科的必修课；把思政课的学科建设纳入整体学科建设的总体规划之中，作为优先投入、重点建设的组成部分，促进高校思政课教师的职业归属和认同。

二　进一步完善管理机制，优化思政课教师队伍结构

党的十八大以来，习近平总书记围绕思政课教师队伍建设发表了一系列重要讲话，提出了一系列重要论断，为加强新时代高校思政课教师队伍建设提供了根本遵循；中共中央、教育部就高校思政课教师队伍建设出台颁布了一系列政策文件，对培养高素质思政课教师队伍建设提出了具体措施和明确要求，为加强新时代高校思政课教师队伍建设提供了制度保障。在党和政府的高度重视和关心支持下，新时代高校思政课教师队伍建设迎来发展的春天，取得了较大成效。但是，面对世界百年未有之大变局和中华民族伟大复兴战略全局，高校思政课既有机遇也有挑战，高校思政课教师队伍建设也存在一些需要解决的突出问题，如队伍结构亟待优化、核心素养亟待提高、管理机制亟待完善等。因此，必须进一步完善管理机制，优化思政课教师队伍结构，增强思政课教师职业竞争力。

1. 完善领导体制机制，强化党对思政课全面领导

东西南北中，党是领导一切的。办好思政课，关键在党，关键在学校党组织的高度重视、全面领导。党的十八大以来，习近平总书记对思政课建设高度关切、高度重视、亲自谋划，提出明确要求；党和政府出台了一系列重要文件、重要制度、重要政策，作出了一系列重大部署，学校思政课建设与发展进入新时代。在各级党委的关心支持下，建立了党委统一领导、党政齐抓共管、有关部门各负其责、全社会协同配合的工作格局，全党全社会努力办好思政课、教师认真讲好思政课、学生积极学好思政课的良好氛围越来越浓厚，一些长期困扰思政课建设的难点问题得到解决。

习近平总书记指出："各级党委要把思政课建设摆上重要议程，抓住

制约思政课建设的突出问题，在工作格局、队伍建设、支持保障等方面采取有效措施。"① 党的二十大报告指出："教育、科技、人才是全面建设社会主义现代化国家的基础性、战略性支撑，必须坚持科技是第一生产力、人才是第一资源、创新是第一动力……坚持教育优先发展。"② 高校思政课质量的全面提升，关键在于加强党对高校思政课的全面领导、全面加强教师队伍建设。一是要坚持党对思政课教师队伍建设的全面领导，把好方向之舵。高校各级党组织要加强对思政课建设的全面领导、总体规划、整体谋划，充分发挥学校党委统筹全局、科学规划的核心作用。二是要成立高校思政课建设工作领导小组，建立完善党委统一领导、党政齐抓共管、马克思主义学院具体负责、职能部门各负其责的工作机制，形成责权分明、分工清晰、运转有序、同向同力的良好工作局面。三是要强化对思政课教师队伍建设的政策导向与条件保障，定期研究解决事关思政课建设的关键性问题，搭建有利于思政课教师队伍建设发展的平台空间。

2. 完善进出口管理机制，优化思政课教师数量结构

教师队伍数量足够、结构合理是高校思政课建设的前提，也是增强思政课亲和力的基础和保证。教育部 2020 年出台的《新时代高等学校思政课教师队伍建设规定》指出，高等学校应严格按照师生比不低于 1∶350 的比例核定专职思政课教师岗位。③ 近年来，各地各高校高度重视思政课建设，思政课教师队伍快速发展、规模日益壮大，在一定程度上缓解了高校思政课教师后继无人的结构断层现象。截至 2021 年底，高校思政课专兼职教师超过 12.7 万人，比 2018 年增加 5 万多人，队伍配备总体达到 1∶350 师生比要求。④ 随着高校思政课教师队伍的快速发展，也出现了一些新的问题，需要引起足够的重视。一是部分高校思政课教师数量缺口仍然较大，师生比例结构仍然亟待优化。从全国高校看，思政课教师总数基本达到 1∶350 师生比要求，但从部分高校尤其是边远地区高校、高职院校

① 习近平：《思政课是落实立德树人根本任务的关键课程》，人民出版社，2020，第 24 页。
② 习近平：《高举中国特色社会主义伟大旗帜　为全面建设社会主义现代化国家而团结奋斗——在中国共产党第二十次全国代表大会上的报告》，人民出版社，2022，第 33 页。
③ 《新时代高等学校思想政治理论课教师队伍建设规定》，中华人民共和国教育部网站，http://www.moe.gov.cn/srcsite/A02/s5911/moe_621/202002/t202002 07_418877.html。
④ 《我国高校思政课专兼职教师超 12.7 万人》，新华网，http://www.news.cn/2022-03/17/c_1128479572.htm。

情况看，思政课教师数量仍然不足，离 1∶350 师生比要求仍然有较大差距。二是一些高校"大跃进式"新增思政课教师，不惜降低进人要求和标准，思政课教师年龄结构失衡。一些地方教育管理部门把思政课师生比 1∶350 作为对高校"一刀切"的硬性考核指标，要求高校限期达标；一些高校为了完成 1∶350 的目标，不得不降低进人要求和标准，短期内大量新增思政课年轻教师，有的高校一年新进思政课教师数甚至超过原思政课教师总数的 50%。这一方面说明这些高校思政课教师缺口较大，另一方面降低标准"大跃进式"新增思政课教师，也带来思政课年轻教师偏多、年龄结构失衡、年轻教师后期发展同期竞争压力增大等一系列新的问题。

思政课教师培养和队伍建设是一项长期的系统工程，必须遵循教育工作基本规律和人才培养规律，完善进口管理机制，优化思政课教师数量结构。一是要加强顶层设计，精准做好思政课师资培养规划。2018 年开始，教育部实施"高校思政课教师队伍后备人才培养专项支持计划"，通过扩大招收马克思主义理论博士、硕士，培养高校思政课教师队伍后备人才。通过几年的努力，高校思政课专兼职教师数量得到快速增长。在此背景下，国家教育主管部门、高校要按照 1∶350 师生比，精准做好思政课师资中长期培养规划，根据在校生规模的发展变化，动态调整马克思主义理论博、硕士招生计划。二是要完善进人标准，精准把好思政课教师进口关。严把进口关、从源头上净化教师队伍是配齐建强思政课专职教师队伍的关键。要将思政课"师资创优"放在优先位置，加快落实思政课教师队伍的"配齐"和"配套"基础建设，切实加强新进教师的资格准入审核，对其政治信仰、专业知识、教学方法、道德品质、职业素养等进行全方位考察，明确思政课教师任职条件以及权利义务与职责，真正让有信仰的人讲信仰。三是疏通出口关，探索建立思政课教师退出机制。实施真正意义上的岗位评聘机制，强化对思政课教师的年度考核与聘期考核，建立能者上、庸者下的优胜劣汰机制，对少数科研水平不高、教学成果不好、学生满意度较低的思政课教师，要及时转岗或者调整至其他岗位，从而退出思政课教师队伍，促进思政课教师队伍数量的动态平衡。

3. 完善职称评聘管理机制，优化思政课教师职称结构

教师队伍的学历职称结构与教师的知识储备、业务能力和学术水平密切相关，它是衡量其科研水平和教学能力的核心指标。[①] 当前，高校思政课教师队伍建设呈现以下几个变化。一是年龄、职称结构发生重大变化。近几年来，由于高校思政课教师短期内大量新增，许多刚刚毕业的博士、硕士被补充到高校思政课教师岗位，导致高校思政课教师队伍趋向年轻化和职称结构的变化。截至 2021 年底，高校专职思政课教师年轻化成为队伍发展新态势，49 岁以下教师占 77.7%，具有高级职称的占 35.0%。[②] 二是高校内部教师职称比例失衡。2019 年，学者陈晓云以文科中发展较成熟的经济学作为参照性学科，对比调查了某省 12 所高校中的马克思主义学院和同校经济管理学院的教师职称结构，结果显示：马克思主义学院的教授比例显著低于经济管理学院，但其讲师比例却显著高于经济管理学院。[③] 三是地域间高校思政课教师职称结构失衡。近几年来，高校马克思主义学院不断加大引进人才力度，引进待遇不断加码，"引人大战"愈演愈烈，新的"孔雀东南飞"现象屡见不鲜，西、北、边远地区高校马克思主义学院高层次人才流失现象十分严重，导致地区间高校思政课教师队伍结构失衡。

职称评聘事关教师的切身利益。推进职称制度改革是建设一支高素质、专业化、创新型思政课教师队伍的重要保证。一是要完善评价标准。坚持把师德师风作为第一标准，完善思想政治与师德师风考核办法，实行师德失范、学术不端"一票否决制"；科学设置专业技术职务（职称）岗位，制定符合思政课教师职业特点和岗位要求的专业技术职务（职称）评聘条件与标准。二是创新评价方式。鼓励高校采取个人述职、面试答辩、同行评议、教学展示、业绩展示、学生评教等多种评价方式，引导建立校外同行专家评审制度，提高思政课教师职称评价的科学性、针对性。三是健全评价机制。制定高校思政课教师专业技术职务（职称）管理办法，健全高校思政课教师专业技术职务（职称）评价机制；规范评聘过程，完善评聘环节，强化监督约束；完善信用和惩戒机制，对职称评聘中存在弄虚

① 赵丽、陈剑：《新时代高校思想政治理论课教师队伍建设的问题与对策研究》，《创新》2021 年第 2 期。

② 《我国高校思政课专兼职教师超 12.7 万人》，新华网，http：//www.news.cn/2022-03/17/c_1128479572.htm。

③ 陈晓云：《高校思政课教师发展中的矛盾、困难及其成因——基于高校思政课教师职称晋升的调查与研究》，《江苏高教》2019 年第 9 期。

作假、学术不端等行为的教师，及时进行严肃处理和问责；建立完善评审专家诚信记录、利益冲突回避、履职尽责评价、动态调整、责任追究等制度，严格规范专家评审行为。四是建立地域间人才有序流动机制。国家有关部门要尽快出台高校人才引进指导性意见，规范高校人才引进行为，坚决禁止高校之间人才引进待遇的"比学赶超"，促进高层次人才的有序竞争、合理流动；高校要充分运用职称自主评审机制，根据校本职称评审条件与标准，对引进人才重新进行相应职称评价审核。

三 进一步提高教师待遇，增强思政课教师职业吸引力

既然思政课教师职业无比崇高、地位十分重要、作用不可替代，那么其待遇自然也应该令人羡慕。思政课教师不仅是"太阳底下最光辉的职业"，还要成为最具有吸引力、最令人羡慕的职业。因此，要制定完善相关的政策，切实提高思政课教师的经济收入和各种待遇，切实解决他们工作生活中的后顾之忧，真正增强思政课教师的职业吸引力。

1. 进一步保障并逐步提高思政课教师的薪酬待遇

我国《教师法》明确规定"教师是国家公职人员"。从世界范围看，将教师纳入国家公职人员范畴是国际惯例，公办教师都是国家公职人员或国家公共机构人员，比如日本的教师就属于国家公务员。我国国家公职人员一般包括三类：公务员、公共事业单位人员和国有企业的管理层，我国的公办教师属于第二类"公共事业单位人员"。

薪酬待遇是教师最根本的待遇，是增强思政课教师职业吸引力最重要、最关键的因素。我国公办教师的薪酬收入一般包括档案工资、绩效工资以及各类津补贴等。《教师法》规定，教师平均工资收入水平应当不低于或者高于当地公务员的平均工资收入水平，并逐步提高；绩效工资分配应当坚持多劳多得、优绩优酬，并体现对优秀教师、班主任等特定岗位教师的激励；高校自主确定内部分配办法，健全以增加知识价值为导向、符合高等学校行业特点的工资收入分配制度。因此，保障并逐步提高思政课教师的薪酬待遇，就要在保障档案工资的基础上提高绩效工资。一是保障并逐步提高档案工资。教师的档案工资由国家财政提供，因此全国差不多，没有比较明显的差别。按照共享发展理念，全体人民应当共享改革发

展成果。因此，应当保障并逐步增加国家财政对教育经费的基本投入，确保教师的档案工资随发展而增加。二是保障并提高绩效工资。由于公办教师工资一般与地区财政水平紧密相关，而我国东中西部发展不平衡、地区之间居民收入水平相差较大，所以地区间教师薪酬收入往往也存在较大差异。这种薪酬收入的地区差异主要是绩效工资的差别。在高校内部，教师的绩效工资水平是与学校的总体收入相关的。由于学科、专业的不同，学科、专业间收入水平也存在较大区别。反映到教师的绩效工资上，不同学科、专业的教师绩效工资也存在明显差异。马克思主义理论学科与其他一些社会经济密切关联型学科专业相比，在创收上并没有优势，思政课教师的绩效收入需要学习制定倾斜政策保障和支持。如扬州大学等高校将思政课教师的绩效工资纳入学校机关管理人员范围，由学校承担，并明确不低于全校教师的平均水平，使思政课教师没有创收压力，可以没有后顾之忧地全身心投入思政课教学科研。

2. 进一步加大对思政课教师的激励工作力度

习近平总书记指出："要创新工作机制，加大培养和激励工作力度，落实各项政策保障，提高这个岗位对优秀人才的吸引力，让思政课教师特别是青年教师的创造活力竞相迸发、聪明才智充分涌流。"[①] 出台各种思政课教师奖励政策，进一步加大对思政课教师的激励工作力度，是增强思政课教师职业吸引力的重要抓手。一是因地制宜设立思政课教师岗位津贴。近几年来，不少地区和高校纷纷出台政策制度，因地制宜设立思政课教师岗位津贴实施"思政课教师岗位津贴制度"，激发思政课教师的职业自豪感和工作积极性。如天津市财政 2017 年起每年统筹安排 1.2 亿元，支持天津市高校思想政治教育教学工作，大学辅导员和思政课教师将获岗位绩效奖励，标准为辅导员平均每人 1000 元/月，思政课教师平均每人 2000 元/月[②]；广西设立思政课教师特色岗位奖励绩效，实施"思政课教师岗位津贴制度"先行改革试点项目，推动各高校按照专职思政课教师月均不低于 2000元的标准设立岗位奖励绩效，纳入绩效工资管理，所需经费由学校统筹安

---

① 习近平：《思政课是落实立德树人根本任务的关键课程》，人民出版社，2020，第25页。
② 《天津：加强高校学生思想政治工作 市财政每年统筹安排 1.2 亿元》，封面，https://www.thecover.cn/news/392333。

排，自治区核增相应高校绩效工资总量①。北京、广东、福建等地区也相继出台实施了类似政策制度。二是加大激励力度，在重大项目、重大奖项、重大人才评选中向思政课教师倾斜。例如：在国家社科基金、教育部人文社科研究项目中分别设立思政课研究专项；在国家级、部省级教学、科研成果奖评选中加大力度支持思政课；在"长江学者奖励计划"等高层次人才项目中加大倾斜支持优秀思政课教师的力度。三是大力培养、推荐、表彰思政课教师中的先进典型。教育行政部门要大力选树思政课教师先进典型、模范人物，如组织推选思政课教师先进人物，在各类重大荣誉称号表彰中对思政课教师给予政策倾斜等；高校要在人、财、物等方面大力支持开展一切有利于扩大思政课积极影响的活动，在校园文化建设中营造出有利于思政课教育教学的环境氛围，对立场坚定、学养深厚、联系实际、成果突出的思政课教师优秀代表加大宣传力度，发挥示范引领作用。

3. 进一步完善对思政课教师的评价激励体系

习近平总书记指出："要改革思政课教师评价机制，提高评价中的教学和教学研究占比，克服唯文凭、唯论文、唯帽子等弊端，引导思政课教师把主要精力放在教书育人上。"② 当前，一些学校口头上把思政课捧得很高，但在教育、学术、人才评价机制等实际行动上却落实不到位，教育评价机制亟待改革完善。因此，要进一步健全评价激励体系，激发思政课教师的积极性，特别是激发"教"的积极性。

思政课教学具有自身的特点和特殊性，高校必须建立适合思政课教师特点的考核评价体系。一是独立设置高校思政课教师评价标准。根据高校思政课的特点，对思政课教师的绩效评价应有别于其他专业的教师，要进行独立的评价。如将思政课教师职称评审序列独立出来，根据思政课的特征和思政课教师特点，制定适合的评价标准和评审程序，实行标准单列、指标单列、评审独立。二是不断创新思政课教师评价机制。在思政课教师评价指标体系的构建中要克服"五唯"弊端，更加注重增加教学权重和对教学质量的评价，引导思政课教师热爱教学、研究教学、创新教学，解放和发展思政课教师"教"的能力，提升思政课教师教学的获得感。三是建

---

① 《广西着力办好新时代高校思想政治理论课》，中国政府网，http：//www.gov.cn。
② 习近平：《思政课是落实立德树人根本任务的关键课程》，人民出版社，2020，第26页。

立科学的考核激励机制。在评价方法上，要兼顾定性评价和定量评价，量化要具体，定性要准确；在评价目的上，要兼顾奖惩性和发展性，引导教师更关注自身发展；在评价原则上，要兼顾规范化和灵活性，如对于新进教师、中青年骨干教师、老年教师等不同发展阶段的思政课教师，评价侧重点应该有所不同；在评价结果上，要兼顾物质激励和精神激励，实行教师岗位激励制度，提高工作满意度和职业认同感。

第二节　立体培养，提升学识素养

习近平总书记多次强调，思政课要"坚持政治性和学理性相统一……以透彻的学理分析回应学生，以彻底的思想理论说服学生，用真理的强大力量引导学生"[1]。"讲思想政治理论课，要让信仰坚定、学识渊博、理论功底深厚的教师来讲，让学生真心喜爱、终身受益。"[2] 这就要求新时代思政课教师必须努力提高授课的学术含量和学术水平，坚持用学术讲政治，做到"知识深、理论强、思维新、视野广、教法好、学术强"[3]。当前，由于高校思政课教师数量增加较快、青年教师比例较大，部分思政课青年教师存在理论素养、学术研究、教学反思不足等问题，致使学生在思政课堂上注意力不集中、缺乏学习热情，达不到预期的教学效果。[4] 因此，扩大思政课影响力，需要教师具有深厚的理论功底、渊博的学术水平和精湛的教学能力，必须坚持立体培养，全面提升思政课教师的学识素养。

一　完善建设机制，全面增强高校思政课教师政治素养

思政课是立德树人的关键课程，首先要解决的是学生的理想信念问题。思政课的特性决定了教师要具备较高的政治素养。

---

① 习近平：《思政课是落实立德树人根本任务的关键课程》，人民出版社，2020，第17页。
② 习近平：《思政课是落实立德树人根本任务的关键课程》，人民出版社，2020，第12页。
③ 李中国：《新时代高校思政课教师队伍建设的使命与机制创新》，《临沂大学学报》2020年第3期。
④ 陈春宏、王军、胡燕萍：《新时代加强高校思政课教师队伍建设的若干思考》，《攀枝花学院学报》2021年第6期。

1. 严格引进要求，从源头上确保根正苗红

思政课教师的首要标准是"政治要强"。思政课教师只有自己信仰坚定，对所讲内容高度认同，做学习和实践马克思主义的典范，才能讲得有底气，才能讲深讲透，从而有效引导学生真学、真懂、真信、真用。建设一支"政治强"的高校思政课教师队伍，让有信仰的人讲信仰，最关键的环节是严格进人标准、严守引进关口。一是严格进人标准。按照政治要强、情怀要深、思维要新、视野要广、自律要严、人格要正的总体要求，具体细化思政课教师选聘标准和要求，如明确将"中共党员或中共预备党员"作为应聘思政课教师的基本条件；结合高校学科专业实际，重点关注应聘者的专业契合度；明确应聘者学术研究能力和教学能力的具体要求等。二是严守引进关口。对照引进要求，严格把好选聘进口关，既要认真审核应聘材料，更要通过面试、试讲、心理测试、交流谈心等途径考察应聘者的综合素质，确保思政课教师的质量。三是增加对应聘人员既往日常表现的调查。对于经过初步考核的拟聘人员，要增加外调考察环节，派出专人前往培养单位，全面考察应聘者的既往日常表现，防止考察失误。四是严格试用期考核。实行新聘思政课教师试用期考核制度，注重在教学实践过程中进行动态化监督考察，试用期考核合格的人员才能正式进入思政课教师编制，而试用期考核不合格或经考核不适宜做思政课教师的人员，应及时进行调整或解聘。

2. 强化日常教育，实现从"经师"到"人师"的蜕变

"经师易求，人师难得。"习近平总书记指出："教师承载着传播知识、传播思想、传播真理，塑造灵魂、塑造生命、塑造新人的时代重任。思政课教师，要给学生心灵埋下真善美的种子，引导学生扣好人生第一粒扣子。"① 这就要求思政课教师不能只做传授书本知识的教书匠，还要成为塑造学生品格、品行、品味的"大先生"，实现从"经师"到"人师"的蜕变。思政课教师是释疑解惑的，如果教师自己都疑惑重重，讲出来的东西肯定底气不足，更不可能富有感染力。因此，必须把增强理论素养作为提升思政课教师职业素养的首要任务，强化日常学习教育，引导思政课教师从政治上看问题，自觉用习近平新时代中国特色社会主义思想武装头脑，

---

① 习近平：《思政课是落实立德树人根本任务的关键课程》，人民出版社，2020，第12页。

切实提高政治意识，坚定理想信念，强化政治底色，提高认知水平，自觉运用马克思主义立场、观点和方法来分析解决现实问题。一是坚持日常政治学习制度。建立完善思政课教师日常学习教育制度，规定固定的学习教育日期（如每周三下午，不安排教学任务），按年度或学期制定学习教育计划，提出学习教育内容，明确学习教育具体要求；每周的学习教育活动要有计划、有布置、有组织、有记录、有检查，从而真正达到学习教育效果。二是坚持专题学习培训制度。根据形势与任务，针对不同思政课程的任课教师，每年或每学期制定专题学习培训计划，针对学习培训主题邀请校内外专家学者做讲座或报告，学习培训结束后要提交学习培训体会。三是坚持网络学习教育制度。充分挖掘网络学习教育资源，每年或每学期制定思政课教师网络专题学习教育计划，给出网络学习教育内容，明确网络学习教育具体要求，年终或期末组织学习教育情况检查。四是坚持实践考察研修制度。高校要按在校生总数每生每年不低于40元的标准设立思政课建设专项经费，专款专用于教师学术交流、实践研修等；高校马克思主义学院要充分发挥思政课建设专项经费的作用，确保专款专用，利用假期组织思政课教师开展各种形式的社会实践研修，撰写社会实践研修体会，达到接触实际、了解社会、接受教育、增长才干、作出贡献的目的。

3. 优化资源配置，汇聚思政课讲坛磅礴力量

充分利用校内外优质教育教学资源，加强高校思政课兼职教师队伍建设，优化资源配置、汇聚思政课讲坛磅礴力量，可以让思政课堂更加鲜活，有利于提高学生学习兴趣、开阔学生视野、拓展思想内涵，增强思政课的亲和力、吸引力、感染力。高校应多渠道拓展选人用人视野，筑巢引凤，广纳四方贤才，聚集优秀人才，积极拓展思政课教师队伍。一是建立思政课教师挂职兼职制度。一方面，高校可以定期选派优秀骨干思政课教师到党政机关、社区企业进行挂职兼职锻炼；另一方面，坚持全员育人理念，推动地方党政机关、科研院所、党校等方面专家到高校马克思主义学院挂职兼职。二是广纳贤才充实思政课教师队伍。在广泛开展课程思政的基础上，高校可尝试在其他学科选育优秀教师，从中遴选有志于从事思政课教学的合适人员，经必要的专题培训后加入思政课教师队伍。三是推动普遍建立思政课特聘教授制度。加强与校内外专家的互聘互动，积极选聘

校外高水平专家担任思政课特聘教授，建立多层次、多结构、多数量、高质量的专兼职思政课教师队伍，形成各方贤才同上思政课、共育时代新人的生动局面。

二　完善培养体系，全面提升高校思政课教师专业素养

习近平总书记指出："过去讲，要给学生一碗水，教师要有一桶水，现在看，这个要求已经不够了，应该是要有一潭水。"[①] 也就是说，在今天的人工智能时代，教师的理论知识掌握与储备必须要大大超过教给学生的范围，不仅要有能够胜任教学的专业知识，还要有广博的通用知识及宽阔的学识视野。因此，必须完善培养体系，全面提升高校思政课教师专业素养。

1. 构建符合高校思政课教师发展的学科平台

思政课教学涉及学科比较宽泛，既包括马克思主义理论、马克思主义哲学、政治经济学、科学社会主义、教育学、心理学、社会学、历史学、法学等人文社会科学，也包括一些自然科学相关基础理论知识；涉及领域非常广泛，既包括经济、政治、文化、社会、生态文明和党的建设，也包括改革发展稳定、内政外交国防、治党治国治军；涉及知识体系非常丰富，既包括党史、国史、改革开放史、社会主义发展史，也包括世界史、国际共运史；涉及世情、国情、党情、民情；等等。这样的特殊性对高校思政课教师的综合素质提出了很高要求。在知识结构方面，高校思政课教师一方面要能够熟悉、通晓自然科学、社会科学的基础知识，不断丰富自己的生活经验，具备所教学科和相关学科的基础知识和基本技能。另一方面要掌握相关的心理学、教育学知识，了解大学生心理发展基本规律、个性特征。因此，高校要根据自身学科实际，有效整合校内外学科资源，构建符合高校思政课教师发展的学科平台。一是切实加强马克思主义理论学科建设。马克思主义理论是高校思政课教师最主要的学科归属，高校要把马克思主义理论作为重点建设学科，设立特

---

① 习近平：《做党和人民满意的好老师：同北京师范大学师生代表座谈时的讲话》，人民出版社，2014，第9页。

区政策，给予特殊支持，持之以恒、扶优建强。二是切实加强马克思主义理论相关学科建设。马克思主义哲学、政治经济学、教育学、心理学、社会学、历史学、法学等人文社会科学是与马克思主义理论学科关联十分密切的学科，高校要围绕国家和区域经济社会发展需求，根据自身学科发展实际，加强人文社会科学学科建设顶层设计，优化调整学科布局，因地制宜、创造条件、积极支持这些学科的建设发展。三是切实强化学科交叉融合，培育新的学科生长点。高校要更换新理念、运用新思维、创造新方法，持续深化改革，打破学科之间的行政壁垒和学术壁垒，推动学科交叉融合，搭建学科交叉公共平台，加快发展新兴交叉学科研究方向，培育孵化新兴交叉学科，促进人文社会科学与自然科学的交叉、渗透、融合，支持"马克思主义理论+X"多学科交叉研究，孵化新的学科生长点，强化学科特色与优势，提升学科核心竞争力，推动马克思主义理论及其相关学科高质量发展。

2. 打造适应高校思政课教师发展的引培工程

进一步完善适应高校思政课教师发展的培养体系，是全面提升高校思政课教师专业素养的重要抓手。高校应不断健全教师发展制度，完善教师发展体系，实施英才选育工程，加大人才精准引培力度，突出靶向需求，不断完善"按需引才、对标择才、持续育才"的人才工作体系。一是实施高端人才引进工程，推动持续发展。围绕马克思主义理论学科发展方向，坚持刚性引进与柔性引进并重，采取长期聘用与短期聘用相结合，从国内外知名高校、科研机构柔性引进一批学校马克思主义理论学科发展急需的知名学者，重点引进一批建设一流学科急需的优秀青年学术骨干。二是实施领军人才培育工程，集聚学术大师。围绕学校战略需求，打造具有重要影响的马克思主义理论学术大师。包括持续优化"高端人才支持计划""青蓝工程"，启动实施"人才特区"，大力支持高端人才冲击国家和省重大人才项目，加速造就一批学术影响力强的领军人才；积极推荐国家社科基金项目评审专家，支持科研领军人才担任国际、国家级学会的主任委员、理事长、秘书长和重要学术期刊编委，提升思政课教师的学术影响力。三是实施优秀"青椒"攀登工程，锻造青年英才。围绕青年教师教育教学、科研创新与社会服务能力和师德素养提升，优化青年教师系统培养机制，完善青年教师职业导师制度，加大"青年拔尖人才支持计划""优秀青年骨干教师培育计划"支持力度，畅通特殊人才职业发展通道，培养具有国际竞争力的拔尖人才。四是实施创新团队集聚工程，提升协同作战技能。强化"学术大师+创新团队"的人才引进与建设模式，打造具有明显竞争力的顶尖团队；围绕领军人才配备学术平台和学术助手，形成以领军人才为主导，相关人才为补充和配套的人才集群，培育具有学科特色的创新团队；围绕"马克思主义理论+X"交叉学科集群建设，培育一批交叉研究与协同创新团队。

3. 打造促进高校思政课教师发展的保障机制

持续深化人才人事制度改革，打造促进高校思政课教师发展的保障机制，为思政课教师营造可持续发展的制度平台和良好环境。一是加大博士后队伍建设，强化思政课后备教师队伍储备。充分发挥马克思主义理论博士后科研流动站的功能与作用，提高全职博士后、师资博士后在站规模与比例，建立选拔优秀博士后出站后进入思政课专任教师队伍的工作机制。二是深化思政课专任教师职称改革，完善用人机制。针对专职思政课教师队伍设立教学为主型、教学科研并重型专业技术岗位，单设岗位、单定标准、单列计划、单独评审；建立健全思政课教师岗位聘用条件，明确目标任务、考核要求，形成职责清晰、分工明确、积极向上的思政课教师队伍结构。三是推进多元化岗位聘任改革，激发积极性、主动性、创造性。实施全员岗位聘期目标考核机制，实施新进教师预聘和长聘制度，推进教师双聘制度，严格合同聘期任务达成度考核管理，刚性执行高聘、低聘、转岗、退出等约束流动机制；建立学术荣誉体系，探索设立资深教授和荣誉资深教授。四是推进业绩绩效收入分配制度改革。优化奖励性绩效工资分配办法，制定各层次奖励性绩效业绩考核标准；推进人才引、培、聘、考等体制机制和绩效薪酬分配联动机制改革，根据完成度发放奖励性绩效，完善"高产出、高贡献、高收入"优绩优酬分配模式；实施年终奖励性绩效与学院年度业绩考核结果直接挂钩，根据年度业绩考核排名（等次）上浮或下调奖励性绩效发放总量的比例；制定团队业绩考核标准，探索"团队薪酬制"，完善多元化薪酬体系，构建立体多元、灵活多样的收入分配政策，逐步形成绩效工资总量与学校事业发展水平相适应的动态调整机制。

三　完善培训体系，全面提升高校思政课教师综合素养

开展立体、系统的学习培训，是思政课教师厚植理论基础、锻造专业素养、提升教学技能的重要途径。可以通过构建完善国家、省市、高校和马克思主义学院"四位一体"的培训体系，形成层次分明、重点突出、形式多样的思政课教师培育机制，全面提升高校思政课教师综合素养。

1. 专题理论轮训计划

紧密围绕习近平新时代中国特色社会主义思想的重大意义、科学体系、精神实质、实践要求以及马克思主义基本原理，通过集中培训与经常性教育、国家级示范培训与省校专题培训、面对面培训与网络培训、理论学习与实践锻炼等多种方式，推动思政课教师强化马克思主义理论基本功，对习近平新时代中国特色社会主义思想切实做到真学、真懂、真信、真用。一是开展各级各类"理论大讲堂"，组织马克思主义理论专题培训。国家、省市、高校和马克思主义学院要充分发挥各自资源优势，形成四级培训网络，面向全体思政课教师开展马克思主义经典著作导读、马克思主义理论研学等专题理论培训，切实提高思政课教师理论素养。二是组织开展学习贯彻习近平新时代中国特色社会主义思想专题培训。按照更好学懂弄通做实的要求，面向不同层次思政课骨干教师，分门别类开展专题培训；各级教育工作部门要根据本地思政课教师队伍建设实际制定培训计划，每年举办专题培训；各高校要制定专题培训计划，面向全体思政课教师组织开展形式多样、内容丰富、日常性全覆盖的专题培训。三是开展"习近平新时代中国特色社会主义思想的生动实践"专题实践研修。充分利用"教育部高校思政课教师研修基地"、省级高校思政课教师研修基地以及各高校思政课教师研学基地，组织思政课骨干教师开展以"习近平新时代中国特色社会主义思想的生动实践"为主题的专题研修和实践研学，实现专题研修和实践研学的全覆盖。

2. 素质提升培训计划

围绕思政课教师理论素养、专业素养、教学素养的学习提升，实施素质提升培训计划，通过国家、省市、高校和马克思主义学院多个层次、多种形式的学习培训，全面提升高校思政课教师的综合素质。一是思政课教

师队伍后备人才培养专项支持计划。依托拥有马克思主义理论一级学科博士学位授权点的高校，实施马克思主义理论学科博士、硕士层次人才培养专项支持计划，扩大马克思主义理论学科研究生培养规模，推动马克思主义理论本、硕、博一体化人才培养；依托"全国高校思政课教师网络集体备课平台"，组织专项支持计划实施高校马克思主义理论学科博士研究生参加马克思主义经典著作导读、习近平新时代中国特色社会主义思想研究两门必修课集中统一学习。二是骨干教师系列研修项目。精心选派符合条件、能发挥示范带动作用的骨干教师参加教育部举办的高校思政课骨干教师研修班，引导参训教师切实发挥传帮带作用，在教研室、课程组等举办"三集三提"活动，即集中研讨提问题、集中备课提质量、集中培训提素质，不断扩大国家级示范培训的影响面；每年遴选若干名高校思政课拔尖教师，以公派访问学者身份赴国内外著名高校进行6～12个月的访学研修，拓展思政课教师的学术视野；依托"全国高校思政课教师网络集体备课平台"等网络平台，覆盖全国高校思政课专兼职教师，及时开展网络直播培训，不断开发在线学习频道，供思政课教师自主选学、精细备课。三是思政课教师在职攻读博士项目。实施高校思政课教师博士化工程，制定优惠政策，鼓励没有博士学位的高校思政课教师在职攻读马克思主义理论及其相近学科博士学位，不断提高思政课教师博士化比例。四是思政课教师省校协作培训项目。充分利用教育部高校思政课教师理论研修、教学研修、实践研修基地，充分发挥学科优势、平台优势、队伍优势，建立省际协作机制，由各省级教育工作部门集中选派思政课教师到基地进行专题培训，创新示范培训方式，扩大研修基地培训工作覆盖面。五是思政课教师校际协作项目。鼓励各高校建立校际协作机制，通过对口支援、挂职、支教、进修等方式，共同开展教学研讨、共同组织课题研究、共同进行人才培养，推动思政课教师队伍均衡发展。六是思政课教师教学技能培训计划。多渠道、多层次、多形式开展思政课教师各项教学技能培训实训，包括新媒体手段的运用、教学方法的创新、课堂教学技巧的把握等，夯实思政课教师的教学基本功，引导思政课教师的"道"和"术"同步提升，实现存"道"与精"业"的统一。

3. 教研项目资助计划

承担各级各类教学科研项目、开展教研项目研究，是思政课教师提升综合素质、提高教学效果的必要途径。一是实施思政课教师科研攀升计划。立足"两个大局"，紧贴时代主题，瞄准学科前沿，以高级别项目为引领，以高水平成果为导向，以科研管理体制机制创新为关键，以推进研究范式革新为突破，以科研团队、基地平台建设为支撑，以重大项目、精品成果、省部级奖项培育为抓手，努力激发高校思政课教师科研内驱力，进一步提高思政课教师的科研参与率和人均贡献率，激励思政课教师积极申报并承担国家、部省级科研项目，产出一流成果、做出一流贡献、助推思政课建设。二是思政课教师校级教研项目资助计划。设立思政课教师校级教研项目基金，面向全体思政课教师设立思政课教学科研团队培育建设项目、"思政课教师名师工作室"支持项目、优秀中青年思政课教师培养项目、思政课教学方法改革创新项目、思政课教学研究项目、思政课专项基金项目等，针对思政课教学中的重点、难点、热点问题开展研究，加强优质教学资源建设。三是思政课科教融合计划。深入推进思政课"科教融合"，深化教学评价体系改革，推进思政课教师科研项目研究与高质量人才培养紧密结合、深度融合，将中国特色社会主义的最新理论成果和实践经验引入课堂、写进教材，转化为优质教学资源；把高校深厚的人文社会科学优质资源转化为育人资源和优势，推进科研成果转化为思政课教学话语体系，渗透到课堂教学和育人环节；把各级各类思政课教研基地平台转化为教学创新平台，使师生形成学术共同体进行互动式学术探究，促进教学相长；把学生参与科研作为人才培养的一种有效形式，制定本科生参与科研制度，倡导开展书院制培养，真正实现研究性教学、探索式学习；完善国家、省、校、院四级创新创业训练计划项目体系，推动学生科研训练与教师科研相结合。

第三节 涵育修养，增强人格魅力

俄国教育家乌申斯基曾说："在教育工作中，一切都应以教师的人格作为依据。"[①] 长期以来，有许多美好的语言被用来比喻教师，如"人类灵

---

① 转引自默梵主编《教师的课堂管理艺术》，万卷出版公司，2014，第61页。

魂的工程师""指路的明灯""春蚕到死丝方尽，蜡炬成灰泪始干"。教师的教育活动就是在与一个个鲜活的灵魂对话，"用人格影响人格，用情感唤醒情感"，以春雨润物般的言传身教，潜移默化地感染学生，正如习近平总书记所指出，"老师的人格力量和人格魅力是成功教育的重要条件"①。高校思政课的效果如何与教师的人格魅力息息相关。因此，扩大高校思政课教师影响力，必须通过多种途径涵育高校思政课教师人格修养，切实增强其人格魅力。

一 高校思政课教师人格魅力的概念

何谓"人格"？《现代汉语词典》从人的道德品质、人作为权利与义务主体的资格以及个人性格、气质、能力等特征的总和三个层面对"人格"作了详细解释。

在当今社会中，人格作为一个抽象的概念，广泛应用于政治学、社会学、人类学、教育学、心理学、哲学、法学等诸多学科。由于不同学科性质的差异，人格被赋予的内涵也是千差万别。就思想政治教育学中的人格来讲，它是个体特性的特殊表现，是个体行径的全部品性，是个体遗传和环境决定的行径范式。由此可见，人格魅力作为个体无形的特殊力量，在性格、能力、气质、品质等方面发挥着吸引人、感染人的特殊功效。于是，教师的专属性格、教学能力、谈吐气质以及道德品质等对学生产生的吸引力和感召力，就形成了教师的人格魅力。② 思政课教师的人格魅力主要是指教师在先天气质类型的基础上经过后天的锻炼和积累形成的，在能力、气质、道德、态度或习惯等各方面表现出来的能够吸引人的力量。这种力量能够使其在教学环境中受到广大师生的认可、尊重和接纳。③ 因此，高校思政课教师的人格魅力是在高校教师人格基础上的进一步升华，是高校思政课教师在理想信念、世界观、人生观、价值观等方面所呈现的一种

---

① 习近平：《做党和人民满意的好老师：同北京师范大学师生代表座谈时的讲话》，人民出版社，2014，第6页。
② 孙少帅、张洁：《高校思想政治理论课教师人格魅力研究》，《兵团教育学院学报》2020年第3期。
③ 王中迪、张兴波、牛余凤：《高校思想政治理论课教师的人格魅力及其塑造》，《山东教育（高教）》2020年第9期。

吸引人、影响人的力量。

二　高校思政课教师人格魅力的内涵

具体来说，高校思政课教师人格魅力包括坚定正确的理想信念、高尚唯美的品德修养、与时俱进的科学思维、乐观豁达的性格特质、内外兼修的仪表形象等。

1. 坚定正确的理想信念

坚定正确的理想信念是新时代高校思政课教师人格魅力的首要方面。"思政课教师作为人类灵魂的工程师，不仅是学生增长知识的导师，是人类思想文化的传播者和合格人才的培养者；更是道德的引导者、思想的启迪者、心灵世界的开拓者、理想信念的塑造者。"① 政治引导是思政课的基本功能，传导主流意识形态是思政课主要任务，塑造学生的价值观是思政课的重中之重，政治性和价值导向性是思政课最鲜明的特点。让讲政治的讲政治、有理想的人讲理想、有信仰的人讲信仰，这是对思政课教师最根本的原则性要求，也是其人格魅力的闪光点。

高校思政课教师具有坚定正确的理想信念，就是要坚定对马克思主义的信仰、坚定对共产主义和社会主义的信念，带头真学、真信、真懂、真用马克思主义，通过一言一行、一举一动展现马克思主义者所坚守的价值理念。同时，要始终保持高度的政治敏锐，提高政治警觉，善于透过现象看本质，精准识别对错真伪、是非曲直、善恶美丑，能够充分利用思政课堂，讲好"中国故事"、传播"中国声音"、弘扬"中国精神"，引导青年学生不断坚定"四个自信"，不断增强做中国人的志气、底气和骨气。

2. 高尚唯美的品德修养

道德品质是一定社会的道德原则和道德规范在个人思想行为中的体现，是人格魅力的基础，具有典型的示范性和感染性。中华民族自古以来就是一个崇尚道德的民族，所谓"礼义廉耻，国之四维。四维不张，国乃灭亡"（《管子·牧民》）；孔子曾说"其身正，不令而行；其身不正，虽令不从"（《论语·子路》）；著名教育家陶行知先生也曾说过

---

① 袁继道：《论思想政治理论课教师的人格魅力》，《世纪桥》2013 年第 14 期。

"学高为师，身正为范"。思政课是立德树人的关键课程，立德树人更是高校思政课教师的重要使命。习近平总书记指出："要把立德树人的成效作为检验学校一切工作的根本标准……做到明大德、守公德、严私德。"① 要为大学生"立德"，首先高校思政课教师自身应该具备高尚唯美的品德修养。

高校思政课教师具有高尚唯美的品德修养，就是要自觉修身育德，追求高尚情操、提升道德境界，成为道德上"知行合一"的正人君子；就是要爱国守法、遵章守纪，爱岗敬业、甘为人梯，爱生如子、教书育人，志存高远、修身养性，诚实守信、坦诚为人，严谨求实、终身学习，知荣明耻、严于律己，为人师表、以身作则，在各个方面率先垂范，做学生的榜样。高校思政课教师不仅要在教书育人上具有良好的职业道德，还要在社会和家庭中展现良好的思想品德，自觉做到在工作上严格遵守职业道德规范，正己育人；在社会上严格遵守社会公德，弘扬正气；在家庭中积极弘扬家庭美德，营造进取向上的家庭环境，以自身的实际行动塑造美好人格、赢得学生信赖。

3. 与时俱进的科学思维

习近平总书记强调思政课教师要率先做到"六个要"，为新时代思政课教师教育教学改革提供了重要的方法论指导，其中的"思维要新"是习近平总书记对新时代思政课教师的殷切期许。思政课的本质是讲道理，科学的思维方法是提升思政课实效性的一把钥匙。思政课教师只有具有与时俱进的科学思维，才能把道理讲深、讲透、讲活。②

高校思政课教师具有与时俱进的科学思维，就是要善用辩证思维、历史思维、创新思维等科学思维方法。第一，善用辩证思维把道理讲深。辩证思维的实质和核心是运用矛盾分析法抓住事物的根本，具有穿透现象直达本质的解释力。辩证思维是马克思主义方法论的精髓，也是思政课教师讲"深"道理的重要法宝。思政课教师要善于运用辩证思维讲深社会运行发展的哲理，讲深中国共产党治国理政的政理，引导学生树立家国情怀的情理。第二，善用历史思维把道理讲透。历史思维，就是运用历史唯物主

---

① 习近平：《在北京大学师生座谈会上的讲话》，人民出版社，2018，第 7 页。
② 赵志勇：《思政课要善用科学思维方法讲道理》，《人民日报》2022 年 5 月 23 日。

义，把现实问题、社会事件放在历史长河中去分析评判，总结历史规律、展望未来、把握历史前进大势的思维方法。历史思维具有穿越时空直达现实的解释力，善用历史思维可以把道理讲透。思政课教师要善于运用历史思维讲透"中国共产党为什么能"的道理、讲透"社会主义为什么好"的道理、讲透"马克思主义为什么行"的道理。第三，善用创新思维把道理讲活。创新思维是与时俱进、因时制宜、知难而进、开拓创新的科学思维方法，具有突破常规思维解决问题的创造力。创新思维的起点是问题意识，根本目标是对传统知识进行"活学活用"，提升学生发现问题、分析问题、解决问题的能力。思政课教师要善于运用创新思维讲新、讲活、讲深、讲透思政课。

4. 乐观豁达的性格特质

乐观豁达是一种正确的性格态度，是与人友好相处的态度，是积极观察事物的表现，是正面判断决策的倾向，是快乐看待生活的方式；乐观豁达是一种积极的天赋能力，让人内心深处对生活充满美好，对工作充满乐趣，无论遇到什么挫折，都不会灰心泄气；乐观豁达是一种向上的动机能量，是一种由内而外的豁达、积极和阳光，是一种知足常乐的不争、幸福和快乐，是一种无求于外的满足、修养和智慧。一个乐观豁达的人，随时随地影响着周围的群体，宣扬着正能量，引导人们走向真善美。思政课教师只有追求积极向上的人生、拥有乐观豁达的心态，才能在思政课上"用真理的力量感召人，用人格的力量感染人，用真挚的情感打动人，用生动的形式吸引人"①。

高校思政课教师具有乐观豁达的性格特质，就是要具有强烈的责任心，对马克思主义理论教育充满责任意识，具有强烈的历史使命感和时代紧迫感，不仅把思政课教学当作一种职业或一种工作任务，更作为一种崇高使命和责任，以高度的敬业精神铸魂育人、立德树人；就是要具有高远的志向，具有正确的世界观、人生观、价值观，树立共产主义的远大理想，在大是大非面前头脑清醒、立场坚定；就是要具有奉献和牺牲精神，遇事豁达大度、不斤斤计较，待人真诚宽容、不苛求呵斥，对团队乐于奉献、不追名逐利，对他人理解包容、不计较枝小末节；就是要自律、自

---

① 王向明：《思政课教师"人格要正"如何体现》，《光明日报》2019年4月9日。

信、谦虚、踏实，具有自我约束、自我控制的意识和能力，坚持从小事小节上加强修养，从一点一滴中完善自己，慎独自律，严以修身，正心明道，具有蓬勃的自信心，对自身充满自信，坚信"天生我材必有用""自信人生二百年，会当水击三千里"，为人谦虚诚实，具有宏大的气量，做到虚怀若谷，不骄不躁，不自以为是，始终保持一颗平常心去对待任何事，脚踏实地工作、学习、生活。

5. 内外兼修的仪表形象

仪表形象是一个人的精神面貌和内在气质的外在体现，既是一个人的"门面""招牌"，也是一个人的内心素质、内在修养的外在显露。仪表形象美是一个综合概念，既指人外在的自然美、修饰美，也指人的内在美。一个人的自然美固然需要，修饰也必须得体大方，但仪表形象美更多的是指内在美和心灵美的外在体现，只有培养出高雅的气质和美好的心灵，使自身秀外慧中、表里如一、言行一致，才是真正的仪表形象美。亲其师，才能信其道。受教育者不仅听你怎么讲，更重要的是看你怎么做。思政课教师作为立德树人、铸魂育人的关键，自身的举止言谈对学生具有潜移默化的导向作用，必须要有表里如一的境界、言行一致的修为、以身作则的自觉。

高校思政课教师具有内外一致的仪表形象，就是既要仪表干净、整洁、卫生、简约、端庄、大方、得体，更要"自觉做到修身修为，像曾子那样'吾日三省吾身'，像王阳明那样'诚意正心''知行合一'，自觉做为学为人的表率，做让学生喜爱的人"[1]；就是要言行一致、以身作则、言传身教，时刻保持内在本质与外在表现的统一，言为士则、行为世范，要求学生做到的，自己首先做到，禁止别人做的，自己坚决不做，自觉以身教印证言教；就是要以全身心投入教学工作的敬业精神、高超的学识水平和良好的师德形象展现在学生面前，用自身高尚的人格魅力和美好的仪表形象影响学生、感染学生、带动学生，从而得到学生的敬重，引起师生品格心理的共鸣，形成正向的"人格效应"。

---

① 习近平：《思政课是落实立德树人根本任务的关键课程》，人民出版社，2020，第16页。

三　高校思政课教师人格魅力的塑造

"思政课教师的人格魅力不仅关涉到教师自身，而且关涉到学校、家庭、社会等多个方面。"① 所以，要塑造和提升思政课教师的人格魅力，不仅要靠教师的个人努力，还需要从学校和社会等方面齐抓共管、形成合力。

1. 教师的不懈努力

打铁还须自身硬。高校思政课教师必须按照政治要强、情怀要深、思维要新、视野要广、自律要严、人格要正的总体要求，自觉加强自身修养，塑造和提升人格魅力。一是高度重视政治修养。思政课教师要自己加强政治理论学习，不仅要对马克思主义理论真学习、真研究、真理解和真信仰，同时要善于将"书本上的政治理论"内化为自己的理想信念和政治信仰，转化为自身的政治修养，并落实在课堂上、生活中。二是切实强化道德修养。高校思政课教师要明大德、守公德、严私德，不断提升自身的道德修养和人格品行，实现立德修身、以德治学、以德化人。三是始终树立仁爱之心。高校思政课教师要发自内心地热爱教育事业，把立德树人、教书育人作为终身追求，全身心投入教育事业，始终坚持以学生为本，真诚关爱学生，热情帮助学生，懂得欣赏学生，多给学生以鼓励，引导他们向上、向善、向美。四是不断锻造自身性格。高校思政课教师要通过持续学习、训练、实践，不断锤炼自身的心理素质，始终保持昂扬饱满、积极乐观和真诚热情的精神状态；通过加强与师生群体的接触和交流、培养广泛的兴趣爱好、营造和谐的人际环境等，不断锻造自身良好的性格，培养坚韧不拔的意志、执着坚定的信念、乐观豁达的性格。

2. 高校的培养加持

高校是思政课的主办单位，也是思政课教师的工作场所，学校的制度化培养是塑造思政课教师人格魅力的主阵地，也是提升思政课教师人格魅力的重要保证。一是制度化加强理想信念教育。高校要通过多种形式，持

---

① 张东亮：《高校思想政治理论课教师人格魅力研究述评》，《成都理工大学学报》（社会科学版）2014 年第 6 期。

续加强对思政课教师的理想信念教育，使之成为一项常态化的工作。例如，建立日常政治学习制度，使思政课教师政治理论学习制度性、日常化；各级党校定期培训轮训，使思政课教师政治理论学习系统性、经常化；"请进来"，邀请学科领域内的专家来校做讲座、举办学术沙龙等，使思政课教师政治理论学习专业性、持续化。二是重点性强化道德人格培养。高校要将思政课教师作为师德教育的重点对象，将道德人格作为思政课教师人格魅力培育的重要内容，积极创新教育形式，多渠道、多层次、多举措培养教师的良好道德，促使思政课教师严格通过"道德人格"关；加强师德建设与考核，建立师德"一票否决制"；将经师和人师培养培训结合起来，高度重视道德养成、慎独自律和道德实践教育。三是科学化完善考评激励机制。完善思政课教师的考核标准，既考核教师自身的思想素质、业务知识、工作状况和道德水平等，也将学生的人格发展状况列入思政课教师工作业绩的评价体系；建立年度考核与聘期考核有机衔接的科学化考核机制，将思政课教师人格修养列入考核内容；设立优秀思政课教师表彰制度，将考评机制与激励机制紧密结合。四是多样性开展实践活动。建立思政课教师社会实践制度，将思政课教师参与社会实践、挂职锻炼等作为年度考核的必要内容；建立思政课教师学习进修制度，给思政课教师创造更多的外出学习机会，将思政课教师在职进修学习作为职称评聘的必要内容；利用多种节日、纪念日，组织思政课教师开展丰富多彩的主题性实践活动，寓教于乐，提升教育培训效果。

3. 社会的认同支持

习近平总书记强调："全党全社会要弘扬尊师重教的社会风尚，努力提高教师政治地位、社会地位、职业地位，让广大教师队伍享有应有的社会声望。"① 社会的认同支持对促进思政课教师的自尊自信自强、提高职业行动力创造力具有独特的价值和意义。一是确保思政课教师的重要地位。要进一步完善有关法律法规和政策制度，创新工作机制，加大培养和激励工作力度，落实各项政策保障，提高这个岗位对优秀人才的吸引力，让思政课教师切身感受到社会对其工作的关切与重视，从而自觉激发担当作为

---

① 习近平：《把思想政治工作贯彻教育教学全过程 开创我国高等教育事业发展新局面》，《人民日报》2016年12月9日。

的内驱动力。二是大力选树思政课教师先进典型。"党和国家设立的荣誉称号要注重表彰优秀思政课教师，教育部门要大力推选思政课教师年度影响力人物等先进典型"①，各地区也要落实多种政策、采取多种途径大力培育优秀思政课教师、多形式选树立德树人先进典型。三是营造尊师重教的社会舆论氛围。要充分利用主流传媒和各种新兴媒体，大力宣传思政课教师在立德树人方面的先进事迹，形成强大的舆论氛围和攻势，发挥示范引领和精神感召作用，引导思政课教师积极主动提升自身人格修养。四是营造积极进取的家庭氛围。"家庭是社会的基本细胞，是人生的第一所学校。"② 家庭成员要树立科学合理的家庭观念和职业发展理念，共建优良家风，共创进取环境，共育品德修养，共增人格素养，使家庭成为思政课教师人格魅力塑造的良好温室。

第四节 把握技巧，优化语言艺术

语言是思想的外衣，任何思想观念都需要通过语言映照和解释现实生活。苏霍姆林斯基说："教师的语言——是一种什么也代替不了的影响学生心灵的工具。"③ 在很大程度上，教学风格和教学艺术的表现力即为语言风格和语言艺术的表现力。④ 高超的语言艺术不仅是把控课堂节奏、缓解注意力疲劳、提高课堂实效的重要方法，更是强化政治引导能力、提升理论说服力的有效路径。⑤ 语言艺术的高低，直接影响着教学氛围和效果。因此，注重对教学语言艺术的研究是对高校思政课教师提出的一个新要求。高校思政课教师必须加强语言基本功训练，把握话语技巧，优化语言艺术，形成语言风格，彰显思政课教学的语言艺术魅力。

---

① 《深化新时代学校思想政治理论课改革创新》，《人民日报》2019年8月15日。
② 《习近平关于注重家庭家教家风建设论述摘编》，中央文献出版社，2021，第3页。
③ 〔苏〕B. A. 苏霍姆林斯基：《教育的艺术》，肖勇译，湖南教育出版社，1983，第32页。
④ 罗先奎：《〈思想道德修养与法律基础〉课教学风格与教学艺术研究》，《天津职业大学学报》2011年第5期。
⑤ 蒋小燕、余心怡：《浅谈高校思想政治理论课语言艺术的运用》，《学校党建与思想教育》2021年第24期。

一 高校思政课教师语言艺术的基本要求

教师语言艺术是指教师在教学过程中选择并运用完美语言培养人才的技能、技巧。高校思政课教师语言艺术是指教师遵循思政课教学规律，按照审美性原则选择恰当语言传授知识、组织教学、培养人才的语言技能和技巧。高校思政课教师在运用语言艺术时要遵循以下几个基本要求。

1. 坚持政治性和学理性相统一

政治引导是思政课的基本功能，而实现思政课的政治引导功能，必须以透彻的学理分析回应学生、以彻底的思想理论说服学生、用真理的强大力量引导学生。马克思说："理论只要彻底，就能说服人。"① 马克思主义理论就是彻底的理论，习近平新时代中国特色社会主义思想就是当代中国最彻底的理论。高校思政课教师所讲的理论、观点、结论要经得起学生各种"为什么"的追问，必须坚持教学语言政治性和学理性相统一。既不能因为强调政治性，把思政课变成简单的政治宣传，也不能因为强调学理性，弱化思政课的政治引导功能。

2. 坚持价值性和知识性相结合

思政课重在塑造学生的价值观，而实现思政课的价值性，必须在满足学生对知识渴求的过程中加强价值观教育。高校思政课教师如果只有空洞的价值观说教，而没有科学的知识作支撑，那么价值观教育的效果也会大打折扣。因此，高校思政课教师的教学语言必须坚持价值性和知识性相结合。既不能因为强调价值性，把思政课变成空洞的政治说教，也不能因为强调知识性，而不注重对学生价值观的引导。知识是载体，价值是目的，只有寓价值观引导于知识传授之中，才能使思政课更具吸引力。

3. 坚持理论性和实践性相协调

思政课重在用科学理论培养人，而实现思政课的理论性，必须高度重视思政课的实践性，把思政小课堂同社会大课堂结合起来，在理论和实践的结合中实现思政课的育人功能。因此，高校思政课教师的教学语言必须坚持理论性和实践性相协调，教育引导学生把人生抱负落实到脚踏实地的

---

① 《马克思恩格斯全集》第3卷，人民出版社，2002，第207页。

实际行动中来，把学习奋斗的具体目标同民族复兴的伟大目标结合起来，立鸿鹄志，做奋斗者。既不能因为强调理论性，把思政课变成枯燥的理论陈述，也不能因为强调实践性，导致思政课教学缺少理论根基。

4. 坚持逻辑性和通俗性相兼顾

列宁说过："任何科学都是应用逻辑。"① 思政课是讲道理的课程，只有富有逻辑性的教学语言才能将思政理论讲透彻，而思政课的逻辑性，必须通过通俗易懂的语言进行深入浅出地阐释才能体现。因此，高校思政课教师的教学语言必须坚持逻辑性和通俗性相兼顾，教学语言缺乏逻辑性难以彰显理论功底，缺乏通俗性难以增强教学活力。既不能为了强调逻辑性，导致思政课晦涩难懂，也不能为了强调通俗性，导致思政课层次不清、东拉西扯。

5. 坚持精炼性和趣味性相一致

恩格斯曾经说过："而言简意赅的句子，一经理解，就能牢牢记住，变成口号；这是冗长的论述绝对做不到的。"② 思政课教师的教学语言必须体现简洁性，言简意赅、简洁凝练、通俗易懂。同时，思政课教学必须生动有趣，教学语言要风趣幽默，能够像磁铁一样吸引学生的注意力，唤起学生浓厚的学习兴趣。因此，高校思政课教师的教学语言必须坚持精炼性和趣味性相一致。思政课教师要善于把思政理论浓缩在高度凝练的语句中，用符合大学生成长规律、贴近现实生活、贴近学生需求的语言，化抽象为具体、化枯燥为生动，在轻松愉快中互动交流、在谈笑风生中实现教学目标。

6. 坚持时代性和启发性相辉映

思政课既是与时俱进的课程，又是循序渐进的教学。与时俱进要求思政课坚持时代性，循序渐进要求思政课坚持启发性。因此，高校思政课教师的教学语言必须坚持时代性和启发性相辉映。当今世界，恰逢百年变局；当今中国，两个百年目标历史交汇，中华民族伟大复兴势不可挡，新机遇与新挑战并存。高校思政课教师在课堂上既要确保中国立场又要具备世界眼光，教学语言既要与时俱进又要循循善诱。

---

① 《列宁全集》，人民出版社，1959，第 216 页。
② 《马克思恩格斯文集》第 4 卷，人民出版社，2009，第 407 页。

二 高校思政课教师语言艺术存在的问题

教育的"很多危机往往可从语言那里找到某种征兆，教育的危机很可能是语言的危机，很多时候教育出了问题，需要医治的却不是教育，而是教育的语言"①。某种意义上，高校思政课教学存在的问题，或多或少都与高校思政课教师的语言艺术相关。因此，只有了解高校思政课教师语言艺术存在的问题，才能提高高校思政课教师的影响力，进而增强高校思政课的亲和力。概括起来，高校思政课教师语言艺术存在的问题主要体现在以下几个方面。

1. 教学话语照本宣科，缺少解释力

思政课教学承担着立德树人、铸魂育人的根本任务和重要使命，当前，富有政治性的意识形态话语是思政课教学话语的基本底色和根本特性。只有打破政治说教的传统话语模式，将思政理论讲透讲活，才能达到预期效果。但是，在高校思政课堂上，一些思政课教师的教学话语却是照本宣科，导致教学语言晦涩枯燥难懂、缺少解释力。一是生搬硬套、简单沿用传统的政治说教话语模式，教师语言只讲政治话语，忽略学术话语和生活话语，把价值导向的意识形态话语简单复制、生搬照套到课堂，导致学生不喜欢、不理解、不认同。二是晦涩难懂、缺少案例化的旁征博引，教师不能从学生感兴趣的"热搜"中找寻素材和题材、剖析社会生活中的热点，不能把深奥枯燥的政治理论通过讲故事、说案例的语言形式表达出来，导致思政课教学语言缺少生活气息，不具体、不直观、不形象。三是照本宣科、缺少与时俱进的话语转化，不具有将时代话语贯穿学生学习生活的话语能力，不善于把教材内容体系转化为教学内容体系、把学术理论知识转化为生动的教学语言，不能精准巧妙地将政治话语、学术话语与生活话语进行有效转化，导致思政课传播真理、释疑解惑的作用得不到充分发挥。四是语言形式单一抽象、缺少说服力，采用居高临下的生硬说教，不能将规范化、书面化的理论话语转化为直白易懂、简短灵活、现场感强的家常话语、通俗话语，导致思政课教学不能直击学生内心，达到润物细

---

① 刘良华：《教育、语言与生活》，《华东师范大学学报》2001年第3期。

无声的教学效果。

2. 教学话语脱离实际，缺少引领力

随着我国日益扩大开放、日益走近世界舞台中央，我国同世界的联系更趋紧密、相互影响更趋深刻，意识形态领域面临的形势和斗争也更加复杂。面对新时代、新形势、新任务，一些思政课教师的教学话语却脱离实际，导致教学语言空洞无物、空泛无力，缺少引领力。一是脱离国际国内形势实际，教学语言简单沿用传统的思政课教学话语形态，通篇充斥生硬的理论说教，话语议题不能紧扣国内外时事热点，不能引起学生学习兴趣和思想共鸣。二是脱离社会生活实际，通篇采用宏大叙事的话语形态，话语议题缺乏对生活实践的观照，游离于社会现实生活之外，不能将思政小课堂同社会大课堂结合起来，不能及时准确有效地针对社会现实、分析社会现象、回应社会问题、给予解惑释疑。三是脱离学生的思想和生活实际，教师的课堂讲解与学生的生活实际和思想观念联系不是很紧密，话语内容缺少生活地气，不能将理论的宏大叙事与学生的具体经历结合，难以满足学生的个人需求、帮助指导学生解决遇到的实际问题，导致学生产生"思政课对自身无大用"的感觉。

3. 教学话语单向灌输，缺少渗透力

话语具有互动交往的功能。思政课教学话语只有实现双向互动，才能真正具有强大的思想渗透力。但是，在高校思政课堂上，一些思政课教师的教学话语却是单向灌输，没有互动和对话，学生只是被动的"听话人"，很难达成师生间的共识，缺少渗透力。一是简单沿用传统的思政课教学"教师讲、学生听"的单向话语模式，教师作为主讲人，处于主体、主动地位，学生作为听讲人，处于客体、被动地位，没有从教师独白式话语向师生对话式话语转变，不能灵活运用启发式、辩论式、案例式、情境式等互动交流的教学方法，无法激发学生的主体意识和学习主动性、积极性、创造性，容易导致学生处于"身在曹营心在汉"的"离场"状态，难以凝聚共识、形成共振。二是从一个极端走向另一个极端，课堂教学通篇采用学生小组讨论式教学，过分强调学生的自主性，忽视教师的主导、引导作用，学生的理论困惑、思想疑惑不能得到及时的解释引导，导致思政课教师在课堂"失声"，思政课堂成为学生的"自由论坛"。三是线上教学成为教师自我讲演的"独角戏"，思政课教师在屏幕前讲解的太多，说教味太浓，学生完全成为"沉默"的受众，本应生动有趣的网络授课、线上教学反而成为"死气沉沉""无精打采"的单向度的"空对空"。

4. 教学语言形式陈旧，缺少感染力

语言形式即话语的语言特色、表达方式、表现手法。思政课教学的语言形式是实现思政课教学目标的方法之一。在高校思政课堂上，一些思政课教师的教学话语形式陈旧，导致教学语言枯燥无趣、缺少感染力。一是语言形式老套陈旧，采用大量的政策语言、文件语言授课，话语信息的传递不能匹配大学生的感知模式，话语形态缺乏鲜活性、新颖性和具象化，造成学生思想排斥、情感疏离和心理抵触，难以实现教学目标。二是语言表现手法单一，不善于巧譬善喻，不能将枯燥的政治理论进行生动化生活化的转化阐释，导致教学语言枯燥晦涩、无味无趣，难以拉近与听众的距离。三是语言表达不能与时俱进，缺少时代性，不善于用"网言网语"助力思政课教学，不能把富有时代感和青春信息的网络话语运用到思政课教学中，也不能用视频、音频、图片、动漫等各种具有情感意蕴和审美意蕴的时代话语符号代替抽象、枯燥的文字符号，无法将深奥的学术话语转为学生喜闻乐见的话语形式，导致教学语言缺少亲和力。

三 高校思政课教师语言艺术的提升路径

语言是沟通师生心灵的桥梁、联结师生情感的纽带，也是教师完成教学活动的基本手段，语言艺术是影响教学成效的关键因素。思政课教师应坚持与时俱进、改革创新，深刻把握思政课教学语言的多样化、多元化以及新时代大学生的话语特点，在教学话语表达上花心思、做研究、下功夫，不断创新语言风格，增强语言艺术，提升语言亲和力，激发学生对思政课的学习兴趣，提升教学质量。

1. 善用修辞手法，表达巧譬善喻，讲学生喜欢听的话语

思政课教师只有善用修辞手法，将枯燥的理论知识进行生动化的语言阐释，将抽象的思政理论转化成学生喜欢听、愿意听的话语，使语言表达巧譬善喻、妙趣横生，才能充分发挥思政课教育人、引导人、塑造人的独特魅力。一是围绕教学对象，拉近教学距离。讲话是一种双向互动的语言交流行为，只有根据不同的教学对象，采取不同的语言表达，才能拉近教学双方的心理距离，"零时差"地传递好言语信息。要会用、敢用、善用比喻等修辞方法，将长篇大论变成短小精文，用大白话、大实话和大众话为学生阐释真理、解疑释惑。二是把握节奏韵律，吸引学生注意力。丰富的"大餐"远不如精美的"小食"更容易抓人"胃口"。要结合当代大学生的成长环境和主体发展特征，摒弃"批量式"的单向思想灌输，善于巧用精妙的成语、形象的谚语、适当的排比等修辞方法，将抽象无趣的思想理论变成深入浅出、通俗易懂的信息内容。三是汲取新鲜词语，增强话语趣味。精妙的用语才能直抒其意，准确的用词才能体现严谨。要顺应"网络一代"的语言习惯，充分了解、熟悉各种网络热词，善于从互联网中有选择地汲取网络用语，找到触发学生兴趣点和兴奋点的话语表达方式。同时，要紧随时代脚步，讲好时代话语，善于抓住反映时代特征的新词语、新语言，使话语表达彰显时代性，用体现时代、反映时代的新鲜词语增强思政课话语趣味、提高思政课悦纳感、提升思政课"颜值"。

2. 观照现实生活，讲好中国故事，讲学生记得住的事例

马克思指出："全部社会生活在本质上是实践的。"① 语言作为交往实践的产物，是实践生活的直接反映。因此，话语表达必须观照现实生活世界。实践证明，思政课观照现实生活，以摆事实、举事例、讲故事的形式传达信息，"主动讲好中国共产党治国理政的故事、中国人民奋斗圆梦的故事、中国坚持和平发展合作共赢的故事"②，更能提升语言艺术、增强亲和力，让人青睐有加。一是主动讲好中国共产党治国理政的故事。中国共产党的百年奋斗历程、辉煌成就与基本经验是思政课的重要内容和宝贵资源。要通过故事解读中国共产党带领中国人民从站起来、富起来到强起来的奋斗历程；通过故事体现中国共产党人的政治本色和精神特质；通过故事展现中国共产党带领中国人民走进新时代、奋进新征程、奋力实现"两个一百年"奋斗目标的伟大实践；通过故事为学生解读中国实际、中国问题和中国发展。二是主动讲好中国人民奋斗圆梦的故事。要围绕中国共产党的百年奋斗历程和辉煌成就，根据教学内容需要，精心收集、选择、提炼故事素材，还原人民在筑梦、追梦、圆梦过程中的真实情感和实际状

---

① 《马克思恩格斯选集》第 1 卷，人民出版社，2012，第 135 页。
② 《习近平谈治国理政》第 3 卷，外文出版社，2020，第 314 页。

况，更好地引导教育学生，"让青春在党和人民最需要的地方绽放绚丽之花"。三是主动讲好中国坚持和平发展合作共赢的故事。只有紧贴时代背景、紧跟时代步伐、紧扣热点热词，讲好中国坚持和平发展合作共赢背后的故事，用摆事实、举实例、讲故事与学生同频共振、凝聚共识，才能更好地帮助学生正确认识国家、民族、人类的前途命运，正确认识自己所肩负的历史使命和时代责任。

3. 厚植文化底蕴，巧用经典名句，讲学生弄得通的道理

中国话语源远流长、博大精深，经典名句更是先人留给我们的宝贵文化遗产，是思政课不可忽略的重要资源。事实证明，深植中华优秀文化土壤、善于引经据典，可以更加形象生动地给学生以思想启迪、精神激荡。一是善于从中华优秀传统文化中汲取精华。思政课教师要深入挖掘中国优秀传统文化中的德育资源，并灵活运用到思政课堂上，让书写在古籍里的文字活起来，使课堂话语既通俗易懂、简明扼要，又彰显历史厚度、文化底蕴，直达学生内心深处。二是善于从革命文化中萃取养分。一句"星星之火，可以燎原"，是鼓舞人心的绝佳名句；一句"自信人生二百年，会当水击三千里"，将雄心壮志体现得淋漓尽致；一句"中华儿女多奇志，不爱红装爱武装"，绘出了中国女性的巾帼风貌；一句"好好学习、天天向上"，更是让不同学龄的孩子朗朗上口、谨记于心。① 思政课教师要善于用好革命文化经典语词，让学生从中感悟革命道理、革命品格、革命精神，激发学生的爱国热情和奋斗精神。三是善于从社会主义先进文化中提炼精神。社会主义先进文化是中华优秀传统文化、革命文化的时代体现。"现在，青春是用来奋斗的；将来，青春是用来回忆的"② 勾勒出了青春本该有的样子；"绿水青山就是金山银山"③ 开创了生态文明新时代；"有梦想，有机会，有奋斗，一切美好的东西都能够创造出来"④ 道出了理想与现实的真谛……在思政课中传播社会主义先进文化，用好现代话语和大众话语，可以不断提升思政课话语"颜值""言值"，实现思政理论"进头

---

① 张彧：《习近平语言艺术对思想政治理论课教学的启示》，《思想理论教育导刊》2020 年第 6 期。

② 《习近平谈治国理政》，外文出版社，2014，第 54 页。

③ 《习近平谈治国理政》第 3 卷，外文出版社，2020，第 361 页。

④ 《习近平谈治国理政》，外文出版社，2014，第 40 页。

脑""进心灵"，起到润心塑魂的作用。

第五节　强化培育，涵养深厚情怀

思政课作为立德树人、引航铸魂的关键课程，本身是有温度、有情感的。一堂好的思政课，绝不是干巴空洞的政治说教，更不是让人昏昏欲睡的抽象表达，而应当充满真情、热情、激情，以情感人、以情育人，能够直抵心灵深处，产生巨大的情感共鸣。"只有打动学生，才能引导学生。教师在课堂上展现的情怀最能打动人，甚至会影响学生一生。真信才有真情，真情才能感染人。"[①] 因此，思政课教师"情怀要深"。

一　思政课教师深厚情怀的基本内涵

"情怀"，即情感和胸怀，汉语释义是含有某种感情的心境。"情怀"以人的情感为基础，与所发生的情绪相对应，是超出个人利益之外的情感关切和精神追求，是主体在实践中形成的比较稳定和高度自觉的感情，是实践活动的重要动力。"有情怀"一般引申为具有一种高尚的心境、情趣和胸怀，指一个人有精神内涵、有宽广胸襟、有人间大爱。教师情怀则指教师对教育事业所持有的一种深沉、持久、难以割舍的浓厚感情。思政课教师的深厚情怀是指由对国家由衷热爱、对社会尽心尽责、对教育真心喜爱、对学生情真意切而表现出来的真情实感。这种情感不是小情调和小情趣，而是深厚、真挚的大情怀，主要表现在深厚的家国情怀、诚挚的传道情怀、广博的仁爱情怀等几个方面。

1. 以深厚的家国情怀感召学生

中国传统文化倡导"家国一体"，讲究由爱家而爱国，像爱家那样爱国。所谓家国情怀，就是个人对祖国深厚的情感认同、对家庭深情的心灵寄托，是自觉把个人的前途命运、家庭的幸福美满与国家的繁荣昌盛联系在一起、融合在一起的深情大爱。正如习近平总书记所指出，思政课教师

---

① 习近平：《思政课是落实立德树人根本任务的关键课程》，人民出版社，2020，第13页。

要有家国情怀就是"心里装着国家和民族，在党和人民的伟大实践中关注时代、关注社会，汲取养分、丰富思想"①。以深厚的家国情怀感召学生就是要有爱国之知，深刻认识个人得失与国家兴衰的辩证关系，自觉把爱家与爱党爱国爱人民爱社会主义统一起来；以深厚的家国情怀感召学生就是要有强烈的爱国之情，发自内心对祖国和人民饱含深情，密切关注国家繁荣、时代变迁、社会发展，自觉与祖国和人民同呼吸共命运；以深厚的家国情怀感召学生就是要有切实的报国之行，积极投身时代洪流，带头弘扬和践行爱国主义精神，自觉投入国家富强、民族复兴的伟大实践，以"强国有我"的责任担当与实际行动感召和激发学生。

2. 以诚挚的传道情怀感化学生

韩愈将教师的职责概括为"师者，所以传道受业解惑者也"②，不仅提出了教师的传道责任，而且把它列为首要职责。习近平总书记指出，思政课教师要有传道情怀就是"对马克思主义理论教育事业投入真情实感，对思政课教育教学有执着追求"③。思政课作为落实立德树人根本任务的关键课程，是传播马克思主义理论的主渠道，思政课教师是传播马克思主义理论之道的主力军。以诚挚的传道情怀感化学生就是要做"明道""信道"的先行者，自觉以实际行动做马克思主义的忠实信仰者、坚定实践者、切实维护者、积极宣传者，不断从马克思主义中国化时代化成果中汲取科学智慧和理论力量。以诚挚的传道情怀感化学生就是要发自内心热爱思政课教育教学，把它视为为之终生奋斗的光荣事业，舍得在思政课教学科研上投入时间精力、倾注热情激情和耐心，守得住清贫，耐得住寂寞，甘为人梯，无私奉献。以诚挚的传道情怀感化学生就是要具有立德树人的道德情感和铸魂育人的自觉担当，以自身的言传身教和榜样示范引导启发学生，真正实现亲其师、信其道、循其步。

3. 以广博的仁爱情怀温暖学生

仁爱是中华民族的优良传统，是中华优秀传统文化的核心要义，也是好老师的标准之一。习近平总书记指出，教育是一门"仁而爱人"的事

---

① 习近平：《思政课是落实立德树人根本任务的关键课程》，人民出版社，2020，第13页。
② （唐）韩愈撰，马其昶校注，马茂元整理《韩昌黎文集校注》，上海古籍出版社，1986，第42页。
③ 习近平：《思政课是落实立德树人根本任务的关键课程》，人民出版社，2020，第13页。

业，爱是教育的灵魂，没有爱就没有教育；好老师应该是仁师，没有爱心的人不可能成为好老师。[①] 教育风格可以各显身手，但爱是永恒的主题。思政课教师要有传道情怀就是"把对家国的爱、对教育的爱、对学生的爱融为一体，心中始终装着学生，让思政课成为一门有温度的课"[②]。以广博的仁爱情怀温暖学生就是要真心关爱学生、真情呵护学生、真切关照学生，用爱心真情滋润学生的心田。以广博的仁爱情怀温暖学生就是要真诚对待所有学生、真心尊重所有学生，用欣赏增强学生的信心，用赞誉激发学生的行为，用信任树立学生的自尊，让每一个学生都健康成长、快乐发展、顺利成才。以广博的仁爱情怀温暖学生就是要以学生为根本，心中始终装着学生，做最了解学生所思、最回应学生所需、最温暖学生心田的好教师。以广博的仁爱情怀温暖学生就是要有宽容之心、理解之行，课堂上应该多一些包容、理解、微笑、热情鼓励、平等交流，少一些呵斥、讽刺、挖苦、高高在上、盛气凌人。

二　思政课教师涵养深厚情怀的价值意蕴

思政课是落实立德树人根本任务的关键课程，思政课教师承担着"给学生心灵埋下真善美的种子，引导学生扣好人生第一粒扣子"[③] 的特殊使命，这就要求思政课教师投入感情、投入真爱，让学生在体会关怀的同时，心灵也得到慰藉。因此，思政课教师涵养深厚情怀具有重要的价值意蕴。

1. 立德树人根本任务的本质要求

办好思政课，最根本的就是要全面贯彻党的教育方针，始终把立德树人作为根本任务，把思想政治工作贯穿于学校教书育人、管理育人、服务育人全过程各环节，解决好为谁培养人、培养什么人、怎样培养人这个根本问题。"立德"的本质就是培育学生正确的政治信仰、坚定的政治立场和高尚的思想道德，引导学生树立科学的"三观"，培养中国特色社会主

---

① 习近平：《做党和人民满意的好老师：同北京师范大学师生代表座谈时的讲话》，人民出版社，2014，第9页。
② 习近平：《思政课是落实立德树人根本任务的关键课程》，人民出版社，2020，第13页。
③ 《习近平谈治国理政》第3卷，外文出版社，2020，第330页。

义合格建设者与可靠接班人。"立德"的过程既包含理解"德"的内涵、升华"德"的情感，也包括引导"德"的行动、形成"德"的自觉。思政课教师只有涵养深厚情怀，用自己丰富的知识、高尚的师德、真诚的师爱以及真情的投入塑造学生的灵魂，真正担负起"三钱粉笔，万钧重担"的为师之责，才能实现思政课的育人功能，达到立德树人的根本目标。

2. 思政课教师素养的内在要求

现代教师专业发展要求教师不仅具有丰富的专业知识和精湛的教学技能，更要具有高超的情感素养。情感素养已经成为现代教师专业素养的重要组成部分。思政课是一门兼具知识性和价值性的综合性课程，具有知识性、政治性、人文性、实践性等基本特征，这就要求思政课教师培育情感素养、涵养深厚情怀，具备温暖有力的情感能力和精湛科学的教学能力，用自己的真情实感去了解学生、关心学生、感化学生，做到师可亲、人可敬、话可听、"道"可信。思政课能否成为学生真心喜爱、终身受益的关键课程，既取决于教师能否以精湛科学的教学能力正确地解"道"，还取决于教师能否以温暖有力的情感能力有情怀、有温度地传"道"。因此，培育情感素养、涵养深厚情怀是思政课教师高质量地"传道""解惑"所必须具备的素质。

3. 思政课教师职业属性的必然要求

涵养深厚情怀是思政课教师职业属性的自觉体现，也是思政课教师不忘初心使命、履行职责担当、保持持久生命力的关键所在。思政课的特殊属性决定了思政课教师既是国家意识形态工作者，也是学生健康成长的"引路人"，这是思政课教师独特的文化身份。[1] 思政课教师只有具有深厚情怀，才会从内心深处感觉到政治强、人格正、自律严的要求不是外界强加的，而是自身身份的内在要求；才会对自身身份和使命产生高度的自觉以及归属感、荣誉感，从而积极发挥主动性和创造性、自觉履行使命担当。"激情、热情是人强烈追求自己的对象的本质力量。"[2] 只有"激情"才能产生不竭动力，只有"热爱"方可抵御"岁月漫长"。思政课教师只有涵养深厚情怀，才能保持持久的教育激情、旺盛的教育活力和坚韧的理

---

① 徐俊蕾：《思政课教师的情怀养成》，《思政课教学》2019 年第 9 期。
② 《马克思恩格斯全集》第 3 卷，人民出版社，2002，第 326 页。

想感染力，这是破解教师职业倦怠的有效对策。

4. 增强思政课亲和力的现实要求

当今世界处于百年未有之大变局，世界进入动荡变革期，面临的不稳定性不确定性更加突出；当今中国面临中华民族伟大复兴战略全局，处于大改革大发展的关键时期。面对新时代背景下的世情、国情、党情，学校思政课在迎来良好机遇、取得较好发展的同时，也存在一些问题、面临新的挑战，离党和政府及社会的期望还有一定的差距，特别是思政课亲和力和针对性有待进一步增强。同时，在长期以应试教育为主导的背景下，教师情感素养出现价值缺失，对学生核心素养发展和学生的精神成长都产生了很多深层次的负面影响。[①]因此，思政课教师只有涵养深厚情怀，主动提升自身格局和境界，才能及时抓住重要机遇、有效应对各种挑战、不负党和人民赋予的时代重任。

三　思政课教师深厚情怀的涵养路径

一名优秀的思政课教师，必然是具备深厚情感能力和精湛教学能力的。思政课教师涵养深厚情怀既是一种自我修养，也是一种教学实践，更是一项久久为功的系统工程，需要所有思政课教育参与者齐心协力、积极实践，营造和谐温馨的教学氛围。

1. 在传统熏陶与现实观照的完美交融中滋养家国情怀

思政课教师涵养深厚的家国情怀，既要从博大精深的中华优秀传统文化中接受熏陶、汲取养分，更要关注时代、关注社会，在实现中华民族伟大复兴中国梦的实践征程中汲取养分、丰富思想。一是以中华优秀传统文化的深入熏陶厚植家国情怀。中华优秀传统文化历史悠久、底蕴深厚、博大精深，家国情怀是蕴含其中最为宝贵的精神财富。思政课教师要切实加强对中华优秀传统文化的学习和研究，充分挖掘其中所蕴含的家国思想并主动纳入教学实践之中，积极推进传统家国思想的创新性继承和创造性转化，以自身的文化自信和爱国情怀感染学生，激发学生的爱国情、强国志、报国行。二是在实现中华民族伟大复兴中国梦的实践征程中升华家国

---

① 张弛：《教师情感素养的价值缺失及本真回归》，《教学与管理》2020年第9期。

情怀。置身新时代，思政课教师要高度关注、及时了解、积极投身新时代、新征程、新实践，从新时代党和人民的伟大实践中汲取养分，从建设社会主义现代化强国的辉煌成就中丰富思想，在实现中国梦的伟大征程中弘扬时代精神，在"大社会"中为"小课堂"储备营养，在讲好中国故事、传播好中国声音的实际行动中升华家国情怀、铸就时代新人。

2. 在爱岗敬业与责任担当的使命坚守中强化传道情怀

思政课教师不仅要传播知识，还要灌输理论；不仅要宣传思想，还要传播真理；不仅要做传道授业解惑的教书匠，还要做以身作则、率先垂范的人类灵魂工程师，因此，思政课教师使命光荣、责任重大。思政课教师必须认真履行职责使命，坚守立德树人、教书育人的初心使命，在爱岗敬业、引航铸魂的实际行动中强化诚挚的传道情怀。一是坚守终身学习的理念，强化马克思主义理论情怀。思政课教师要自觉树立终身学习的理念，不断汲取马克思主义中国化时代化成果的科学智慧和理论力量，实现"理性"与"情感"的高度统一，从而真正实现"让有信仰的人讲信仰"，做到"以透彻的学理分析回应学生、以彻底的思想理论说服学生、用真理的强大力量引导学生"[①]。二是认真履行岗位职责，强化爱岗敬业情怀。思政课教师应该正确认识到自己所从事的职业不仅使命光荣而且责任重大，自觉树立起为党育才、为国育人、为民从教的责任意识，认真履行岗位职责，踏踏实实教书育人，对待备课一丝不苟、精耕细作，对待讲课旁征博引、声情并茂，解答学生疑难耐心细致、不厌其烦，陪伴学生成长任劳任怨、乐此不疲。三是坚持教书与育人的统一，强化立德树人情怀。教书是职责，育人是根本，教书与育人二者有机统一、不可分割。思政课教师必须既教书又育人，把教好书育好人作为自身义不容辞的职责，把立德树人、育人育才作为崇高的使命担当，在履行"教书"职责、践行"育人"使命的不懈追求、终身坚守中不断提升教育情怀。

3. 在情感交融与春风化雨的具体情境中彰显仁爱情怀

思政课教师只有涵养广博的仁爱情怀，以学生的情感作为出发点和落脚点，在教学过程中倾注真情、动之以情，引导学生产生情感触动，使其接受并内化为行为，推动学生内心深处的情感发展，才能真正完成思政课

---

① 《把道理讲深、讲透、讲活》，《人民日报》2022 年 6 月 15 日。

教学目标。一是涵养以情动情的能力。思政课课教师要关注学生的内心情感，充分挖掘学生感兴趣和动真情的情感素材，及时回应学生关注的热门时政、热点问题，始终保持真诚饱满、积极向上的教学态度，通过充满情感的教学语言、深入心灵的教学活动，充分发挥教师自身情绪情感的感染作用，让思政课教学真正贴近学生情感化与生活化的需要。二是涵养以境促情的能力。现代教育学研究发现，课堂教学的效果不仅取决于教师把握教材的能力，还受教学环境的影响。思政课教师要积极营造教学情境，打造多元空间、立体维度、虚拟现实的情境学习平台，使思政课学习有身临其境的情感体验，既贴近学生的生活实际，又可以"回到过去"、体验"未来"，使学生的情感进入与教学内容相匹配的状态，产生趋向思政课教学目标的效果。三是涵养以心交情的能力。思政课教师要致力于亲和型师生关系建设，主动走近学生、亲近学生、了解学生，切实加强师生沟通交流，了解学生的真情实感和情感互动支点，知之所想、授之所疑、导之所惑，使思政课成为学生真心喜欢、爱听、实用的课程。

第十章　优化教学评价，强化导向力

教学评价机制是高校思政课教学质量监控的重要依据，科学合理的考核评价犹如指挥棒、指南针，能够引导教学、规范教学、调整教学、改善教学。思政课导向力在很大程度上依赖于教学评价导向功能的发挥。导向功能正向发挥的教学评价才有导向力，有导向力才能切实提升教学质量和教学效果，从而增强思政课亲和力。优化教学评价，要加强顶层设计和实践操作，以说服力、吸引力、感染力、影响力、导向力的提升为核心指标，以学生对思政课"信不信""学不学""懂不懂""爱不爱""用不用"为绩效标准，根据思政课的课程特性，长效性构建教学评价机制、立体化构建教学激励机制、有效性开展学生网上评教、科学性推进教学督导工作、系统性实施思政课程评估，充分发挥教学评价对增强思政课亲和力的导向作用。

第一节　多元监控，长效性构建教学评价机制[①]

适应新时代、新形势、新要求需要，高校必须始终坚持"以人为本、立德树人、质量第一、办出特色"，不断深化教学改革，设立专门的校内

---

① 本节部分内容参见佘远富《高校内部教学质量监控与评价长效机制的构建》，《扬州大学学报》（高教研究版）2007 年第 3 期。同时参见佘远富《构建长效监控机制，促进教学质量不断提高》，《高等农业教育》2006 年第 2 期。

教学质量监督与评价机构，努力强化教学管理，切实加强质量监控，认真开展教学工作检查与评估，努力构建立体多元的内部教学质量监控与评价长效机制。

一　构建高校内部教学质量监控与评价长效机制的必要性

为了提高整体办学水平和教学质量，教育部从 2003 年开始建立了以五年为周期的高校教学工作水平评估制度。所谓教学评估，是指依据一定的教学目标与教学规范标准，通过对学校教学情况的系统检测与考核，评定其教学效果与教学目标的实现程度，并作出相应的价值判断以期改进的过程。[①] 教育部原部长周济说过，教学评估是提高教育教学质量的关键举措。[②] 高校教学工作水平评估是教学评估的一种形式，就其基本性质来说，属于质量管理的范畴。质量管理是一门科学。高等教育作为培养高级专门人才的社会活动，其核心是质量问题。高等教育管理从本质上说就是对培养高级专门人才这项活动的管理，其核心也是质量管理。所以，质量管理与教学评估是密切联系的。从指标体系和实际操作过程看，教育部开展的本科教学工作水平评估是一种全面的、动态的质量监控，其本质特征应是"价值判断"或者说是"质量认证"。教育部建立五年一轮的教学评估制度，主要目标是探索建立符合我国国情的高等教育质量监控与评价长效机制，根本目的在于促进高校提高教学质量、提升办学水平和效益。

教育部原副部长吴启迪指出：如果有专门的教育质量监控机构，形成完善的国家、省、学校三级教学质量监控和评估体系，那将会对高等学校的教学改革和发展，以及提高教育质量产生重大的作用。[③] 如果说教学评估是国家对高校办学的一种质量认证，那么这只是一种外部促进，是"外因"；教学质量的真正提高，更根本的是要发挥各个高校和广大教师的自觉性，积极推动高等学校建立起内部教学质量保障机制，这才是最基础，

---

① 佘远富：《教学评估中的非本质现象及对策》，《中国高等教育》2007 年第 2 期。
② 周济：《教学评估是提高教育质量的关键举措》，《中国大学教学》2006 年第 5 期。
③ 吴启迪：《大力推进教学评估工作，切实提高高等教育教学质量》，载教育部高等教育评估中心组织编写《高等学校教学工作评估与教学成果评审实用手册》第 1 卷，中国教育出版社，2005，第 174～183 页。

也是最根本的质量保证，是"内因"。唯物辩证法认为：内因是变化的根据，外因是变化的条件，外因通过内因而起作用。因此，只有引导和促进高校完善内部质量保证体系、构建内部教学质量监控与评价长效机制，把外部教学评估与内部质量监控结合起来，才能真正实现教学评价的根本目的。[①]

从实际情况看，各高校为了使教学评估有一个好的结论，都把"迎评"作为一场大战役，举全校之力，全员参与、全神贯注、全力以赴、不惜代价，甚至少数高校出现了只重视评估结论而忽视建设与整改过程、突击应付、弄虚作假、轰轰烈烈走过场等现象。立德树人是高等学校的根本任务，培养质量是学校生存和发展的生命线，提高教学质量是学校工作永恒的主题。评估有时间，功夫在平时，建设无限期。试想，如果高校内部的教学质量监控不是长期和长效的，五年接受一次评估，五年就要来一次大规模的突击迎评，那么学校能应付过来吗？再设想，如果高校通过迎评建立起内部教学质量监控与评价长效机制，对教学质量常抓不懈做到不管谁来评估，也不管是什么形式的评估，都能成竹在胸、从容应对，那么，学校到下一轮评估时还需要搞突击吗？[②]

二 构建高校内部教学质量监控与评价长效机制的基本原则

质量管理模式的发展变化标志着管理科学的发展水平，现代管理学实施"全程质量管理模式"。[③] 借鉴质量管理学的有关理论，所谓教学质量监控与评价应属于质量管理的范畴，主要是指根据人才培养目标和教学质量标准，对教学工作进行全方位、全过程、全员性的质量控制与质量评价，并对影响教学质量的因素和教学环节出现的偏差进行必要的调节控制所实施的一系列工作和活动。构建高校内部教学质量监控与评价长效机制既是一个教学工作的实践问题，也是一个高校管理的理论问题。从高等教育规律和高校办学特点看，有以下几个基本的原则需要把握。

---

① 佘远富等：《三全一化、四位一体：创新高校内部教学质量监控与评价长效机制》，《现代教育管理》2011年第4期。

② 佘远富：《教学评估中的非本质现象及对策》，《中国高等教育》2007年第2期。

③ 刘智运：《高校教育评估理论及发展趋势研究》，《高教发展与评估》2005年第1期。

1. 坚持教学管理与质量监督分开

现代管理理论认为，在设置组织机构时，其执行性机构同监督性机构不应合二为一，应当分开设置，以利于监督性机构的职能得到发挥。分开设置后的监督机构，既要执行监督职能，又要履行对被监督部门的服务职能。高校应在内部建立独立的教学评估与监督机构，使"运动员"（教学管理与实施）和"裁判员"（教学监督与评估）分开设置、分工负责、职责分明，从而达到理想的教学质量监控效果。

2. 坚持继承与创新相结合

从一般意义上讲，继承与创新相结合，历来是带有全局性的方法论原则。继承，是指沿袭过去好的做法，意味着有根基、续脉；创新，是指与时俱进、创造新的办法，意味着兼容、发展与超越。离开继承谈创新，则如无源之水；离开创新谈继承，则如一潭死水。只有融继承与创新为一体，才如活水般奔腾不息。高校在教学质量管理中既要继承和发扬过去行之有效的传统办法，也要注重探索新途径、新方法，巩固和扩大迎评创优成果，在继承与创新的互动中，构建内部教学质量监控与评价长效机制。

3. 坚持管用、有效与持之以恒相结合

各高校办学历史不同、情况不一，内部教学质量监控机制不可能以一个统一的模式去套用。不管采用何种机制与形式，只要管用，能达到促进教学质量不断提高的效果，就是合理的。因此，不管是传统方法，还是继承创新，都必须坚持管用、有效的原则。同时，任何好的做法、制度，都贵在持之以恒、难在长期坚持。只有把质量意识贯穿在教学的全过程和办学的始终，持之以恒抓质量，长期坚持促质量，才可能取得良好的办学成效。

4. 坚持学科普遍性与特殊性相结合

当前高校思政课的教学评价体系还存在评价方式单一、与其他学科共用一套评价标准的问题，所设置的课程教学评价体系还不够符合思政课的自身特点。对于其他学科课程的教学效果，通过不同形式的考试、考核，可以很具体地衡量出来，但思政课教学更多地涉及对学生思想道德素养、价值观以及理想信念的培养，无法以单一的考察形式作出判断。因此，思政课教学评价应坚持学科普遍性与特殊性相结合，制定思政课教学评价体

系时既要充分考虑学科之间教学质量的统一性、同一性，也要充分考虑思政课教学与其他学科的差异性、特殊性，不仅要将一般意义的教学质量作为重要指标，也要将育人实效纳入考核评价中，突出育人实绩导向。

三　构建高校内部教学质量监控与评价长效机制的着力点

建立长效机制，关键要抓住那些体现时代性、带有规律性、符合科学性的做法，将有效的一时之策转化为经常之举，将成功的做法举措固定为制度规范。教学质量监控与评价长效机制涉及很多方面，结合高校实际，笔者认为，着力点应放在以下几个方面。

1. 以设立专门机构为途径，构建校内质量监控长效运行机制

目前，一些高校仅仅是在教务处等教学管理部门设有"质量科"，校内教学质量监控既没有形成完善的体系，也不够全面具体，而且处于教学管理部门的自我监督状态。任何客观公正的教育评价都需要一个相对独立的机构去组织和实施。因此，切实有效地完成高校内部教学质量监控与评价，也需要建立一个专门的质量监控评价机构，这一机构应独立于教学管理部门之外，包含教学评估、教学监督、教学信息收集与反馈等基本职能，形成教学管理与质量监控并行的长效运行机制。据了解，教育部成立评估中心后，有不少省级教育行政部门和高校酝酿建立评估中心或评估院（处），中山大学、扬州大学、广西大学、烟台大学等许多高校都专门成立了"教育教学评估中心"，负责全校的教育教学质量监督与评估工作。实践证明，这些高校内部教学质量监控专门机构的建立运行，使全校教学评估和日常质量监控工作更加制度化、规范化、正常化，对巩固评建成果、促进教学基本建设与教学改革、不断提高教学管理水平和人才培养质量等起到了有力的推动促进与监督保证作用。

2. 以加强制度建设为保障，健全规范教学管理的内部约束机制

加强制度建设、强化教学管理是提高教学质量的重要保证。高校内部教学质量监控与评价长效机制应包含由一系列结构合理、功能齐全、关系协调的规章制度构成的制度体系，这一制度体系要涵盖到教学工作的各主要环节；各院（系）也应根据自身实际制定二级管理的各项规章制度和实施细则。长期以来，高校已经在实践中建立了教学管理的一系列工作制

度，但这些制度不可能一劳永逸，而应在实践中不断补充和完善。必须按照"坚持有效的、完善不足的、补充需要的"原则，对现有制度进行梳理整合，需要调整的进行调整，需要修订的及时进行必要的修改补充；同时应充分吸收教学评建过程中创造的新经验，对一些平时工作中行之有效的做法，用制度加以规范，从而进一步完善教学管理的制度体系，使迎评创优取得的成效、创造的经验转化为规章制度，在今后的工作中长期遵循。有了好制度是重要前提，严格贯彻执行才是根本所在。因此，要制定有力措施，狠抓制度的执行与落实，坚持"制度面前人人平等"，坚持有章必依、有规必循、严格执行，充分发挥各项制度的应有作用。

3. 以强化教学监督为抓手，健全教学质量内部监督机制

在加强制度建设、规范教学管理的基础上，应采取多种措施，通过各种途径，切实加强对教学工作的监督，形成多元有效的质量监督评价机制。可行的举措如下。

一是实行学生评教和教师评学制度。建立和完善评教、评学指标体系与实施方案，每学期开展学生评教和教师评学活动，促进教师教学质量的不断提高和学生学习风气的不断优化。

二是建立教学信息员制度。制定教学信息员工作规范，在各教学班聘请若干学生担任教学信息员，通过填写教学信息表及时向校、院（系）反映学生的学习情况、教师的教学情况以及教学管理情况，并提出改进意见和建议。

三是积极开展督导评教活动。建立校、院（系）两级教学督导体系，制定完善督导工作规定；校、院两级教学督导员每学期对拟申报职称的教师、申请教学质量奖的教师、新开课和开新课的教师、新引进和新上岗的青年教师以及学生评教成绩较低的教师进行重点听课，并坚持既监督又指导，把听课后的意见与感受向教学管理部门、院（系）、教师及时交流和反馈，促进教师及时改进教学工作。

四是认真开展领导干部评教活动。实行领导干部听课制度，要求各级领导干部经常深入教学第一线，开展听课，了解情况，及时发现和解决教学中存在的问题；各级领导干部每年听课的数量和质量，既是对各单位进行教学检查的一个重要方面，也要作为领导干部个人年终述职、年度考评的重要内容。

五是建立试卷、毕业设计（论文）抽调评阅制度。将试卷和毕业设计（论文）的抽查列为正常工作，对每学期的期末考试试卷和每届毕业生的毕业设计（论文）进行抽调评阅。

六是建立日常教学检查督查与信息反馈制度。教学督查的结果要通过校园网教学信息交流平台、教学工作简报、教学督导信息等及时进行反馈。

七是建立院（系）教学状态数据年报制度。积极探索和创新教学督查的方式方法，建立二级学院本科教学工作状态数据年报制度，促进各项教学基础性工作的规范管理。

八是建立毕业生质量跟踪调查制度。定期组织对用人单位、学生家长以及毕业校友的跟踪调查，听取用人单位对毕业生综合素质的评价、学生家长和毕业校友对学校人才培养工作的意见与建议。

4. 以开展校内评估为重点，健全教学工作内部评估机制

高校内部的各种教学评估包括院（系）本科教学工作水平评估、专业评估、课程评估、实验室评估等。院（系）本科教学工作水平评估是对各院（系）本科教学工作的全面评估，要建立并实行院（系）本科教学工作水平评估制度，参照教育部教学评估实施方案并针对学校实际，出台《院（系）本科教学工作水平评估方案》和详细的评估指标体系，定期对各院（系）本科教学工作认真进行全面评估。同时，学校还应建立专业评估、课程评估、实验室评估等其他教学工作评估制度，各项评估都要有科学合理的评估指标体系和易于操作的实施办法。各项校内教学评估的基本流程包括：①自查自评。各院（系）专业、课程、实验室按照评估指标体系整理自评材料，提交自评报告。②组织专家组现场考察。学校组织专家组对各院（系）、专业、课程或实验室进行现场查看，通过听取自评汇报、查阅自评材料、召开教师座谈会和学生座谈会、组织问卷调查、抽查评阅试卷和毕业设计（论文）、审阅有关专业教学计划和课程教学大纲、组织听课等途径，对院（系）本科教学工作水平、专业、课程或实验室建设情况进行评估。③专家组合议评价。专家组对照评估指标体系进行总体评价，整理书面评估意见并给出评估结果。④研究确定评估结论。学校有关部门对专家组评估结果进行审核，确定评估结论，并报主管校长批准。⑤反馈专家组评估意见。各院（系）根据专家组反馈意见制定整改措施，逐项进

行认真整改。⑥总结评估工作。由学校发文向全校公布评估结果。⑦评估整改。各教学单位提交整改报告，学校检查各单位整改措施落实情况及整改效果。

只有形成校内教学工作评估机制，长期开展各项校内教学评估，摸清家底，才能使教学基本建设有的放矢，从而不断深化教学改革和规范教学管理，稳步提高教学质量。

5. 以强化教育奖惩为手段，健全教学激励与约束机制

激励机制是一种激发内在活力的诱导性、驱动性机制，其功能是激发、引导人们的思想和行为向更高层次发展，是促进教师个体增强质量意识、自觉提高教学水平的内在动力。高校内部的教学激励机制主要包括：一是建立教育培训制度。通过各种形式的学习培训，加强对教师的宣传教育，引导他们熟悉各教学环节的质量标准，牢固确立质量意识，并自觉把质量标准和要求贯穿于日常教学中，不断提高教学质量和教学效果。二是搭建主题活动平台。定期开展提高教学质量系列活动，将教学示范课观摩、青年教师讲课比赛、优秀教案（讲稿）评选、多媒体课件评比等主题教学实践活动制度化、经常化，为教师不断提高教学水平搭建平台、创造条件。三是建立择优汰劣机制。设立"教学关键岗"，定期滚动式评定教学关键岗人员；进一步建立和完善青年教师上岗培训制度、年度教学考核制度、岗位聘任考核制度、不合格教师调离教学岗位制度等，严把教师进口关，疏通出口关，使优秀的留下来、不合格的请出去。[①] 四是建立赏罚分明的奖惩制度。定期开展优秀教学管理奖、优秀教学成果奖、优秀教师、一流专业、一流课程等评比表彰活动；将评教评学、教学督导以及校内评估的情况作为教师各类教学奖的评选、职称晋升、教学考核的参考依据；坚持精神激励和物质奖励并重的原则，积极为教师创造良好的工作和生活环境；将师德师风作为教学评价的一项重要指标，在师德师风问题上采取"一票否决"制。[②]

---

① 佘远富：《论大学教师培养之道》，《高等农业教育》2013 年第 2 期。
② 佘远富：《地方高校青年教师教学能力的现状考察与对策思考》，《高等工程教育研究》2010 年第 5 期。

第二节　多维奖励，立体化构建教学激励机制

调动教师教学积极性，激励他们将主要精力投入教学工作，这是提高教学质量和人才培养质量的关键，而激活教师教学积极性的关键在于建立一套科学合理、行之有效的激励机制。[①] 特别是在高等教育大众化发展的阶段，教学质量和人才培养质量成为全社会普遍关注的焦点，从思政课教师的心理需求和个人发展需要出发，通过构建多维度立体化的教学激励机制，促进思政课教师个体增强质量意识，自觉提高教学水平显得尤为重要。

一　激励理论在高校教学工作中的应用现状

激励作为管理的核心职能之一，多指激发、鼓励，即利用某种有效手段或方法调动组织中员工积极性和创造性的过程。[②] 激励机制是一种激发内在活力的诱导性、驱动性机制，其功能是激发、引导人们的思想和行为向更高层次发展。哈佛大学教授威廉·詹姆士研究发现，在缺乏激励的环境中，人的潜力只能发挥出一小部分，即 20%～30%；在良好的激励环境中，同样的人却可以发挥出潜力的 80%～90%。目前，激励理论已经在高校管理中得到广泛运用。

但是，激励理论应用于高校教学管理还不够成熟，不少高校尚未在教学上形成比较完善的激励机制。一些高校制定的政策，如职称评定、年度考核、进修晋升、表彰奖励等方面均侧重于考核教师的科研业绩，对教学的考核则呈现淡化、软化的倾向，不但没有发挥调动教师教学积极性和创造性的正向激励作用，反而起到了阻碍作用。一些高校虽然有教学方面的考核与奖励，但与科研的比重不对称、不相当。在这种重科研轻教学的政

---

① 张灵、禹奇才：《聘任制背景下完善教学激励机制的研究与实践》，《中国大学教学》2007年第 5 期。

② 孙广福：《创新高校人力资源激励机制 构建和谐教学科研环境》，《中国高教研究》2006年第 2 期。

策导向下，部分教师（尤其是青年教师）产生了"搞教学不如搞科研"的功利思想，潜心教学的积极性不高，自觉提高教学能力的内在动力不足，行动上则直接表现为重科研轻教学，或者在教学上应付了事，仅仅满足于完成既定的教学任务。

二　构建多维度立体化的教学激励机制

针对高校教学激励机制方面存在的问题，结合有关高校的成功实践，笔者认为，高校应以提高思政课教师投身教学积极性、增强全员质量意识为目的，在实行教学工作目标管理与量化考核、开展最受学生欢迎的思政课教师评选、组织中青年教师教学竞赛、设立优秀教学质量综合奖等方面形成制度，探索构建教学质量"绩效奖""百花奖""金鸡奖""华表奖"多奖并举、立体促进的激励机制。[①]

1. 绩效奖：实行教学工作目标管理和年度量化考核制度

高校一般实行校、院两级教学管理的内部管理体制。马克思主义学院作为统筹管理全校思政课教学的二级学院，其教学工作的好坏、水平的高低直接影响整个学校的思政课教学工作。所以，积极探索包括马克思主义学院在内的二级学院教学工作目标管理的理论和方法，着力加强二级学院教学工作的量化考核，既是教学激励机制的组成部分，也是不断提高教学工作水平、全面提升人才培养质量的重要途径。[②] 有关高校多年来的实践表明，这种以教学工作目标管理和量化考核为基础的"绩效奖"，能真正起到激励竞争、总体提升的作用。

首先，科学设计指标体系。根据高校教学工作的一般特点和思政课教学的特殊性，可以将马克思主义学院教学工作的量化考核指标设计为五大模块：①思政课教学质量（20%），包括思政课教学管理体制机制改革、教师队伍建设、教学理念更新、教学方法创新、实践教学的组织与开展、师生参加校级以上教学竞赛获奖数。②教学研究与成果（20%），包括思

---

① 佘远富等：《三全一化、四位一体：创新高校内部教学质量监控与评价长效机制》，《现代教育管理》2011 年第 4 期。

② 徐体高、胡效亚：《二级学院教学工作目标管理及考核的研究与实践》，《中国大学教学》2007 年第 6 期。

政课教师和教学管理人员主持或参与校级以上教改课题数、公开发表教研论文数、获得校级以上教学成果奖数。③教学质量监控与评价（30%），包括督导听课优良率，学生评教优良率，试卷抽调评阅优良率，毕业设计（论文）抽调评阅优良率，校内专业评估、课程评估的结果。④质量工程建设项目（30%），包括年内新增校级、省级、国家级一流课程数，一流专业建设点数，优秀教学团队和教学名师数等。⑤思政课教学方面的特色或亮点工作（加分项目）。

其次，准确制定年度量化目标。在教学工作目标管理和年度量化考核制度的具体实施过程中，学校应在每年年初制定"年度教学工作量化目标"，年底进行量化考核，并根据年度综合得分的升降情况确定绩效奖励的标准。为了保证年度量化目标的准确性、针对性，可以将年度量化目标分为两类：一是均值指标——对所有二级学院均适用的衡量指标，如人均发表教学研究论文篇数；二是差值指标——根据思政课的特点制定有别于其他二级学院的特色指标，如思政课教学的特色或亮点、思政课教学竞赛获奖等。

最后，提高绩效考核方法的科学性。有关高校的实践表明，用指标完成情况来计算二级学院的得分可能会引发两个极端：一是强学院希望比较综合实力；二是弱学院希望比较发展速度。为了避免上述矛盾，可以采取两种解决途径，第一种途径是将马克思主义学院单列考核，享受全校平均绩效，然后再根据年度考核综合得分的升降情况确定绩效奖励的增减。第二种途径是在对每一个指标计算分数时从横向、纵向两个方面考虑：一是与全校平均值相比的增减情况；二是与往年相比的增减情况。第二种途径的具体考核计算方法如下。

JW＝［（学院当年值-学校当年平均值）/学校当年平均值+（学院当年值-学院往年值）/学院往年值］×100%。

即 JW＝［（A-X）/X+（A-B）/B］×100%。其中，A 指学院当年值；B 指学院往年值；X 指学校当年平均值。

用 JW 百分数可较科学、全面地衡量各学院在某一项目上的发展状况。弱学院第一项为负值，但由于 X 值较大，该项值并不大；若有发展，第二项为正值，并且数值较大。强学院第一项为正值，只要发展第二项也为正值，但数值较小；若不发展，第二项为负值。JW 百分数越高表明学院在该项目上成绩越佳或发展越快。将各项 JW 百分数相加可获得总 JW 百分数。

2. 百花奖：开展最受学生欢迎的思政课教师评选活动

"知屋漏者在宇下，知政失者在草野。"广大学生身处一线，是教学的主体，对思政课教学工作现状了解最多，对思政课教师的教学水平和教学效果感受最深，因此对思政课教学质量的评判也最有发言权。为了进一步调动广大教师投身思政课教学工作的积极性，高校可以结合具体校情实际，每年组织开展"年度最受学生欢迎的思政课教师"评选活动。这种评选以学生的投票结果为基础，反映了广大学生对思政课教师的评价和喜好，因而可称为学校思政课教学质量评价的"百花奖"。

根据有关高校的实践，评选过程包括以下几个环节。

第一，明确评选范围。"年度最受学生欢迎的思政课教师"评选对象为学年内（每年秋季学期至次年春季学期）承担本、硕、博各学段各门思政课教学任务的全校思政课在职教师；评选主体为全体全日制在校学生。

第二，确定评选时间。每年评选一次，评选时间一般为每年的 5 月中下旬。这是因为评选对象为一学年内的思政课任课教师，5 月份则是应届毕业生尚未离校、新生进校已经将近一年的时间，在这个时间段开展评选活动可以让全体在校学生参加。

第三，确定评选程序。①研制评选系统。应根据学校实际，组织有关专业人员研制"年度最受学生欢迎的思政课教师"网上评选投票系统。②明确投票要求。学生进入评选系统、打开评选界面后，看到的是一个评选投票表，表格将本年度（一学年）在该学生班级担任授课任务的所有思政课教师名单、课程名称、授课时间和学生人数等全部列出，供学生投票选择。每位学生可以选择不超过 2 名（含）自己喜欢的思政课教师进行投票；系统预设有关限选设置，使学生无法多选。学生投票在提交前，可以修改；提交完成后，不能修改，也不能二次登录系统进行重复投票。③组织学生网上投票。评选活动开始后，组织全体在校本科学生上网登录学校"年度最受学生欢迎的思政课教师"网上评选系统，凭学号和口令（选课密码）进入，按要求进行投票操作。

第四，统计评选结果。全体学生投票结束后，由系统自动对学生投票结果进行统计。为了使投票结果统计客观、公正，可以课程班级为单位，计算每位教师在每个授课班级的评优率，班级评优率＝选优学生数÷每个任课班级参评学生总数；班级学生参评率低于60%，不统计评优率；在全校范围内，将每位思政课教师任课的班级评优率进行加权平均，按平均评优率得分高低排列每位思政课教师顺序；按评优率排序和评选名额，确定"年度最受学生欢迎的思政课教师"初步名单。

第五，审核表彰奖励。学生投票结果统计结束后，即进入评审程序。具体环节包括：①学院预审。学校有关部门将初步名单反馈给马克思主义学院，学院召开本科教学工作分委员会会议，对初步入选名单进行预审；学院预审的重点是对初步入选教师的思想品德、遵纪守法、师德师风等方面进行审核，并将预审结果返回给学校有关部门。②部门审核。有关职能部门对学院预审结果进行审核。③学校审批。召开学校教学工作委员会，研究并审批"年度最受学生欢迎的思政课教师"名单。④网上公示。将校教学工作委员会审批后的"年度最受学生欢迎的思政课教师"名单，在校园网上进行公示。⑤表彰奖励。学校发文公布，在每年的教师节进行表彰奖励。

3. 金鸡奖：组织中青年教师教学竞赛

近年来，大批刚走出校园的硕士生、博士生充实到高校思政课教师队伍，青年教师在高校思政课教师队伍中的比重急剧增加，青年教师教学能力亟待提高。为了加强对青年教师的培养，为他们不断提高教学水平搭建舞台、创造条件，高校可以将中青年思政课教师讲课比赛制度化、经常化。中青年教师教学竞赛以专家委员会的评比为基础，是一个专家评审、鼓励创新的学术奖，因而可视为教学质量评价的"金鸡奖"。

中青年思政课教师教学竞赛一般分课程预赛、学院复赛和学校决赛三个阶段。课程预赛由不同思政课所在的教研部组织，规定45岁以下中青年教师都必须参加预赛；复赛由马院组织，按学校分配名额的1：2评出进入决赛的教师名单；决赛由学校组织，评委由校内外思政课教学专家和各学院学生代表组成，未进入决赛的思政课教师现场观摩。从预赛开始，学院为每位参赛教师配备教学名师、教学督导或教学经验丰富的老教授进行指导，指出优缺点和需改进的问题并帮助改进；正式比赛时，由评委给出点评意见，书面反馈给参赛教师；学校对决赛实况进行全程录像，并将具有经典案例特征的获奖者比赛录像刻成光盘发给每位思政课教师，作为学习讨论的示范案例。每年学校中青年思政课教师教学竞赛的结果，可以作为参加校级以上教学竞赛的推荐依据。通过定期开展中青年思政课教师教学竞赛，可以让青年教师普遍得到较好的锻炼，促进一批优秀青年教师脱颖而出。实践表明，青年教师教学竞赛是综合培养和提高青年教师教学能力的一种重要途径。[①]

4. 华表奖：设立优秀教学质量综合奖

教师队伍的整体水平和综合素质既是学校办学水平的体现，也是提高教学水平、保证教学质量的关键。为了促进教师队伍整体水平和教学质量的不断提高，可以设立"优秀教学质量综合奖"，每年对积极承担思政课教学任务，在教书育人、教学改革等方面取得显著成绩，年度内达到一定教学工作量要求，教学效果优秀的在职思政课教师进行"优秀教学质量综合奖"的评选、表彰、奖励。这是学校思政课教学工作的综合性荣誉奖，具有整体的学校导向性，因而可作为教学质量评价的"华表奖"。

相对于其他教学奖的评选，"优秀教学质量综合奖"的评选条件更全面，要求也更高。具体包括：坚持马克思主义，拥护党的领导，热爱党的教育事业，教书育人，立德树人，为人师表，具有良好的职业道德和敬业精神，模范执行学校《教学工作规程》和《教师职业道德规范》；承担教学任务积极主动，教学态度认真负责，本年度完成思政课教学工作量（含理论与实践环节）300 学时以上；课堂教学效果优秀，学生满意，同行、督导听课评价优秀。同时，必须具备下列条件之一：①主持或参加校级及以上教改项目并取得有效进展（在项目立项至完成期间有效）；②本年度作为第一作者发表 1 篇教学研究论文（一等奖须在核心刊物上发表）；③近两年内曾荣获校级及以上教学成果奖；④指导学生参加校级以上学科竞赛并获奖，或在指导学生实习实训、社会实践中做出突出成绩；⑤积极投身教学改革，在教学理念更新、教学方法和教学手段创新方面做出突出成绩。

"优秀教学质量综合奖"每年评选一次，采取"年初教师申报、督导员全年跟踪听课、年底组织专家评选"的办法。有意申报当年度优秀教学

[①] 余远富：《地方高校青年教师教学能力的现状考察与对策思考》，《高等工程教育研究》2010 年第 5 期。

质量综合奖的教师，须于每年的 3 月向学院提出申请；学院除组织院督导听课外，还须将申报人员名单报学校教学管理部门，以便学校组织校督导全年跟踪听课。每年底，学校组成专门的评审专家组，对照评选条件，结合督导听课评价意见和学生评教结果，进行综合评定。奖励等级分为一、二、三等奖，学校对获奖教师发给证书和奖金。

三　构建教学激励机制应注意的几个问题

构建多维度立体化的教学激励机制是一项复杂的系统工程，需要在不断探索和长期实践中完善。结合有关高校的实践，在构建和实施过程中必须注意"四个结合"。

1. 定量考核与定性分析相结合

定量考核是加强教学工作目标管理的有效手段，但定量考核的基本目的是发现问题、找出差距、促进整改、鼓励竞争，根本宗旨则是提高教学质量、促进人才培养。因此，构建教学质量激励机制必须坚持定量考核与定性分析相结合，在对教学工作实行目标管理、定量考核和评选表彰的基础上，还应加强对考核与评选结果的定性分析，并及时反馈到教学管理过程之中，不断完善考核评选办法，使激励机制真正发挥鼓励先进、鞭挞后进、促进教学质量全面提高的目的。

2. 刚性要求与柔性管理相结合

激励的真谛在于发挥人的价值和潜能，发展人的个性。在新发展理念的指导下，"以人为本"的思想越来越深入人心。构建教学质量激励机制既要加强制度建设，又要实施人本管理，把制度要求与人本管理有机结合起来。制度要求好比"螺丝钉"，人本管理好比"润滑油"，二者相互结合，使教学激励机制高效运行，才能真正做到人尽其事、地尽其利、物尽其用、时尽其效、人得其安。因此，在高校思政课教学质量激励机制实施过程中，应该"刚柔相济"，将刚性的制度要求与柔性的人本管理结合起来，实现二者的融合统一，既"管"且"理"，重"管"更重"理"。

3. 切合实际与科学可行相结合

切实可行是激励机制的重要原则。"切实"，就是要切合实际、符合规律、满足需要。即要切合学校的实际、切合思政课教师队伍的实际、切合思政课教学工作的实际等，符合高等教育的规律、符合高校教学的规律、符合人才培养的规律、符合思政课教学的规律等，满足学校思政课师资建设的需要、满足青年教师教学能力提高的需要、满足思政课教师队伍专业化发展的需要。"可行"，是指在实践中要行得通。一是激励机制中的相关要求必须科学合理，既不要过高，也不能过低，使其"可行"。二是要具有较强的可考核性、可操作性，使其"可行"。不能只是笼统的、原则的、抽象的规定，也不能都是定性的指标，应尽可能具体化、细化、量化。三是要在实施过程中不断加以完善，使其更加"可行"。任何一项激励制度都有一个不断完善的过程，必须在实施过程中，注意分析与总结，适时加以修订完善，只有这样才能使其更加"可行"。

4. 立足当前与持之以恒相结合

如何用前瞻的眼光，处理好当前与长远的关系，涉及高校思政课建设能否持续发展、高质量发展。首先，要立足当前构建有效的激励机制。思政课教学工作是一项系统工程，涉及的因素很多，包括政治、经济、科技、文化和社会发展的要求，教育、教学和课程自身发展的规律，学生的主体作用、教师的主导作用、制度的保障作用以及激励的促进作用等。必须结合这些因素分析高校内部目前思政课建设所面临的形势，研究并确定构建激励机制的思路与要求、形式与内容，使激励机制能够对当前的思政课教学工作真正起到促进作用。其次，要放眼未来、持之以恒。思政课教学质量的提高不可能一朝一夕、一挥而就的，这就要求高校对激励机制的实施不能紧一阵，松一阵；想到就抓，想不到就不抓；有空就搞，没有空就不搞。即对激励机制的实施一定要树立长远观念，避免短期效应，一定要持之以恒、常抓不懈，一定要经常化、正常化、制度化。[①]

第三节　多措并举，有效性开展学生网上评教[②]

现代教育观强调学生在教学活动中的主体地位及师生之间的平等关

---

①　余远富：《对高校教学工作水平评估的若干思考》，《高教发展与评估》2008 年第 6 期。

②　本节部分内容参见余远富《论网上学生评教的有效性》，《扬州大学学报》（高教研究版）2007 年第 5 期。

系，提倡让学生参与到教师评价中来，"网上学生评教"已经成为教师教学水平评价的重要形式和高校教学质量监控体系的一部分。新形势下，必须加强对网上学生评教有效性的研究和探讨，促进评教指标体系科学化、评教过程规范化及评教结果公正化。

一 学生评教的概念内涵与发展历程

教学评价是教育评价的重要组成部分。二战以后，美国十分重视运用教育评价来检查教学质量，并取得了良好效果。美国的做法使教育评价在世界范围内得到普遍重视，教育评价理论研究也开始活跃，并在此基础上诞生了一门学科：教育评价学。根据教育评价学理论，教学评价作为教育评价的重要组成部分，是根据教学目标，采用可行的评价标准与工具，对教学质量所作的测量、分析与评定，是开展教育评价、促进教学管理、提高教学质量的有效手段之一。

学生评教是教学评价的一种形式。所谓"学生评教"是指依据一定的评估标准，组织学生对任课教师的教学行为进行评价和打分，经过数据统计和客观分析后形成对教师教学质量的一种评价。学生评教作为教学评价形式之一，是评价教师教学情况的重要组成部分。综合国内外的实践成果，笔者认为，有效的学生评教至少包括六个基本要素：评价目标、评价标准、评价工具、评价组织、评价主体、评价客体等。

西方发达国家高校学生评教的理论与实践起步较早、发展较快。在西方大多数国家，对高校教师教学的评价通常包括系主任评教、资深教授评教和学生评教三部分。但在实际评价过程中，基本上采用的是学生评教的方法。美国高校学生评教的实践活动在世界上起步较早，最早可以追溯到20世纪20年代柏杜教学等级评定量表（Purdue Rating Scale of Instruction，1926）的发表。之后，美国高校学生评教活动迅速发展，不但有研究学生对教学效果进行评价的专门机构，而且评价的技术也越来越现代化。目前，系统的、全方位的学生评教已成为美国高校的一种制度和教学管理的最大特点。[1]

---

① 王丽萍：《美国高校学生评教特点分析及启示》，《美中教育评论》2005 年第 10 期。

我国高校学生评教的兴起较迟，但近十多年发展较为快速。由于传统文化中"师道尊严"思想的影响，学生评教在我国长期未得到发展。20世纪80年代中期，国内一些高校开始试行学生评教，但并未被高教理论界重视，也没有被教师和学生普遍接受。比较规范科学的学生评教活动是伴随着科学的高教评估活动的兴起而逐步形成并得到良好发展的。近十多年来，我国高校学生评教的实践和理论研究工作得到了长足的发展，高教界基本上不再怀疑和否定学生评教的价值，更多的是从提高有效性和可信度视角探讨方式方法。随着互联网技术的迅猛发展，基于校园网的学生评教也快速发展起来，学生评教结果也被广泛地运用到各种教学评估和教师教学工作业绩评价中。

二　学生评教指标体系的构建原则

学生评教是学生对任课教师教学情况进行价值判断的过程，严格评教标准、制定指标体系是提高有效性的前提。在学生评教指标体系的设计与制定过程中，要注意遵循以下原则。

1. 目的性与导向性

学生评教标准既是学生对教师进行评价的依据，也是教师开展教学活动的指南之一。学生评教指标体系既要与教学目标一致，体现为教学评价服务的目的，又要科学规范，具有引导教学活动的作用。从教学工作的一般规律和思政课的特点出发，应以"立德树人"为导向，以"教书育人、为人师表"为立足点，以"提高教学质量"为落脚点，以教师的教学态度、教学内容、教学方法、教学效果等为主要内容，构建一套科学、规范的评教指标体系。

2. 统一性与差异性

所谓统一性是指教师的工作有其固有的特点，教学工作存在共性；所谓差异性是指学科、专业、课程之间的差异以及高低年级学生之间认知水平、评价能力的差异。因此，科学的评教标准应当是统一性与差异性的集中设计。[①] 既要考虑评教主体（学生）的差异性，尽量选取学生易于观察和掌握的教学行为特征作为评教标准，也要考虑专业课程的差异性，针对

---

① 王瑛：《关于高校学生评教中若干问题的探讨》，《中国大学教学》2006年第7期。

教学工作的共性内容建立统一标准，而对于非共性的内容则允许标准有所不同，如针对思政课理论教学、实践教学、情境体验等，就可以设计与其他专业课程不同的二级指标体系。

3. 理论性与实践性

学生评教是一项复杂的教学评价活动。一方面，它所涉及的内容十分广泛，在理论上有着很强的学科交叉性，需要以教育学、教育管理、课程与教学论、教育心理、教育统计学、系统科学等理论知识为指导。另一方面，由于主体是学生，对实践操作环节有着很高的要求。设计与制定评教指标体系必须坚持理论性，每项指标都应是用行为术语定义的、具有理论依据的；同时更要坚持实践性，从教学实际出发，确定的评价指标及方案应简洁明了、切合实际、可操作性强。[①]

4. 客观性与开放性

所谓客观性，是指评价体系必须客观公正真实，语言表述不会引起理解上的分歧和误差，学生可以对照被评者的表现进行实际观察、判断和评定，得出明确的结论。所谓开放性，是指评价指标及实施方案应给学生提供发表意见的平台，学生可以根据自身的实际感受自由反映对教师授课的具体意见、建议和看法。只有把两者有机地结合，才能扩大信息收集量，这有利于学校全面了解情况、掌握信息，更有利于教师发扬优点、克服不足、不断改进教学工作。

5. 主体、客体及组织者共同参与

美国教育评论专家 E. 枯巴和 Y. S. 林肯在《第四代教育评价》中指出，评价应是参与评价的所有人特别是评价者与其对象交互作用、共同构建的过程。教学管理者作为评教活动的组织者、学生作为评教活动的主体、教师作为评教活动的客体，三者都应该参与评价标准的设计和制定。[②]学校应通过多种途径、采取各种形式，组织有关专家、教学督导员、广大教师和学生等各个层次参与研究讨论，广泛听取意见，使评教指标体系的制定修改过程成为统一思想、集思广益的过程，从而转化为促进师生学习、了解和掌握的过程。

---

① 佘远富：《改进高校多媒体教学的路径思考》，《中国教育信息化》2009 年第 5 期。
② 王瑛：《关于高校"学生评教"中若干问题的探讨》，《中国大学教学》2006 年第 7 期。

三 网上学生评教的显著优势

随着理论研究和实践的不断深化，学生评教将朝着更加科学化、现代化和简便化的方向发展，如今基于校园网络的网上学生评教得到快速发展，已越来越普遍。与传统学生评教方法相比，网上学生评教具有明显优势。

1. 传统学生评教方法存在的问题与不足

我国高校传统的学生评教采取手工涂卡的方式实施，这种基于纸和笔、以手工处理为主的学生评教，存在许多问题和缺点。一是受评面比较狭窄。不能覆盖到所有教师，无法比较全面地反馈教师队伍教学状态的各种信息；不能覆盖到所有课程，难免出现以偏概全现象，使评教准确度下降。二是评价组织工作烦琐易错。从评价卡（表）的制作印刷，学生的集中组织，到评价卡（表）的发放、填写和收缴等，整个过程不但花费精力大、需要人手多、耗费时间长，而且难免加入一些人为错误，使评估结果可信度下降。三是数据处理困难。一般是用读卡机识别学生填涂的评价卡，数据处理工作量巨大，既耗时费事、操作成本高，又可能因为填涂不清楚导致读卡机不识别或错识别，在客观上造成结果的误差。四是信息反馈周期长。不能做到评价信息的实时反馈和评教结果的及时反馈，有关信息和结果对于改进教学工作明显滞后，导致学生评教的效用降低。

2. 开展网上评教势在必行

随着我国高等教育普及化的到来，高校办学规模不断扩大，万人大学比比皆是。同时，随着高等教育改革的不断深化和完全学分制的实施，教师与学生间的对应关系变得越来越复杂，传统学生评教方式的弊端日益明显。随着计算机网络技术的迅速发展和高校校园网建设的不断完善，许多高校开始实行学生网上评教，研究建立了基于校园网平台的学生评教系统。学生评教系统由软件、硬件两部分组成，软件由评教程序文件和数据库组成，硬件主要依托校园网和教务管理系统服务器。从实际运行情况看，目前国内一些高校使用的学生评教系统，无论是自行研发的还是购买的软件，都还存在一些技术性难题，需要结合实际加强研发和改进，不断在实践中加以完善。

3. 基于校园网的学生评教具有明显优势

相较于传统学生评教，基于校园网的学生网上评教具有明显优势。一是覆盖学校全体教师、所有课程，有效提高受评面。基于校园网的学生评教系统可以实现与教务管理系统的无缝链接、信息关联和数据共享，使全体教师、所有课程都接受学生评价。二是学生全员参与，有效提高参评率。学生登录参评时的密码与选课系统同步，可以通过设置规定学生只有完成评教后才能正常使用选课系统。三是网络采集评价数据，有效保证评教准确性。学生在校园内任何一台联网的计算机上，凭学号登录进入评教系统后，可以看到自己本学期所有的课程及对应的授课教师，根据要求逐项点击打分，并输入对本课程或任课教师的意见与建议。四是灵活设置有关规定，有效保证评教公正性。为保证评教结果的客观公正，系统可以根据需要灵活设置，如评价结果全为"优"或全为"差"不能提交；学生评价提交后不能再二次登录进行数据的修改；评教得分为去除5%的最高分和5%的最低分后的加权平均分；参评率低于60%的课程或教师，不统计最终得分等。五是数据处理快捷准确，有效减少人为误差。评价数据采集后系统后台即时进入运算，根据设定提供智能化的数据记录、处理和管理，如：自动统计评教成绩、自动保存每次测评的全部结果并进行历次测评成绩分析、比较等。六是网上发布评价成绩，大大缩短信息反馈周期。根据统计分析结果，系统可以即时反馈学生意见和建议，及时发布评价成绩，根据登录用户的身份可以随时查看不同范围的数据。

四 网上学生评教的组织实施

虽然网上学生评教简化了操作程序，省却了许多烦琐的组织工作环节，但任何有效的教学评价都离不开周密的组织实施，必须针对网上学生评教的新特点，加强评教过程管理。

1. 健全学生评教的组织机构，制定相应的配套管理制度

首先，要建立学生评教组织机构。任何客观公正的教育评价都需要一个独立于主、客体之外的机构去组织和实施。在国外大学，如美国、英国、澳大利亚等，均有专门的学术发展机构，负责定期组织教学评价；国内也有不少高校成立了"教育教学评估中心"等专门机构，负责包括学生

评教在内的教学评价工作。其次，要建立长效性的学生评教制度。由于影响教师教学质量的因素很多，只有进行多次评价和各方面信息的综合分析，才能克服不定因素的影响，得出较为客观和准确的判定。同时，只有当学生的评价是稳定连贯的，它才可能作为一种可靠的评价手段被广泛接受。因此，高校应将学生评教纳入正常的教学质量评价体系，形成长期稳定的学生评教制度。最后，要制定完善有关配套管理制度。包括网络管理监控制度、对学生的基本要求以及有关纪律制度、学生评教结果的使用激励制度等。

2. 加强教育培训，提高教、学双方的参评积极性

首先，加强对教师的宣传教育，提高评价客体对评教工作的思想认识，这是有效开展评教活动的基本点和落脚点。目前，有些教师在思想上对学生评教还存在一些认识偏差。要通过学习宣传，使所有教师了解评教目的、评教标准、指标体系等，促进他们从内心真正认同学生评教，并把评教标准和内涵要求自觉贯穿于日常教学中，用"真情实感、真才实学、真知灼见"去对待学生、组织教学，不断提高教学质量和教学效果。其次，加强对学生的教育和培训，提高评价主体对评教工作的思想认识，这是有效开展评教活动的关键。虽然评教系统可以通过设置与选课的关联要求学生全部参与，但学生是被动参加还是主动参与，其效果是截然不同的。要通过多种形式的宣传教育和必要的业务培训，使所有学生认识到参加评教既是自己的权利也是自己的义务，自觉以严肃认真负责的态度对待评教，客观公正地对修学课程的任课教师做出评价。

3. 认真做好有关环节的工作，确保网上评教的顺利实施

一是认真做好前期准备工作。每学期学生评教工作开始前，学校有关部门要认真核对评教系统中本学期的教师开课信息和学生选课名单，确保每名教师、每门课程的评教参数准确无误。二是选择最佳评教时机。为保证合理性和公正性，集中性网上评教应在每学期期末考试前一个月进行，这样既不影响学生迎考，也可以与新学期的学生选课工作结合起来。三是加强网络监控，及时协调处理有关问题。评教工作开始后，要加强对评教系统的监控，及时了解评教动态，并设立评教咨询热线，及时协调和处理出现的问题。四是注重结果评价与过程评价的结合。除了在集中评教时学生可以反映意见和建议外，系统中的"师生交流平台"应常年开通，便于

师生日常互动交流。

五 网上学生评教的结果处理

学生评教结果涉及教师个人的声誉和利益，各方面都非常关注。必须坚持正确的评教指导思想，慎重处理和合理利用评教结果，从而真正发挥学生评教的积极功能，达到教学互动、师生相长的目的。

1. 综合运用多种教师评价方法

学生评教虽有其优点但也有其不足。亚拉巴马南部大学的一个学生评教委员会在 2003 年度报告中指出："即使运行最好的教学评价，也应该有其他评价手段作补充。"[①] 一些高校的实践证明，将领导评价、专家评估、督导评教、同行评议与学生评教有机结合起来，综合运用多种教师评价方法，扬长避短、相互补充，从不同侧面对教师进行全方位考察，可以使评教更全面、更客观，从而有效弥补学生评教的不足，消除其可能存在的负面影响。

2. 注意做好学生评教结果的校正工作

由于不同学生对教师课堂教学环节的认同程度、对评教工作和评教指标体系的认识程度、在评教过程中的认真程度等方面存在差异，某些指标评价结果可能存在误差。因此，应通过一定的途径和方法对这些可能存在的误差进行校正。如综合分析各种评教结果，从各种评教结果的"吻合度"判断学生评教结果的"可信度"；综合分析、比较某位教师的历次学生评教成绩，从教师教学工作的"总趋势"判断学生评教结果的"准确性"；通过教学督导组对平均得分较高或较低的教师进行重点督导，诊断学生评分是否存在偏差并分析形成偏差的原因。

3. 分层次、有选择地公布评教结果

公布和反馈学生评教成绩时必须注意方式方法。首先，网上公布学生评教结果必须有选择，在校园网上只公布全校学生评教的总体情况，如全校参评人次、参评率，各院（系）学生参评率，全校平均分和位于各分数段的人次等。其次，学生评教结果的反馈一定要在教师给出每学期课程的

---

① 王瑛：《关于高校"学生评教"中若干问题的探讨》，《中国大学教学》2006 年第 7 期。

学生总评成绩之后，以避免出现个别教师因情绪一时不佳而影响学生成绩的评定。最后，分层次查阅学生评教结果。通过对评教系统查阅权限的设定，可以按照不同层次分级进行管理，一般是学校领导全面掌握，教学管理部门具体掌握，各院（系）领导掌握所属教师评价情况，教师个人只能查询了解自己的评教成绩和学生的具体意见与建议。

4. 合理适用评教结果

很多高校把学生评教结果作为一种鉴定结果和考核工具，直接与教师的职称评定、教学质量奖的评选、岗位津贴的发放、年度考核等级的确定等挂钩。笔者认为，这种做法有待商榷。现代教育评价比较淡化鉴定、考核功能，十分强调矫正、改进功能。因此，学校固然可以把学生评教结果作为评价教师业绩的依据，但只能是一个"参考依据"，评价的宗旨在于完善教师激励机制，促进其改进教学工作。正确的做法应该是既不能唯分是从，又要认真对待；重在综合分析、发现问题，贵在找出原因、提出建议，根本在引导教师改进教学工作、提高教学水平。

第四节　多管齐下，科学性推进教学督导工作①

教学督导工作是高校教学质量保障体系中最重要的环节，在监控学校教学工作状态、提高教学工作水平、提升教师教学能力、保障教学质量等方面起着日益明显的作用。但是，在高等教育大众化的新形势下，高校教学督导工作也面临一些新问题与矛盾。为了最大限度地发挥功能，高校教学督导工作必须在实践中注意把握"六宜""六不宜"。

一　在体系构建上宜"综"不宜"单"

"综"指综合立体、校院（系）两级。随着高等教育大众化局面的出现，高校的办学规模不断扩大，许多院校开始实行学校、院（系）两级内

---

① 本节部分内容参见佘远富《高校教学督导工作的"宜"与"不宜"》，《教育与现代化》2009 年第 1 期。

部管理体制改革，与之相适应的是教学管理也实行校、院（系）多级管理体制，并且将管理的重心放在院（系）级。在这种新的形势下，学校内部的教学督导工作，需要改革和发展其运行机制，以适应高等教育教学发展的要求。① 只有构建与校内管理体制相适应的、综合立体的校院（系）两级教学督导体系，才能调动各方面的积极性，进一步强化院（系）自我质量监控功能，形成校内教学质量保障工作分工合作、齐抓共管、各有侧重的良性局面。

"单"指单一线性、校或院（系）单级。目前，对督导体制的定位各高校做法不一。基本有三种情况：第一，教学督导组是在校长或主管教学工作的副校长直接领导下的独立部门，是与校学术委员会和教学委员会平行的咨询机构；第二，督导组织隶属于校内教学质量监控部门，与教务处平级；第三，督导组由教务处下属的教学质量科协调处理日常工作。据调查，不管是采用何种运行机制，不少高校都存在仅有校级督导组织而没有院（系）级督导组织、仅有学校一级的教学质量监控而缺乏基层教学单位的自我监控的状况。这种单一的督导体系显然不能适应保证教学质量的需要。

必须针对高等教育大众化背景下现代大学教学工作的特点努力构建校、院（系）多级教学督导体系和运行机制。一是坚持教学管理与质量监督分开。现代管理理论认为，在设置组织机构时，其执行性机构同监督性机构不应合二为一，应当分开设置，以利于监督性机构的职能得到发挥。高校应在内部建立独立于教学管理部门之外的教学评估与监督机构，使"运动员"（教学管理与实施）和"裁判员"（教学监督与评估）职责分明，从而达到理想的教学质量监控效果。二是构建校院两级教学督导体系。学校要建立全校性的教学督导组织，如教学督导委员会、教学督导组等，同时所属各二级学院也应建立相应的教学督导组；校、院两级教学督导员纳入统一体系管理，院级教学督导组接受校教学督导委员会（组）的业务指导和工作检查。三是明确校院两级教学督导员的工作职责。校级教学督导员主要对全校教学工作行使督查、调研、评估、指导、咨询等职

---

① 李萍莉：《全面构建两级管理体制下的教学督导与评价体系》，《扬州大学学报》（高教研究版）2006 年第 5 期。

责，院级教学督导员主要负责对本学院教学工作进行监督、指导、评议；校、院两级教学督导组织有机衔接、密切配合，从而有效促进教学督导工作到底、到边、到位。

二　在队伍建设上宜"专"不宜"兼"

"专"指专职化、专业化、专家化。教学督导是学校内部对教学活动的监督、评价、指导等一系列活动的总称，其工作性质和特点从一开始就显示出它的专业性、规范性、技术性。教学督导员不仅要能够对教学工作进行共性的和理论层面的督促指导，而且要能够针对教学工作的各个环节发现问题并提出令人信服的可操作性意见和建议。这就决定了教学督导员不仅要有高度的工作热情、较强的奉献精神和强烈的责任心，而且要精通业务、具有丰富的教学实践或教学管理经验、在学校师生中德高望重、具有权威性，同时要能够保证有足够的时间和精力投入教学督导工作。

"兼"指兼职、兼任、兼顾。目前，不少高校在督导队伍建设上存在需要改进的方面。比如一些高校的教学督导员年龄过大，有的平均年龄甚至超过了七十岁，虽然在督导经历上保证了"专"，但在工作精力上却是"兼"；有的高校聘请一些在职的专家教授兼任教学督导员，但由于这些专家教授的教学科研任务较重，客观上少有时间兼顾督导工作，虽然做到了督导业务的"专"，在督导时间上却是"兼"；有的高校专门聘请一些已退休的学校老领导担任教学督导员，这些老领导对学校管理工作比较熟悉，对新时代教学工作的各环节却缺少足够的了解，虽然保证了督导威望的"专"，但在督导经验上却是"兼"。由于"专""兼"有失偏颇，督导工作的有效性降低。

加强教学督导员队伍建设，必须搞好人员聘任，强化学习培训，优化结构素质。为增强教学督导的权威性和协调性，可以采取管理领导和学术专家相结合、校内专家和校外专家相结合的办法。为保证督导队伍的专职化、专业化、专家化，可以主要聘任一些具有高级职称、教学或教学管理经验丰富、责任心强、刚刚退休、身体健康且精力充沛的老教师，年龄一般不超过六十五岁，每届聘期不超过两年。为提高教学督导员自身素质和工作水平，可以建立学习交流和工作研讨制度，定期组织学习上级有关文件精神、了解高等教育改革动向与国内外高校的先进做法、交流督导工作体会，学校召开的教学工作会议，举办的教育改革报告会、研讨会等，都可以邀请教学督导员参加。

三 在职能定位上宜"实"不宜"虚"

"实"指切实、实在、实效。所谓"切实"，就是要切合实际，符合规律。也就是要切合学校的实际、切合教学工作的实际，符合高等教育的规律、符合高校教学的规律、符合教学质量监控的规律等。所谓"实在"，就是督导工作要实实在在、完善规范。即督导工作必须有组织、有制度、有任务、有权力、有责任、有待遇，成为学校的日常工作。所谓"实效"，就是要在促进教学工作、提高教学质量方面取得实际成效。教学督导的基本职能是教学质量的监督、检查、评估、咨询、指导，其工作性质要求教学督导员必须实事求是、敢于直言，必须坚持标准、客观公正，必须严肃认真、一丝不苟，必须遵守规律性、贴近实际性、讲求实效性。

"虚"指虚化、弱化、表面。在实际工作中，督导工作讲起来重要、做起来不要，停留在口头、漂浮在表面，仅有组织，没有制度，仅有机构，没有活动，仅有形式，没有内容，仅有职责，没有待遇，仅有布置，没有检查，仅有意见，没有建议，仅有发现问题，没有解决措施等现象是实际存在的，这些问题的存在直接影响到督导工作的效果，导致有的教学督导队伍形同虚设，没有发挥应有的作用。

为了保证教学督导工作落在实处、取得实效，必须从实际出发，以干实事、求实效为重点加强制度建设。一是建立健全一系列教学督导组织制度。如教学督导工作规程、工作规范、工作职责等，对教学督导工作的机构设置、职能定位、人员聘任、权利义务等进行详细规定，保证督导工作有章可循、按章办事、有序进行。二是建立健全一系列教学督导工作制度。如教学督导员学期工作任务量化制度、听课记录和听课情况月度汇总制度、每月督导工作例会制度、督导意见和建议及时报告制度、年度考核与检查总结制度等，从而加强对教学督导员的组织管理，保证督导工作切实有效。

四　在督导内容上宜"广"不宜"狭"

"广"指宽广、全面、全程。20世纪80年代初，全面质量管理模式开始逐渐引入我国高等教育领域，要求高校借鉴工业企业全面质量管理的一般理论和方法，树立教育教学全面质量管理的理念。根据全面质量管理理论，高校教学督导工作需要考虑各方面的因素，运用系统、联系、发展、全面的观点来看待与教学质量相关的各种因素，并从中把握关键的、起支配作用的要素，从而保证教学督导工作全面全程、监督有力、指导有方。因此，高校教学督导工作在内涵上必须不断拓展和丰富，在内容上应该涉及学校教学工作宏观和微观的各个方面，在环节上要包括教师的教学、学生的学习、学校的管理等人才培养的全过程，在形式上应紧紧围绕人才培养目标的实现开展各项督导活动。

"狭"指狭窄、片面、偏颇。目前，高校教学督导工作普遍存在范围狭窄、内容片面、环节偏颇等不足。如在具体工作中，往往只局限于单纯的教学环节督导，忽视对学校办学及人才培养的其他方面的思考与建言；只重视对教学秩序的督导，忽视对教学大纲、人才培养方案、教学管理规章制度执行情况等方面的检查；只重视课堂教学督导，忽视实验教学、实践教学及课外作业等其他教学环节；只重视对教师的督导，忽视对学生学习及教学管理等方面的评价指导。这些都削弱了教学督导工作应有的作用。

根据对部分高校的调研，结合工作实践，笔者认为高校教学督导工作内容应包括：加强专题调研，对涉及办学理念、办学特色、人才培养模式改革等关键问题进行思考和提出建议；加强对教学条件、教学管理、教风学风等核心要素的检查、督导与评估，促进教学工作的规范管理；加强对重要课程、重点教师的听课评教工作，促进课堂教学质量的不断提高；加强对教学设计、教案准备、手段与方法、实验与实习、作业与辅导、考试与考核、毕业设计（论文）等教学工作各个环节的全过程督导，促进教学能力和水平的不断提升；对专业建设、课程建设、实验室建设等重要方面定期组织开展校内教学评估，促进学校教学基本建设。

五 在督导方式上宜"疏"不宜"堵"

"疏"指疏导、指导、交流。"疏导",就是要讲明道理、因势利导;"指导",就是要针对存在问题,提出解决建议,"既诊断、又开方";"交流",就是督导者与被督导者之间要交流信息、交流思想、交流认识。其中,"交流"是关键。英国作家萧伯纳对交流思想曾说过一个有名的比喻:如果两个人彼此交换一个苹果,那么每个人仍然是各有一个苹果;但如果两个人彼此交流一种思想,那么每人将有两种思想。一位日本学者从 $5+5=10$ 和 $5×5=25$ 算式中提出了"人际关系的乘法效应":如果两个人彼此之间无交往不交流,他们的能力都不会有任何提高;但如果他们交流信息,相互协商,便可能因为相互"碰撞"、相互"叠加"、相互"感应"而产生思想共振,产生倍增效应,使两个思想重新组合而发挥出成倍高于原来的能力。可见相互交流思想的重要性。

"堵"指堵塞、指责、封闭。在现实教学督导工作中存在着以下几种偏向:一是重督促轻指导、重检查轻整改,对问题与不足要么忌言讳议、巧言掩盖,要么避重就轻、"艺术处理",导致检查轰轰烈烈、过关轻轻松松、问题依旧如故;二是重批评轻鼓励,只发现问题、找出毛病、批评指责,不分析原因、正面指导、鼓励引导,导致师生的心理压力加大,甚至对督导工作采取不合作或抵触的态度;三是重评价轻交流,督与被督之间信息封闭,缺少及时的沟通交流,督导者不了解被督导对象的所思所想,被督导者也不知道评价情况和努力方向,导致督导与被督导之间的误解加深、矛盾扩大。

教学督导不同于一般的教学管理工作,它更需要遵循一定的工作规律、讲究一定的工作方法、追求一定的工作艺术。做好教学督导工作必须正确处理好一系列关系。一是处理好督导者与学校的关系。教学督导员本身必须调整心态,摆正位置,做到参与不干预、到位不越位、建议不决策、督促不指责、咨询不代替、引导不责备。二是处理好督促与指导的关系。"督"是发现问题、找出差距,"导"是解决问题、引向正确;"督"是手段,"导"是目的;应督导结合、以督促导、以导为主。三是处理好"督"与被"督"的关系。在教学督导过程中发生督与被督的矛盾是正常的。对于这些矛盾，要加以全面分析，关键是分析原因，从源头化解矛盾。[①] 督导员应站在以人为本的高度，善于保护教师的教学热情，善于沟通交流，善于换位思考，善于做师生的良师益友，着力构建亲和的教学环境。四是处理好个性与共性的关系。教学有法、教无定法，教学督导工作亦应在遵循共性的基础上大力倡导个性。

六　在信息处理上宜"快"不宜"拖"

"快"指迅速、及时。教学督导提供的信息既是学校领导了解教学工作情况、进行决策的依据，也是教学管理部门掌握第一手资料、对教学质量实施有效控制的依据，更是被督导对象认识存在问题、改进工作的依据。及时反馈督导情况、迅速处理督导信息，这是教学督导工作取得实效的根本所在。迅速、及时地处理督导信息包含几层含义：一是学校对督导信息的传递和反馈渠道要通畅，这是督导工作能够良性、高效运转的关键；二是督导员对信息的收集、传递要及时，这是督导工作的应有之责；三是督导管理部门对信息的整理、反馈要及时，因为信息一旦过时，就失去了其本身的价值；四是有关单位和个人对信息的处理、落实要迅速，因为如果督导反映的问题得不到及时解决和落实，再成功的评价和诊断都毫无意义，而且有些信息一旦被耽搁就失去了最佳处理时机。

"拖"指拖拉、推诿。目前，一些高校教学督导信息的传递—反馈—控制机制并不健全，没有形成上传下达的信息循环反馈通道；一些督导员在督导工作过程中信息意识不强，不能及时整理和送达有关信息；有的领导或职能部门不能对督导意见和建议做出及时反应，甚至在有些问题的处理上部门间相互扯皮推诿，使督导信息不能得到及时落实；少数教师对督导意见不重视，要么束之高阁、置之不理，要么口头上积极表态、但在行动上我行我素。这些做法将导致教学督导工作形同虚设，起不到质量监控的作用。

对教学督导信息的处理是否及时、迅速，既反映了工作作风，也关系到督导工作的成效，最终直接影响到教学质量。在这方面，有些高校的做

---

① 丰文秀：《科学构建高校教学督导制度浅议》，《中国高等教育》2007 年第 11 期。

法值得借鉴。如有的高校建立了校园办公系统"教学管理短信平台"、教务管理系统"处长信箱"、教学评估系统"教学意见与建议"等信息交流网络平台，定期编报《教学评价信息》《教学督导信息》等，及时准确地采收各种教学监控与评价信息，反映存在问题，提出解决建议。有的高校建立了教学督导意见跟踪整改制度，印制了督导意见反馈表，采取"一事一表"的方式，将督导意见和建议及时反馈给涉及部门（单位），有关处理情况和结果在下一期《教学督导信息》中予以反映。实践证明，这样一种信息反馈处理机制的建立，有效确保了教学督导工作的信息通畅，促进了有关意见和建议的及时落实解决。

第五节　多力共进，系统性实施思政课程评估

思政课程是落实立德树人根本任务的关键课程，以说服力、吸引力、感染力、影响力、导向力"五力"为标准，多力共进、系统性实施基于网络的思政课程评估，是增强高校思政课亲和力的重要路径，也是保障和促进教学质量提高的重要手段。实施基于网络的高校思政课程建设评估，关键是要坚持一系列基本原则，构建一套科学严谨的指标体系，设计一套便于操作的网上评估系统，形成一个规范可行的实施方案。

一　高校思政课程建设评估的基本原则

实施基于网络的高校思政课程建设评估，必须以习近平总书记系列重要论述为指导，遵循思政课教学规律和学生成长规律，以"五力"为标准、以提升高校思政课亲和力、增强针对性有效性、提高学生获得感为目标，确定高校思政课教学评价体系的构建原则。

1. 以习近平总书记系列重要论述为指导

习近平总书记关于思政课的一系列重要论述是高校加强思政课建设的重要理论依据和实践遵循，尤其是习近平总书记提出的坚持"八个统一"，是对长期以来思政课教育教学经验的一个系统总结，为思政课改革创新提供了方法论指导。实施基于网络的高校思政课程建设评估，要坚持以习近平

总书记系列重要讲话、重要论述为指导，以"八个统一"为基本遵循，坚持理论联系实际，将思政小课堂与社会大课堂相联系，将思政理论与新时代伟大实践相统一，将思政课理论教学与实践教学有机融合，不断深化教学组织、教学方式、教学方法改革，促进学生"知、情、信、意、行"的完美统一。

2. 遵循思政课教学规律和学生成长规律

实施基于网络的高校思政课程建设评估，必须遵循思想政治工作规律，教书育人规律，教学主客体双向互动、内化和外化相互促进、适应与超越有机结合的教育教学基本规律以及学生成长规律，引导思政课教学按照客观规律办事，贴近学生、贴近实际、贴近立德树人根本任务的需要，不断增强思想性、理论性和亲和力、针对性，提高大学生接受思想政治理论的接受效果。"思想政治工作从根本上说是做人的工作"①，遵循思想政治工作规律，也就是按照人的思想行为发生发展特点及其规律性来开展思想教育引导工作。② 遵循教书育人的规律，就是把教书与育人作为一个整体，坚持既教书又育人，实现教书与育人的有机统一。遵循教育教学基本规律，就是要及时更新教学理念，持续深化教学改革，不断提高教学质量，真正实现立德树人的根本目标。遵循学生成长规律，就是要充分认识教学对象身心发展的规律，"无论是高校的思政课还是各种学术讲座报告等理论传播的内容和形式要想取得好的效果，就必须贴近青年大学生的生活实际和身心发育实际"③。

3. 以提高学生获得感为目标

"高等教育质量是指高等教育机构（主要指高等学校）依据培养目标和人才规格，在一定时间和条件下，运用一定的方法和手段使学生所产生变化的结果，即使大学生所获得的知识与技能的多少以及世界观变化的程度，达到与社会需求的相关度、与培养目标的相近度和与消费者的满意度的程度。"④ 正是基于这种认识，国际高等教育质量评估的重心已开始由院

---

① 《习近平谈治国理政》第 2 卷，外文出版社，2017，第 377 页。
② 郑永廷：《把高校思想政治工作贯穿教育教学全过程的若干思考——学习习近平总书记在全国高校思想政治工作会议上的讲话》，《思想理论教育》2017 年第 1 期。
③ 王淑芳：《高校马克思主义意识形态教育的现实思考》，《思想政治教育研究》2011 年第 3 期。
④ 王运来等主编《高校教学质量评价与保障》，南京大学出版社，2010，第 11 页。

校评价向学生所获评价转移。因此，把"学生所获"作为衡量思政课教学质量的出发点和落脚点，深刻反映了国际高等教育质量评价发展的新趋势。思政课教学的出发点和落脚点是立德树人，促进大学生德智体美劳全面发展。实施基于网络的高校思政课程建设评估必须坚持"以学生为本"，以服务学生的成长成人成才为根本点，把学生获得感作为评价的终极目标。

二 高校思政课程亲和力评估指标体系的构建

为了尽可能客观地评估高校思政课程亲和力的实际建设水平，评估指标的选取应该考虑四个方面结合，即资源（投入）与成果（产出）结合、规模（数量）与效益（质量）结合、主观与客观结合、普遍性与特殊性结合。按照有利于建设"一支优化的教学梯队，一个革新的教学大纲，一套先进适用的教学资源，一套研究性教学方法和教学手段，一套切实可行的实践教学体系，一套科学的考试方法"的高校思政课课程建设总要求，基本指标体系可以从说服力、吸引力、感染力、影响力、导向力、特色项目等六个方面设计一级指标。二级指标与观测点的确立主要基于三个方面的因素考虑：一是科学理解高校思政课程亲和力建设的基本内涵，各项指标能够反映高校思政课程亲和力的实际建设状况；二是参阅相关文献并结合我国高校的实际情况；三是遵循可比较、易操作原则，各项指标应尽可能简便易行，有利于数据的获得和甄别。[1] 如表 10-1 所示，整个指标体系共设立一级指标 6 项，二级指标 26 项，满分为 100 分。

二级指标中各观测点有定量的，也有定性的。表 10-1 给出了评估整个指标体系及各观测点的等级标准。二级指标的评估等级分为 A、B、C、D 四级，等级标准给出 A、C 两级，介于 A、C 级之间的为 B 级，低于 C 级的为 D 级。除特殊说明外，评估数据一般以近五年为准。

观测点一共有 102 个，除有特别说明者外，各观测点原则上平均分配其所在二级指标的分值。各观测点中，A、B、C、D 四级的权重分别为 1.0、0.8、0.6、0.4。每一个观测点，只有达到 C 级后才可以考虑 A 级。

---

① 陈章龙、佘远富：《论基于职能发挥的高校分类评价》，《江苏高教》2011 年第 4 期。

各二级指标得分的计算公式为：$J=1.0\times aA+0.8\times bB+0.6\times cC+0.4\times Dd$，其中 A、B、C、D 分别表示优秀、良好、合格、不合格四个等级；a、b、c、d 分别表示各观测点所对应的分值。A、B、C、D 四个等级所对应的百分值可根据实际灵活确定。各二级指标得分的总和为评估总得分。

课程亲和力评估结论分优秀、良好、合格、不合格四种，其标准如下。

优秀：总分≥85 分，二级指标 D=0、C≤2；良好：75 分≤总分<85分，二级指标 D≤1、C≤3；合格：60 分≤总分<75 分；不合格：总分<60 分。[①]

表 10-1　高校思政课亲和力评估指标与等级标准

一级指标及分值	二级指标及分值	等级标准	
		A	C
1. 说服力（18分）	1.1 跟进式教学素材（4分）	· 选用国家马工程教材；主编或参编全国规划教材，自编正式出版并获得省级以上奖励的教材 · 认真钻研教材，教案或讲稿齐全且及时更新 · 创新理论进教案，因时而进讲好中国理论，教学内容新颖，信息量大 · 及时把教改教研成果或学科最新发展成果引入教学，因势而新讲好形势政策 · 理论联系实际，因事而化讲好中国故事，融知识传授、能力培养和素质教育于一体	· 选用国家马工程教材，自编较高水平的教材、教参和辅导教材 · 教案或讲稿齐全且注意更新 · 在教学中能够不断充实新内容 · 能把教改教研成果或学科最新发展成果引入教学 · 能够理论联系实际，适当举例
	1.2 移动式教学场域（3分）	· 组建红色理论学生宣讲团，并给予日常指导 · 宣讲内容与时俱进，丰富多彩 · 宣讲形式不断创新，注重线上与线下相结合 · 宣讲场次多，受众广，影响大	· 组建红色理论学生宣讲团 · 宣讲内容能够及时更新 · 宣讲形式做到线上与线下相结合 · 宣讲有一定的受众面和影响

[①]　余远富等：《高校内部专业建设水平评估体系的构建与实践》，《高等工程教育研究》2013年第5期。

一级指标及分值	二级指标及分值	等级标准	
		A	C
	1.3 本土式教学案例（4分）	· 定期邀请城市好人、校园先锋等身边典型进教室、上讲台 · 根据教学内容需要针对性选树榜样典型案例 · 根据形势发展，及时选树爱岗敬业、抗疫先锋、团结友爱、科研创新等各类榜样典型 · 选编本土榜样典型案例，结集出版或印发给学生阅读，并及时更新	· 邀请过城市好人、校园先锋等身边典型进教室、上讲台 · 能根据教学内容适当选树典型案例 · 能根据形势发展，适当选树各类榜样典型 · 有自编的本土榜样典型案例集
1. 说服力（18分）	1.4 嵌入式教学专题（3分）	· 根据人才培养需要，以专题教学的形式，经常嵌入教材较少或者没有涉及的内容 · 专题教学阐明机理，以"理"服人 · 专题教学讲好故事，以"文"化人 · 专题教学坚守初心，铸"魂"育人 · 主编出版嵌入式专题教学教材	· 根据教学需要，有嵌入式的专题教学内容 · 专题教学能够阐明道路 · 专题教学能够讲好故事 · 专题教学能够体现教学要求 · 有嵌入式专题教学讲义
	1.5 渗透式教学体验（4分）	· 打造实境课堂，定期开展红色景点教育学习活动，覆盖面广、效果好 · 根据教学内容创设各种情境课堂，积极营造红色文化教育体验氛围 · 回归生活体验，实现红色精神教育校园、家庭、社会的多场域迁移	· 能够开展红色景点教育学习活动，有一定的覆盖面和较好的效果 · 能够创设一定的情境课堂，形成红色文化教育体验氛围 · 能够结合学生生活实际，实现校园、家庭、社会教育的结合
2. 吸引力（18分）	2.1 研究性教学（4分）	· 明确研究性教学特点与要求，将研究性教学贯彻思政课教学各环节 · 课前准备充分，根据教学内容设计研究性课题，分工组织学生调研并给予全程指导 · 课上交流多样，讨论充分，气氛热烈，教师引导适时有效 · 课后反馈及时，评价到位，有利于教学改进 · 编写形成研究性教学案例库并及时更新	· 基本明确研究性教学特点与要求，能够开展研究性教学活动 · 课前准备基本充分，能够分工组织学生开展调研 · 能够组织课上交流讨论并适当引导 · 课后评价反馈基本及时 · 有研究性教学案例库

续表

一级指标及分值	二级指标及分值	等级标准	
		A	C
2. 吸引力（18分）	2.2 情境化教学（3分）	· 根据教学需要，借助各种教育资源创设特定教学情境，达到情境体验、情感共鸣、潜移默化的教育效果 · 情境构建方式恰当多样，效果显著 · 情境化教学形式丰富多彩、不拘一格，赢得学生欢迎	· 能够根据教学需要，适当创设特定教学情境，达到一定的教育效果 · 情境构建方式多样，效果较好 · 情境化教学形式，不拘一格，学生比较欢迎
	2.3 互动式教学（4分）	· 了解互动式教学特点与要求，将互动式教学贯彻思政课教学各环节 · 注重主体互动，教师引导与学生分享相结合 · 注重内容互动，教学内容与现实问题相结合 · 注重形式互动，传统对话与网络传媒相结合 · 注重场域互动，教学课堂与社会课堂相结合	· 基本了解互动式教学特点与要求，能够开展互动式教学活动 · 教师与学生有互动 · 教学内容与现实问题有结合 · 传统对话与网络传媒有结合 · 教学课堂与社会课堂有结合
	2.4 实践性教学（4分）	· 实践内容丰富多彩，切合思政理论教育需要 · 实践项目新颖多样，贴近学生生活实际需求 · 实践形式多元创新，满足学生发展个性选择 · 实践考核灵活多样，调动学生参与的积极性	· 实践内容较为丰富 · 实践项目比较新颖 · 实践形式有所创新 · 实践考核比较灵活
	2.5 数字化教学（3分）	· 充分利用网络创新授课方式，推进教学媒介数字化、数据化，形成"互联网+思政课"教学模式 · 合理运用自学测评资源，鼓励学生自助教育 · 建设线上网络课程，学生观看学习频率高、利用效率好 · 充分利用虚拟现实技术创设虚拟教学情境，学生点击率高 · 建设并不断更新共享课程教学资源，师生网上互动好，服务学生答疑解惑效果明显	· 能够利用网络创新授课方式，推进"互联网+思政课"教学模式 · 运用过自学测评网络资源 · 建有线上网络课程，学生观看学习频率较高 · 能够利用虚拟现实技术创设虚拟教学情境，学生点击率较高 · 建有共享课程教学资源，师生网上互动较好

一级指标及分值	二级指标及分值	等级标准	
		A	C
3. 感染力（18分）	3.1 专业思政（4分）	· 思政前课堂教学充分准备 · 思政课堂教学高质量组织 · 思政后课堂教学有效巩固 · 十大育人体系健全有效	· 思政前课堂教学准备基本充分 · 思政课堂教学组织基本达要求 · 思政后课堂教学有布置和检查 · 十大育人体系基本健全
	3.2 学科思政（4分）	· 课程思政体制健全、形成制度化 · 课程思政推进有力、形成全覆盖 · 课程思政建设有效、形成体系化	· 建有课程思政方面的相关制度 · 能够组织开展课程思政建设 · 基本建成课程思政示范课堂
	3.3 校园思政（4分）	· 校园"大思政"体制机制健全 · 校园"全员全程全方位"育人体系健全 · 校园"三全"育人氛围浓厚、成效显著	· 校园"大思政"格局基本形成 · 建有校园"三全"育人相关制度 · 校园"三全"育人成效初步显现
	3.4 校外思政（3分）	· 校外实践基地数量充足，建设规范 · 各类实践活动能很好地满足学生的培养要求 · 各类实践活动经费到位、时间保证、措施完善	· 建有一定数量的校外实践基地 · 实践活动基本满足学生要求 · 有经费、有时间保证、有措施
	3.5 环境思政（3分）	· 教学环境育人氛围浓厚，成效显著 · 生活环境育人元素充分挖掘，作用发挥到位 · 自然环境有效建设，育人功能充分彰显	· 教学环境有较浓厚的育人氛围 · 生活环境有一定数量育人元素 · 自然环境有一定程度育人功能

续表

一级指标 及分值	二级指标 及分值	等级标准	
		A	C
4. 影响力 （18分）	4.1 职业 影响 （4分）	· 思政课教师职业认同感强、归属感好 · 思政课教师队伍数量充足，达到1：350师生比要求 · 思政课教师队伍年龄、职称等结构合理 · 中青年教师培养与教学团队建设措施扎实，效果好	· 有一定的职业认同感强、归属感 · 教师队伍数量基本达到1：350师生比要求 · 思政课教师队伍年龄、职称等结构基本合理 · 中青年教师培养与教学团队建设有措施，效果较好
	4.2 学识 素养 （4分）	· 中共党员，政治素养高 · 对本课程有较大的影响和贡献 · 每学年教学工作量饱满 · 积极从事教学研究，近五年主持省级以上教改项目≥1项，公开发表与课程相关的教学研究论文年均≥1篇 · 近五年主持省部级以上科研项目≥1项，发表论文或出版著作年均≥1篇 · 近五年获得过校课堂教学质量一等奖或校级以上教学成果奖、优秀教师奖	· 中共党员，政治素养较好 · 对本课程有一定的影响和贡献 · 教学工作量≥额定工作量的2/3 · 近五年主持校级以上教改项目≥1项，公开发表与课程相关的教学研究论文年均≥0.5篇 · 近五年主持厅局级科研项目≥1项，发表论文或出版著作年均≥0.5篇 · 近五年获得过校课堂教学质量奖或校级教学成果奖、优秀教师奖
	4.3 人格 魅力 （4分）	· 理想信念坚定正确 · 品德修养高尚唯美 · 科学思维与时俱进 · 性格特质乐观豁达 · 仪表形象内外皆美	· 理想信念坚定，无政治原则性错误 · 品德修养高尚，无师德师风问题 · 科学思维能够跟上形势发展要求 · 性格特质比较乐观豁达 · 仪表形象内外基本一致
	4.4 语言 艺术 （3分）	· 坚持政治性和学理性相统一 · 坚持价值性和知识性相结合 · 坚持理论性和实践性相协调 · 坚持逻辑性与通俗性相兼顾 · 坚持精炼性与趣味性相一致 · 坚持时代性与启发性相辉映	· 政治性和学理性基本统一 · 价值性和知识性基本结合 · 理论性和实践性基本协调 · 逻辑性与通俗性基本兼顾 · 精炼性与趣味性基本一致 · 时代性与启发性基本辉映

一级指标及分值	二级指标及分值	等级标准	
		A	C
4. 影响力（18分）	4.5 深厚情怀（3分）	· 以深厚的家国情怀感召学生 · 以诚挚的传道情怀感化学生 · 以广博的仁爱情怀温暖学生	· 具有较好的家国情怀 · 具有较强的传道情怀 · 具有较深的仁爱情怀
5. 导向力（18分）	5.1 学业考核（4分）	· 注重过程考核，平时作业、测验、实验均能严格要求，严格管理；或有科学可行的平时成绩考核办法，且执行情况好 · 严格期终考核，有科学的考核要求和方法，命题质量高，评分标准科学、合理、规范，阅卷严格认真，试卷分析认真、规范 · 加强试题库建设，建有题型全面、题量充足的试题（卷）库，并开始使用	· 有过程考核，能布置适量的平时作业并认真批改；或有平时成绩考核办法，且执行情况较好 · 期终考核命题规范，符合教学大纲要求，试卷、参考答案、评分标准无错误，能按评分标准阅卷，有试卷分析 · 建有一定种类题型和较多数量的试题（卷）库
	5.2 监控机制（3分）	· 学校设立教学质量监控专门机构，学院有教学质量监控专职人员 · 校、院教学制度体系结构合理、功能齐全、关系协调 · 教学质量监督机制健全，监督举措多元有效 · 教学工作内部评估机制健全，各类校内教学评估制度化日常化开展	· 学校教学管理与质量监控机构分设 · 校、院教学制度体系基本健全 · 教学质量监督机制基本健全，能够开展各类校内教学质量监督 · 教学工作内部评估机制基本健全，能够开展各类校内教学评估
	5.3 奖励机制（3分）	· 多维奖励，立体化构建教学激励机制 · 年度教学工作目标管理和量化考核优秀 · 近五年获评最受学生欢迎的思政课教师≥3次 · 近五年获校级以上教学竞赛一等奖≥1次 · 近五年获评校优秀教学质量一等奖≥1次	· 建有教学激励机制 · 教学工作目标管理和量化考核合格 · 近五年获评最受学生欢迎的思政课教师≥1次 · 近五年获校教学竞赛三等奖≥1次 · 近五年获评校优秀教学质量三等奖≥1次
	5.4 学生评教（4分）	· 多措并举，有效性开展学生网上评教 · 近五年学生评教得分平均≥90分 · 近五年学生评教无"差"的等级	· 能够开展学生评教 · 近五年学生评教得分平均≥85分 · 近五年学生评教"差"的等级不超过2次

续表

一级指标及分值	二级指标及分值	等级标准	
		A	C
5. 导向力（18分）	5.5 教学督导（4分）	·多管齐下，科学性推进校、院两级教学督导工作 ·近五年督导评教得分平均≥90分 ·近五年督导评教无"差"的等级	·能够开展教学督导工作 ·近五年督导评教得分平均≥85分 ·近五年督导评教"差"的等级不超过2次
6. 特色项目（10分）	6.1 教学特色（10分）	·在深化教学改革、提高教学质量方面取得具有示范性的成果，特色鲜明，亮点突出，效果显著	·有亮点

三　基于网络平台的高校思政课程亲和力评估系统的设计

随着计算机网络技术的普及和高校校园网建设的不断完善，基于网络平台的高校教学评估越来越显示出其优越性。目前，由于多种主客观因素的制约，基于网络的高校课程建设评估在我国尚没有普遍开展，相关研究大多局限于各级精品课程或一流课程建设或网络远程教育领域。[①] 而且从实际运行情况看，目前国内使用的一些高校教学评估系统，无论是自行研发的还是购买的软件，都还存在不少技术性难题，需要结合实际加强研发和改进，不断在实践中加以完善。以国内使用比较广泛的精品课程网络资源建设共享系统为例，目前精品课程资源都是基于 Internet 网络以分布式存储与管理的方式进行发布的，实际使用过程中就存在网络资源的获取成功率不高、网络资源的通用性还有待增强、网络资源的访问率和使用率还很低等问题，急需建立有效的精品课程网络资源质量监控保障体系，推进精品课程网络资源的共享。[②]

笔者所在学校从 2005 年开始，在校内全面实施课程评估制度，每年组织对包括思政课在内的 30 多门重点课程建设情况进行评估，前几年采取专家组现场进行评估的形式。为了促进现代教育技术在学校教学管理和教学

---

① 余远富：《高校课程网络化建设评价研究与实践》，《高等农业教育》2015 年第 1 期。
② 陈以海：《精品课程网络资源建设质量监控保障体系的探索》，《中国电化教育》2008 年第 5 期。

评估中的运用，进一步改进评估形式、提高评估效率，学校认真总结几年来开展课程建设评估的经验，并以教改课题立项的形式，组织课题组对基于网络平台的课程建设评估展开专门研究，研制开发了《课程评估系统》。

　　该评估系统由软件、硬件两部分组成，软件由评估程序文件和数据库组成，硬件则主要依托校园网、教务管理系统服务器以及办公电脑。高校思政课程建设评估系统软件需要的软硬件配置如表 10-2 所示。

　　使用《课程评估系统》时，首先需要在系统登录首页输入管理员用户名（admin）和密码（1），进入系统管理员后台建立评估任务。评估对象进入系统填报相关数据。填报完成后，管理员进入系统审核相关数据。审核通过后由评估专家进行打分。管理员审核通过，评估过程结束。评估结束以后，管理员通过系统进行核算，对评估结果做统计分析。评估结果发布以后，评估对象即可进入系统查看评估结果。具体使用流程见图 10-1。

表 10-2　高校思政课程建设评估系统软硬件配置

	软件配置需求（最低）	软件配置需求（推荐）
服务器端配置	1. 操作系统：Microsoft Windows 2000/2003 server 版 2. 数据库服务器：Microsoft SQL Server 2000	1. 操作系统：Microsoft Windows 2003 2. 数据库服务器：Microsoft SQL Server 2000（SP3） 3. Internet 信息服务 6.0 4. NET Framework 2.0
	硬件配置需求（最低）	硬件配置需求（推荐）
	1. Pentium 450 以上 CPU 2. 1G 以上内存	1. Pentium 2G 以上 CPU 2. 2G 以上内存
客户端配置	软件配置需求（最低）	软件配置需求（推荐）
	1. 操作系统：Microsoft Windows XP 以上 2. 浏览器：IE6.0	1. 操作系统：Microsoft Windows 2003 以上 2. 浏览器：IE7.0
	硬件配置需求（最低）	硬件配置需求（推荐）
	1. Pentium 300 以上 CPU 2. 64MB 以上内存	1. Pentium 450 以上 CPU 2. 128MB 以上内存

四　基于网络平台的高校思政课程亲和力评估的实施

　　开展基于网络平台的高校思政课程亲和力评估的基础是建立科学合理

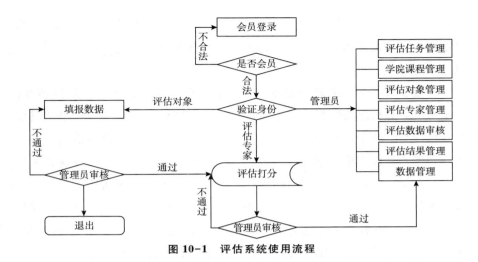

图 10-1　评估系统使用流程

的指标体系，关键是研制便于操作的网上评估系统，最终目的是通过评估促进高校思政课亲和力建设整体水平。因此，对于基于网络平台的高校思政课程亲和力评估的具体实施，高校还需要制定相关的配套措施，形成一个规范可行的实施方案。

需要说明的是，基于网络平台的高校思政课程亲和力评估指标体系及评估系统尚处在探索和不断完善之中，并没有一个固定的模式和范本。本研究所构建的指标体系与评估系统，也仅仅是提供了一种思路和参考，许多方面还有待进一步研究。同时，在使用和实施时还需要根据各个高校的具体情况和具体问题进一步进行分析与改进。[①] 根据有关高校的实践，笔者认为在实施过程中以下四个方面不容忽视。

一是要进一步明确指导思想，提高对思政课亲和力评估重要性的认识。高校应在广大思政课教师中加强课程亲和力评估的宣传力度，通过学习宣传，使所有教师了解评估目的、评估标准、指标体系及内涵等，促进他们从内心真正认同，并把评价标准和内涵要求自觉贯穿于日常课程建设过程。

二是要进一步加强教育培训，提高教师对现代信息技术的应用能力。随着我国教育信息化建设的发展，教师具备一定的信息素养与能力已成为

---

① 余远富、王庆仁：《高校研究性教学评价体系的构建》，《高等工程教育研究》2011 年第 6 期。

时代的新要求。要定期举办多种形式的教育和培训，促进教师熟练掌握现代信息技术，提高他们对各种信息技术的理解能力，并灵活运用于课程建设过程。

三是要进一步加强制度建设，建立完善思政课程建设评估制度体系。基于网络的高校思政课程亲和力评估必须以制度建设为抓手。要坚持贯彻上级精神与结合学校实际相统一的原则，制定出台课程建设评估的宏观统领性制度和具体实施性制度。所谓宏观统领性制度，是指对课程建设评估工作起宏观的统领、指导作用的制度，包括总体方案、评估目的、评估主体、评估模式、评估指标和评估方法等方面的制度安排；所谓具体实施性制度，是对课程建设评估工作作出具体实施规定的制度，包括评估准备、评估对象、评估日程、结果公布等具体操作环节的制度规定。

四是要进一步加强软硬件投入，制定落实思政课程亲和力评估的相关配套措施。加强校园网、教务管理系统建设，满足课程评估系统软硬件环境设置要求；购置必要的计算机设备，为网上课程评估的开展提供有利条件；建立课程建设评估专家库，加强对评价专家的业务培训，特别是对网络和计算机技术应用能力方面的培训；建立课程亲和力评估的结果利用机制，落实整改措施，充分发挥课程建设评估的最大效应。

附录一　新时代高校思想政治理论课亲和力调查问卷
（教师卷）

尊敬的老师：

您好！国家社科基金思政课专项课题组为深入掌握当前高校思想政治理论课亲和力基本现状，进一步为思政课亲和力提升研究提供现实支撑。课题组结合实际，在全国范围内开展此次问卷调查工作。本次调查不记名，结果只用于分析统计，辛苦您客观如实填写。希望得到您的支持，谢谢！

1. 您的性别？（　　　）

A. 女性　　　　　　B. 男性

2. 您的年龄？（　　　）

A. 30 岁以下　　　B. 30~39 岁　　　C. 40~49 岁　　　D. 50 岁及以上

3. 您的政治面貌？（　　　）

A. 中共党员　　　B. 共青团员　　　C. 民主党派　　　D. 无党派人士

E. 其他

4. 您目前的职称是？（　　　）

A. 助教　　　　　B. 讲师　　　　　C. 副教授　　　　D. 教授

E. 其他

5. 您的最高学历是？（　　　）

A. 博士　　　　　B. 硕士　　　　　C. 学士　　　　　D. 其他

6. 您的最高学位授予专业是？（　　　）

A. 哲学　　　　　B. 经济学　　　　　C. 政治学　　　　　D. 法学

E. 历史学　　　　F. 马克思主义理论　　　　　G. 教育学

H. 心理学　　　　　I. 其他

7. 【多选题】您讲授的思政课是？（　　　）

A. 思想道德修养与法律基础

B. 中国近代史纲要

C. 马克思主义基本原理概论

D. 毛泽东思想和中国特色社会主义理论体系概论

E. 形势与政策

F. 其他

8. 您认为受学生欢迎的思政课教师一般具备什么样的特征？（　　　）

A. 学识渊博

B. 教学经验丰富，讲解条理清晰

C. 善于与学生沟通

D. 亲和的态度与优雅的形象

E. 其他

9. 【多选题】您认为哪些因素影响一名思政课老师是否受学生欢迎？（　　　）

A. 仪容仪表　　　B. 教学能力　　　C. 性格　　　　　D. 责任心

E. 其他

10. 您是否熟悉思政课教师"六要素养"？（　　　）

A. 非常熟悉　　　B. 较为熟悉　　　C. 一般熟悉　　　D. 不熟悉

11. 您是否能够做到了解授课对象的基本诉求？（　　　）

A. 完全能够做到　　　　　　　B. 基本能够做到

C. 偶尔能够做到　　　　　　　D. 不能做到

12. 您是否能够将所学理论知识与学生实际相结合？（　　　）

A. 完全能够做到　　　　　　　B. 基本能够做到

C. 偶尔能够做到　　　　　　　D. 不能做到

13. 您在教学中最为困惑的是？（　　　）

A. 教材语言转化为教学语言

B. 缺乏有效的教学方法吸引学生

C. 收集整理与教学相关的资料

D. 多媒体课件制作方面的技能

E. 其他

14. 您在思政课教学中用得较多的方法是？（　　　）

A. 案例分析为主　　　　　　　　B. 多媒体展示为主

C. 讨论交流为主　　　　　　　　D. 理论讲授为主

E. 其他

15. 您是否能够在课堂上及时回应学生提出的问题？（　　　）

A. 能　　　　　　B. 有时候能，有时候不能

C. 不能

16. 您与学生交流的基本途径是？（　　　）

A. 课堂交流　　　　　　　　　　B. 学生活动

C. 微媒体平台互动　　　　　　　D. 其他

17. 您对学生思想变化情况了解吗？（　　　）

A. 了解　　　　　　B. 不是很清楚　　　C. 完全不了解

18. 您会因为学生普遍喜欢某一电视剧（电影）而去看这部电视剧（电影）吗？（　　　）

A. 会从头到尾看完　　　　　　　B. 会去了解大概

C. 不会

19. 您对思政课课堂上"低头一族"的看法是？（　　　）

A. 正常，无法杜绝　　　　　　　B. 不正常，必须杜绝

C. 没关系，我完成教学任务就好

20. 您是否认同亲和力是思政课教师最重要的职业素养之一？（　　　）

A. 认同　　　　　　B. 不认同　　　　　C. 不确定

21. 您认为思政课教师对学生的影响程度如何？（　　　）

A. 非常大　　　　　　　　　　　B. 较大

C. 一般，不及专业课教师　　　　D. 基本无影响

22. 您所在学校是否设有以学生评教为主导的教学荣誉奖励？（　　　）

A. 设有　　　　　B. 未设有

23. 您对学校各项工作满意度？

	非常不满意	比较不满意	一般	比较满意	非常满意
学风建设	○	○	○	○	○
思想政治工作	○	○	○	○	○
教师考核评价	○	○	○	○	○
师德师风建设	○	○	○	○	○
教师待遇	○	○	○	○	○
后勤保障	○	○	○	○	○
校园安全	○	○	○	○	○
教师培训培养	○	○	○	○	○
学生心理咨询	○	○	○	○	○

24. 【多选题】您认为提高思政课教学亲和力的途径有？（　　　）

A. 优化教学目标

B. 增加课堂教学内容，改革教学方法

C. 研究大学生特点和规律，增强针对性

D. 开展实践教学

E. 提高教师的个人素质和修养

F. 优化使用多种教学手段

G. 其他

25. 【多选题】为了更好地激发教师教学亲和力，您认为应该从哪些方面完善教师队伍保障机制？（　　　）

A. 加强培训需求分析，提升培训针对性

B. 提高思政课教师的工资待遇，根据政策给予专项津贴

C. 根据相关政策，在职称评审方面，列出思政专项

D. 营造良好的舆论环境，提高思政课教师的社会地位

E. 加大专业经费支持，提高科研经费

F. 严格按照 1：350 师生比配备师资，减轻教学工作量

G. 其他

26. 您认为怎样才能做一名有亲和力的思政课老师？请简单谈谈您的看法？

＿＿＿＿＿＿＿＿＿＿＿＿＿＿＿＿＿＿＿＿＿＿＿＿＿＿＿＿＿
＿＿＿＿＿＿＿＿＿＿＿＿＿＿＿＿＿＿＿＿＿＿＿＿＿＿＿＿＿

本次调查到此结束，再次感谢您的支持！祝身体健康，学习进步！

附录二 新时代高校思想政治理论课亲和力现状调查
（学生卷）

亲爱的同学，您好！

国家社科基金思政课专项课题组为深入掌握当前高校思想政治理论课亲和力基本现状，进一步为思政课亲和力提升研究提供现实支撑。课题组结合实际，在全国范围内开展此次问卷调查工作。本次调查不记名，结果只用于分析统计，辛苦您客观如实填写。希望得到您的支持，谢谢！

1. 您的性别？（　　　）

A. 男　　　　　　　B. 女

2. 您所在年级？（　　　）

A. 大一　　　　B. 大二　　　　C. 大三　　　　D. 大四及以上

3. 您的政治面貌？（　　　）

A. 中共（预备）党员　　　　　B. 入党积极分子

C. 共青团员　　　　　　　　　D. 群众

4. 您所学专业？（　　　）

A. 文史类　　　B. 理工类　　　C. 艺术类　　　D. 其他

5. 【多选题】您正在上的思政课是？（　　　）

A. 思想道德修养与法律基础

B. 中国近代史纲要

C. 马克思主义基本原理概论

D. 毛泽东思想和中国特色社会主义理论体系概论

E. 形势与政策

F. 其他

6. 您是否对亲和力一词有所了解？（   ）

A. 十分了解

B. 听过，但不是太清楚其内涵

C. 不了解

7. 您认为您所在高校思政课的亲和力整体状况如何？（   ）

A. 很强　　　　 B. 较强　　　　 C. 一般　　　　 D. 较弱

E 无

8.【多选题】您认为影响高校思政课亲和力的因素包括哪些？
（   ）

A. 教育工作者　 B. 教育对象　　 C. 教育理念　　 D. 教育内容

E. 教育方法　　 F. 教育载体　　 G. 教育环境　　 H. 教育考核

I. 其他

9. 您认为思政课所学对未来生活的影响如何？（   ）

A. 作用很大　　 B. 作用较大　　 C. 作用一般　　 D. 作用很小

E. 没有作用　　 F. 不知道

10. 您对曾经上过的思政课的评价是？（   ）

A. 终身受用、印象深刻的课程

B. 严肃枯燥的课程

C. 迫于学分不得不学的课程

D. 可有可无的课程

11. 您上过的思政课中是否有印象特别深刻的一堂课？（   ）

A. 有　　　　　 B. 没有

12. 您对目前正在上的思政课教师的评价是？（   ）

A. 魅力型老师，对自身产生重要影响

B. 普通型老师，没有与众不同的地方

C. 无印象型老师，除了上课基本没有接触

13. 您认为具有亲和力的思政课教师首先应具有的条件是？（   ）

A. 善于与学生沟通　　　　　 B. 学识渊博

C. 教学能力强　　　　　　　 D. 和蔼可亲，平易近人

E. 为人师表，品德高尚

14. 从整体上看，您对思政课教师亲和力评价是？（　　）

　A. 非常有亲和力　　　　　　　B. 有一定亲和力

　C. 基本没有亲和力　　　　　　D. 完全没有亲和力

15. 您是否能够强烈地感受到思政课教师坚定的马克思主义信仰？（　　）

　A. 有且能强烈感受到　　　　　B. 有感受但是不强烈

　C. 感受不到　　　　　　　　　D. 说不清楚

16. 【多选题】您认为有亲和力的思政课教师应该具备哪些素质？（　　）

　A. 人格高尚　　　　　　　　　B. 工作认真负责

　C. 学识渊博　　　　　　　　　D. 真诚对待学生

　E. 工作能力较强　　　　　　　F. 语言风趣幽默

　G. 注重与学生交流谈心　　　　H. 兴趣爱好广泛

　I. 人生经验丰富

17. 【多选题】您认为一些思政课教师缺乏亲和力的原因是？（　　）

　A. 理论功底不扎实　　　　　　B. 语言缺乏感染力

　C. 对待学生态度冷漠　　　　　D. 个人的品行修养问题

　E. 外在形象欠佳　　　　　　　F. 性格不易相处

　G. 政治信仰不坚定　　　　　　H. 其他

18. 您与思政课教师交流的类型属于？（　　）

　A. 经常交流，关系和谐　　　　B. 偶尔交流，关系平淡

　C. 无交流，关系淡漠　　　　　D. 畏惧教师，敬而远之

　E. 存在矛盾，反感厌恶　　　　F. 其他

19. 【多选题】您认为所在高校的思政课在内容方面存在哪些问题？（　　）

　A. 枯燥乏味　　　　　　　　　B. 过于空洞陈旧

　C. 缺少辩证性　　　　　　　　D. 缺少层次性

　E. 脱离学生实际　　　　　　　F. 缺少人文关怀

　G. 其他

20. 您的思政课老师是否能很好地解决您心中的困惑？（　　）

A. 能很好地解决　　　　　　　　B. 能较好地解决

C. 不能很好地解决　　　　　　　D. 不能解决

21. 【多选题】您认为富有亲和力的思政课在内容方面是怎么样的？（　　）

A. 真理性　　　　B. 时代性　　　　C. 育人性　　　　D. 趣味性

E. 层次性　　　　F. 生活化　　　　G. 其他

22. 除课堂讲授外，您认为思政课最好的教学方式是什么？（　　）

A. 专家讲座　　　B. 小组讨论　　　C. 主题演讲

D. 时事辩论　　　E. 社会实践　　　F. 其他

23. 【多选题】您认为思政课亲和力不足的原因有哪些？（　　）

A. 缺乏针对性　　　　　　　　　B. 缺乏启发性

C. 缺乏互动性　　　　　　　　　D. 缺乏多样性

E. 以理论灌输为主　　　　　　　F. 缺乏实践教育

G. 其他

24. 您是否满意思政课教学方式？（　　）

A. 非常满意　　　B. 比较满意　　　C. 一般　　　　D. 不太满意

E. 很不满意

25. 【多选题】您认为当前思政课课堂最需要改进的是？（　　）

A. 增加教学趣味性

B. 重视开展实践教学

C. 加强师生互动交流

D. 分组讨论、评比

E. 重视网络、多媒体教学手段的应用

F. 其他

26. 您是否积极参与课堂讨论并发表自己的观点？（　　）

A. 经常会　　　　B. 有时会　　　　C. 偶尔会　　　　D. 不会

27. 您认为思政课教学活动在大学教育过程中是否重要？（　　）

A. 很重要　　　　B. 比较重要　　　C. 一般　　　　D. 较不重要

E. 根本不重要

28. 您认为思政课的考核方式是否能反映您的学习状况？（　　）

A. 完全可以 B. 大多数方面可以

C. 一般 D. 很少方面可以

E. 根本不能

29. 您更喜欢思政课哪一类考核方式？（　　）

A. 侧重思维能力考核 B. 侧重价值观念考核

C. 侧重知识水平考核 D. 其他

30. 思政课教材是否能够吸引您阅读？（　　）

A. 能，有许多丰富的知识 B. 不能，比较枯燥乏味

31. 您认为目前思政课的亲和力状况在以下几个方面的表现如何？（请在相应选项处打"√"）

亲和力	A. 很好	B. 较好	C. 一般	D. 较差	E. 无
教育理念	A. 很好	B. 较好	C. 一般	D. 较差	E. 无
教育工作者	A. 很好	B. 较好	C. 一般	D. 较差	E. 无
教育对象	A. 很好	B. 较好	C. 一般	D. 较差	E. 无
教育内容	A. 很好	B. 较好	C. 一般	D. 较差	E. 无
教育方法	A. 很好	B. 较好	C. 一般	D. 较差	E. 无
教育载体	A. 很好	B. 较好	C. 一般	D. 较差	E. 无
教育环境	A. 很好	B. 较好	C. 一般	D. 较差	E. 无
教育考核	A. 很好	B. 较好	C. 一般	D. 较差	E. 无

32. 亲爱的同学，衷心感谢您耐心回答以上问题，您对思政课亲和力提升还有什么看法和建议，请填写在下方：

_____

_____

本次调查到此结束，再次感谢您的支持！祝身体健康，学习进步！

后　记

　　本书是我承担的国家社科基金高校思政课研究专项（20VSZ140）的结项成果。自 2020 年项目获批以来，我与课题组成员不畏辛苦、共同努力，耗费了平时的大量时间和精力，历经数次讨论和反复修改，使课题研究得以顺利进行、按期完成，经全国哲学社会科学工作办公室组织专家匿名评审，最终以"良好"成绩结项。课题研究成果能够以专著形式呈现在读者面前，也算是苦尽甘来的回报，颇为欣慰。

　　马克思主义理论研究和思政课教学工作已经占据了我平时较多的时间、空间，而繁杂的行政管理工作更是"剥削"了我日常的大多时间。所以也只能忙里偷闲，利用晚上、周末及假期时间，思考和研究新时代如何增强高校思政课亲和力。当初获批项目时的喜悦，早已被枯燥的研究工作所冲淡，好在不断取得的一系列阶段性研究成果以及最终的书稿问世，使所有的辛勤付出都是值得的。本书的研究思路及其中的观点，尤其是"增强说服力、提高吸引力、提升感染力、扩大影响力、强化导向力"的教学创新"五维"模型，虽不能称为重大的理论与实践创新，但也是我与课题组成员艰辛研究后的总结和提炼，希冀能给相关研究以及高校思政课教学实践工作带来一点启示。

　　本书是课题组成员集体智慧的结晶。根据课题研究的需要，我牵头组织了前期调研，拟定了书稿写作提纲，提出了各章节主要思路、主要框架及主要观点，并负责统稿、修改和完善工作，课题组成员徐建飞、莫凡、唐慧玲、刘华、胡立法、李亿参与了第一章、第二章、第三章、第五章、

411

第六章等部分章节的讨论和起草，课题组成员韩凌志、吴镝两位博士研究生参与了前期调研工作。在此，我要将真挚的谢意献给课题组的各位成员，是你们的辛勤工作，使研究工作如期进行并圆满完成；是你们的智慧、执着和将研究"源于问题、置于现实、立于创新、归于实效"的严谨与务实，使研究成果不是数据的简单罗列、理论的贫乏阐述，而是裹含着理论研究的深化提炼与现实问题的真切回应，寄托着言之难尽的脉脉温情与经久不息的精神期冀。在此所缀寥寥数语，仅能略表寸心。

当然，本书中的不足难免存在，也请专家和读者多多予以批评指正。虽然本书的缺失与留有的遗憾暂难补救，但好在对马克思主义理论及高校思政课教学的研究永无止境，今后，我将更加勤勉，将后续研究成果奉献给广大读者，以弥补今日的缺憾。

最后，我要真诚感谢我所工作的单位扬州大学，本书的出版得到扬州大学出版基金的资助。真诚感谢扬州大学马克思主义学院及有关兄弟高校马克思主义学院对前期调研工作给予的大力支持与合作。真诚感谢社会科学文献出版社编辑黄金平为本书出版做了认真的编校工作。他们的支持为本书的完成和出版提供了重要的条件，谨向他们表示诚挚的谢意！

是为后记。

佘远富

2023 年 3 月于扬州

图书在版编目（CIP）数据

新时代增强高校思政课亲和力研究／佘远富著．--
北京：社会科学文献出版社，2024.5
ISBN 978-7-5228-3205-0

Ⅰ.①新… Ⅱ.①佘… Ⅲ.①高等学校-思想政治教
育-研究-中国 Ⅳ.①G641

中国国家版本馆 CIP 数据核字（2024）第 023683 号

新时代增强高校思政课亲和力研究

著　　者／佘远富

出 版 人／冀祥德
责任编辑／黄金平
文稿编辑／公靖靖
责任印制／王京美

出　　版／社会科学文献出版社·文化传媒分社（010）59367004
　　　　　　地址：北京市北三环中路甲 29 号院华龙大厦　邮编：100029
　　　　　　网址：www.ssap.com.cn
发　　行／社会科学文献出版社（010）59367028
印　　装／三河市龙林印务有限公司

规　　格／开　本：787mm×1092mm　1/16
　　　　　　印　张：26.5　字　数：433 千字
版　　次／2024 年 5 月第 1 版　2024 年 5 月第 1 次印刷
书　　号／ISBN 978-7-5228-3205-0
定　　价／179.00 元

读者服务电话：4008918866